ARNO DAL RI JÚNIOR E LUCAS CARLOS LIMA
ORGANIZADORES

A JURISPRUDÊNCIA DA CORTE INTERNACIONAL DE JUSTIÇA

História e influência no Direito Internacional

ARNO DAL RI JÚNIOR
LUCAS CARLOS LIMA
ORGANIZADORES

A JURISPRUDÊNCIA DA CORTE INTERNACIONAL DE JUSTIÇA

História e influência no Direito Internacional

Del Rey editora

Belo Horizonte
2020

EDITORIAL DEL REY LTDA

www.editoradelrey.com.br

Editor: Arnaldo Oliveira

Editor Adjunto: Ricardo A. Malheiros Fiuza (*in memoriam*)

Coordenação Editorial: Letícia Neves

Diagramação: Studio Schaffer

Revisão: Responsabilidade dos autores

Editora:
Rua dos Goitacazes, 71 – Lojas 20 a 24
Centro - Belo Horizonte-MG
CEP 30190-909

Comercial:
Tel.: (31) 3284-3284 | 3293-8233
vendas@editoradelrey.com.br

Editorial:
editorial@editoradelrey.com.br

D136j Dal Ri Júnior, Arno (org.).

A jurisprudência da Corte Internacional de Justiça: História e influência no Direito Internacional / Organizadores: Arno Dal Ri Júnior e Lucas Carlos Lima. - 1. ed. - Belo Horizonte, MG : Editora Del Rey, 2020.
478 p.; 15,5x22.5 cm.

Inclui bibliografia.
ISBN 978-65-5791-013-9

1. Corte Internacional. 2. Direito. 3. Direito Internacional. 4. Jurisprudência. I. Título. II. Assunto. III. Organizadores. IV. Autores.

20-990680012 CDD 341.11305
CDU 341.645

Ficha catalográfica elaborada pelo bibliotecário Pedro Anizio Gomes CRB-8 8846

Sumário

II. Influência: a Corte e os outros

III. A Corte e o Direito Internacional

IV. O Processo e a Corte

Os 75 anos da Corte Internacional de Justiça: uma introdução à obra e à instituição

Arno Dal Ri Júnior
Lucas Carlos Lima

Para um estudante de direito internacional que se depara pela primeira vez com o imponente e simetricamente imperfeito Palácio da Paz, na Haia, sede da Corte Internacional de Justiça (CIJ), é difícil compreender todo o significado que aquela imagem ambígua encerra. É o descortinar do tempo, das experiências ao longo da estrada percorrida no direito das gentes, do desbravar de cada camada da nem sempre exata ciência do direito internacional, que transforma a "antiga dama" num objeto tão profundamente plurissignificante.

Muitas são as leituras possíveis a serem extraídas do mais antigo órgão jurisdicional internacional. É um palácio assimétrico que se encontra no interior de uma constelação assimétrica: a comunidade internacional. No interior dessa constelação desempenha funções igualmente assimétricas, a depender do tempo, das oportunidades, dos seus clientes, dos ventos políticos na Assembleia Geral, das tomadas de decisão no Conselho de Segurança, ou no desenrolar processual de tribunais administrativos desse desenho global orquestrado no pós-45 que é a Organização das Nações Unidas (ONU). Em outras palavras, as suas funções são várias e adaptáveis. É uma Corte que faz as vezes de um órgão de solução de controvérsias entre Estados, mas é também mais do que isso. É o principal órgão jurisdicional da Organização das Nações Unidas, desempenhando papel primordial enquanto desenvolvedora do direito dessa organização – e por consequência, de outras organizações internacionais. É também motor e talvez maior órgão fornecedor ao processo de codificação realizado no seio da Comissão de Direito Internacional (CDI). Desse modo, participa indireta, mas também presentemente, nos processos de *lawmaking* da comunidade. Num ordenamento jurídico de produção normativa descentralizada, um órgão como a Corte Internacional de Justiça ganha redobrado relevo, uma pronunciada autoridade.

A compreensão do papel da Corte Internacional de Justiça nas relações internacionais e nas relações jurídicas internacionais não pode ser afastada de sua inerente historicidade. Grande parte das lógicas que governam a instituição – desde o apontamento de juízes até a condução do procedimento – são tributárias do momento histórico em que foi modelada. Para tanto, não se pode olvidar que a Corte não é apenas uma instituição septuagenária. Ela é profundamente influenciada pelas lógicas da Corte Permanente de Justiça Internacional (CPJI) e de sua jurisprudência. Não por acaso na Carta da ONU a estrita relação entre CPJI e CIJ vem rememorada – um recordar que permanece ao longo de toda sua jurisprudência. É exatamente porque cabalmente tocada pelo seu passado que a Corte muitas vezes ainda parece vibrar na frequência de 1920, quando o Comitê de Juristas cunhava seu Estatuto. Com isso, estamos diante de uma instituição que remonta a cem anos de justiça internacional. Talvez Marti Koskenniemi tenha razão ao afirmar que a maneira como se pensa o contencioso internacional ainda é bastante atrelado ao século XIX. Nesse sentido, a homenagem que a Corte presta ao consentimento para base absoluta de sua jurisdição permanece intocada. As relações judiciais internacionais ainda não permitiram dele abrir mão no momento de trazer um Estado às barras da justiça internacional. Contudo, tal homenagem pode ser interpretada como a tarifa necessária à própria existência da justiça entre os Estados. "*Ni loi, ni juge, ni gendarme*" dizia-se do direito internacional no século XIX. Certamente o estabelecimento da Corte Internacional de Justiça e sua longa atividade judicial ao longo do século XX tenha sido importante fator para o fenômeno de multiplicação e judicialização do direito internacional. Apesar dos eventuais ataques que o sistema internacional sofra na contemporaneidade, é quase quimérico imaginá-lo sem órgãos jurisdicionais.

Ao completar 70 anos, a Corte Internacional de Justiça foi objeto de festejos entusiasmados, de estudos aprofundados, de críticas aguilhoantes.

De uma maneira geral, em sua função primordial de resolver as controvérsias que lhe são trazidas por Estados soberanos, a Corte parece poder se orgulhar de ser um *case* de sucesso. Órgão permanente à disposição dos Estados, uma verdadeira inovação do século XX, a Corte manteve-se como uma instância sempre à disposição de seus clientes soberanos para resolver conflitos em que o consenso das partes estava bem estabelecido. Os mais de 130 casos resolvidos em sua história são testemunhas dessa função. Nesse período a modalidade consultiva da Corte também demonstrou sua importante atuação e, à luz da prática recente, também de sua potencialidade. As opiniões do *Muro*, da *Independência de Kosovo* e, recentemente, da opinião sobre *Chagos* a Corte demonstrou uma potencialidade enorme em relação a conflitos fundamentais da agenda internacional. É de se questionar se, no futuro, a Corte eventualmente poderá se pronunciar sobre as obrigações dos Estados em relação à proteção e preservação do meio ambiente ou ainda sobre a difícil relação entre o direito internacional e refugiados. A resposta obviamente dependerá das pressões nos corredores palacianos da diplomacia em Nova Iorque.

É inegável contudo que em tempos recentes a Corte tenha vicejado com novos e interessantes casos. É difícil recordar em qual outro momento da história a Corte possuía mais de quinze casos pendentes, muitos deles de uma significância ímpar para as relações internacionais e para as relações bilaterais e multilaterais dos países. Demandas envolvendo Rússia e Ucrânia, o bloqueio de Estados árabes ao Qatar e a consequente reação judicial do Qatar, e o genocídio Rohingya são questões sobre as quais a Corte se debruça quando esta introdução é escrita. Estes são apenas três dos exemplos de casos significativos que podem impactar as relações internacionais. Três situações em que a Corte Internacional de Justiça poderá oferecer uma contribuição num complexo processo político que parece consciente de sua participação. Isto sem desconsiderar a tradicional função pacificadora de fronteiras e limites entre Estados da qual jamais se eximiu de bem desempenhar, apesar da potencial "competição" com outros órgãos jurisdicionais internacionais.

É nesse fértil e estimulante contexto de vicejar da jurisdição internacional que a presente obra se insere. No Brasil, os estudos sobre a Corte Internacional de Justiça sempre se mostraram restritos a um grupo de temáticas específicas, a exceção de poucas obras de maior fôlego. Existe um paradoxo inegável neste fato. Se de um lado tal fato poder-se-ia justificar devido à significativa ausência brasileira como parte numa controvérsia perante a CIJ, por outro lado a presença de cinco juízes na atual Corte somados à Corte Permanente de Justiça Internacional faz com que o Brasil seja um dos Estados mais ativos no que se refere à Justiça Internacional. Assim, a proposta desse livro, ao reunir especialistas brasileiros e estrangeiros na Corte é a de oferecer uma contribuição aos estudos sobre a CIJ e sobre a função judiciária internacional em língua portuguesa.

O volume se inicia com texto do juiz e professor Antônio Augusto Cançado Trindade sobre a história da justiça internacional, história essa na qual a Corte ocupa um relevante protagonismo. O escrito demonstra a crescente judicialização do direito internacional, bem como alguns desdobramentos e eventuais problemas desta judicialização. O diálogo de Cortes bem como a fertilização de suas respectivas jurisprudências é avaliada positivamente por Cançado Trindade, na medida em que demonstra como os desafios que se apresentam diante de uma corte internacional podem muitas vezes encontrar solução na prática anterior de outro órgão jurisdicional. Embora demonstre os pontos positivos do caminho percorrido no que se refere à justiça internacional, Cançado Trindade encerra seu escrito rememorando que existe ainda um grande sendeiro a ser percorrido.

Considerando um "clássico" da disciplina, o texto do professor Luigi Condorelli inaugura a obra com o olhar de um de seus profundos conhecedores. A prosa de Luigi Condorelli é de uma atualidade eloquente. Tal atualidade não atesta somente o fato de que algumas características das jurisdições internacionais permanentes continuam a vibrar na mesma frequência, atestam também a capacidade do autor de retratar com precisão as lógicas que conduzem este ramo do Direito Internacional. Ao discorrer com uma profundidade inigualável sobre a autoridade das jurisdições internacionais permanentes Condorelli explica a razão – e o paradoxo, para usar sua expressão – da profunda autoridade que a Corte goza entre as demais instituições internacionais.

Em suas "especulações indecisas", Alain Pellet, professor emérito da Université Paris Ouest Nanterre La Défense, narra – com a intimidade de um dos grandes advogados da Corte – os principais problemas e as principais tendências que *"la Cour"* enfrenta nesse momento atual. Em relação às críticas sobre a necessidade de reforma, o professor Pellet sustenta bem fundamentada posição de que, para a posição que ocupa na constelação internacional, é mais vantajoso valorizar suas conquistas do que embarcar em afanada tendência reformista. Ler as palavras do professor Pellet é entender as sutilezas da função judiciária que *a Corte Mundial* exerce na sociedade internacional contemporânea e que historicamente conquistou com sua jurisprudência.

Ainda singrando na dimensão histórica da obra, os organizadores, Arno Dal Ri Júnior, professor da UFSC, e Lucas Carlos Lima, professor da UFMG, refletem sobre a função da arbitragem e sua relação com a Corte ao analisar o momento histórico imediatamente anterior. Parte das lógicas que explicam a CIJ são lógicas identificadas e estabelecidas nesse contexto arbitral em que o consentimento reina soberano. É interessante notar no escrito o galvanizar e solidificar da ideia de permanência da justiça internacional, que vem inclusive privilegiada no nome que intitula a Corte de arbitragem. Permanência essa que se transforma em elemento fundamental da justiça inaugurada pela Corte Permanente de Justiça Internacional.

O ensaio de Paolo Palchetti, professor da Université Paris I, antigo colaborador e caro amigo da UFSC e da UFMG, revela um problema interessantíssimo vivenciado na comunidade internacional a partir do final do século XX: a multiplicação de tribunais internacionais e o diálogo da Corte Internacional de Justiça com esses novos tribunais. Após revisitar algumas razões que explicam a autoridade da Corte e por que teria um papel pronunciado, o professor Palchetti demonstra as técnicas utilizadas pela Corte da Haia para colocar ordem no diálogo e garantir a sua posição única no arquipélago das jurisdições internacionais.

O tema da proliferação dos tribunais internacionais e o papel da CIJ neste contexto sempre foi questionado com o principal órgão jurisdicional interestatal à disposição dos Estados: o Tribunal Internacional do Direito do Mar. O professor Tullio Treves, da Universidade de Milão e ex-juiz do Tribunal do Mar, aborda a questão com maestria em seu artigo. Para o professor Treves, que lecionou em momentos diferentes aos dois coordenadores deste livro, existem potenciais problemas na coordenação entre as jurisdições internacionais, embora a prática até o momento não tenha sido robusta em relação aos problemas existenciais.

O problema de coordenação entre órgãos internacionais não se verifica apenas em relação a outros tribunais internacionais, mas também em relação a outros órgãos no interior da arquitetura da Organização das Nações Unidas. Aziz Tuffi Saliba, professor da UFMG, e Bernardo Mageste

Castelar Campos, doutorando na Università degli Studi di Milano-Bicocca analisam essa relação, verificando tanto a possibilidade de jurisdição concorrente entre os dois órgãos como também a eventual possibilidade de controle jurisdicional das ações do Conselho por parte da Corte.

Loris Marotti, da Università degli Studi di Milano, verifica de que maneira o diálogo da Corte com outras cortes internacionais também ocorre em termos processuais e procedimentais, avaliando o essencial papel desempenhado pela Corte Internacional de Justiça (CIJ) na determinação e no desenvolvimento de princípios e regras de processo judicial internacional. Seu foco é o posicionamento tomado pela CIJ em relação à determinação e interpretação de princípios processuais e, à luz da abordagem adotada pela Corte na Opinião Consultiva IFAD, traçar os possíveis desenvolvimentos emergentes deste tipo de abordagem.

Leonardo de Camargo Subtil, professor da Universidade de Caxias do Sul, em seu escrito desvela as interações institucionais e normativas entre o Tribunal Internacional de Direito do Mar e a Corte Internacional de Justiça. A análise parte de uma inicial resistência que acaba por encerrar em diálogo. O autor concluiu que as interações institucionais e normativas demonstram que as práticas institucionais desenvolvidas e as decisões proferidas pelo Tribunal do Mar e pela ICJ contribuem à manutenção de certa unidade ao direito internacional.

Abrindo a seção de análises sobre a Corte e o Direito Internacional, Christian Tams, professor da University of Glasgow, demonstra a estreita relação entre a jurisprudência da Corte Internacional de Justiça e de sua antecessora no cunhar do direito da responsabilidade internacional pela comissão de direito internacional (CDI). Tams evidencia, através da análise de diversos tópicos do direito da responsabilidade, como o 'plano mestre' da Comissão em codificar os artigos da responsabilidade passava necessariamente por uma valorização da fonte jurisprudencial.

Leonardo Nemer Caldeira Brant, professor da UFMG, e Bruno de Oliveira Biazatti, doutorando na UFMG, analisam a contribuição da

Corte Internacional de Justiça para dinâmica das fontes do direito internacional em relação às declarações unilaterais. É a Corte quem sedimenta a noção de que as declarações unilaterais são capazes de criar obrigações internacionais aos Estados. Os autores concluem que atos unilaterais são instrumentos frequentemente usados pelos Estados na esfera normativa internacional para estabelecer deveres legais, evidenciando que a boa-fé ainda possui um papel relevante nas relações jurídicas internacionais.

Se a jurisprudência da Corte tem adentrado em questões de maior relevo para a comunidade internacional, é interessante verificar de que maneira essas questões influenciam a própria noção de jurisdição. Beatrice Ilaria Bonafè, professora da Università di Roma – La Sapienza, estuda essa delicada e estimulante questão, cotejando a tensão entre a natureza voluntária da jurisdição da Corte e a exigência da proteção de situações jurídicas que vão muito além do quadro tipicamente bilateral e recíproco das obrigações internacionais, principalmente quando questões de regras ius cogens e erga omnes estão envolvidas.

Figura de perene interesse no procedimento perante a Corte Internacional de Justiça, o juiz *ad hoc* é objeto de aprofundada análise de Serena Forlati, professora da Università di Ferrara. A autora examina as situações em que as figuras emergem nas duas funções da Corte, percebendo a diminuição de sua importância no procedimento consultivo e a manutenção de seu papel na função consultiva. Contudo, conclui pelo afastamento da matriz arbitral na qual inspirado, indicando a necessidade de maiores critérios por parte da Corte em relação ao seu apontamento para se garantir a transparência do procedimento.

Lucas Carlos Lima, professor da UFMG, aborda o poder consultivo da CIJ na recente opinião sobre o arquipélago de Chagos, identificando sutil ampliação de seus poderes consultivos em relação ao caso pendente vez que existiam novos elementos para caracterizar uma controvérsia entre Estados. O autor identifica interessante tendência da Corte em utilizar-se de sua função consultiva para cumprir mandato atribuído pela Assembleia Geral em questões que considera relevantes internacionalmente. Revela, assim, nova tendência de sua função judicial.

Enveredando pela seara processual, tema crescente nos debates relativos a tribunais internacionais, Juliana Valle Pereira Guerra, doutoranda pela Université Paris II, verifica de que maneira as exceções preliminares ligadas às incompatibilidades do pedido dos litigantes se conforma à função contenciosa da CIJ. Ao perceber certa ausência de clareza na Corte em relação a seus critérios, desenvolvidos eminentemente por via jurisprudencial, a autora pugna por maior transparência na identificação das possibilidades de exceções preliminares.

As questões processuais também aparecem em relação à legitimidade processual ativa dos Estados quando pretendem litigar determinadas controvérsias. Mariana Ferolla Vallandro do Valle, mestranda na UFMG, enfoca esta questão em seu escrito, verificando quais são os argumentos que legitimam a participação dos Estados no contencioso da Corte. Interessante questão emerge quando interesses individuais ou coletivos são o epicentro da controvérsia. A autora identifica uma expansão nos critérios desenvolvidos pela Corte, sobretudo à luz de um contencioso envolvendo direitos humanos e envolvendo obrigações *erga omnes* e *erga omnes partes*.

Como se verifica, parte-se de uma perspectiva histórica, identificando tendências materiais e por fim enfocando em questões processuais de eminente importância que demonstram o arco de assuntos relevantíssimos que a Corte Internacional de Justiça nos tempos atuais é chamada a se relacionar.

Nossos mais sinceros e entusiasmados agradecimentos aos autores que enviaram seus escritos para nossa obra. A qualidade de seus trabalhos compõe interessante e inédito mosaico em análises sobre a Corte. Apresentamos à comunidade científica internacionalista brasileira uma obra que nos enche de orgulho pela profundidade, pelo interesse e pela organicidade em relação ao objeto de análise.

Nossos agradecimentos, contudo, não se encerram aos autores.

Um agradecimento especial à Juliana de Carvalho Dias, pela primorosa assistência editorial e revisão dos textos. Estudante da primeira turma de graduação de um dos editores na UFMG, Juliana conduziu diligentemente a editoração deste trabalho. Agradecemos também aos tradutores da UFSC e da UFMG, peças fundamentais nessa obra, vez que parte dos escritos da presente obra não estão originalmente em língua portuguesa. Nosso muito obrigado a Mariana Clara de Andrade, Gustavo Carnesella, Fernanda Ruy, Amael Notini Bahia, Sofia Neto Oliveira, Nina França e Pedro Pirani.

Agradecemos efusivamente à Coordenação de Aperfeiçoamento de Pessoal de Nível Superior (CAPES) pelo financiamento concedido ao projeto que se desenvolveu com equipes de pesquisadores dos grupos de pesquisa em Direito Internacional atuantes nos Programas de Pós-Graduação em Direito da UFSC e da UFMG - o "*Ius Gentium*" e o "*Stylus Curiarum*" -, assim como de universidades italianas e francesas, e que teve como fruto direito a reunião de grande parte dos autores desta obra e sem o qual ela não existiria.

Por fim, dada as circunstâncias que este livro foi pensado e executado, dada ao trabalho de tantas mãos e mentes ao redor deste projeto na sempre sólida ponte entre a Ilha da Magia e as Alterosas, gostaríamos de agradecer aos nossos mestres e aos nossos alunos, pela inesgotável fonte de inspiração.

Um século da Justiça Internacional e os seus prospectos para o futuro[1]

Antônio Augusto Cançado Trindade[2]

Sumário: I. Introdução: A Emergência dos Tribunais Internacionais. II. Lições do Passado. III. A Expansão da Jurisdição Internacional. 1. Tribunais Internacionais de Direitos Humanos. 2. Tribunais Penais Internacionais. 3. Panorama Geral. 4. A Contribuição da Jurisdição Consultiva Expandida. IV. O Movimento em Direção à Jurisdição Compulsória. V. Concepções Emergentes do Exercício da Função Judiciária Internacional. VI. A Relevância dos Princípios Gerais do Direito. VII. A Consciência da Primazia do *Jus Naecessarium* sobre o *Jus Voluntarium*. VIII. Tribunais Internacionais e Fertilização Cruzada Jurisprudencial. IX. Efeitos do Trabalho dos Tribunais Internacionais. X. Interações entre Direito Internacional e Doméstico: A Unidade do Direito. XI. Considerações Finais: As Tarefas Adiante e os Prospectos para o Futuro.

---

1 O presente artigo foi originalmente publicado no livro: A.A. Cançado Trindade e D. Spielmann, A Century of International Justice and Perspectives for the Future / Rétrospective d´un siècle de justice internationale et perspectives d´avenir, Oisterwijk, Wolf Publs., 2013, pp. 1-44 e traduzido para a língua portuguesa por Amael Notini Moreira Bahia e Lucas Carlos Lima.

2 Juiz da Corte Internacional de Justiça; Ex-Presidente da Corte Interamericana de Direitos Humanos; Professor Emérito de Direito Internacional da Universidade de Brasília; Doutor Honoris Causa de diversas Universidades na América Latina, Europa e Ásia.

I. INTRODUÇÃO: A EMERGÊNCIA DOS TRIBUNAIS INTERNACIONAIS

É uma satisfação para mim me debruçar sobre o tópico "Um Século da Justiça Internacional e os seus Prospectos para o Futuro" hoje, 23 de setembro de 2013, na ocasião da celebração, pela Corte Internacional de Justiça (CIJ), do centenário do Palácio da Paz aqui na Haia. Proponho nesta manhã, como o tópico indica, apresentar, dentro das impiedosas restrições do tempo disponível, uma *vue de l'ensemble* de um século da justiça internacional, as lições aprendidas e as perspectivas para o futuro. É um prazer adicional para mim estar na companhia, neste painel, de dois ilustres colegas e amigos – Juiz Ronny Abraham, da CIJ, e Juiz Dean Spielmann, Presidente da Corte Europeia de Direitos Humanos – com os quais tenho compartilhado momentos memoráveis ao longo das duas últimas décadas, não apenas aqui na CIJ, mas também nas sedes da Corte Europeia e da Corte Interamericana de Direitos Humanos.

Começo recordando de que, há seis anos, tivemos uma comemoração memorável, da qual guardo as melhores lembranças, de um outro século, aquele da II Conferência de Paz da Haia (de 1907), sediada nas instalações da Academia da Haia de Direito Internacional. Aquele seminário marcou o centenário do nascimento dos tribunais internacionais, da solução judicial de disputas internacionais. Como tive a ocasião de ponderar naquela celebração centenária,[3] já havia à época apelos à criação de cortes e tribunais permanentes, como ilustram duas iniciativas: em primeiro lugar, tornar permanente a Corte de Justiça Arbitral,[4] a partir do modelo da Corte Permanente de Arbitragem (CPA), prevista

---

3 A.A. Cançado Trindade, "The Presence and Participation of Latin America at the II Hague Peace Conference of 1907", *in Actualité de la Conférence de La Haye de 1907, II Conférence de la Paix (Colloque de 2007)* (ed. Y. Daudet), Leiden/La Haye, Académie de Droit International/Nijhoff, 2008, pp. 66-73, and cf. pp. 51-84, 110-112, 115-117, 122 and 205-206 (debates).

4 Cf. D.J. Bederman, "The Hague Peace Conferences of 1899 and 1907", *in International Courts for the Twenty-First Century* (ed. M.W. Janis), Dordrecht, Nijhoff, 1992, pp. 10-11.

na precedente I Conferência de Paz da Haia (de 1899) e, em segundo lugar, estabelecer uma Corte Internacional de Presas, com seu acesso concedido a indivíduos.

A proposta de uma Corte de Justiça Arbitral, como um todo, foi projetada sobre o advento da solução judicial propriamente dita, em nível internacional, pois se tornou uma das fontes de inspiração para a redação do Estatuto da CPJI em 1920. E, embora a projetada Corte Internacional de Presas, estabelecida na XII Convenção da Haia de 1907, nunca tenha visto a luz do dia, visto que a Convenção não entrou em vigor, esta apresentou questões de relevância para a evolução do Direito Internacional, a saber: primeiramente, ela previu o estabelecimento de uma jurisdição acima das jurisdições nacionais para decidir em última instância sobre os prêmios marítimos; em segundo lugar, ela forneceu, por exemplo, em tais circunstâncias, o acesso de indivíduos diretamente à jurisdição internacional[5]; em terceiro lugar, ela propunha um tipo de jurisdição internacional compulsória; e em quarto lugar, ela admitiu a proposta de livre autoridade da Corte para decidir (a *compétence de la compétence*).[6]

---

5 Foi então admitido que o indivíduo "não está sem legitimidade processual no direito internacional moderno"; J. Brown Scott, "The Work of the Second Hague Peace Conference", 2 *American Journal of International Law* (1908) p. 22. The view prevailed that it would be in the interests of the States - particularly the small or weaker ones - to avoid giving to this kind of cases the character of inter-State disputes: "les litiges nés des prises garderaient (...) le caractère qu'ils avaient en première instance (...), affaires regardant d'un côté l'État capteur et de l'autre les particuliers"; S. Séfériadès, "Le problème de l'accès des particuliers à des juridictions internationales", 51 *Recueil des Cours de l'Académie de Droit International de La Haye* (1935) pp. 38-40.

6 João Cabral, *Evolução do Direito International*, Rio de Janeiro, Typ. Rodrigues & Cia., 1908, pp. 97-98. - On the evolution of this last point (the *compétence de la compétence* of international tribunals), cf., generally, I.F.I. Shihata, *The Power of the International Court to Determine Its Own Jurisdiction (Compétence de la Compétence)*, The Hague, Nijhoff, 1965, pp. 1-304.

Os debates de 1907 da II Conferência de Paz da Haia levaram à visão predominante de conceder aos indivíduos um recurso direto perante à projetada Corte Internacional de Presas. No entanto, foi alhures, na América Latina, ainda no ano de 1907, que o primeiro tribunal internacional moderno – a Corte de Justiça da América Central – chegou a operar. Esse tribunal funcionou por dez anos, concedendo acesso não apenas a Estados, mas também a indivíduos;[7] em sua década de operação, a Corte julgou dez casos, cinco submetidos por indivíduos e cinco casos interestaduais.[8] Nesse sentido, esse tribunal foi verdadeiramente pioneiro,[9] e contribuiu para a expansão gradual da personalidade jurídica internacional. O próprio advento da jurisdição permanente internacional no início do século XX, antes da criação da Corte Permanente de Justiça Internacional (PCIJ), não foi, portanto, marcado por uma visão puramente interestatal do contencioso internacional.[10]

7 A.A. Cançado Trindade, "Exhaustion of Local Remedies in International Law Experiments Granting Procedural Status to Individuals in the First Half of the Twentieth Century", 24 *Netherlands International Law Review / Nederlands Tijdschrift voor international Recht* (1977) p. 376.

8 Cf. *ibid.*, pp. 376-377; and cf. F.A. von der Heydte, "L'individu et les tribunaux internationaux", 107 *Recueil des Cours de l'Académie de Droit International de La Haye* (1962) p. 321.

9 C.J. Gutiérrez, *La Corte de Justicia Centroamericana*, San José de Costa Rica, Edit. Juricentro, 1978, pp. 42, 106 and 150-152.

10 O ideal de uma instância judicial internacional, para além da dimensão interestatal, já havia encontrado expressão em experimentos anteriores que conferiam capacidade processual aos indivíduos, na era da Liga das Nações, como os sistemas de minorias (incluindo a Alta-Silésia) e de territórios sob mandatos, e os sistemas de petições das Ilhas Aaland e do Saar e de Danzig, e também a prática de tribunais mistos arbitrais e de comissões mistas, da mesma época; cf. J.-C. Witenberg, "La recevabilité des réclamations devant les juridictions internationales", 41 *Recueil des Cours de l´Académie de Droit International de La Haye [RCADI]* (1932) pp. 5-135; J. Stone, "The Legal Nature of Minorities Petition", 12 *British Year Book of International Law* (1931) pp. 76-94; M. Sibert, "Sur la procédure en matière

II. LIÇÕES DO PASSADO

À época da redação e adoção, em 1920, do Estatuto da Corte Permanente de Justiça Internacional (PCIJ), optou-se, no entanto, por uma dimensão estritamente interestatal para o exercício da função judiciária internacional em matérias contenciosas. Ainda assim, como ressaltei em minhas Opiniões Separadas (paras. 76-81) no Parecer Consultivo da CIJ (de 2012) relativo ao *Julgamento do Tribunal Administrativo da OIT sobre Demandas feitas contra o FIDA*, o fato de um Comitê Consultivo de Juristas não ter considerado, em 1920, que seria o momento adequado para conceder o acesso à CPJI aos sujeitos de direito outros que os Estados (como os indivíduos) não significa que uma resposta definitiva tenha sido encontrada para a questão em pauta. O fato de que a mesma posição foi mantida no momento da adoção, em 1945, do Estatuto da CIJ também não representou uma resposta definitiva à questão abordada.

A questão do acesso dos indivíduos à justiça internacional, com igualdade processual, continuou a chamar a atenção da doutrina jurídica desde então, ao longo das décadas. Indivíduos e grupos começaram a ter acesso a outras instâncias internacionais, reservando a PCIJ, e posteriormente a CIJ, apenas para disputas interestatais. A posição dogmática

---

de pétition dans les pays sous mandat et quelques-unes de ses insuffissances", 40 *Revue générale de droit international public* (1933) pp. 257-272; M. St. Korowicz, *Une expérience en Droit international - La protection des minorités de Haute-Silésie,* Paris, Pédone, 1946, pp. 81-174; C.A. Norgaard, *The Position of the Individual in International Law,* Copenhagen, Munksgaard, 1962, pp. 109-128; A.A. Cançado Trindade, "Exhaustion of Local Remedies in International Law Experiments Granting Procedural Status to Individuals in the First Half of the Twentieth Century", 24 *Netherlands International Law Review* (1977) pp. 373-392. Those experiments paved the way, in the era of the United Nations, for the consolidation of the mechanisms of international individual petition; cf. J. Beauté, *Le droit de pétition dans les territoires sous tutelle,* Paris, LGDJ, 1962, pp. 1-256; M.E. Tardu, *Human Rights - The International Petition System,* binders 1-3, Dobbs Ferry N.Y., Oceana, 1979-1985.

adotada originalmente em 1920, na ocasião da preparação e adoção de seu Estatuto, não impediu que a PCIJ se ocupasse de casos relativos ao tratamento de minorias e de habitantes de cidades ou territórios com estatuto jurídico próprio. Em considerações desenvolvidas no exame desses assuntos, a CPJI foi mais além da dimensão interestatal, levando em conta as posições dos próprios indivíduos (como em, e.g., *inter alia*, os Pareceres Consultivos sobre os *Colonos Alemães na Polônia*, 1923; sobre a *Jurisdição das Cortes de Danzig*, 1928; sobre as *"Comunidades" Greco-Búlgaras*, 1930; sobre o *Acesso às Escolas de Minoria Alemã na Alta Silésia*, 1931; sobre o *Tratamento de Nacionais Polacos em Danzig*, 1932; sobre as *Escolas de Minoria na Albânia*, 1935). Desde então, a artificialidade dessa dimensão tornou-se perceptível e reconhecida, já em um estágio inicial da jurisprudência da CPJI.

A opção feita, em 1920 (reforçada em 1945), foi por um mecanismo interestatal para a resolução judicial de casos contenciosos, como recordei,

> "(...) não por uma necessidade intrínseca, nem por ser a única maneira de proceder, mas tão somente para atender ao ponto de vista prevalecente entre os membros do Comitê de Juristas encarregado de redigir o Estatuto da CPJI. Não obstante, já naquela época, há cerca de 90 anos, o Direito Internacional não se reduzia a um paradigma puramente interestatal, e já conhecia experiências concretas de acesso a instâncias internacionais, em busca de justiça por parte não somente de Estados, mas também de indivíduos.

O fato de não ter o Comitê de Juristas considerado como chegado o momento para conceder acesso, à CPJI, a sujeitos de direito outros que os Estados (e.g., os indivíduos) não significou uma resposta definitiva à questão. (...). (...) ainda nos *travaux préparatoires* do Estatuto da CPJI, marcou presença, como posição minoritária, a dos que favoreciam o acesso à antiga Corte da Haia não só de Estados, mas também de outros sujeitos de direito, inclusive indivíduos. Não foi a posição que prevaleceu, mas o ideal já se encontrava presente, naquela época, há quase um século atrás. [11]

A posição dogmática do Estatuto da CPJI passou adiante para o Estatuto da CIJ. Mais uma vez, o caráter exclusivamente interestatal do contencioso perante a CIJ não se demonstrou satisfatório. Pelo menos em alguns casos (cf. *infra*), referentes à condição dos indivíduos, a presença destes últimos (ou de seus representantes legais), a fim de submeterem, eles mesmos, suas posições, teria enriquecido os procedimentos e facilitado o trabalho da Corte. A artificialidade da perspectiva exclusivamente interestatal dos procedimentos perante a CIJ foi revelada pela própria natureza de alguns dos casos submetidos a ela.

Tal artificialidade tem sido criticada repetidas vezes por especialistas, incluindo por parte de um ex-Presidente da própria Corte. Recorda-se que "atualmente uma parte significativa do direito internacional" (e.g. tratados legisladores) "afeta diretamente os indivíduos", e o efeito do Artigo 34(1) do Estatuto da CIJ tem sido "o de isolar" a Corte "desse grande corpo do direito internacional moderno". A CIJ permanece assim:

> "trapped by Article 34(1) in the notions about international law structure of the 1920s. (...) [I]t is a matter for concern and for further thought, whether it is healthy for the World Court still to be, like the international law of the 1920s, on an entirely different plane from that of municipal courts and other tribunals."[12]

Para os mesmos efeitos, S. Rosenne manifestou a opinião, ainda em 1967, de que "nothing inherent in the character of the International Court itself to justify the complete exclusion of the individual from appearing before the Court in judicial proceedings relating of direct con-

---

11 A.A. Cançado Trindade, *Os Tribunais Internacionais Contemporâneos*, Brasília, FUNAG, 2013, pp. 11-12.

12 R.Y. Jennings, "The International Court of Justice after Fifty Years", 89 *American Journal of International Law* (1995) p. 504.

cern to him"[13]. A prática atual de exclusão do *locus standi in judicio* dos indivíduos interessados nos procedimentos perante a CIJ, - acrescentou ele - além de artificial, poderia também produzir "incongruous results". Por conseguinte, era altamente desejável que esse regime fosse reconsiderado, a fim de conceder *locus standi* a indivíduos em procedimentos perante a CIJ, como

> "it is in the interests of the proper administration of international justice that in appropriate cases the International Court of Justice should take advantage of all the powers which it already possesses, and permit an individual directly concerned to present himself before the Court, (...) and give his own version of the facts and his own construction of the law."[14]

Em um ponderado Simpósio Internacional organizado pelo Instituto Max Planck para o Direito Público Comparado e Direito Internacional, no início da década de 1970, quando as percepções da resolução judicial de controvérsias tinham já sido claramente reveladas, a falta de entusiasmo com a resolução judicial foi expressa por alguns participantes[15], como – na visão de um deles - "States were moving further and further away from the rule of law as the basis of their behaviour."[16] As exigências do Estado de Direito e da unidade da lei não passaram despercebidas; além disso, foi ressaltada a necessidade de coerência na jurisprudência internacional.[17] Significativamente, já naquela época se reconhecia a necessi-

---

13 S. Rosenne, "Reflections on the Position of the Individual in Inter-State Litigation in the International Court of Justice", *in International Arbitration - Liber Amicorum for M. Domke* (ed. P. Sanders), The Hague, Nijhoff, 1967, p. 249, and cf. p. 242.

14 *Ibid.*, p. 250, and cf. p. 243.

15 Cf. [Various Authors,] *Judicial Settlement of International Disputes* (International Symposium, Max Planck Institute for Comparative Public Law and International Law), Berlin/Heidelberg, Springer Verlag, 1974, pp. 165-167, 169-170 and 189.

16 *Ibid.*, p. 168.

17 *Ibid.*, pp. 171, 173 and 187.

dade de criação de tribunais internacionais e se expressava a visão de que a dinâmica das relações internacionais já havia ultrapassado a dimensão anacrônica interestatal (como já foi evidenciado pelo surgimento e pelo crescimento das organizações internacionais).[18]

Se quisermos considerar as perspectivas para o futuro da justiça internacional, temos também, primeiramente, que olhar para trás no tempo e compreender as lições que podemos extrair dele. O entendimento de que o *corpus iuris gentium* se aplica tanto a Estados quanto aos indivíduos está profundamente enraizado no pensamento jusnaturalista – com raízes remontando, por meio das lições dos "pais fundadores" do direito internacioal (como F. Vitoria, F. Suárez e H. Grotius), aos clássicos que sustentam a *recta ratio*, como o magistral *De Officis* de Cícero.

A elaboração subsequente da dimensão estritamente interestatal (no final do século XIX e no século XX) representou uma involução, com consequências desastrosas. Felizmente, nas últimas décadas, os próprios Estados parecem estar reconhecendo isso, ao apresentar à CIJ sucessivos casos e questões que claramente transcendem o nível interestatal. E a Corte vem respondendo ultimamente, no auge desses novos desafios e expectativas, levando em conta, em suas decisões, a situação não só dos Estados, mas também dos povos, de indivíduos ou de grupos de indivíduos (cf. infra).

A realização gradual - que testemunhamos e temos o privilégio de contribuir hoje em dia - do antigo ideal de justiça a nível internacional,[19] revitalizou-se, nos últimos anos, com a reconfortante criação e funcionamento dos múltiplos tribunais internacionais contemporâneos. Este é um tema que assumiu, definitivamente, um lugar de destaque na agenda internacional desta segunda década do século XXI. Desde as ideias visionárias e os primeiros escritos, de algumas décadas atrás, - de B.C.J.

---

18 *Ibid.*, pp. 180 and 182.

19 Para um estudo geral, cf., e.g., J. Allain, *A Century of International Adjudication - The Rule of Law and Its Limits*, The Hague, T.M.C. Asser Press, 2000, pp. 1-186.

Loder, André Mandelstam, Nicolas Politis, Jean Spiropoulos, Alejandro Álvarez, Raul Fernandes, Édouard Descamps, Albert de La Pradelle, René Cassin, James Brown Scott, Georges Scelle, Max Huber, Hersch Lauterpacht, John Humphrey, entre outros[20] –, foi preciso esperar por algumas décadas para que os atuais desenvolvimentos na realização da justiça internacional se realizassem, não sem dificuldades[21], agora enriquecendo e aperfeiçoando o Direito Internacional.

III. A EXPANSÃO DA JURISDIÇÃO INTERNACIONAL.

Atualmente, a comunidade internacional conta, felizmente, com uma ampla gama de tribunais internacionais, que julgam casos não apenas no nível interestatal, mas também no nível intra-estatal. Esse fato nos convida a abordar o trabalho desses tribunais a partir da perspectiva correta dos próprios *justiciáveis,*[22] e nos aproxima de sua missão comum de assegurar a realização da justiça internacional, seja no nível interestatal ou intra-estatal. Da perspectiva das necessidades de proteção dos *justiciáveis*, cada tribunal internacional tem sua importância, num quadro mais amplo, abrangendo as situações mais distintas a serem julgadas, em cada domínio de atuação.[23]

---

20 A.A. Cançado Trindade, *The Access of Individuals to International Justice*, Oxford, Oxford University Press, 2011, pp. 7-11.

21 Cf., *inter alia*, e.g., G. Fouda, "La justice internationale et le consentement des États", *in International Justice - Thesaurus Acroasium*, vol. XXVI (ed. K. Koufa), Thessaloniki, Sakkoulas Publs., 1997, pp. 889-891, 896 and 900.

22 A.A. Cançado Trindade, Évolution du Droit international au droit des gens - L›accès des particuliers à la justice internationale: le regard d›un juge, Paris, Pédone, 2008, pp. 1-187.

23 Cf., to this effect, A.A. Cançado Trindade, "Contemporary International Tribunals: Their Continuing Jurisprudential Cross-Fertilization, with Special Attention to the International Safeguard of Human Rights", *in The Global Community - Yearbook of International Law and Jurisprudence* (2012) vol. I, p. 188.

Em um Colóquio organizado para celebrar, em 1996, o 50º aniversário da CIJ, expressaram-se pontos de vista críticos sobre as características tradicionais do mecanismo interestatal de adjudicação de casos contenciosos perante a CIJ, que tem continuado desafiando a passagem do tempo. Alguns exemplos foram evocados como ilustrações, como a resolução de disputas sobre questões ambientais[24], exigindo uma gama mais ampla de participantes no procedimento. Um orador convidado, por exemplo, lembrou a inadequação manifesta desse mecanismo no tratamento do caso da *Aplicação da Convenção de 1902 sobre a Tutela de Infantes* (1958). Outro orador convidado foi particularmente crítico em relação ao tratamento do caso do *Timor Leste* (1995), no qual o povo timorense não tinha legitimidade para solicitar intervenção no processo, nem mesmo para apresentar um *amicus curiae*, embora o ponto crucial sob consideração fosse o de soberania sobre o seu território.

Ainda pior, os interesses de um terceiro Estado (que nem sequer tinha aceitado a jurisdição da Corte) foram tomados como garantidos para efeitos de proteção, e prontamente salvaguardados pela Corte, sem custos, por meio da aplicação do chamado "princípio" do *Ouro Monetário*[25]. Esse seminário é uma ocasião para refletir mais profundamente, ao invés de autoelogio: permanece o fato de que as inconsistências do tipo sobreviveram à passagem do século e agora atingiram a celebração do centenário do Palácio da Paz. Os exemplos acima mencionados estão longe de serem os únicos. Eles, de fato, são abundantes na história da CIJ.

No que diz respeito a situações relativas a indivíduos ou grupos de indivíduos, pode ser feita referência, e.g., ao caso *Nottebohm* (1955)

---

24 M. Fitzmaurice, "Equipping the Court to Deal with Developing Areas of International Law: Environmental Law - Presentation", *in*: *Increasing the Effectiveness of the International Court of Justice...*, *op. cit. infra* n. (21), pp. 398-418.

25 C. Chinkin, "Increasing the Use and Appeal of the Court - Presentation", *in ibid.*, pp. 47-48, 53 and 55-56.

relativo à dupla nacionalidade; aos casos do *Julgamento dos Prisioneiros de Guerra do Paquistão* (1973) e no caso dos *Reféns* (funcionários diplomáticos e consulares dos EUA) *de Teerã* (1980); ao caso da *Aplicação da Convenção contra o Genocídio* (1996 e 2007); ao caso da *Disputa Fronteiriça entre Burkina Faso e Mali* (1998); à tríade de casos relativos à assistência consular - ou seja, os casos *Breard* (1998), o caso *LaGrand* (Alemanha versus Estados Unidos, 2001), o caso *Avena e outros* (México versus Estados Unidos, 2004).

Em relação a esses casos, não se pode deixar de considerar que um dos seus elementos predominantes era justamente a situação concreta dos indivíduos diretamente afetados, e não meramente questões abstratas de interesse exclusivo dos Estados litigantes em suas relações *inter se*. Além disso, pode-se lembrar ainda que, no caso das *Atividades Armadas no Território do Congo* (República Democrática do Congo versus Uganda, 2000), a CIJ estava preocupada com graves violações dos direitos humanos e do Direito Internacional Humanitário; e o caso do *Limite Terrestre e Marítimo entre Camarões e Nigéria* (1996) também se preocupou com as vítimas dos confrontos armados.

Mais recentemente, exemplos em que as preocupações da Corte tiveram que ir além da perspectiva interestatal se tornaram ainda mais frequentes. Estes incluem, por exemplo, o caso sobre *Questões Relativas à Obrigação de Processar ou Extraditar* (2009-2013) referente ao princípio da jurisdição universal sob a Convenção da ONU contra a Tortura, o caso de *A.S. Diallo* (Guiné versus R.D. Congo, 2010) sobre a detenção e expulsão de um estrangeiro, o caso das *Imunidades Jurisdicionais do Estado* (2010-2012), o caso da *Aplicação da Convenção Internacional sobre a Eliminação de Todas as Formas de Discriminação Racial* (2011), e o caso do *Templo de Preah Vihear* (medidas provisórias, 2011).

O mesmo pode ser afirmado dos dois últimos Pareceres Consultivos da Corte, sobre a *Declaração de Independência do Kosovo* (2010), e sobre o *Julgamento do Tribunal Administrativo da OIT sobre Demandas feitas contra o FIDA* (2012), respectivamente. A artificialidade da perspectiva exclusivamente interestatal tornou-se, assim, cada vez mais manifesta; essa perspectiva repousa sobre um dogma antigo e perene, que sobreviveu até os dias atuais como resultado de um estado de letargia. Os casos contenciosos mais recentes e os pedidos de Pareceres Consultivos apresentados à Corte pediram, em razão dos objetos abordados, que essa perspectiva fosse superada.

Mesmo que o mecanismo de solução de controvérsias da CIJ seja restrito ou exclusivamente interestatal, a *substância* dessas disputas ou questões submetidas à Corte se relacionam também à pessoa humana, como os casos e Pareceres acima mencionados mostram claramente. A verdade é que a perspectiva estritamente interestatal tem um conteúdo ideológico, é um produto do seu tempo, um tempo remoto. Nessas decisões mais recentes (1999-2013), a CIJ, por vezes, tentou acertadamente superar essa perspectiva, para enfrentar os novos desafios de nossos tempos, trazidos diante dela por meio dos casos contenciosos e pedidos de Pareceres Consultivos. Voltarei a este ponto em minhas observações finais (*infra*).

a. Tribunais Internacionais de Direitos Humanos.

A era das Nações Unidas foi marcada pelo surgimento de vários tribunais internacionais. Esse é, em minha percepção, um fenômeno tranquilizante, que preencheu uma lacuna que persistiu na ordem jurídica internacional. Ele contribuiu para o acesso à justiça, a nível internacional. A capacidade processual internacional dos indivíduos foi exercida perante os tribunais internacionais de direitos humanos, graças ao sistema de petições internacionais individuais:[26] a Corte Europeia de Direitos Humanos, que celebrou seu 60º aniversário em 2010, e a Corte Interamericana de Direitos Humanos, que celebrou o seu 30º aniversário em 2009, que foram recentemente (em 2006) seguidas pela Corte Africana dos Direitos do Homem e dos Povos.

---

26 A.A. Cançado Trindade, *El Acceso Directo del Individuo a los Tribunales Internacionales de Derechos Humanos*, Bilbao, Universidad de Deusto, 2001, pp. 34-35.

A contribuição dessas cortes para a recuperação histórica da posição da pessoa humana como sujeito da lei das nações (*droit des gens*) constitui, no meu entendimento, o mais importante legado do pensamento jurídico internacional das últimas seis décadas[27]. O mecanismo da Corte Europeia já evoluiu para a concessão de *jus standi* aos indivíduos de forma direta perante a Corte; aquele da Corte Interamericana chegou à etapa de conferir *locus standi in judicio* aos indivíduos em todas as etapas do procedimento perante a Corte; cada um vive seu próprio momento histórico e nele opera, dentro da estrutura da universalidade dos direitos humanos.

Outra característica básica, e uma notável contribuição para o trabalho das Cortes Europeia e Interamericana, encontra-se na posição que ambas firmemente adotaram de estabelecer limites ao voluntarismo estatal, salvaguardando, assim, a integridade das respectivas Convenções sobre direitos humanos e a primazia de considerações de *ordre public* sobre a vontade de Estados individuais. Isso é ilustrado, por exemplo, pelas decisões da Corte Europeia nos casos de *Belilos* (1988), de *Loizidou* (objeções preliminares, 1995), e de *Ilascu, Lesco, Ivantoc e Petrov-Popa* (2001), bem como, por exemplo, pelas decisões da Corte Interamericana nos casos do *Tribunal Constitucional* de *Ivtcher Bronstein* (jurisdição, 1999), e também de *Hilaire, Benjamin e Constantine* (objeções preliminares, 2001).

Ambas as cortes internacionais estabeleceram, pois, padrões mais elevados de comportamento do Estado e estabeleceram certo grau de controle sobre a interposição de restrições indevidas por parte dos Estados; por isso, reforçaram de forma reconfortante a posição dos indivíduos como sujeitos do direito internacional, com plena capacidade processual. Ao resolver acertadamente as questões processuais básicas

27 A.A. Cançado Trindade, Évolution du Droit international au droit des gens..., *op. cit, supra* n. (22), pp. 1-187; A.A. Cançado Trindade, *Le Droit international pour la personne humaine*, Paris, Pédone, 2012, pp. 45-368.

levantadas nos casos acima mencionados, ambas as cortes internacionais utilizaram adequadamente as técnicas de direito internacional público para fortalecer suas respectivas jurisdições de proteção da pessoa humana, emancipadas *vis-à-vis* a seu próprio Estado[28]. Tribunais internacionais de direitos humanos chamaram a atenção para a posição de *centralidade* das vítimas, os *justiciáveis*.

b. Tribunais Penais internacionais.

Os tribunais penais internacionais contemporâneos viram a luz do dia na década de 1990, tendo em mente os precedentes dos Tribunais de Nuremberg e de Tóquio da II Guerra Mundial. Foram criados (em 1993 e 1994) tribunais penais internacionais *ad hoc* (para a ex-Iugoslávia e para a Ruanda), por decisão do Conselho de Segurança das Nações Unidas à luz do capítulo VII da Carta das Nações Unidas. Esses foram seguidos pelo permanente Tribunal Penal Internacional (Estatuto de Roma de 1998) e pelos assim chamados tribunais internacionais "híbridos" ou "internacionalizados" ou tribunais internacionais mistos (para a Serra Leoa, Timor Leste, Kosovo, Bósnia-Herzegovina, Camboja e Líbano).

Cada um desses tribunais contribuiu, a seu modo, para a determinação da responsabilização dos responsáveis por graves violações dos direitos humanos e do direito internacional humanitário. Eles demonstram ainda mais uma ilustração do resgate da personalidade jurídica internacional (e responsabilidade) dos indivíduos, mas, ironicamente, primeiramente como sujeitos *passivos* do direito internacional (tribu-

28 A.A. Cançado Trindade, "The Trans-Atlantic Perspective: The Contribution of the Work of the International Human Rights Tribunals to the Development of Public International Law", *in: The European Convention on Human Rights at 50 - Human Rights Information Bulletin*, n. 50 (Special Issue), Strasbourg, Council of Europe, 2000, pp. 8-9; A.A. Cançado Trindade, "The Merits of Coordination of International Courts on Human Rights", 2 *Journal of International Criminal Justice* (2004) pp. 309-312.

nais penais internacionais) e, somente depois, como sujeitos *ativos* do direito internacional (tribunais internacionais de direitos humanos).

Tais desenvolvimentos, devido a uma reação da consciência da humanidade contra crimes contra a paz, crimes contra a humanidade, graves violações dos direitos humanos e do Direito Internacional Humanitário, testemunham a expansão não só da personalidade (e capacidade) internacional, mas também da jurisdição internacional e da responsabilidade internacional. Esta é uma característica notável dos nossos tempos, na presente era dos tribunais internacionais.

A determinação de responsabilidade por parte dos tribunais penais internacionais - com todas as suas consequências legais - exerceu um papel fundamental na luta contra a impunidade. Enquanto os tribunais internacionais de direitos humanos determinam a responsabilidade dos Estados, os tribunais penais internacionais determinam a responsabilidade dos indivíduos. Em qualquer lugar do mundo, acredita-se atualmente que os perpetradores de graves violações dos direitos humanos (sejam eles Estados ou indivíduos), bem como os responsáveis por atos de genocídio, crimes de guerra e crimes contra a humanidade, devem responder judicialmente pelas atrocidades cometidas, independentemente de sua nacionalidade ou da posição ocupada na escala hierárquica do poder público do Estado.

c. Panorama Geral

Graças ao trabalho desses tribunais internacionais, a comunidade internacional não mais aceita a impunidade por crimes internacionais por *graves* violações dos direitos humanos e do direito internacional humanitário.[29] A determinação da responsabilidade penal internacional

29 E. Möse, "Main Achievements of the ICTR", 3 *Journal of International Criminal Justice* (2005) pp. 932-933; E. Möse, "The International Criminal Tribunal for Rwanda", *in International Criminal Justice - Law and Practice from the Rome Sta-*

dos indivíduos por parte desses tribunais é uma reação do direito internacional contemporâneo às *graves* violações, guiadas por princípios fundamentais e valores compartilhados pela comunidade internacional como um todo.[30] Não há mais espaço para a impunidade, com a configuração atual de um verdadeiro *droit au Droit*, das pessoas vitimizadas em qualquer circunstância, inclusive em meio à mais completa adversidade.[31] Os tribunais internacionais de direitos humanos, bem como os tribunais penais internacionais, operaram de forma decisiva para pôr fim à impunidade.

Os avanços jurisprudenciais desses tribunais nos últimos anos eram imprevisíveis, e até impensáveis, algumas décadas atrás.[32] Os tribunais internacionais de direitos humanos ajudaram a despertar a consciência pública a respeito de situações de extrema adversidade ou mesmo de falta de defesa que afetam os indivíduos, e de violência generalizada que vitimiza segmentos vulneráveis da população.[33] Esses, com efeito, trou-

---

tute to Its Review (ed. R. Bellelli), Farnham/U.K., Ashgate, 2010, p. 90. And cf. also, likewise, A. Cassese, "The Legitimacy of International Criminal Tribunals and the Current Prospects of International Criminal Justice", 25 *Leiden Journal of International Law* (2012) p. 497.

30 S. Zappalà, *La justice penale internationale*, Paris, Montchrestien, 2007, pp. 15, 19, 23, 29, 31, 34-35, 43, 135, 137 and 145-146.

31 A.A. Cançado Trindade, *The Access of Individuals to International Justice*, *op. cit. supra* n. (20), pp. 196-198, and cf. pp. 132-191.

32 Quanto à importância crescente atualmente dedicada ao tema, cf. Y. Beigbeder, *International Justice against Impunity - Progress and New Challenges*, Leiden, Nijhoff, 2005, pp. 1-235.

33 Cf., as to the ECtHR, e.g., M.D. Goldhaber, A People´s History of the European Court of Human Rights, New Brunswick/London, Rutgers University Press, 2009, pp. 2, 11, 57, 123, 126-127, 149-151, 155-158 and 168; and, as to the IACtHR, e.g., A.A. Cançado Trindade, "Die Entwicklung des interamerikanischen Systems zum Schutz der Menschenrechte", 70 *Zeitschrift für ausländisches öffentliches Recht und Völkerrecht* (2010) pp. 629-699.

xeram justiça aos vitimizados, mesmo em situações de violência sistemática e generalizada e atrocidades em massa. Contribuíram assim, de maneira considerável e decisiva, para o primado do *Estado de Direito* nos níveis nacional e internacional, demonstrando que ninguém está acima da lei – nem os governantes, nem os governados, nem os próprios Estados. O direito internacional aplica-se diretamente aos Estados, às organizações internacionais e aos indivíduos.[34]

d. A Contribuição da Jurisdição Consultiva Expandida

Foi com a CPJI que, pela primeira vez, a função consultiva foi atribuída a um tribunal internacional – cercada por muita discussão. Essa foi originalmente concebida para auxiliar a Assembleia e o Conselho da Liga das Nações, através da CPJI, que, aproveitando-a, acabou ajudando não apenas esses órgãos, mas também os Estados: dentre os 27 pareceres consultivos que apresentou, 17 deles abordaram aspectos de disputas entre Estados. Contribuiu, assim, para evitar procedimentos contenciosos e exercer uma função preventiva, em benefício da própria solução judicial de controvérsias internacionais.[35] A função consultiva, tal como exercida pela CPJI, contribuiu também para o desenvolvimento progressivo do direito internacional.

Desde então, a jurisdição consultiva se expandiu. Enquanto o Estatuto da CPJI permitia somente ao Conselho e à Assembleia da Liga solicitar Pareceres Consultivos, o Estatuto da CIJ permitiu que outros órgãos das Nações Unidas (além da Assembleia Geral, do Conselho de Segurança e do ECOSOC) e agências especializadas e outros o fizessem, de forma que

34 A.A. Cançado Trindade, *Os Tribunais Internacionais Contemporâneos, op. cit. supra* n. (11), pp. 109-110.

35 M.G. Samson and D. Guilfoyle, "The Permanent Court of International Justice and the 'Invention' of International Advisory Jurisdiction", *in Legacies of the Permanent Court of International Justice* (eds. C.J. Tams, M. Fitzmaurice and P. Merkouris), Leiden, Nijhoff, 2013, pp. 41-45, 47, 55-57 and 63.

a CIJ já emitiu 27 Pareceres Consultivos até o momento. Outros tribunais internacionais contemporâneos foram dotados da jurisdição consultiva, e há exemplos de uso frequente, como a construção jurisprudencial consultiva da Corte Interamericana de Direitos Humanos.

Os pareceres consultivos da CIJ, por sua vez, também podem contribuir, e de fato o fizeram, para a prevalência do *Estado de Direito* nos níveis nacional e internacional. Alguns deles contribuíram igualmente para o desenvolvimento progressivo do direito internacional (por exemplo, os referentes à *Reparação por Lesões*, 1949; à *Namíbia*, 1970; à *Imunidade relacionada a Processo Judicial em face de um Relator Especial da Comissão das Nações Unidas para os Direitos Humanos*, 1999; entre outros). O mesmo pode ser dito de alguns dos pareceres consultivos da Corte Interamericana de Direitos Humanos (como os relativos ao *Direito à Informação sobre a Assistência Consular no Marco das Garantias do Devido Processo Legal*, 1999; à *Condição Jurídica e Direitos Humanos da Criança*, 2002; à *Condição Jurídica e os Direitos dos Migrantes Indocumentados*, 2003).

IV. O MOVIMENTO EM DIREÇÃO À JURISDIÇÃO COMPULSÓRIA

Não é minha intenção, hoje, insistir nas bases de jurisdição dos tribunais internacionais contemporâneos, como já o fiz em detalhes em outras oportunidades,[36] e recentemente em minha longa Opinião Dissidente

36 A.A. Cançado Trindade, "Towards Compulsory Jurisdiction: Contemporary International Tribunals and Developments in the International Rule of Law - Part I", *in* XXXVII *Curso de Derecho Internacional Organizado por el Comité Jurídico Interamericano - 2010,* Washington D.C., OAS General Secretariat, 2011, pp. 233-259; A.A. Cançado Trindade, "Towards Compulsory Jurisdiction: Contemporary International Tribunals and Developments in the International Rule of Law - Part II", *in* XXXVIII *Curso de Derecho Internacional Organizado por el Comité Jurídico Interamericano - 2011,* Washington D.C., OAS General Secretariat, 2012, pp. 285-366.

(para. 1-214) no Julgamento da CIJ (de 01.04.2011) no caso da *Aplicação da Convenção sobre a Eliminação de Todas as Formas de Discriminação Racial*; mas não posso deixar de recordar, nesta celebração do centenário, as dificuldades experimentadas no extenso caminho rumo à jurisdição obrigatória. Ao longo das últimas décadas, os avanços poderiam ter sido muito maiores se a prática dos Estados não tivesse prejudicado ou traído o propósito que originalmente inspirou a criação do mecanismo da cláusula opcional de jurisdição compulsória (da CPJI e da CIJ), isto é, a submissão de interesses políticos ao Direito, ao invés da aceitação da jurisdição compulsória da maneira que se deseja livremente.

Só assim seria possível, como inicialmente previsto, alcançar maior desenvolvimento na realização da justiça em nível internacional com base na jurisdição obrigatória. A fundação da jurisdição obrigatória reside, em última análise, na confiança no *Estado de Direito* na seara internacional.[37] A própria natureza de um tribunal de justiça (além da arbitragem tradicional) exige jurisdição compulsória[38]. A consciência está acima da vontade.

Esperanças recentemente renovadas nesse sentido foram expressas em cláusulas compromissórias consagradas em tratados multilaterais e bilaterais.[39] Essas esperanças aumentaram nos últimos anos, com o crescente recurso a cláusulas compromissórias como base de jurisdição.[40]

---

37 Cf., in this sense, C.W. Jenks, *The Prospects of International Adjudication*, London, Stevens, 1964, pp. 101, 117, 757, 762 and 770.

38 Cf., in this sense, B.C.J. Loder, "The Permanent Court of International Justice and Compulsory Jurisdiction", 2 *British Year Book of International Law* (1921-1922) pp. 11-12. And cf., earlier on, likewise, N. Politis, *La justice internationale*, Paris, Libr. Hachette, 1924, pp. 7-255, esp. pp. 193-194 and 249-250.

39 E. Hambro, "Some Observations on the Compulsory Jurisdiction of the International Court of Justice", 25 *British Year Book of International Law* (1948) p. 153.

40 Cf. R. Szafarz, *The Compulsory Jurisdiction of the International Court of Justice*, Dordrecht, Nijhoff, 1993, pp. 4, 31-32, 83 and 86; R.P. Anand, "Enhancing the

Em todo caso, seja como for, a CIJ retém pelo menos o poder e o dever de dirigir-se *motu proprio* à questão da jurisdição.[41] Chegou a hora de superar definitivamente a lamentável falta de automatismo da jurisdição internacional, que, apesar de todas as dificuldades, não é mais um sonho acadêmico ou utopia, mas se tornou realidade em relação a alguns tribunais internacionais.

Eu apontei esse fato em meu Curso Geral de Direito Internacional Público proferido na Academia de Direito Internacional da Haia em 2005, ocasião na qual analisei, *inter alia*, os desenvolvimentos no domínio da solução pacífica de disputas internacionais bem além do voluntarismo estatal, e tendo em mente as preocupações gerais da comunidade internacional.[42] Mais recentemente, reiterei que

> "A jurisdição internacional está se tornando, em nossos dias, um imperativo do próprio ordenamento jurídico internacional contemporâneo, e a jurisdição compulsória responde a uma necessidade da comunidade internacional em tempos atuais; embora esta última ainda não tenha sido totalmente alcançada, alguns avanços foram feitos nas últimas décadas.[43] A Corte de Justiça

---

Acceptability of Compulsory Procedures of International Dispute Settlement", 5 *Max Planck Yearbook of United Nations Law* (2001) pp. 5-7, 11, 15 and 19.

41 R.C. Lawson, "The Problem of the Compulsory Jurisdiction of the World Court", 46 *American Journal of International Law* (1952) pp. 234 and 238, and cf. pp. 219, 224 and 227.

42 A.A. Cançado Trindade, "International Law for Humankind: Towards a New *Jus Gentium* -General Course on Public International Law - Part II", 317 *Recueil des Cours de l'Académie de Droit International de la Haye* (2005), chapters XXIV -XXV, pp. 173-245.

43 H. Steiger, "Plaidoyer pour une juridiction internationale obligatoire", *in Theory of International Law at the Threshold of the 21st Century - Essays in Honour of K. Skubiszewski* (ed. J. Makarczyk), The Hague, Kluwer, 1996, pp. 818, 821-822 and 832; and cf. R.St.J. MacDonald, "The New Canadian Declaration of Acceptance of the Compulsory Jurisdiction of the International Court of Justice", 8 *Canadian Yearbook of International Law* (1970) pp. 21, 33 and 37.

> das Comunidades Europeias fornece um exemplo de jurisdição obrigatória supranacional, embora limitado ao direito comunitário ou ao direito da integração. A Convenção Europeia de Direitos Humanos, após a entrada em vigor do Protocolo n. 11 em 01.11.1998, oferece outro exemplo notável de jurisdição compulsória automática. O Tribunal Penal Internacional é o exemplo mais recente a este respeito; embora outros meios tenham sido contemplados nos *travaux préparatoires* do Estatuto de Roma de 1998 (como procedimentos incômodos de "optar em" e "optar fora"), no final prevaleceu a jurisdição compulsória, sem necessidade de maior expressão de consentimento por parte dos Estados Partes do Estatuto de Roma. Esta foi uma decisão significativa, reforçando a jurisdição internacional.

O sistema da Convenção da ONU de 1982 sobre o Direito do Mar, à sua maneira, vai além do regime tradicional da cláusula opcional do Estatuto da CIJ. Tal sistema permite aos Estados Partes da Convenção a opção entre o Tribunal Internacional do Direito do Mar, ou a CIJ, ou a arbitragem (artigo 287.º); apesar da exclusão de certos assuntos, a Convenção consegue estabelecer um procedimento compulsório contendo elementos coercitivos; a escolha especificada de procedimentos garante, pelo menos, a resolução de litígios que se enquadram no escopo da Convenção da ONU sobre o Direito do Mar[44]. Além dos avanços já alcançados para esse efeito, poderiam também ser referenciados os empreendimentos recentes no mesmo sentido.

Essas ilustrações são suficientes para revelar que a jurisdição compulsória já é uma realidade – pelo menos em alguns domínios circuns-

---

44 L. Caflisch, "Cent ans de règlement pacifique des différends interétatiques", 288 *Recueil des Cours de l'Académie de Droit International de La Haye* (2001) pp. 365-366 and 448-449; J. Allain, "The Future of International Dispute Resolution - The Continued Evolution of International Adjudication", *in Looking Ahead: International Law in the 21st Century* (Proceedings of the 29th Annual Conference of the Canadian Council of International Law, Ottawa, October 2000), The Hague, Kluwer, 2002, pp. 61-62.

critos do Direito Internacional, como indicado acima. A jurisdição internacional obrigatória é, certamente, uma possibilidade jurídica. Se ainda não foi alcançada em nível mundial no *contentieux* interestatal, tal fato não pode ser atribuído a uma ausência de viabilidade jurídica, mas sim a percepções errôneas de sua função, ou simplesmente a uma falta de consciência quanto à necessidade de ampliar seu escopo. A jurisdição compulsória é uma manifestação do reconhecimento de que o Direito Internacional, mais do que voluntário, é de fato *necessário.*[45]"[46]

V. CONCEPÇÕES EMERGENTES DO EXERCÍCIO DA FUNÇÃO JUDICIÁRIA INTERNACIONAL

Com o funcionamento dos tribunais internacionais, surgiram gradualmente duas distintas concepções básicas do exercício da função judicial internacional: uma – a rígida – segundo a qual o tribunal tem que se limitar a fim de resolver a controvérsia em questão, de forma a lidar com sua resolução para as partes em conflito (uma forma de justiça transacional), através de uma análise voltada apenas ao que as partes haviam colocado perante a ele; a outra, maior, - a que eu sustento –, pela qual o tribunal tem que ir além disso, e dizer qual é a Lei (*juris dictio*), contribuindo assim também para a resolução de outras situações seme-

45 Um exemplo pode ser encontrado nas Propostas para o Projeto de Protocolo à Convenção Americana sobre Direitos Humanos, que preparei como relator da CIDH, que, *inter alia*, defende uma emenda ao artigo 62 da Convenção Americana para tornar a jurisdição da CIDH automaticamente obrigatória em matérias contenciosas após a ratificação da Convenção. Cf. A.A. Cançado Trindade, *Informe: Bases para un Proyecto de Protocolo a la Convención Americana sobre Derechos Humanos, para Fortalecer Su Mecanismo de Protección*, vol. II, 2nd. ed., San José of Costa Rica, Inter-American Court of Human Rights, 2003, pp. 1-64.

46 A.A. Cançado Trindade, "Towards Compulsory Jurisdiction: Contemporary International Tribunals and Developments in the International Rule of Law - Part II", *in op. cit. supra* n. (37), pp. 310-311.

lhantes, e para o desenvolvimento progressivo do direito internacional. Na própria interpretação - ou mesmo na busca - da lei aplicável, há espaço para a criatividade judicial; cada tribunal internacional é livre para encontrar a lei aplicável, independentemente dos argumentos das partes em conflito[47] (*juria novit curia*).

Ademais, há circunstâncias em que as sentenças dos tribunais internacionais podem ter repercussões para além dos Estados partes de um caso, como exemplificado pelas conhecidas sentenças da Corte Interamericana de Direitos Humanos (tendo como caso principal o de *Barrios Altos*, 2001) que consideraram incompatíveis com a Convenção Americana sobre Direitos Humanos as anistias que levaram à impunidade.[48] Tais repercussões tendem a ocorrer quando os julgamentos conseguem dar expressão à ideia de uma justiça *objetiva*. Desta forma, elas contribuem para a evolução do direito internacional em si e para o *Estado de Direito* em nível nacional e internacional nas sociedades democráticas.

Quanto mais os tribunais internacionais se dedicarem a explicar claramente os fundamentos de suas decisões, maior será sua contribuição à justiça e à paz. Esta questão atraiu a atenção dos círculos jurídicos nas últimas décadas[49]. Em minha concepção, nos julgamentos dos tribunais internacionais (também no nível regional, além dos tribunais nacionais), os *motifs* e os *dispositifs* caminham juntos: não se pode separar a própria decisão de seus fundamentos, do raciocínio que a sustenta.

---

47 Cf. M. Cappelletti, *Juízes Legisladores?*, Porto Alegre/Brazil, S.A. Fabris Ed., 1993, pp. 73-75 and 128-129; M.O. Hudson, *International Tribunals - Past and Future*, Washington D.C., Carnegie Endowment for International Peace/Brookings Inst., 1944, pp. 104-105.

48 Nesse sentido, cf. A.A. Cançado Trindade, *El Ejercicio de la Función Judicial Internacional - Memorias de la Corte Interamericana de Derechos Humanos*, 3rd. ed., Belo Horizonte/Brazil, Edit. Del Rey, 2013, pp. 267-268.

49 Cf., e.g., [Various Authors,] *La Sentenza in Europa - Metodo, Tecnica e Stile* (Atti del Convegno Internazionale di Ferrara di 1985), Padova, CEDAM, 1988, pp. 101-126, 217-229 and 529-542.

Razão e persuasão permeiam o funcionamento da justiça, e isso remonta às origens históricas de sua concepção.

IV. A RELEVÂNCIA DOS PRINCÍPIOS GERAIS DO DIREITO.

Os princípios gerais do direito, inscritos entre as fontes formais do direito internacional (Artigo 38 do Estatuto da CIJ), abrangem aqueles encontrados em todos os sistemas jurídicos nacionais (assim inevitavelmente ligados aos próprios fundamentos do Direito) e também os princípios gerais do direito internacional[50]. Tais princípios, em minha própria concepção, informam e conformam as normas e regras do direito internacional, sendo uma manifestação da consciência jurídica universal; no *jus gentium* em evolução, as considerações básicas da humanidade desempenham um papel de fundamental importância.[51]

Os princípios gerais do direito anteriormente mencionados sempre marcaram presença na busca pela Justiça, apesar das diferentes percepções desta última em países distintos. Os tribunais internacionais de direitos humanos e os tribunais penais internacionais atribuem grande importância a tais princípios gerais de direito[52]. Esses princípios vêm sendo reafirmados de tempos em tempos e mantêm a validade total em nossos dias. O positivismo jurídico sempre tentou, em vão, minimizar

---

50 Não é surpreendente que os arautos da soberania absoluta do passado tenham resistido à aplicabilidade aos princípios gerais do direito a nível internacional; F.O. Raimondo, *General Principles of Law in the Decisions of International Criminal Courts and Tribunals*, Leiden, Nijhoff, 2008, pp. 59 and 41.

51 A.A. Cançado Trindade, *International Law for Humankind - Towards a New Jus Gentium*, 2nd. rev. ed., Leiden/The Hague, Nijhoff, 2013, pp. 1-726.

52 Para tais efeitos, cf., *inter alia*, e.g., K. Grabarczyk, *Les principes généraux dans la jurisprudence de la Cour Européenne des Droits de l´Homme*, Aix-Marseille, Presses Universitaires d´Aix-Marseille, 2008, pp. 375-473; M. Shahabuddeen, *International Criminal Justice at the Yugoslav Tribunal - A Judge´s Recollection*, Oxford, Oxford University Press, 2012, pp. 55, 57, 86, 88-89, 185 and 203.

seu papel, mas a verdade é que, sem esses princípios, não há sistema legal, seja nacional ou internacional. Os princípios expressam a ideia de uma *justiça objetiva*, abrindo o caminho para a aplicação do direito internacional universal, o novo *jus gentium* de nossos tempos.[53]

Tive a oportunidade de refletir, por exemplo, em minha Opinião Concorrente no inovador Parecer Consultivo n. 18, de 17.09.2003, da CIDH, sobre a Condição Jurídica e os Direitos dos Migrantes Indocumentados:

> "Todo sistema legal tem princípios fundamentais que inspiram, informam e conformam suas normas. São os princípios (derivados etmologicamente do termo *principium,* em latim) que, evocando as primeiras causas, fontes ou origens das normas e regras, conferem coesão, coerência e legitimidade às normas legais e ao sistema jurídico como um todo. São os princípios gerais do direito (*prima principia*) que conferem à ordem jurídica (nacional e internacional) sua inevitável dimensão axiológica; são eles que revelam os valores que inspiram toda a ordem jurídica e que, em última instância, fornecem sua própria fundação. É assim que concebo a presença e a posição dos princípios em qualquer ordem jurídica e seu papel no universo conceitual do Direito. (...)

Do *prima principia* emanam as normas e regras que nelas encontram seu significado. Os princípios estão assim presentes nas origens da própria Lei. Os princípios nos mostram os fins legítimos a serem buscados: o bem comum (de todos os seres humanos, e não de uma coletividade abstrata), a realização da justiça (em nível nacional e internacional), a primazia necessária da lei sobre a força, a preservação da paz. Ao contrário daqueles que tentam - a meu ver em vão - minimizá-los, entendo que, se não há princípios, tampouco existe verdadeiramente

53 A.A. Cançado Trindade, *International Law for Humankind...*, *op. cit. supra* n. (53), pp. 1-726.

um sistema legal. Sem os princípios, a 'ordem legal' simplesmente não é cumprida e deixa de existir como tal" (paras. 44 e 46).

Um tribunal internacional como a CIJ recorreu a princípios gerais do direito (reconhecidos no sistema legal interno e no direito internacional) em sua *jurisprudence constante*. Por sua parte, os tribunais internacionais de direitos humanos sempre tiveram em mente o princípio da dignidade da pessoa humana, bem como o princípio (*pro victima*) da aplicação da norma mais favorável à vítima. E os tribunais criminais internacionais têm em mente o princípio da humanidade, bem como o princípio da jurisdição universal; e se pode acrescentar, em relação ao TPI, o princípio da complementaridade (consagrado em seu Estatuto), - para se referir a alguns exemplos.

A partir dessa perspectiva, a postura básica de um tribunal internacional só pode ser *principiste*, sem fazer concessões indevidas ao voluntarismo estatal. Tive a oportunidade de assinalar, como orador convidado, na abertura do ano judicial da CEDH, em 22.01.2004, no *Palais des Droits de l'Homme*, em Estrasburgo, nos seguintes termos:

> "Ambas, a Corte Europeia e a Corte Interamericana, com razão, impuseram limites ao voluntarismo estatal, protegeram a integridade de suas respectivas Convenções sobre direitos humanos e a preponderância de considerações de *ordre public* em face da vontade de um Estado em particular, elevaram os requisitos para o comportamento do Estado, introduziram um determinado controle sobre a imposição de restrições excessivas por parte dos Estados e reforçaram, de forma reconfortante, o status dos indivíduos como sujeitos do Direito Internacional dos Direitos Humanos, dando-lhes plena capacidade processual."[54]

---

54 *In*: "Discours de A.A. Cançado Trindade, Président de la Cour Interaméricaine des Droits de l'Homme", Cour Européenne des Droits de l'Homme, *Rapport annuel 2003*, Strasbourg, CourEDH, 2004, pp. 41-50; também reproduzido *in* A.A. Cançado Trindade, *El Desarrollo del Derecho Internacional de los Derechos Humanos mediante el Funcionamiento y la Jurisprudencia de la Corte Europea y la*

Mais recentemente, dentro da CIJ, eu também sustentei a mesma posição. Por exemplo, em minha longa Opinião Separada no Parecer Consultivo da CIJ (de 22.07.2010) sobre a *Conformidade com o Direito Internacional da Declaração de Independência de Kosovo*, eu destaquei, *inter alia*, a relevância dos princípios do direito internacional no marco do Direito das Nações Unidas, e em relação aos *fins humanos* do Estado (paras. 177-211), levando também à superação do paradigma estritamente interestatal no direito internacional contemporâneo. Posteriormente, em minha extensa Opinião Dissidente no caso referente à *Aplicação da Convenção Internacional sobre a Eliminação de Todas as Formas de Discriminação Racial* (CEDR, Geórgia *versus* Federação Russa, Sentença de 01.04.2011), sustentei a necessidade urgente da realização de justiça com base na cláusula compromissória (Artigo 22) da Convenção CEDR, descartando qualquer cessão ao voluntarismo estatal (parágrafo 1-214) [cf. supra].

VII. A CONSCIÊNCIA DA PRIMAZIA DO *JUS NAECESSARIUM* SOBRE O *JUS VOLUNTARIUM*.

Como já vimos, na atual era dos tribunais internacionais houve avanços em direção à jurisdição internacional *compulsória* (cf. supra), buscando assegurar a primazia do *jus naecessarium* sobre o *jus voluntarium*. O fenômeno atual da multiplicidade de tribunais internacionais está de fato relacionado ao movimento em direção à jurisdição internacional compulsória.[55] Quanto à CIJ, o objetivo original da cláu-

---

Corte Interamericana de Derechos Humanos, San José de Costa Rica/Strasbourg, CtIADH, 2007, pp. 41-42, para. 13.

55 Cf. H. Ascensio, "La notion de juridiction internationale en question", *in La juridictionnalisation du droit international* (SFDI, Colloque de Lille de 2002), Paris, Pédone, 2003, pp. 192-194; E. McWhinney, *Judicial Settlement of International Disputes - Jurisdiction, Justiciability and Judicial Law-Making on the Contemporary International Court*, Dordrecht, Nijhoff, 1991, p. 13.

sula facultativa (Artigo 36 (2) do Estatuto) era atrair a aceitação geral de modo a estabelecer a jurisdição internacional compulsória, à luz do princípio da igualdade jurídica dos Estados; a prática subsequente de adicionar restrições - no livre arbítrio de cada Estado - à aceitação da cláusula opcional distorceu o propósito originalmente proposto. Entretanto, há hoje uma esperança renovada no uso crescente de cláusulas compromissórias, como base jurisdicional no *contentieux* perante a CIJ; para sua consideração, em minha perspectiva, deve-se levar em conta as respectivas convenções como um todo (incluindo seu objeto e propósito), no caminho para a jurisdição internacional obrigatória.

O Tribunal Internacional do Direito do Mar (TNUDM) conta com um mecanismo *sui generis* (*supra*), abrindo quatro alternativas para a solução de controvérsias: se não houver acordo sobre qual escolher, aplica-se a arbitragem. Isso fornece outra ilustração de que a discricionaridade do Estado não é ilimitada como no passado. A corte de Justiça das Comunidades Europeias (CJCE, da União Europeia) fornece mais uma ilustração do movimento em direção à jurisdição internacional compulsória, no domínio da integração regional ou sub-regional, domínio em que há uma multiplicidade de tribunais internacionais atualmente (por exemplo, na América Latina e na África). Um tribunal internacional como o CJCE contribuiu consideravelmente para a consolidação da natureza *autônoma* do direito comunitário, para a sua eficácia e para a especificidade dos tratados Comunitários, bem como para a identificação das características essenciais do ordenamento jurídico Comunitário[56] (como a sua primazia sobre as leis dos Estados membros e o efeito

56 Cf., e.g., P.J.G. Kapteyn, "The Role of the Court of Justice in the Development of the Community Legal Order", *in Il Ruolo del Giudice Internazionale nell'Evoluzione del Diritto Internazionale e Comunitario - Atti del Convegno di Studi in Memoria di G. Morelli* (Università di Reggio Calabria, 1993 - ed. F. Salerno), Padova, CEDAM, 1995, pp. 161-162, 165-167 and 170-173. And cf., recently, e.g., A. von Bogdandy, *I Principi Fondamentali dell'Unione Europea - Un Contributo allo Sviluppo del Costituzionalismo Europeo*, Roma, Edit. Scientifica, 2011, pp. 63-137.

direto de várias de suas disposições, aplicáveis tanto aos seus nacionais quanto aos próprios Estados membros).

VIII. TRIBUNAIS INTERNACIONAIS E FERTILIZAÇÃO CRUZADA JURISPRUDENCIAL

Atualmente, a doutrina legal internacional mais lúcida finalmente descartou expressões eufemísticas e vazias usadas alguns anos atrás, - como a chamada "proliferação" de tribunais internacionais, a chamada "fragmentação" do direito internacional, o chamado "forum-shopping",– que desviavam a atenção para as falsas questões de delimitação de competências, sendo olvidada a necessidade de focar no imperativo de um acesso ampliado à justiça. Essas expressões, tacanhas, deselegantes, derrogatórias, e desprovidas de qualquer significado, prestavam um desserviço à nossa disciplina; eles perderam o ponto chave dos avanços consideráveis do antigo ideal de justiça internacional no mundo contemporâneo.

Tornou-se claro hoje que os tribunais internacionais contemporâneos, ao invés de ameaçarem a coesão do direito internacional, enriquecem e fortalecem o direito, ao afirmar sua aptidão para resolver disputas em distintos domínios do direito internacional, tanto em nível interestatal quanto intra-estatal. O direito internacional contemporâneo tornou-se, assim, mais sensível à satisfação das necessidades básicas da comunidade internacional, dos seres humanos e da humanidade como um todo, dentre os quais o da realização da justiça. A expansão da jurisdição internacional pelo estabelecimento de tribunais internacionais contemporâneos é apenas um reflexo do modo como o direito internacional contemporâneo evoluiu, não mais indiferente ao sofrimento humano, e atualmente em busca e construção de um *corpus juris* para a comunidade internacional através do *Estado de Direito* nas sociedades democráticas e comprometido com a realização da justiça.

No desempenho de sua missão comum de transmitir a justiça, os tribunais internacionais contemporâneos começaram a levar em conta a jurisprudência de cada um. A jurisprudência da CIJ, por exemplo, tem sido regularmente considerada por outros tribunais internacionais contemporâneos. Além disso, recentemente, a própria CIJ também mostrou abertura e começou a fazer o mesmo, conforme divulgado por sua Sentença (mérito, de 30.11.2010) no caso *A.S. Diallo,* no qual, pela primeira vez na sua história, a CIJ estabeleceu violações dos dois tratados de direitos humanos em questão, nomeadamente, em nível universal, o Pacto das Nações Unidas sobre os Direitos Civis e Políticos de 1966 e, em nível regional, a Carta Africana de Direitos Humanos e dos Povos de 1981, - tanto no marco da universalidade dos direitos humanos –, além da violação estabelecida da Convenção de Viena de 1963 sobre Relações Consulares (Artigo 36 (1) (b)).

Também de maneira inédita, a CIJ fez expressas referências cruzadas à jurisprudência pertinente dos Tribunais Interamericano e Europeus de Direitos Humanos; e novamente, em sua subsequente Sentença (reparações, de 19.06.2012) no mesmo caso *A.S. Diallo*, voltou a se referir à jurisprudência pertinente de outros tribunais internacionais, tais como os Tribunais Europeu e Interamericano de Direitos Humanos, o Tribunal Internacional para o Direito do Mar e o Tribunal de Reivindicações Irã-Estados Unidos. Da mesma forma, o tratamento do caso *Lubanga* (2007-2012) pelo Tribunal Penal Internacional (TPI) foi marcado, desde o início, pela atenção dispensada pelo TPI à jurisprudência pertinente dos tribunais internacionais de direitos humanos; no que se refere ao tratamento de questões específicas relativas a reparações, o TPI (Câmara de Julgamento I) tem feito, em uma extensão ainda maior, referências cruzadas expressas à jurisprudência pertinente da Corte Interamericana de Direitos Humanos, em particular .

Como outros tribunais internacionais contemporâneos, o TNUDM também contribuiu para a fertilização cruzada jurisprudencial. Assim, recentemente (Sentença de 14.03.2012), no caso da *Delimitação do Limite Marítimo entre Bangladesh e Mianmar na Baía de Bengala*, o TNUDM fez várias referências cruzadas às decisões da CIJ em casos distintos de delimitação marítima[57]. Anteriormente, em sua primeira Opinião Consultiva (de 01.02.2011), sobre *Responsabilidades e Obrigações dos Estados Patrocinadores e Entidades com Respeito às Atividades na Área*, a TNDUM (Câmara de Controvérsias Marítimas) referiu-se a outras decisões da CIJ (paras. 57 e 169), em particular ao seu julgamento (de 20.04.2010) no caso das *Fábricas de Celulose no Rio Uruguai* (paras. 57, 115, 135 e 147), bem como ao parecer consultivo da CIJ (de 22.07.2010) sobre a *Declaração de Independência do Kosovo* (parágrafos 39 e 60).

A fertilização cruzada jurisprudencial, além disso, exerce uma função construtiva na salvaguarda dos direitos dos *justiciáveis*. Assim, é de se esperar que os tribunais internacionais contemporâneos permaneçam cada vez mais conscientes da jurisprudência de cada um, em sua contínua atuação em sua missão comum de transmitir a justiça em distintos domínios do direito internacional[58], preservando assim sua *unidade básica. Essa atuação é para o benefício da comunidade internacional como um todo e de todos os justiciáveis*, todos sujeitos de direito em todo o mundo, - Estados, organizações internacionais e indivíduos.

IX. EFEITOS DO TRABALHO DOS TRIBUNAIS INTERNACIONAIS

Na atual era de múltiplos tribunais internacionais, os efeitos de seu trabalho conjunto já podem ser percebidos. Esses efeitos foram, em minha percepção, em primeiro lugar, seus esforços *legislativos*, não apenas aplicando, mas também criando um direito *objetivo*, além da vontade

57 Paragraphs 90, 95, 117, 185, 191, 211, 229-230, 233, 264, 294-295 and 330.

58 A.A. Cançado Trindade, "Contemporary International Tribunals: Their Continuing Jurisprudential Cross-Fertilization...", *op. cit. supra* n. (23), p. 188. And cf., in general, e.g., G. de Vergottini and J.-J. Pardini, *Au-delà du dialogue entre les Cours*, Paris, Dalloz, 2013, pp. 39-138.

ou consentimento de Estados individuais, com base na consciência dos valores humanos; em segundo lugar, o reconhecimento da importância fundamental dos princípios gerais do direito;[59] em terceiro lugar, o desenvolvimento do procedimento legal internacional (com uma mistura de tradições dos sistemas jurídicos nacionais em todo o mundo, e o reconhecimento da importância para os justiciáveis da realização de audiências orais); em quarto lugar, o fomento da *unidade* do direito, com as interações entre o direito internacional e o direito doméstico; e, em quinto lugar, a mencionada promoção do respeito pelo *Estado de Direito* nos níveis nacional e internacional.

A afirmação de uma lei *objetiva* (primeiro ponto), para além da vontade dos Estados individuais, é um renascimento do pensamento jusnaturalista. A solução judicial de disputas internacionais é necessária como garantia contra a interpretação unilateral por um Estado de obrigações convencionais. Afinal, os fundamentos básicos do direito internacional emanam, em última análise, da consciência humana, da consciência jurídica universal, e não da "vontade" dos Estados individuais.[60] A assertiva da *unidade* da lei está entrelaçada com o *Estado de Direito* nos níveis nacional e internacional, pois o acesso à justiça ocorre e deve ser preservado em ambos os níveis.[61]

A própria CIJ, apesar de seu mecanismo anacrônico de funcionamento interestatal, tem estado atenta aos desenvolvimentos nos do-

---

59 A.A. Cançado Trindade, "Foundations of International Law: The Role and Importance of Its Basic Principles", *in XXX Curso de Derecho Internacional Organizado por el Comité Jurídico Interamericano* - OAS (2003) pp. 359-415.

60 M.M.T.A. Brus, *Third Party Dispute Settlement in an Interdependent World*, Dordrecht, Nijhoff, 1995, pp. 142 and 182-183; A.A. Cançado Trindade, "La *Recta Ratio* dans les Fondements du *Jus Gentium* comme Droit International de l'Humanité", 10 *Revista do Instituto Brasileiro de Direitos Humanos* (2010) pp. 11-26.

61 A.A. Cançado Trindade, *Os Tribunais Internacionais Contemporâneos, op. cit. supra* n. (11), pp. 80-82.

mínios do Direito Internacional dos Direitos Humanos[62] e do Direito Internacional Humanitário.[63] A esse respeito, não deve passar despercebido que tendências distintas de proteção dos *justiciáveis* (Direito Internacional dos Direitos Humanos, Direito Internacional Humanitário, Direito Internacional dos Refugiados, Direito Penal Internacional) *convergem*, em vez de conflitarem entre si, nos planos normativo, hermenêutico e operativos.[64]

X. INTERAÇÕES ENTRE DIREITO INTERNACIONAL E DOMÉSTICO: A UNIDADE DO DIREITO

O trabalho dos tribunais internacionais de direitos humanos, bem como dos tribunais penais internacionais contemporâneos (cf. *supra*), testemunham as interações entre o direito internacional e o direito doméstico em seus respectivos domínios de atuação. A realização da justiça torna-se um objetivo comum e convergente nas ordens jurídicas nacionais e internacionais. Ambos testificam a *unidade da Lei* na realização da justiça, um sinal dos nossos tempos. Os tribunais internacio-

62 Cf., *inter alia*, e.g., A.A. Cançado Trindade, "La jurisprudence de la Cour Internationale de Justice sur les droits intangibles / The Case-Law of the International Court of Justice on Non-Derogable Rights", *in Droits intangibles et états d'exception / Non-Derogable Rights and States of Emergency* (eds. D. Prémont, C. Stenersen and I. Oseredczuk), Bruxelles, Bruylant, 1996, pp. 53-71 e 73-89.

63 Cf., *inter alia*, e.g., A.A. Cançado Trindade, "La jurisprudence de la Cour Internationale de Justice sur les droits intangibles / The Case-Law of the International Court of Justice on Non-Derogable Rights", *in Droits intangibles et états d'exception / Non-Derogable Rights and States of Emergency* (eds. D. Prémont, C. Stenersen and I. Oseredczuk), Bruxelles, Bruylant, 1996, pp. 53-71 e 73-89.

64 Cf. A.A. Cançado Trindade, *Los Tribunales Internacionales Contemporáneos y la Humanización del Derecho Internacional*, Buenos Aires, Ed. Ad-Hoc, 2013, pp. 7-185; A.A. Cançado Trindade, *Derecho Internacional de los Derechos Humanos, Derecho Internacional de los Refugiados y Derecho Internacional Humanitario - Aproximaciones y Convergencias*, Geneva, ICRC, [2000], pp. 1-66.

nais de direitos humanos mostraram que, na grande maioria dos casos apresentados a eles, a jurisdição internacional é utilizada quando não há mais a possibilidade de encontrar justiça no nível da lei doméstica.

Além disso, tem havido ocasiões em que a jurisdição internacional veio a apoiar a jurisdição nacional (*infra*), de modo a garantir também dentro desta última a primazia do direito (*préeminence du droit, Estado de Direito*). Com efeito, a expansão da jurisdição internacional (cf. *supra*) contou com a coparticipação de jurisdições nacionais.[65] Afinal, o direito internacional atribui funções internacionais também aos tribunais nacionais.[66] Estes últimos têm um papel a desempenhar também na busca da primazia do Estado de Direito internacional.[67]

Entre os tribunais penais internacionais, o TPI mostra, *inter alia*, que o princípio da complementaridade, por exemplo, sinaliza o apelo para uma maior aproximação, se não interação, entre as jurisdições internacional e nacional. E não poderia ser de outro modo, particularmente em nossos tempos, quando, com frequência crescente, os mais diversos assuntos são trazidos perante o controle judicial em nível internacional.[68] Ao contrário do que continua sendo assumido em vários

---

65 Cf., in general, e.g., Y. Shany, *Regulating Jurisdictional Relations between National and International Courts*, Oxford, Oxford University Press, 2009, p. 1-200. – For an account of the relations between the Prosecutors´ offices of the *ad hoc* International Tribunais for the Former Yugoslavia and for Rwanda (ICTFY and ICTR) and the competent national authorities, cf. V. Peskin, *International Justice in Rwanda and the Balkans - Virtual Trials and the Struggle for State Cooperation*, Cambridge, Cambridge University Press, 2009 [reed.], pp. 3-257.

66 Cf. A.A. Cançado Trindade, *The Access of Individuals to International Justice*, Oxford, Oxford University Press, 2011, ch. V, pp. 76-112 (on the interaction between international law and domestic law in human rights protection).

67 A. Nollkaemper, *National Courts and the International Rule of Law*, Oxford, Oxford University Press, 2011, pp. 1-304.

68 T. Koopmans, "Judicialization" , *in Une communauté de droit - Festschrift für G.C. Rodríguez Iglesias* (eds. N. Colneric *et alii*), Berlin, Berliner Wissenschafts-Verlag

círculos jurídicos, as jurisdições nacionais e internacionais, em nossos tempos, não são concorrentes ou conflitivas, mas complementares, em constante interação na proteção dos direitos da pessoa humana e na luta contra a impunidade dos infratores desses direitos.

Ademais, não é certo - também ao contrário do que geralmente se supõe - que a jurisdição internacional para a proteção dos direitos da pessoa humana é sempre e somente "subsidiária" à jurisdição nacional, ou "autônoma" em relação a ela. As duas jurisdições interagem no presente domínio de proteção. E, além disso, há ilustrações significativas, em certas situações de extrema adversidade para os seres humanos, da jurisdição internacional ter inclusive *precedido* a jurisdição nacional na proteção dos direitos dos vitimizados e nas reparações que lhes são devidas.

Por exemplo, a determinação, pela CIDH, da responsabilidade internacional do Estado demandado por graves violações dos direitos humanos nos casos dos massacres de *Barrios Altos* e *La Cantuta* (Sentenças de 2001[69] e 2006[70], respectivamente) antecedeu a condenação, pela Câmara Penal Especial da Suprema Corte Peruana (em 2007-2010), do ex-Presidente da República (A. Fujimori)[71]. Nesses dois casos, além do caso paradigmático do *Tribunal Constitucional* (Sentença da CIDH de 2001) - relativo à destituição de três magistrados, posteriormente reincorporados ao Tribunal –, a *jurisdição internacional efetivamente inter-*

(BWV), 2003, pp. 51-57; G. Ulfstein, "The International Judiciary", *in The Constitutionalization of International Law* (eds. J. Klabbers, A. Peters e G. Ulfstein), Oxford, Oxford University Press, 2011 [reed.], pp. 126-152.

69 Judgments of 14.03.2001 (merits), 03.09.2001 (interpretation), and 30.11.2001 (reparations).

70 Judgments of 14.03.2001 (merits), 03.09.2001 (interpretation), and 30.11.2001 (reparations).

71 For a historical account, cf. A.A. Cançado Trindade, *El Ejercicio de la Función Judicial Internacional...*, *op. cit. supra* n. (40), pp. 42-45; A.A. Cançado Trindade, *Os Tribunais Internacionais Contemporâneos*, *op. cit. supra* n. (11), pp. 84-90.

veio em defesa do nacional, contribuindo decisivamente para a restauração do *État de Droit*, - como ocorreu, - além de ter salvaguardado os direitos dos vitimados.[72] Na história das relações - e interações - entre jurisdições nacionais e internacionais, esta trilogia de casos certamente continuará sendo estudada pelas gerações atuais e futuras de internacionalistas e constitucionalistas.

XI. CONSIDERAÇÕES FINAIS: AS TAREFAS ADIANTE E OS PROSPECTOS PARA O FUTURO

Chego agora às minhas observações finais, quanto às perspectivas para o futuro, tendo em mente as lições aprendidas ao longo de um século de experiência sedimentada no domínio da justiça internacional. É o momento, a meu ver, de começar a concentrar a atenção constantemente nos meios apropriados de se alcançar a realização da justiça, ao invés de continuar cultivando estratégias de litígio por causa dela, abstraindo assim os valores humanos. Da mesma forma, é hora de acompanhar consistentemente a expansão em curso da jurisdição internacional, e da personalidade e capacidade jurídica internacional, bem como da responsabilidade internacional, chamando mais atenção a *todos* os sujeitos de direito internacional, não apenas aos Estados, mas também às organizações internacionais, aos povos e aos indivíduos.

---

72 Após passados quase três anos da Sentença da CIDH (de 31.01.2001) sobre o caso do Tribunal Constitucional, enviei uma carta a esse último (em 04.12.2003), como Presidente da CIDH, na qual expressei que, *inter alia,* "we can appreciate this Judgment of the IACtHR in historical perspective (...), as a landmark one not only (...) [in the] inter-American system of protection of human rights. (...) [It] constitutes an unprecedented judicial decision also at world level. It has had repercussions not only in our region but also in other continents. It has marked a starting point of a remarkable and reassuring approximation between the judicial power at national and international levels (...)". Text of the letter reproduced *in*: OAS, *Informe Anual de la Corte Interamericana de Derechos Humanos - 2003*, San José of Costa Rica, IACtHR, 2004, Annexo LVII, pp. 1459-1460, and cf. pp. 1457-1458.

Nos últimos três anos, a CIJ deu sinais de estar preparada para isso. Assim, em sua Ordem de Medidas Provisórias de Proteção de 18.07.2011, no caso do Templo de Preah Vihear, a CIJ, ao decidir, *inter alia*, ordenar o estabelecimento de uma zona desmilitarizada provisória ao redor do Templo (parte do patrimônio cultural e espiritual mundial) e de sua vizinhança, ampliou a proteção (como assinalei em minha Opinião Separada, paras. 66-113) não apenas ao território em questão, mas também aos habitantes locais, em conformidade com o *princípio de humanidade* no marco do novo *jus gentium* de nossos tempos (paras. 114-117). Território e povo andam juntos.

Subsequentemente, na recente *Disputa Fronteiriça* (Sentença de 16.04.2013), as partes em conflito (Burkina Faso e Níger) expressaram perante a Corte sua preocupação, em particular com populações nômades e seminômades locais, e asseguraram que suas condições não seriam afetadas pela delimitação da fronteira. Mais uma vez, como assinalei em minha Opinião Separada (paras. 90, 99 e 104-105), o *princípio da humanidade* permeava o manuseio do caso pela CIJ.

No referido caso *A.S. Diallo* (Sentença sobre reparações, de 2012), o beneficiário final das reparações ordenadas pela CIJ era, em minha opinião, o indivíduo em questão, e não seu Estado de nacionalidade. Em outra ocasião recente, a aplicação, pela CIJ, do princípio de *jurisdição universal* sob a Convenção das Nações Unidas contra a Tortura de 1984, no caso das *Questões Relativas à Obrigação de Processar ou Extraditar* (Sentença de 20.07.2012), tem um impacto, em meu entendimento, sobre a justiça restaurativa (a realização da própria justiça) para as numerosas vítimas do regime de Habré (1982-1990) no Chade, como assinalei em minha longa Opinião Separada (paras. 169-184).

Passando para outro ponto, chegou o momento de acompanhar a expansão da jurisdição internacional, também promovendo o diálogo e a coordenação entre os tribunais internacionais contemporâneos. Esforços de coordenação já existem, mas estão longe de serem suficientes até o momento. Atualmente, é premente a necessidade de um maior diálogo e coordenação dos tribunais internacionais contemporâneos, em sua missão comum de transmitir a justiça. No nível conceitual, há necessidade urgente de novos desenvolvimentos jurisprudenciais em matéria de reparações, bem como medidas provisórias de proteção, ambas ainda em sua infância.

Apontei isso recentemente, quanto a reparações, em minha Opinião Separada no caso *A.S. Diallo* (Sentença da ICJ sobre reparações, de 19.06.2012). A construção jurisprudencial da CIDH a respeito de formas distintas de reparações é certamente merecedora de atenção de outros tribunais internacionais. O assunto revela a relevância da reabilitação das vítimas. Quanto às medidas provisórias de proteção, adotei recentemente o mesmo posicionamento em minha Opinião Dissidente nos casos anexados de *Certas Atividades Realizadas pela Nicarágua na Área de Fronteira* e da *Construção de uma Estrada na Costa Rica ao longo do Rio San Juan* (Ordem de 16.07.2013), onde sublinhei a necessidade de contribuir para a conformação de um regime jurídico autônomo dessas medidas, para além da tradicional dimensão interestatal, no bom exercício da função judicial internacional.

Da mesma forma, a questão do cumprimento de sentenças e decisões de tribunais internacionais requer muito mais atenção e estudo por parte dos tribunais internacionais - alguns deles já estão envolvidos em sua cuidadosa consideração atualmente. Aqui, cada tribunal internacional conta com um mecanismo próprio; no entanto, todos eles são suscetíveis de aperfeiçoamento. Pode recordar-se aqui que, há alguns anos, a CEDH, no caso *Hornsby versus Greece* (Sentença de 19.03.1997), sublinhou a pertinência da execução de acórdãos para a *eficácia* do direito de acesso a um tribunal, nos termos do artigo 6 (1) da Convenção Europeia de Direitos Humanos. Em suas próprias palavras,

> "that right would be illusory if a Contracting State's domestic legal system allowed a final, binding judicial decision to remain inope-

> rative to the detriment of one party. It would be inconceivable that Article 6(1) should describe in detail procedural guarantees afforded to litigants - proceedings that are fair, public and expeditious - without protecting the implementation of judicial decisions; to construe Article 6 as being concerned exclusively with access to a court and the conduct of proceedings would be likely to lead to situations incompatible with the principle of the rule of law which the Contracting States undertook to respect when they ratified the Convention" (para. 40).

Esta questão se refere, como apontado pela CEDH, ao próprio *Estado de Direito*, de modo a assegurar "a apropriada administração da justiça" (para. 41). Assim, não apenas um acesso formal, mas também as garantias do devido processo legal e o devido cumprimento do julgamento, integram o direito de acesso à justiça *lato sensu*[73]. Na mesma linha de raciocínio, a CIDH, em sua Sentença (sobre jurisdição, de 28.11.2003) no caso de *Baena Ricardo e Outros (270 Trabalhadores) versus Panamá*, afirmou que

> "(...) The jurisdiction comprises the faculty to impart justice; it is not limited to declaring the law, but also comprises the supervision of compliance with the judgment (...), [which is] one of the elements which integrate the jurisdiction. (...) Compliance (...) is the materialization of justice for the concrete case (...). The effectiveness of the Judgments depends on compliance with them, (...) [which is] closely linked with the right of access to justice, (...) set forth in Articles 8 (judicial guarantees) and 25 (judicial protection) of the American Conventin" (paras. 72-74).

Somente com o devido cumprimento das Sentenças, os direitos proclamados são efetivamente protegidos; a execução de julgamentos, acrescentou lucidamente a CIDH,

---

73 Sobre essa qeustão, cf. A.A. Cançado Trindade, *El Derecho de Acceso a la Justicia en Su Amplia Dimensión*, 2nd. ed., Santiago de Chile, CECOH/Librotecnia, 2012, pp. 79-574.

> "ought to be considered an integral part of the right of access to justice, this latter understood *lato sensu* (...) If the responsible State does not execute at national level the measures of reparation ordered by the Court, it would be denying the right of access to international justice" (paras. 82-83).

Apesar de toda a experiência acumulada até agora, essa continua sendo uma questão em aberto, que - insisto neste ponto - ainda está em sua infância, como as das reparações e das medidas provisórias de proteção (*supra*).

Espera-se que as reflexões em curso dentro de alguns tribunais internacionais sobre como melhorar seus respectivos mecanismos a esse respeito sejam proveitosas. A questão não se esgota a nível internacional. É altamente desejável que, paralelamente aos distintos mecanismos de fiscalização do cumprimento das Sentenças dos tribunais internacionais contemporâneos, os Estados adotem procedimentos de direito *doméstico* que garantam, de maneira permanente, a fiel observância das Sentenças de tribunais internacionais, evitando assim soluções casuísticas.

Afinal de contas, o fiel cumprimento ou execução de suas sentenças é uma preocupação legítima de todos os tribunais internacionais contemporâneos. Essa conformidade deve ser integral, ao invés de parcial ou seletiva. Essa é uma posição de princípio, em relação a uma questão que diz respeito à *ordre public* internacional e ao *Estado de Direito* (*prééminence du droit*) a nível internacional e nacional. Em suma, a atual era dos tribunais internacionais trouxe avanços notáveis, e a expansão da jurisdição internacional foi acompanhada pelo considerável aumento no número de justiciáveis, acesso à justiça, em distintos domínios do direito internacional, e nas mais diversas situações, inclusive em circunstâncias de extrema adversidade, e até de indefensabilidade. No entanto, ainda há um longo caminho a se percorrer.

A Autoridade da Decisão das Jurisdições Internacionais Permanentes

Luigi Condorelli[1]

Sumário: 1. O objeto do estudo; 2. Algumas considerações sobre a posição das jurisdições na ordem internacional; 3. Os efeitos internacionais das decisões das jip na abordagem tradicional; 4. As fraquezas do sistema tradicional em matéria de efeitos internacionais de decisões e as tentativas de remédio no quadro das organizações internacionais; 5. Os efeitos da decisão das jip a nível de direitos internos: a abordagem clássica...; 6.... e as novas tendências; 7. A autoridade "erga omnes" da decisão das jip; 7. Conclusão.

1. O OBJETO DO ESTUDO

Sem nenhuma dúvida, as duas palavras chave figurando no título do presente estudo (seja "autoridade", seja "decisão") são – intencionalmente, aliás – muito pouco precisas, quase ambíguas: elas eclipsam o objeto a ser estudado. É oportuno, portanto, proceder-se preliminarmente a uma delimitação deste objeto, o que permitirá ao mesmo

1 Professor de Direito Internacional da Università degli Studi di Firenze. Professor emérito da Universitè de Genève. O texto original *L'autorité des décisions des juridictions internationales permanentes* in SFDI (ed), *La juridiction internationale permanente*, (Colloque de Lyon/Paris 1987) pp. 227 e ss. foi traduzido à língua portuguesa por Lucas Carlos Lima.

tempo revelar as intenções que se escondem por detrás de um título chave-mestra.

As decisões são o fruto, o resultado do funcionamento, das jurisdições internacionais permanentes (doravante jip). Podemos dizer que essas últimas são verdadeiras "máquinas de decisão" criadas obliquamente por acordos internacionais apropriados, no sentido que elas foram desejadas, organizadas e dotadas dos meios pessoais e materiais necessários para permitir-lhes de produzir decisões. A propósito, um dos critérios elementares dos mais utilizados para medir o sucesso de uma dada jip é justamente aquele da "produtividade", consistindo esta no cálculo do número total de decisões que uma tal jurisdição foi capaz de emitir num determinado período de tempo.

Contudo, existem decisões e decisões: elas não possuem a mesma importância, o mesmo "peso". Por estes termos pouco técnicos, entendemos nos referir, não a um dos numerosos critérios formais de classificação de decisões judiciárias internacionais, mas sobretudo ao critério substancial que coloca ênfase na relação mais ou menos imediata entre cada decisão e a função essencial da jip da qual ela emana. As jip são – não podemos olvidar – um meio de resolução de controvérsias entre vários. Por consequência, se consideramos o conjunto de decisões sob esse ângulo, podemos facilmente atribuir um significado eminente a elas que realizam direta e completamente a função essencial da "máquina de decisão", em relação a todas as outras possuindo um caráter *lato sensu* instrumental. Iremos justamente centrar nossa atenção sobre as decisões que entendemos como mais importantes porque elas "resolvem as controvérsias" ou mais ou menos tentam fazê-lo: os julgamentos de mérito dos casos submetidos às jip.[2] Deixaremos de lado, por sua vez,

2 No que se refere ao que chamaremos em seguida (infra § 7) de autoridade *erga omnes* das decisões, não há realmente qualquer distinção a ser feita entre os diversos tipos de julgamentos, nem entre os julgamentos e as opiniões consultivas da CPJI e da CIJ, estes últimos desempenham uma função de precedente exatamente

as decisões (possuindo sob nossa ótima um interesse mais periférico) que possuem uma dimensão estritamente processual, a saber que possuem como objetivo regrar o desenvolvimento do procedimento e que, consequentemente e em princípio, esgotam seus efeitos em si mesmas;

a) possuem, de maneira geral, um caráter intermediário, preparatório, incidental ou provisório;

b) limitam-se a afirmar a competência do juiz e enviam a uma decisão posterior o deslinde da controvérsia;

c) possuem o efeito de encerrar o procedimento ao proclamar a incompetência da jip acionada e por este próprio fato constatam que a jip não é o "bom" meio pelo qual a resolução da controvérsia deve ser buscada.

As decisões que escolhemos como objeto de observação nos interessam sob o ângulo da "autoridade" que elas exercem. É o mesmo que dizer que nossa atenção será direcionada, não pela decisão por si só, mas por sua irradiação, por seu impacto sobre o sistema de relações internacionais, por sua influência social. Por consequência, compreenderemos porque não nos preocupamos, por exemplo, com a tipologia, a estrutura, o conteúdo ou a forma das decisões, mas principalmente pelo conjunto de seus efeitos.

---

idêntica à aquela dos primeiros. É verdade que a comparação entre os julgamentos e as opiniões consultivas conduziram determinados autores a considerar a opinião consultiva enquanto equivalente em substância a um julgamento obrigatório para todos os efeitos (isso em todos os casos, e não apenas porque a opinião consultiva é *tornada* obrigatória através de uma disposição especial vinculando a organização internacional demandante – mesmo os Estados na hipótese prevista pelo art. 66 da Convenção de Viena de 1986 sobre o direito dos tratados entre Estados e organizações internacionais ou entre organizações internacionais - a cumprir a opinião): ver a esse propósito a análise completa (e as indicações bibliográficas) de BENVENUTI, *L'accertamento del diritto mediante i pareri consultativi dela Corte Internazionale di justizia*, Milano, 1985.

Em relação a estes últimos, o termo "autoridade" é certamente suficientemente geral para abraça-los todos. Assim, os efeitos típicos da decisão de mérito (que se refere somente às partes na controvérsia e cobrem tão somente seu objeto) são bem evidentemente englobados em primeiro lugar; também são os efeitos conjurados – mesmo além da ordem jurídica internacional – na ordem interna dos Estados. Mas deve-se reconhecer que a expressão "autoridade da decisão" sugere particularmente reflexões focadas pelo fato que as decisões das jip acabam por desempenhar um papel social mais amplo (mas também menos fácil de determinar) que aquele – rigorosamente circunscrito – ao qual foi feita alusão anteriormente. A escolha do título descortina então nossa intenção fundamental de estimular através de algumas observações rápidas um debate sobre o papel social das jip no interior da comunidade internacional de hoje.

Tendo colocado às claras o objeto perseguido, serve ainda dizer algumas palavras com a finalidade de explicitar os critérios que nos levam a centrar a atenção sobre as decisões de alguns "juízes" e não na de outros. Observaremos que a nossa seleção de jip não coincide com aquela estabelecida por um relatório geral de Christian Philip, sob um duplo ponto de vista: por um lado deixamos de lado os tribunais administrativos sediados no seio das organizações internacionais para resolver o contencioso dos funcionários dessas organizações; por outro lado acreditamos apropriado de manter certos mecanismos arbitrais institucionalistas, notadamente o ICSID.

Em relação à primeira escolha, a ideia de base é a que para o nosso sentido uma jurisdição permanente merece ser qualificada como "internacional" no seu próprio sentido, não somente quando ela foi criada por instrumentos de direito internacional, mas também quando ela é chamada a resolver controvérsias suscetíveis de serem intituladas como verdadeiramente internacionais. É verdade que a noção de controvérsia internacional pode ser entendida de maneira ampla ou restrita, mas nos parece que em nenhum caso tal noção é utilizável para caracterizar a controvérsia entre um funcionário internacional e seu empregador em relação, por exemplo, o montante de um salário ou a duração das férias por doença: como a CIJ anunciou em 1954 em relação ao TANU,[3] os tribunais administrativos são corpos judiciários "funcionando em virtude de um *estatuto especial* e no quadro de um *sistema jurídico organizado...*" (da Organização Internacional concernente), "*tratando-se exclusivamente de controvérsias internas* dos funcionários" e a organização. Deve-se notar que a Corte fez essa observação com o objetivo de mostrar que somos confrontados neste caso com uma "situação jurídica diferente" em relação àquela que existe no caso de uma "arbitragem ordinária entre Estados". Ora, uma tal diferença tem uma importância justamente em matéria de efeitos das decisões, vez que, segundo a CIJ, os princípios relativos à nulidade das sentenças arbitrais não parecem ser utilizáveis para os julgamentos dos tribunais administrativos. Com efeito, estes tribunais se inscrevem nas ordens jurídicas internas e não internacionais. Isto comporta que suas decisões não são assimiláveis à julgamentos internacionais, especialmente no que se refere a efeitos, mesmo se, evidentemente, essas decisões são em todo caso obrigatórias, dado que "segundo um princípio de direito bem estabelecido e geralmente reconhecido, um julgamento emitido por um órgão similar a um órgão judicial faz coisa julgada e possui força obrigatória entre as partes na controvérsia".[4] Este elemento, como sublinha a Corte, caracteriza as decisões dos juízes em qualquer ordem jurídica, e não somente das decisões dos juízes internacionais. Em suma, para retomar o título de nosso Colóquio, os tribunais administrativos das Organizações Internacionais são certamente jurisdições permanentes, mas a nosso olhar podemos sustentar que elas não jurisdições "internacionais".

---

3 CIJ, Opinião Consultiva de 3 de julho de 1954 sobre o efeito dos julgamentos do TANU concedendo indenizações, *Recueil 1954*, p. 56.

4 *Ibidem*, p.53

Quanto à segunda escolha (aquela de incluir em nossa análise as sentenças de certos tribunais arbitrais com lugar nos sistemas de arbitragem institucionalizada), é suficiente de retomar as considerações apresentadas pelo professor Virally em sua intervenção quando do debate no primeiro dia do Colóquio: é perfeitamente sensato falar de jip a propósito de um sistema de justiça internacional que é permanente quando a seu ordenamento jurídico e a seu funcionamento, mesmo se a composição do tribunal constituído muda de vez em vez para cada controvérsia submetida a esse sistema. Da nossa parte, sobre essa questão faremos duas observações complementares.

Parece-nos antes de tudo que a nossa escolha se justifica ainda mais quando a atenção está centralizada sobre o efeito das decisões, vez que as decisões das jip produzem fundamentalmente os mesmos efeitos que as sentenças arbitrais internacionais, mais eventualmente alguns efeitos ulteriores que teremos a ocasião de discutir mais profundamente. Colocado em outras palavras, entre as de jip e as arbitrais, existe uma verdadeira homogeneidade de base quanto aos efeitos para as partes na controvérsia e, mais genericamente, quanto à autoridade exercida.

Se estas observações justificam a tomada em consideração das decisões da arbitragem internacional institucionalizada tratando de controvérsias clássicas entre Estados, poderia parecer bem mais discutível que a mesma solução seja adotada em relação às decisões arbitrais do ICSID relativas a controvérsias entre Estados e particulares. Sem querer reabrir aqui o debate sobre a qualificação exata do ICSID, é suficiente sublinhar nesse sentido que a nossa escolha se justifica não somente à luz da observação anterior relativa ao significado que é oportuno atribuir aos termos de jip, mas também à luz de uma avaliação atenta sobre a natureza seguramente internacional das controvérsias decididas por meio do ICSID. É verdade, com efeito, que as partes de cada procedimento ICSID são um Estado e um particular, e que podemos conceber que a controvérsia que opõe aquelas partes não será qualificada como internacional. Todavia, é também verdade que cada sentença ICSID decide de mesmo modo de maneira preventiva uma controvérsia interestatal verdadeira: o artigo 27, §1 da Convenção de Washington de 1965 prevê que cada Estado parte é vinculado à obrigação de não oferecer a proteção diplomática ou de não formular uma reivindicação internacional. Em outras palavras, o ICSID, como mecanismo competente a resolver certas controvérsias entre Estados e particulares, é aceito ao mesmo tempo pelos Estados parte na Convenção de Washington como meio de solução de controvérsias internacionais entre eles que, seguindo os princípios de direito internacional comum sobre a proteção dos interesses econômicos estrangeiros, poderá ser considerado como controvérsia Estados-particulares.

2. ALGUMAS CONSIDERAÇÕES SOBRE O LUGAR DAS JURISDIÇÕES NA ORDEM INTERNACIONAL

Evidentemente, não se estudará de maneira analítica os diferentes efeitos das decisões das jip, as quais – como nós afirmamos – gostaríamos principalmente de tentar apreciar globalmente a sua "autoridade". Mas ao se tentar avaliar ponto por ponto os elementos pertinentes, uma constatação preliminar se impõe: a notável autoridade que gozam as decisões parece num primeiro momento singularmente desproporcional em relação ao lugar modesto que ocupam, na paisagem internacional, as jip das quais estas decisões emanam. Algumas observações elementares sobre este último ponto podem mostrar-se úteis a fim de permitir, em seguida, melhor delimitar a amplitude desta desproporção e de elucidar suas razões. Apresentaremos estas observações na forma de simples proposições seguidas de breves comentários.

As jip representam apenas um entre os numerosos meios de solução de controvérsias cujos sujeitos internacionais podem se servir e que não possuem qualquer preeminência em relação aos outros. Esta noção vem plenamente expressa pelo artigo 33 da Carta das Nações Unidas, onde é indicado que os Estados se comprometem validamente com a obrigação de resolver de maneira pacífica suas controvérsias, qualquer que seja o meio escolhido para este efeito. É verdade que, de maneira aparentemente contraditória, o artigo 36, § 3, requer que Conselho de Segurança, em suas recomendações, "... leve em consideração o fato que, de uma maneira geral, as controvérsias de ordem jurídica devem ser submetidas (...) à CIJ ...". Mas trata-se de uma espécie de promessa tímida (aliás dirigindo-se ao Conselho de Segurança e não aos Estados) e dessueta,[5] da qual não se pode extrair outra coisa além da confirmação da noção segundo a qual a Corte constitui uma instância particularmente utilizável para o tratamento de controvérsias jurídicas, mas não que ela deva ser preferida para resolver tais controvérsias. Isto não surpreende: não se pode esquecer neste sentido que a frase, assaz impressionante na boca de um juiz internacional por excelência, segundo a qual a CPJI tinha definido o meio judiciário de resolução de controvérsias internacionais como um "...sucedâneo ao meio direto e amigável destes conflitos entre as partes",[6] data de 1922. Não é portanto uma novidade se na época atual – e apesar do artigo 36, § da Carta – ênfase é colocada, nos textos universais, sobre as "negociações diretas" e sobre as negociações que se desenvolvem no interior das grandes instâncias internacionais, e certamente não no âmbito arbitral ou do regramento judiciário: a Declaração

---

5 A prática relativa à aplicação do art. 36, § 3, bastante modesta, foi estudada por STERN, na obra *La Charte des Nations Unies - Commentaire article par article* (organização de Cot e Pellet), Paris, 1985, pp. 620. Veja-se também a observação de JIMENEZ DE ARECHAGA, *State Responsibility for the Nationalizations of Foreign-Owned Property*, in FALK, KRATOCHWILTZ e MENDLOVITZ (eds) *International Law: a contemporary perspective, Boulder and London, 1985, p. 552*, que constata que, apesar do artigo 36, § 3, "a diferente principle prevails in practice".

6 CPJI, *Affaire des Zones franches de la Haute-Savoie et du Pays de Gex*, arrêt du 7 juin 1932, Série A, no 22, p. 13. Esta frase foi reutilizada diversas vezes posteriormente, notadamente pela CIJ.

de Manilha (Resolução 37/10 da Assembleia Geral de 15 de novembro de 1982) testemunha particularmente bem a orientação atual da opinião pública em relação à "hierarquia" entre os diversos meios de solução de controvérsias (ver nesse sentido, particularmente, o princípio 10 da primeira parte e o princípio 1 da terceira parte, à luz do segundo considerando do Preâmbulo).[7] Entre outras questões, esse documento, adotado (digamos, *en passant*) por *consensus*, rememorando os papeis que podem desempenhar uma matéria de regulamento de controvérsias os diversos órgãos das Nações Unidas, qualifica de "primário" o papel do Conselho de segurança e de "importante" o papel da Assembleia Geral, enquanto que nenhum adjetivo é utilizado para a Corte: não será necessário então deduzir que o papel da Corte não merece ser classificado nem como primeiro, nem como importante?

As jip constituem um meio especializado de solução de controvérsias de ordem jurídica, utilizável e utilizado em domínios muito reduzidos. No que se refere à maior parte das jip, a especialização é uma característica proeminente que lhes é impressa pelo sistema convencional no qual elas tomam lugar: somente certos sujeitos podam acioná-las, e ainda em relação a certas matérias determinadas e delimitadas pelas regras pertinentes. Mas é particularmente interessante de observar, graças a um estudo célebre do professor Virally, que mesmo a Corte "mundial" (CPJI e CIJ), cuja competência não está fixada de maneira geral e uniforme, mas que é colocada à disposição dos Estados para que estes pos-

---

7 A linguagem da Declaração é reveladora desta "hierarquia" não somente nos princípios citados no texto, mas também – e da mesma forma especialmente – onde existe a questão do papel da CIJ em matéria de resolução de controvérsias. Utilizamos, com efeito, expressões francamente cômicas, para não dizer de uma prudência delirante, a fim de evitar uma presunção de obrigação de levar o caso perante à Corte, onerando os Estados: o paroxismo é exagerado quando dizemos que "Os Estados não devem perder de vista... que é desejável... que eles estudem a possibilidade de identificar os casos com os quais eles podem utilizar a jurisdição da CIJ".

sam submeter a ela todos os tipos de controvérsias de natureza jurídica, na verdade é utilizada apenas para resolver as controvérsias que entram "num pequeno rol de rubricas".[8] Em outras palavras, podemos constatar, em termos bastante gerais, como já o fez o professor Virally, que a via judicial não aparece aos Estados como um meio apropriado de solução de conflitos internacionais nos domínios de fortes restrições nas relações internacionais.

As jip representam um meio de solução de controvérsias muito pouco utilizado. Este ponto requer duas séries de obrigações. A primeira focalizada na atitude entendida como bem difundida entre os Estados, que preferem na maioria do tempo evitar subscrever obrigações que comportem a sua submissão ao regramento judiciário internacional; a segunda sobre a tendência a não utilizar as jip mesmo quando elas seriam perfeitamente acessíveis graças a compromissos prévios entre Estados.

Em relação ao primeiro aspecto,[9] ele é bem conhecido para que seja necessário nele insistir longamente. Sabemos, por exemplo, que os Estados do Leste possuem a tendência de recusar o princípio de subscrever a compromissos que comportem sua submissão às jurisdições internacionais – compromisso que eles consideram em contradição com a própria noção (ou ao menos de uma certa concepção) de soberania. Sabemos também que os Estados do Sul frequentemente enxergam no juiz internacional uma espécie de instrumento obscuro trabalhando para conservar esse direito internacional clássico e que serve de abrigo para que as

---

8 VIRALLY, "*Le champ opératoire du règlement judiciaire international*", *RGDIP*, 1983, pp. 281 e ss.; *Id.*, "*Panorama du droit internacional contemporain, Cours general de droit international public*", RCADI, 1983, V, pp. 243 e ss.

9 Veja-se o retrato eficaz de posições de diversos grupos de Estados em relação ao regramento obrigatório de solução de controvérsias por um terceiro que é traçado por CASSESE, *Il diritto Internazionale nel mondo contemporaneo*, Bologna, 1984, p. 228 (estas páginas foram infelizmente eliminadas na edição francesa da obra, Paris, 1986).

potências ocidentais possam promover suas políticas coloniais (ou neocoloniais): mas é verdade que uma tal atitude parece enfraquecer pouco a pouco em nossos dias, à medida que o processo de revisão de regras internacionais se estende. Quanto aos países do Oeste, estes declaram a alta voz seu convencido apoio pelas jip, mas manifestando exatamente uma prudência extrema no momento de aderir verdadeiramente, e por vezes até mesmo apressando-se em revogar seus compromissos precedentemente subscritos quando a jip em questão se considera competente para tratar controvérsias incômodas para eles. Sabemos em particular que, independentemente dos acidentes de percurso mais ou menos graves nos quais essa ou aquela Corte podem se encontrar embrulhadas, a tentativa de introduzir cláusulas de jurisdição nas grandes convenções universais dão frequentemente lugar a batalhas diplomáticas implacáveis e desembocam raramente em sucessos significativos (como o representado pela Convenção de Montego Bay de 1982 sobre o direito do mar). Além disso, as cláusulas de jurisdição que se consegue por vezes inserir são na maioria dos casos objeto de diversas reservas (frequentemente previamente admitidas explicitamente, em outras vezes legitimadas pelo simples silêncio da Convenção pertinente em matéria do regime de reservas) ou são bem inseridas no contexto das cláusulas facultativas ou dos instrumentos anexos ao instrumento principal. Sabemos ainda que os exemplos importantes de tribunais possuidores de uma competência pré-estabelecida e uniforme (embora materialmente restrita) para resolver certas controvérsias entre Estados se colocam no interior de contextos geográficos e ideológicos homogêneos, e ainda no interior do quadro de subsistemas jurídicos particularmente integrados. São, portanto, juízes dotados de competências restritas a domínios altamente especializados (como a Corte de Justiça das Comunidades Europeias ou a Corte Europeia de Direitos Humanos): assim, não podemos dizer que na Europa ocidental as relações internacionais "endo-europeias" são "jurisdicionalizadas" a uma escala significativa. Em contraste, um domínio onde se esboça uma evidente tendência à jurisdicionalização dos conflitos é o domínio dos investimentos internacionais: praticamente todos os tratados bilaterais recentes nesta matéria entre países do Norte e do Sul contém cláusulas arbitrais diversas (frequentemente ligadas ao sistema ICSID) e por vezes até mesmo cláusulas jurisdicionais. Contudo, é verdade que estas cláusulas traduzem exigências do parceiro do Norte que o parceiro do Sul é obrigado a aceitar, se ele deseja se beneficiar de um fluxo de investimentos que ele frequentemente possui uma necessidade dramática.

A consequência dos fatos observados é que a proporção de controvérsias jurídicas que um juiz internacional poderá ser acionado, em tendo sido dotado anteriormente da competência necessária, é ínfimo em relação ao número total: em outras palavras, para a esmagadora maioria das controvérsias internacionais não existe qualquer juiz competente. Mas deve-se igualmente constatar que, apesar das reticências, das hesitações e das dificuldades às quais fizemos alusão, a gama de disposições convencionais constituindo cláusulas de jurisdição permanece importante e mesmo – poderíamos dizer – surpreendentemente rica.[10] Ora, intervém aqui o segundo aspecto notável do fenômeno que nós estamos analisando: sem nenhuma dúvida as jip são subutilizadas no conjunto. Com efeito, o número de controvérsias que são efetivamente levados perante uma jip, em relação aos que poderiam ser graças às cláusulas de jurisdição previamente aceitas, é ínfimo: em suma, estas cláusulas são em prática largamente abandonadas pelos Estados, que consideram muito claramente que a solução judiciária como pouco adaptada às suas exigências, aqui compreendidas mesmo aquelas que eles aceitaram de submeter.[11] Isto porque,

---

10 Ver nesse sentido SCHACHTER, *International Law in Theory and Practice: General Course of Public International Law*, RCADI, 1982, V, pp. 207 e ss.

11 Ver nesse sentido FITZMAURICE, *The Future of Public International Law and of the International Legal System in the Circumstances of Today*, in Institut de Droit international, *Livre du centenaire 1873-1973, Evolution et perspectives du droit international*, Bâle, 1973, pp. 275 e ss. Ver ainda ANAND, Role of International Adjudication, in L. GROSS (ed), *The Future of International Court of Justice*, vol. 1, New York, 1976, pp. 3 e ss.

em princípio, os Estados em vez de se remeter a um "terceiro independente" preferem permanecer mestres até o fim em suas controvérsias, mesmo quando elas são perfeitamente justiçáveis e optam na maior parte do tempo pela utilização de meios que lhes permitam conduzir – se possível – à transações políticas que arriscam serem mais satisfatórias e mais duráveis que em soluções baseadas estritamente no direito em vigor.[12] Nada impede aos Estados, sendo não somente os destinatários principais, mas também os "legisladores" das regras internacionais, de mudar as regras do direito (com exceção das regras de *jus cogens*) no momento em que devem aplica-las.[13]

---

12 Com efeito, este clima geral tende também a influenciar o juiz, de onde um fenômeno que se manifesta sutilmente mas claramente na época presente: aquele dos meios de solução de controvérsias que "deslizam" irresistivelmente na direção do regramento político. O juiz, em verdade, parece frequentemente se preocupar de nossos dias, mais que aplicar estritamente o direito em vigor, de "decidir a controvérsia" apresentando aos Estados uma solução "aceitável" de tipo compromissória ou transacional. Ele tenta assim de melhor responder às necessidades sociais, mas ao mesmo tempo, no fundo, de demonstrar a utilidade de sua obra, o que arrisca encorajar os Estados a se servir dele no futuro. Em suma, poderíamos dizer – utilizando uma linguagem um pouco mais leve – que a CIJ parece fazer grandes esforços para se mostrar cheia de atrativos, esperando assim persuadir seus potenciais clientes (que em sua maioria mostram-se sensíveis a seu charme) das vantagens que podem dela obter. De qualquer forma, é evidente que esta tendência do juiz internacional (de – como dizemos - fazer o papel do compositor amigável ou de órgão de justiça transacional ou de equidade) existe: ela é, por exemplo, colocada à luz e fortemente criticada por A. GROS, "La recherche du consensus dans les décisions de la CIJ", in *Völkerrecht als Rechtsordnung, Festschrift für Hermann Mosler*, Berlim, 1983, pp. 351 e ss. Ver também, neste sentido, as observações pertinentes e extremamente estimulantes de SCHACHTER, Creativity and Objectivity in International Tribunals", *ibidem*, pp. 813 e ss. (especialmente p. 819).

13 Esta possibilidade foi admitida *de plano* pela CIJ em sua sentença de 24 de fevereiro de 1982 no caso da Plataforma Continental Tunísia/Líbia (CIJ, *Recueil*, 1982, para. 24).

Observaremos ainda, a esse respeito, que o desejo de evitar os juízes será forte não somente para aqueles que são reticentes em relação ao direito em vigor, considerando-o como desigual ou ultrapassado, mas também por aqueles que o julgam impreciso, ambíguo ou incerto: aquele que se bate para que o direito seja modificado profundamente não se apresenta sem hesitação perante um juiz, cuja tarefa é aplicar o direito existente; aquele que é consciente do fato que uma norma pode ser interpretada de maneiras bem diversas não se encontra em posição de fazer qualquer cálculo sobre as chances do sucesso sorrir-lhe a uma eventual ação judiciária por ele iniciada.

A reticência dos Estados em utilizar as jip aparece de maneira particularmente evidente no caso em que estas jurisdições são abertas tanto aos Estados quanto aos indivíduos: basta recordar nesse sentido a experiência do sistema de garantias criado pelas Convenção Europeia de Direitos Humanos, a qual os Estados invocam apenas em situações excepcionais enquanto que os Estados fazem-na trabalhar com força plena. Consideração análogas poderiam ser feitas, *mutatis mutandis*, a propósito da Corte de Justiça das Comunidades Europeias. Em contraste, a subutilização do ICSID por particulares deve ser explicada por outra razão: por um lado, o recurso ao ICSID constitui para o particular uma espécie de *ultima ratio*, supondo que uma verdadeira ruptura de relações com a parte Estatal e, em consequência, a impossibilidade de se chegar a um acordo consensual; por outro lado, podemos pensar que uma porção importante da autoridade do ICSID vem representada por sua "força de dissuasão": dado o peso dos efeitos diretos e indiretos que decorrem para um Estado de uma sentença desfavorável, esse Estado pode ser impelido a evitar de chegar a um ponto de tensão com o investidor estrangeiro que levaria o investidor a acionar o ICSID.

Um meio de solução de controvérsias entre outros, não prioritário (em verdade, secundário), de caráter especializado e muito pouco utilizado: eis os traços característicos das jip. Que tais entidades possam produzir decisões dotadas de autoridade parece revelar um paradoxo. É verdade que tudo é paradoxal nesse domínio!

No fundo, o primeiro dos paradoxos é que jurisdições possam existir e funcionar no interior da comunidade internacional sem apoiar-se – como ocorre no direito interno – numa instituição hierarquicamente superior e dotada de poder público, da qual estas jurisdições constituiriam uma articulação. Vista a estrutura de base da sociedade internacional (sociedade de coordenação e não de subordinação), compreende-se bem porque, aos olhos de numerosos autores, as jip revelam sua natureza essencial de instâncias arbitrais, vez que o poder de decisão destas jurisdições repousa em todo caso sobre a vontade das partes na controvérsia. O fato é que se deve saber traçar a distinção – bastante árdua para o jurista se ele não consegue se liberar plenamente das categorias conceptuais do direito interno quando ele estuda o direito internacional – entre "poder" e "função". No direito interno, com efeito, a "função" judiciária é exercida pelo "poder" correspondente e ela está a ele ligada de maneira tão estreita que um divorcia entre as duas noções parece irreconciliável; mas o direito internacional está lá para permitir justamente de observar a existência de uma "função" judiciária que não se funda sobre um "poder" judiciário.

Se o primeiro paradoxo é aparente, o segundo é bem real: as jip ocupam a atenção dos juristas numa medida que parece absolutamente sem relação com o papel bem modesto destinado em realidade a este meio de solução de controvérsias no direito internacional. A melhor e a mais eloquente das provas pode ser colhida se percorremos o capítulo sobre a solução de controvérsias no estudo de Charles de Visscher sobre a contribuição do *Institut de Droit International* ao desenvolvimento desse direito, publicado no "*Livre du Centenaire*":[14] ele mostra que em 100 anos (1873-1973) este cenáculo prestigioso de juristas centrou sua atenção essencialmente sobre a arbitragem e a solução judiciária,

14 IDI, *Livre du centenaire 1873-1973*, *op. cit.*, pp. 144 e ss.

enquanto que somente em raríssimas ocasiões que ele se ocupou de outros meios de solução de controvérsias como a conciliação (na sessão de Lausanne de 1927 ou na Seção de Salzbourg de 1961). Aquilo que ocorreu após este período certamente não modifica esta apreciação global.[15] Sem dúvida este fenômeno está ligado também a uma espécie de deformação profissional dos internacionalistas, dependendo do fato que a sua formação se efetua inevitavelmente no interior da cosmologia dos direitos internos. Como diz Oscar Schachter,[16] os internacionalistas terminam (consciente ou inconscientemente) por acreditar que "o '*proper' way*" para resolver uma controvérsia é o procedimento judiciário; e Schachter sugere que "*international lawyers, proud and jealous of their profession, see international courts and arbitral tribunals as the heart of legal process*", enquanto que a atitude dos governos é completamente outra, ou seja, daqueles que "fazem" o direito internacional. É verdade que o *Institut* sempre trabalhou com o objetivo de "desenvolver" o direito internacional e portanto de "melhorá-lo": colocado em outras palavras, ele concentrou seus esforços sobre os procedimentos judiciais e arbitrais, não porque ele enxergue-os como meios de solução de controvérsias mais importantes, mas porque o Instituto deseja que eles assim se tornem os mais importantes. Contudo, poderíamos sustentar que é exatamente aí que reside a deformação: o fato de encampar uma luta tão prolongada pela "jurisdicionalização do direito internacional" implica a convicção de que esta ordem jurídica é "primitiva" ou "imperfeita" na medida em que não é construída à imagem dos direitos internos. Em outras palavras, seria necessário ao direito internacional, para "progredir", que seu futuro pareça o passado e ao presente dos direitos internos.

---

15 Desde então, de fato, o IDI abordou dois tópicos adjacentes à resolução de controvérsias: o das comissões internacionais de investigação (ver o relatório final de YASSEN em *Anuaire IDI*, 1984, pp. 313 e ss) e o relativo ao não comparecimento perante à CIJ (relator Arangio-Ruiz)

16 *International Law*, op. cit. pp. 207 (e 208).

O terceiro e último paradoxo nos devolve plenamente ao nosso sujeito. A justiça internacional extrai seu poder de decisão do consentimento das partes da controvérsia, que este consentimento tenha sido doado após do nascimento da controvérsia (por um *compromis* ou graças à prorrogação de foro) ou antes (por uma cláusula compromissória, por um tratado abordando a resolução de um conjunto de controvérsias eventuais ou ainda, no que se refere à CIJ, por meio da combinação das declarações unilaterais previstas pelo artigo 36, para. 2 do Estatuto da Corte). É portanto deste consentimento que depende no fim das contas a autoridade da decisão cujos efeitos, logicamente, devem se inscrever sem o menor transbordar no interior das relações entre as partes envolvidas. Ora, é justamente paradoxal ter de constatar como as decisões das jip tendem a exercer uma autoridade bem mais larga, chegando mesmo a influenciar a ordem jurídica internacional em seu conjunto. Depois de ter examinado as direções principais nas quais se funda a autoridade das decisões, será necessário então tentar se interrogar sobre as razões profundas de um fenômeno social tão estarrecedor.

3. OS EFEITOS INTERNACIONAIS DAS DECISÕES DAS JIP NA ABORDAGEM TRADICIONAL

As decisões das JIP das quais nos ocupamos, assim como as sentenças arbitrais, se caracterizam de maneira notória por seus efeitos obrigatórios que lhes distinguem notadamente dos "documentos" não vinculantes pelos quais se concluem outros procedimentos de solução de conflitos (por exemplo, os "relatórios" das comissões de conciliação ou de enquete, as "recomendações" dos órgãos das Nações Unidas adotados no quadro do capítulo VI da Carta, ou as "constatações" efetuadas pelas instâncias confiadas para o controle do respeito pelos Estados de suas obrigações internacionais). As sentenças e os laudos são por um lado – salvo exceções previstas por eventuais disposições em contrário contidas num tratado internacional pertinente organizando as formas de apelação ou de recurso – "definitivas" e, por outro lado, ligam "... as partes em litígio ... em relação ao que foi decidido": o texto do artigo 59 do Estatuto da CIJ exprime por estes termos uma noção universalmente reconhecida como válida, em princípio, para toda sentença (ou laudo) "devidamente emanado" (para retomar aqui a fórmula tradicional inscrita no artigo 54 da Primeira Convenção de Haia de 1899, ainda que no artigo 81 da Segunda Convenção de 1907, e para desatar ao mesmo tempo a questão – que poderíamos tratar – de uma eventual invalidade da decisão).[17]

O que estamos indicando é portanto o efeito essencial das sentenças e laudos internacionais: o único[18] verdadeiramente necessário efeito pelo qual o órgão do qual a decisão é emanada possa ser qualificado de arbitral ou de judiciário. No quadro de uma abordagem diacrônica, podemos efetivamente constatar que se trata historicamente do único efeito[19] da decisão, ao qual outros podem ser eventualmente acrescentados

17 Ver neste sentido BARILE, *Lezioni di diritto Internazionale*, 2°. Edição, Padova, 1983, pp. 176 e ss.

18 O único efeito necessário, bem entendido, a nível dos efeitos do ato; sem dúvida o órgão que emana a decisão deve possuir certas características (como a imparcialidade e a independência) e proceder em sua atividade de uma certa maneira, para poder ser corretamente qualificado como arbitral ou judiciário.

19 A observação segundo a qual, em princípio, não existe lugar no direito internacional para a força executória das sentenças e dos laudos é um verdadeiro lugar comum: bastará citar, por exemplo, HAMBRO, *L'exécution des sentences arbitrales*, Paris, 1936, pp. 47 e ss; ROSENNE, L'exécution et la mise em vigueur des décisions de la Cour internationale de Justice, RGDIP, 1953, p. 532. Com efeito, nas situações em que ela existe, a força executória dos julgamentos significa a possibilidade de colocar em operação um aparelho dotado de poder público a fim de constranger a parte sucumbente à observar a decisão. Desnecessário dizer: uma tal força, perfeitamente concebível (e concebida) no direito interno, não existe no direito internacional, dado que inexiste uma entidade superior aos Estados soberanos dotada de um poder de constrangimento em relação a eles. Entretanto, a título de *lex specialis*, os Estados podem, se assim desejarem, criar por meio

por meio de disposições convenções apropriadas, capazes de dotar tal decisão de uma "força" jurídica mais vasta e mais penetrante. Por conseguinte, para conhecer os diversos elementos cujo conjunto compõe a autoridade da decisão das jip, deve-se partir de uma descrição rápida dos efeitos das sentenças arbitrais "clássicas", relativas a controvérsias entre Estados; poderemos assim melhor identificar em seguida quais integrações, complementes e reforços podemos enriquecer esta espécie de denominador comum, graças aos desenvolvimentos ocorridos na ordem internacional, no que se refere aos efeitos das decisões das jip.

Importa rememorar qual é a fonte fundamental da força obrigatória das decisões que nos interessam:[20] ela repousa, como todo o poder de decidir do "juiz", sobre a vontade dos Estados em controvérsia, em seu compromisso anterior, contratado através de um instrumento de tipologias variadas, de se conformar à decisão final ou, mais precisamente, a sua parte dispositiva. Se o juiz foi autorizado a decidir *ex aequo et bono*, um tal compromisso constitui a fonte exclusiva do efeito obrigatório *inter partes* da decisão final. No que concerne à decisão *secundum jus*, a força desta se baseia sobre o fato de que as partes assumem anteriormente a obrigação de respeitá-la, mas efetivamente a norma que o juiz aplica era já obrigatória para os Estados envolvidos. Aqui, portanto, a força obrigatória da decisão não se apoia exclusivamente sobre o acordo pelo qual outorgados o juiz internacional, mas também – ou ao mesmo tempo – sobre o efeito próprio das normas aplicadas por ele. À situação preexistente de direito, a decisão se presta nesse caso a acrescentar o efeito de certeza jurídica, certeza de que os Estados envolvidos acordaram-se voluntariamente a considerar como incontestável.

---

convenção um mecanismo visando a execução das decisões das jip; estudaremos os exemplos relativos brevemente, no presente parágrafo e também no próximo.

20 Ver sobre esta questão, largamente estudada pela doutrna, a análise e as indicações bibliográficas (relativas a Anzilotti, Scelle, Morelli, Arangio-Ruiz, Barile, etc.) contidas nas obras de BENVENUTI, *op. Cit*, pp. 21 e ss.

É levando em consideração estes elementos, relativos à fonte do efeito obrigatório das decisões internacionais na ótica clássica, que podem ser elucidadas as diversas direções nas quais esses efeitos se canalizam, assim como seus limites objetivos e subjetivos. Sendo fundados sobre o acordo entre as partes, esses efeitos cobrirão a matéria delimitadas pelo mesmo acordo tal qual objeto da controvérsia,[21] o que explica claramente que um tal objeto possa ser bem representado, seja por uma questão concreta (por exemplo, como devem ser interpretadas as normas em vigor entre as partes em relação a uma dada situação), seja por uma questão abstrata (por exemplo, qual a significação os Estados devem atribuir a uma disposição ambígua, destinada a ser aplicada por eles no futuro em um número indeterminado de casos). Por conseguinte, os efeitos em questão só poderão ser gerados entre as partes do acordo que baseia a competência do juiz e o efeito de sua decisão: esta é para todos os terceiros um *res inter alios*, das quais para o terceiro não gerarão nem direitos, nem obrigações. Ainda, o juiz sendo um instrumento que as partes se servem de comum acordo para solucionar sua controvérsia, nada impede que essas de ordenar a ele, seja de basear sua decisão em critérios outros que não o direito internacional em vigor (por exemplo, a equidade – entendida como *aequitas contra* ou *praeter legem* – ou o direito interno deste ou daquele Estado, ou ainda em uma mescla de princípios jurídicos oriundos de fontes diversas), seja aplicar somente uma porção do direito internacional, mesmo regras novas criadas *pro casu*. Ademais, as partes podem frear o procedimento em curso se elas assim acordarem, como elas podem decidir concorren-

21 As observações agora apresentadas indicam aquilo que se passa normalmente quando um juiz é acionado para resolver uma controvérsia internacional clássica entre Estados. É claro, por sua vez, que as coisas mudam de sentido quando as partes no processo não são criadores da norma pela qual a competência do juiz é estabelecida, norma que não pode ser modificada por acordo *inter se*. Por exemplo, no caso em que as jurisdições internacionais são abertas aos particulares estes não poderão dispor – por meio de acordo com a outra parte na controvérsia – do direito que o juiz deve aplicar.

temente de, seja de não se conformar à solução ditada pelo juiz, seja até mesmo de reenviar a um novo juiz a mesma questão (ou de escolher um outro meio de resolução de controvérsias que o juiz tiver determinado).[22] Em suma, a decisão é, por assim dizer, referida às partes que devem respeitá-la em virtude de um comprometimento anterior, nos limites previstos por esse acordo e na medida em que ele continue a vigorar; por consequência, não é absolutamente proibido às partes de modificar, ab-rogar ou substituir tal acordo em qualquer momento.

Em conclusão, o efeito da decisão é de confirmar ou de criar *ex novo* para as partes,[23] em suas relações recíprocas, uma obrigação internacional da qual elas podem se liberar consensualmente (como aliás de toda obrigação *inter se*, exceção feitas às obrigações decorridas do *jus cogens*). Mas na medida em que essa liberação não ocorre, a parte interessada possui o direito de exigir que a outra respeite a decisão e, por consequência, o direito de utilizar para esse fim os meios que a ordem jurídica coloca à disposição da vítima de um fato internacionalmente ilícito em relação ao autor deste. Para esclarecer, não se trata de analisar aqui esses meios, pelas simples razão que não servirá distingui-los daquele utilizáveis com a finalidade de obter o respeito de outra obrigação internacional dos Estados.[24] Notemos somente que se tratará normalmente (vale dizer, na ausência de regimes convencionais especiais) de meios de autoproteção legítimas de acordo com o direito geral em vigor: por exemplo, as represálias pacíficas. Dito isso *em passant*, não

---

22 Sob a reservas das observações apresentadas na nota anterior. Por exemplo, no sistema da Convenção Europeia de Direitos Humanos, o procedimento em vigor para uma demanda individual pode ser freado através de um acordo amigável ocorrido entre indivíduo e Estado, mas somente se tal acordo é entendido como conforme aos princípios em matéria de proteção aos direitos humanos.

23 As partes que aqui discutimos são as partes de uma controvérsia entre Estados, como foi sublinhado em notas precedentes.

24 Veja REUTER, *Droit international public*, 8ª ed, Paris, 1983, p. 450.

existe a nosso ver alguma razão de levantar – em relação de medidas de autoproteção visando a execução das decisões – um problema específico relativo ao emprego do uso da força:[25] sua proibição e o conjunto do regime jurídico que a ela se refere, devem ser considerados aplicáveis em todos os domínios e aquela que seja a obrigação de violação da qual se reage. Além do mais, os princípios relativos à legítima defesa não entram diretamente no jogo aqui, a não observação de uma decisão obrigatória, como tal, não pode ser qualificada como uma agressão armada.

Através de convenções apropriadas, naturalmente, é possível que os meios mais enérgicos sejam organizados para assegurar a execução da decisão, sempre permanecendo na lógica tradicional das relações *inter partes*. Examinaremos mais à frente os desenvolvimentos de interesse geral que emergem desta lógica e que tomam lugar notadamente no contexto das organizações internacionais. Aqui, ao contrário, convém assinalar dois exemplos de tratados internacionais que colocam à disposição da parte vitoriosa instrumentos especiais que visam retirar facilmente da decisão favorável as vantagens acordadas.

O primeiro exemplo concerne os Tribunais arbitrais mistos previstos pelos tratados de paz da Primeira Guerra Mundial[26] (mas não pelas Comissões de conciliação previstas pelos Tratados de paz da Segunda): os artigos 296 e 297 do Tratado de Versalhes – para limitar nossas observações a ele – estabelecem que, no que se refere às sentenças pronunciadas contra um Estado, a parte vitoriosa poderia tanto, conforme o caso, obter vantagens dos resultados do procedimento através do cálculo de compensações recíprocas efetuadas entre os oficiais competentes, como

25 Veja nesse sentido a opinão diferente (e a nosso ver inaceitável) expressa por BOWETT, "Contemporary Developments in Legal Techniques in the Settlement of Disputes" RCADI, 1983, II, pp. 213 e ss.

26 Veja GIARDINA, "La mise en ouvre au niveau national des arrêts et des décisions internationaus", RCADI, 1979, IV, p. 265 (ver também, na nota 69 deste estudo, uma seleção de indicações bibliográficas).

também considerar as somas alocadas como imediatamente sendo colocadas a cargo da parte sucumbente. Este comportaria, portanto, o direito de sacar tais somas, ou apossar-se dos bens alemães tomados sobre o território do Estado interessado, ou através de outros sistemas.

Outro exemplo bem mais recente e marcante é relativo às sentenças do Tribunal de controvérsias Irano-Americanos, instituído pelos Acordos de Alger de 19 de janeiro de 1981. Sabe-se que uma "conta de garantia especial", que pode dispor o Banco central da Argélia (e formado de bens iranianos), é afetado de maneira direta ("... a garantir o pagamento e a satisfazer efetivamente as reclamações em relação ao Irã conforme acordo de regulamento de contencioso": acerca das somas contidas na conta (devidamente realimentadas) devem ser executadas "... todas as sentenças arbitrais emitidas no encontro de Irã" (art. 7 do Acordo de base, para ser lido em conjunção com o artigo IV da Declaração sobre o regramento do contencioso).[27] Podemos dizer que, neste quadro particular, a Argélia desempenha, através de um dos seus órgãos internos (o Banco central), o papel inédito, que ela se viu confiar pelos dois Estados interessados, de "oficial de justiça" encarregado da execução forçada de certas sentenças do Tribunal, cuja força obrigatória é também reforçada de maneira totalmente extraordinária.

4. AS FRAGILIDADES DO SISTEMA TRADICIONAL EM MATÉRIA DE EFEITOS INTERNACIONAIS DE DECISÕES E AS TENTATIVAS DE REMEDIÁ-LAS NO QUADRO DAS ORGANIZAÇÕES INTERNACIONAIS

Sob a ótica tradicional, a decisão é – como visto – obrigatória para as partes em suas relações *inter se*: para os terceiros, ela representa uma

27 Ver, sobre este aspecto, FOUCHARD, "La nature juridique de l'arbitrage du Tribunal des diffèrends irano-américains, *in Le Tribunal des différends irano-américains*", Cahier n. 1 du Centre de droit international de Nanterre, Nanterre, 1984, p. 39 et ss.

res inter alios acta. Se a parte sucumbente não respeita a decisão e se a parte vitoriosa – tentando obter o que lhe é devido – não consegue redirecionar a outra parte para o caminho justo, abre-se então uma nova controvérsia entre as mesmas partes (controvérsia que, mais uma vez, não envolve um terceiro). Para a solução desta nova controvérsia, as partes deverão proceder então à procura de um meio de solução apropriado, e assim por diante. A fragilidade desse sistema circular é evidente, na ausência de mecanismos sociais de coerção capazes de fazer emergir do vaso fechado de relações *inter partes* e de impor "de fora" o respeito à decisão ao sujeito recalcitrante.

Esta lacuna da ordem jurídica internacional terminou por parecer intolerável, na medida em que ela parecia carregar um prejuízo à própria credibilidade do caráter jurídico do direito internacional. É verdade que, no fundo, os casos de recusa de obediência às decisões sempre foram raros, sendo que as decisões se impõem de fato por causa de uma obrigação prévia e livremente contraída (características que lhes oferecem excelentes vantagens em relação a seu respeito). Mas, não obstante, a comunidade internacional sentiu – a partir do início deste século – a necessidade imperiosa de se engajar em tentativas visando remediar a essas fragilidades e a essas lacunas.

Entre essas tentativas,[28] todas se inscrevendo no interior do arco da batalha por (e contra) a "jurisdicionalização" do direito internacional, as mais significativas são sem dúvida as iniciativas principadas no quadro das organizações internacionais às quais as diversas jip podem ser rastreadas. Trata-se de tentativas que se orientam em duas vias. A primeira consiste na elaboração de regras convencionais estabelecendo que todos os Estados membros da organização internacional envolvida

---

28 Ver sobretudo SCHACHTER, "The Enforcement of International Judicial and Arbitral Decisions", AJIL, 1960, pp. 1 e ss (este estudo é largamente retomado em seu *General Course*, já citado). Ver também, mais recentemente, GIARDINA, *op. cit.*, pp. 235 e ss.

(ou todas as partes de um acordo multilateral) possuam um interesse jurídico de que todo Estado respeite as decisões das jip que lhes sejam desfavoráveis. A segunda via é representada pela execução de procedimentos permitindo a própria organização internacional de agir para reconduzir o Estado recalcitrante ao respeito da decisão.

Quanto à primeira via, ela foi seguida por todas as jip: da CPJI à CIJ, da Corte de Estrasburgo à de Luxemburgo, do ICSID aos órgãos de regulamentação de controvérsias obrigatórias previstos pela Convenção das Nações Unidas sobre o Direito do Mar de 1982 (assim como, ademais, para todos os sistemas de "arbitragem institucionalizada" previstas por convenções multilaterais). Perseguindo o modelo do artigo 94 da Carta de São Francisco, devemos constatar que a qualidade de membro da organização internacional em questão (ou de parte em Convenção multilateral) comporta para cada um dos membros (ou das partes) que este (ou esta) "...se conforme à decisão da Corte..." em relação aos outros membros (ou partes). Deste modo, a questão do respeito da decisão deverá cessar de ser uma questão relativa somente às partes da controvérsia decidida pelo juiz e tornar-se um *affaire* de todos: todos os sujeitos internacionais aos quais a norma em questão se endereça possuem o direito de exigir que cada Estado se conforme à decisão pronunciada nesse sentido.[29]

A Convenção Americana de Direitos Humanos de 1969 e a Convenção de 1982 sobre o Direito do Mar, juntamente com os tratados de paz da Segunda Guerra mundial, não vão além do reconhecimento

29 Em outras palavras, o *conteúdo da obrigação* que pesa assim sobre cada Estado é sempre o de respeitar a decisão que lhe concerne em relação à vantagem exclusiva da outra parte na controvérsia regulada por esta decisão; mas a *titularidade do direito correspondente* (quer dizer, o direito de obter que o Estado envolvida faça o que a decisão estabelece que seja feito em favor da outra parte na controvérsia) pertencerá então a todos os Estados aos quais se endereça a norma estabelecendo a obrigação de respeitar as decisões.

de um interesse coletivo de respeito à decisão das jip. Mas na maior parte das organizações internacionais dotadas de jip um passo a mais foi dado: tentou-se organizar procedimentos visando a tradução do interesse coletivo em uma ação societária que tenha por objetivo impelir Estado envolvido ao respeito da decisão. É justamente a segunda via que fazíamos alusão precedentemente.

Deixando de lado o artigo 13, alínea 4, do Pacto da Sociedade das Nações, convém rememorar, neste contexto, o artigo 94, alínea 2, da Carta das Nações Unidas, que atribuiu ao Conselho de Segurança a faculdade (e não o dever) de adotar recomendações ou decisões "para executar a sentença" (da CIJ).[30] Citaremos em seguida o Comitê de Ministros do Conselho da Europa que possui, por um lado o poder de "fazer recomendações em vista de assegurar o respeito da sentença (da CIJ) ou da sentença" (arbitral) segundo o artigo 39 da Convenção Europeia para solução pacífica de controvérsias de 29 de abril de 1957, e por outro lado a função de supervisionar a execução das sentenças da Corte Europeia de Direitos Humanos (art. 54 da Convenção de Roma de 1950). Sublinharemos ainda que as decisões ICSID merecem também eles ser aqui citados, dado que seu respeito pelo Estado envolvido pode ser assegurado graças a pressões econômicas oriundas da "organização-mãe" (o Banco Mundial), além da intervenção possível da CIJ no caso previsto pelo artigo 64 da Convenção de Washington. Enfim, não nos esqueceremos de fazer breve referência – sem entrar nos detalhes, dada as especificidades da matéria – às Comunidades Europeias: as decisões da Corte de Justiça de Luxemburgo enxergam seu respeito assegurado de maneiras diversas e eficazes, salvo nas decisões que constatam a falta de um Estado membro a uma obrigação prevista pelo tratado das CEE: a este respeito, o artigo 171 CEE se limita a proclamar que "...este Estado deve tomar as medidas que com-

30 Ver a este propósito, por exemplo, PILLEPICH, *in La Charte des Nations Unies*, op. cit., pp.1269 et ss; EL OUALI, *Effets juridiques de la sentence internationale*, Paris, 1984, pp. 168 e ss.

portem a execução da sentença...". Dito com outras palavras, nesse caso os tratados comunitários se avizinham à primeira das vias mencionadas (o estabelecimento de uma obrigação *erga omnes contractantes* de respeitar a decisão), mas não tentaram organizar um procedimento comunitário de coerção (cujo modesto embrião é presente somente na CECA, graças ao artigo 88 de seu Tratado constitutivo).

Evidentemente não poderemos permanecer na análise pontual destas tentativas de reforço do efeito coercitivo das decisões das jip e seus inumeráveis problemas de interpretação – por vezes fortemente delicados – que foram levantados a respeito de diversas normas a eles relativas. Tentemos sobretudo elaborar um julgamento de conjunto sobre seus sucessos: eles atingem o objetivo visado, que seria, como sabemos, o de mudar a lógica de que o respeito das decisões deixe de ser uma questão que concerna exclusivamente as partes na controvérsia decidida década decisão e se torne uma questão de todos?

Infelizmente, a resposta a esta questão é negativa, com algumas nuances.

Em relação à primeira via, com efeito, o exame da prática não permite recolher precedentes significativos mostrando Estados terceiros interessando-se ativamente no respeito de decisões por outros Estados em suas relações *inter se* e fazendo valer pretensões internacionais neste sentido. Ainda menos os Estados terceiros mostram possuir o sentimento de ser obrigados a cooperar com a parte vitoriosa a fim de obter o respeito da decisão por parte da outra parte: a única tentativa conhecida, iniciativa ocorrida quando da sentença do caso da CIJ sobre o *Estreito de Corfu*, não gerou nenhum resultado.[31] Este é um sinal evidente do fato de que os Estados terceiros não se sentem verdadeiramente envolvidos neste tipo de situação, apesar da existência de regras que lhes atribuem – em teoria – o direito de se inquietar e de reagir.

31 Ver sobre essa tentativa as indicações oferecidas pelos autores citados *supra*, nota 27.

Poderemos sustentar eventualmente que intervenções deste gênero por parte de terceiro são efetivamente possível (ou são facilitadas) quando elas podem ser efetuadas pela execução de procedimentos apropriados do tipo societário. Ora, deve-se constatar que estes procedimentos, ao menos no que se refere à CIJ (e anteriormente à CPJI), não funcionam: os precedentes relativos à implementação de mecanismos coletivos de pressão para assegurar a execução de julgamentos da Corte, como previstos pelo Pacto ou pela Carta, são notoriamente de número ínfimo e todos de caráter negativo.[32] Em suma, existem diversos elementos para se questionar se o artigo 94, alínea 2, da Carta não é um ramo morto da árvore das Nações Unidas.

Sem dúvida, o julgamento deve ser bem mais nuançado em relação a outros tipos de jip. Deixando de lado – dadas suas características absolutamente excepcionais – a Corte de Justiça das Comunidades Europeias, observaremos que o Comitê de Ministros do Conselho da Europa segue ativamente e cuidadosamente os *follow-up* das sentenças da Corte de Estrasburgo (e de suas próprias decisões adotadas com base no rela-

---

32 Ver, por exemplo, PILLEPICH, *op. loc. cit.* Entre o lapso de tempo decorrido entre o *Colloque* e a publicação destes anais, assistimos à iniciativa da Nicarágua, realizada com o apoio do Movimento dos Países não-alinhados, visando obter que o Conselho de Segurança – no quadro do artigo 94, § 2, da Carta – fizesse pressão sobre os Estados Unidos a fim de que estes se inclinem perante a sentença da CIJ de 27 de junho de 1986 no caso das *Atividades militares e paramilitares na e contra a Nicarágua*; ora, o projeto de resolução a ele relativo foi rejeitado no último 1 de junho, apesar dos 11 votos e das duas abstenções, por causa do veto dos Estados Unidos. Não podemos dizer que a tentativa de acordar de seu sono o artigo 94, § 2, da Carta obteve algum sucesso. Deve-se remarcar que o representante dos Estados Unidos no Conselho de Segurança explicou a opinião contrária de seu país insistindo sobre o conteúdo pretensamente errôneo da sentença, seja no que se refere à afirmação de competência da Corte que pela "má percepção" da situação fática e pela recusa de se levar em consideração as "provas de má conduta flagrante da Nicarágua" (ver os comunicados de imprensa das Nações Unidas WS/1295 e 1296 de 1 e 8 de agosto de 1986).

tório da Comissão quando a Corte não foi ou não pôde ser acionada).[33] Mesmo se os poderes do Comitê de Ministros são modestos e pouco eficazes em matéria, como testemunha entre outros o procedente relativo à condenação da Grécia à época dos coronéis, trata-se de uma experiência encorajante, mas infelizmente isolada.

Em conclusão, a avaliação de conjunto sobre a prática dos Estados mostra bem que esses preferem – salvo exceções bem localizadas – permanecer fiéis à lógica tradicional segundo a qual as decisões das jip, assim como sentenças arbitrais, esgotam seus efeitos nas relações entre as partes e não devem interessar a terceiros. Apesar dos esforços para ir mais longe, o efeito coercitivo *inter partes* permanece em atualidade (e mais uma vez salvo exceções), não somente o efeito essencial das decisões das jip, mas também o efeito único no plano internacional.

5. OS EFEITOS DA DECISÃO DAS JIP NOS ORDENAMENTOS INTERNOS: A ABORDAGEM CLÁSSICA...

O estudo sobre os efeitos das decisões das jip nos ordenamentos internos[34] deve ser conduzido levando-se cuidadosamente em consideração, também nesse aspecto, os desenvolvimentos ocorridos na ordem internacional, e em particular a identificação dos novos domínios onde se recorre à função judiciária, esforçando-se, pois, de distinguir as soluções entendidas para os diversos tipos de controvérsias. Constata-se, com efeito, que como regra geral nenhuma norma de direito internacional indica quais os efeitos internos que decorrem eventualmente de decisões de tipo clássico tocando uma controvérsia entre Estados: isso prova sem dúvida que para as decisões desse gênero a questão se coloca

---

33 ROSSY, *Le Comité des ministres du Conseil de l'Europe et la mise em ouvre de la CEDH: les articles 32 e 54 de la Convention*, Thèse, Zurich, 1982, spéc. Pp. 85 et ss.

34 Ver a excelente análise conjuntural de GIARDINA, *op. cit.*, *passim*. Ver também EL OUALI, *op. cit.*, pp. 197 e ss.

de maneira excepcional e/ou que, quando ela se apresenta, é possível resolvê-la sem o auxílio de disposições específicas. Por outro lado, a situação é oposta quando confrontamos jips abertas ao indivíduo, ou seja, quando a este é admitido o desempenho de um papel de protagonista do procedimento judicial. Neste caso (que se inscreve na perspectiva de um desenvolvimento importante do direito internacional), é evidente que a decisão final da jip, para atingir seu objetivo, deve poder produzir seus efeitos no interior da esfera jurídica do particular interessado: aqui, o efeito interno da decisão internacional é portanto uma verdadeira necessidade e deve ser concebido como revelador da norma e não da exceção. Compreendemos então porque um tal efeito tende, no que se refere às decisões em questão, a ser regulamentado de maneira explícita.

Com base nessas premissas, inclinamo-nos ora sobre as decisões de jips de tipo clássico, como as sentenças da CPJI ou da CIJ (ou ainda as decisões de Comissões de conciliação previstas por tratados de paz da Segunda Guerra Mundial). A ausência de disposições de direito internacional sobre seus efeitos internos não é um obstáculo para reconhece-los, conforme as observações anteriormente realizadas (supra, § 3), a virtude de especificar e tornar certo, com força obrigatória, o conteúdo das obrigações internacionais dos Estados envolvidos. Nos limites (objetivos e subjetivos) do seu efeito obrigatório internacional, essas decisões se "soldam" – por assim dizer – às normas que elas interpretam e aplicam; disso decorre que as normas em questão vinculam com elas as decisões relativas, todas as vezes em que estas normas possam exercitar suas eficácias nos ordenamentos internos.[35] Colocado em outra forma, o efeito interno das decisões internacionais de tipo clássico intervém conforme o caso em nível normativo (e não em nível de atos judiciários) graças aos mecanismos e às técnicas que asseguram no interior de cada ordem jurídica nacional a conformidade desta ao direito internacional.

35 Cf. REUTER, *op. cit.*, p. 450.

Esses mecanismos e técnicas variam notavelmente de um ordenamento interno a outro, é claro que o efeito em nível nacional das decisões internacionais não será uniforme, similarmente (e por causa) ao que acontece com as normas convencionais e costumeiras. Por exemplo, onde as normas internacionais são imediatamente aplicáveis pelos órgãos internos sem ser submetidos a qualquer processo de transformação, essas normas deverão ser interpretadas pelos órgãos em questão dotando-lhes de significação de maneira a ligar o Estado ao qual foi endereçada pela decisão internacional. Por outro lado, onde a conformidade do direito interno ao direito internacional é realizada através de uma legislação nacional "adaptadora" das regras internacionais, os operadores internos só poderão levar em consideração a decisão se a legislação interna é (ou foi tornada) conforme ao dispositivo desta decisão.[36]

Notaremos que os precedentes relativos ao tema que examinamos são pouco numerosos e raros são, por consequência, as discussões doutrinais a eles relativas, como a discussão referente ao caso *Socobel* (estudado por 50 anos pelo *doyen* Colliard).[37] Convém recordar que na Itália essa temática foi objeto de um debate bastante largo que ofereceu à doutrina a ocasião de reflexão profunda: é que os juízes internos, e a Corte de Cassação em particular, tem resistido em aceitar a interpretação de certas disposições do Tratado de Paz entre a Itália que tinha entendido, ao contrário, que as Comissões de conciliação previstas pelo artigo 83 deste tratado. As justas críticas de diversos autores – essencialmente conformes aos princípios expostos – não foram, contudo, suficientes para convencer os juízes; o Parlamento italiano se viu então obrigado a intervir editando uma curiosa "lei de interpretação autêntica" do Trata-

36 Pode ocorrer que, por conta justamente da ausência de conformidade entre direito interno e direito internacional, o Estado envolvido incorra em responsabilidade internacional devido à violação da obrigação de respeito da decisão.

37 Ver, sobre a sentença Socobel de 30 de abril de 1954 do Tribunal civil de Bruxelas, a nota de COLLIARD, *RGDIP*, 1952, pp. 111 e ss.

do de paz, fundada justamente sobre a jurisprudência das Comissões de conciliação.[38]

Enfim, outras confirmações da justificativa tese sustentada, seguindo aquela dos efeitos internos das decisões internacionais de tipo clássico intervindo em nível normativo, podem ser extraídas das jurisprudências internas dos diversos país que tiveram a ocasião de utilizar as decisões da CIJ para gerar consequências no plano nacional.[39]

6. SEGUINDO: ... E AS NOVAS TENDÊNCIAS

Já observamos que, em princípio, a questão do efeito interno das decisões das jip não constitui o objeto de uma regulamentação internacional expressa vez que o procedimento é aberto ao indivíduo e que, por consequência, a decisão se endereça (também) a este. A justificativa desta observação prova-se, por exemplo, pela constatação que, no que se refere às decisões dos Tribunais arbitrais mistos previstos pelos tratados de paz da Primeira Guerra mundial (que podiam ser acionados por particulares) foi estabelecida a obrigação para os Estados envolvidos "...de rendê-las obrigatórias a seus cidadãos" (art. 304 g do Tratado de Versalhes); pelo contrário, nenhuma formula deste gênero foi inserida nos tratados de paz da Segunda Guerra mundial em relação

---

38 Sobre todas estas vicissitudes, ver CONDORELLI, "Interpretazione giurisprudenziale ed interpretazione autentica di trattati internazionali nell'ordinamento italiano", *Rivista di diritto internazionale*, 1973, p. 226.

39 Ver as indicações oferecidas por GIARDINA, *op. cit.*, p. 287. É oportuno sublinhar neste sentido que a tomada em consideração das decisões internacionais pelos juízes internos revela o efeito obrigatório destas decisões (se "soldando" à norma interpretada) somente quando o juiz interno é chamado a se ocupar de questões que reentrem diretamente ou indiretamente na esfera objetiva e subjetiva onde incide a coisa julgada internacional. Nos outros casos, a atenção prestada pelos órgãos dos Estados a decisões internacional revela uma autoridade "*erga omnes*" destas (das quais nos trataremos *infra*, § 7) e não de eficácia *inter partes*.

ao efeito das decisões de Comissões de conciliação, vez que estas são inacessíveis aos particulares, a não ser através do Estado "protetor". Uma outra prova pode ser retirada da Convenção das Nações Unidas sobre o Direito do Mar de 1982: o efeito obrigatório no plano internacional é estabelecido por uma regra geral (art. 296) para todas as decisões dos diversos juízes (e árbitros) internacionais previstos e é em seguida reiterada por cada um destes juízes ou árbitros (Anexo VI, art. 33; Anexo VII, art. 11; Anexo VIII art. 4); entretanto, para as decisões da Câmara relativa aos fundos marinhos do Tribunal Internacional do Direito do Mar (Câmara que será aberta não somente aos Estados, mas também aos particulares: Anexo VI, art. 37), o efeito do direito interno é expressamente considerado (Anexo VI, art. 39).[40]

Se esta espécie de ancestral que é o artigo 304 (g) do Tratado de Versalhes não identificava de maneira clara como os Estados deviam agir para "tornar obrigatórias" as decisões dos tribunais arbitrais mistos para seus cidadãos, pelo contrário, a maioria dos instrumentos pertinentes

---

40 Deve-se contudo observar que é possível que as decisões de um Tribunal internacional aberto aos particulares não se vejam acordadas nenhuma força executória em nível interno: este é o caso do Tribunal europeu em matéria de imunidade dos Estados, instalado em 28 de maio de 1985, que é previsto pelo Protocolo adicional – em vigor desde 22 de maio de 1985 – à Convenção europeia sobre a imunidade dos Estados de 16 de maio de 1972. Segundo o artigo 1 do Protocolo citado, com efeito o Tribunal pode ser acionado por um particular alegando que um Estado parte viole a Convenção pelo fato de não dar prosseguimento a um julgamento interno condenando este Estado. Ora, as sentenças do Tribunal europeu, que são "definitivas e obrigatórias" (art. 6, § 4 de referido Protocolo), não possuem efeitos direitos nos ordenamentos internos: veja a este propósito KRAFFIT, "La Convention européene sur l'immunitè des Etats et son Protocole additionnel", *ASDI*, 1975, p. 27.

Pode ocorrer também que a força executória interna seja prevista por estas decisões internacionais vindo de jip não abertas a particulares: é o caso de certas decisões da Corte Interamericana de Direitos Humanos que será posteriormente analisada neste parágrafo.

de época mais recente determinam de maneira bem mais precisa o que os Estados são obrigados a fazer para que um pleno efeito interno seja atribuído às decisões das jip. O modelo é, além do mais, único quanto à sua própria essência, além das diferenças e das particularidades por vezes importantes que são previstas para cada uma das utilizações que fazemos nas diversas convenções: trata-se em substância de tratar as decisões internacionais pertinentes com um pé de igualdade em relação aquelas emanas pelo poder judiciário nacional do país afetado.[41]

Colocado em outras palavras, estabelecemos que os Estados devem atribuir às decisões da jip em questão, em sua respectiva ordem interna, a mesma força executiva que se atribui às sentenças definitivas dos juízes nacionais. As fórmulas variam: aqui nos referimos à "mais alta instância judiciária do Estado" (art. 39 do Anexo VI da Convenção sobre Direito do Mar de 1982); ali à um "tribunal funcionando sobre o território" deste Estado (art. 54, alínea 2 da Convenção de Washington de 18 de Março de 1965 relativa ao ICSID); lá ainda, simplesmente diz-se que a decisão possui "força executória" (Tratado das CEE, art. 187). Frequentemente encontramos também a indicação evidente (por vezes implícita) segundo a qual a execução forçada ocorrerá então seguindo as regras processuais em vigor no Estado envolvido, excetuando-se obviamente as incompatíveis com o regime convencional (ver, por exemplo, o artigo 192 do Tratado das CEE e os artigos 53, alíneas 1 e 54, alínea 3 da Convenção de Washington de 1965).

Entre as jip cujas decisões (ou algumas entre elas) gozam deste efeito interno, e passando pelas especificidades que encontramos em cada uma delas, citaremos a Corte de Justiça das Comunidades Europeias, os tribunais arbitrais ICSID e aqueles previstos pela Convenção de Washington de 11 de outubro de 1985 instituindo a *Multilateral Investment Guarantee Agency (MIGA)*, que é baseada no modelo ICSID no que concerne a solução de controvérsias entre MIGA e o Estado (ver

41 Ver GIARDINA, *op. cit.*, pp. 269 e ss.

sobre esta questão o artigo 4, j do Anexo II da Convenção de 1985). Citaremos em seguida a já mencionada Câmara do Tribunal Internacional do Direito do Mar, o "Órgão Judiciário" da Organização dos Países Árabes Exportadores de Petróleo (OPEP), instituído pelo Protocolo de 9 de maio de 1978 (cujo artigo 27 prescreve a força executória dos julgamentos nos territórios dos países membros), e ainda a Corte Interamericana de Direitos Humanos no que se refere à sentença condenando um Estado a pagar a um particular uma soma de dinheiro a título de indenização (art. 68, 2, da Convenção Americana de 1969).

Deve-se sublinhar, em relação a esta última Convenção,[42] que, em contraste, uma disposição análoga não se encontra na Convenção Europeia de Direitos Humanos no que se refere à decisão da Corte de Estrasburgo que atribui à "parte lesada" uma "satisfação equitativa" (art. 50): a execução dessa decisão pelo Estado é portanto – similarmente a outras decisões da mesma Corte – supervisionada ativamente em nível internacional pelo Comitê de Ministros, mas a decisão em questão não possui força executiva no direito interno do Estado em questão. Em suma, o efeito interno das sentenças da Corte de Estrasburgo (aqui compreendidos aqueles atualmente sob exame) não pode verificar a não ser em nível normativo,[43] seguindo a via que examinamos no parágrafo precedente: concretamente, esse efeito se realizará portanto, não através do procedimento de execução das decisões judiciais nacionais coloca-

---

42 Ver sobre este tema os desenvolvimentos contidos no órgão de dois estudos recentes: VILLIGER, "Die Wirkung der Entscheide der EMRK-Organe im innerstaatlichen Recht, namentlich in der Schweiz", Zëitschrift für schweizerisches Recht, 1985, pp. 569 e ss; LIÑAN NOGUERAS, "Los efectos de las Sentencias del Tribunal Europeo de Derechos Umanos em Derecho español", *Revista española de derecho internacional*, 1985, p. 355.

43 Isto está de acordo com o fato que – pelo menos formalmente – a Corte de Estrasburgo não é aberta aos particulares-"vítimas" que não podem adquirir a posição de partes no processo judicial (ainda que sua participação ativa seja ora largamente permitida).

das a serviço do julgamento internacional (como ocorre, entre outros exemplos, pelas sentenças da Corte de Luxemburgo), mas através de procedimentos judiciais utilizáveis, junto ao direito interno em questão, para obter a aplicação em nível nacional dos compromissos internacionais do Estado. Incluamos nesse contexto, a todos os fins úteis, que a obrigação de pagar uma quantidade de dinheiro representando a "satisfação equitativa" prevista pelo artigo 50 da Convenção de Roma é sem sombra de dúvida *self-executing*, graças ao fenômeno que nós chamamos de "soldagem" que se produz entre o artigo 50 e a decisão da Corte de Estrasburgo que o aplica.

A comparação que estabelecemos entre Convenção Europeia e Convenção Americana de Direitos Humanas sugere algumas observações suplementares. Constata-se, com efeito, que é menos comum encontrar disposição convencionais outorgando – como a Convenção Americana – força executiva dentro da ordem interna de um Estado às sentenças das jip que condenam esse mesmo Estado: neste sentido, é chocante a correspondência (somente nesse sentido, assinala-se) entre o sistema da Convenção Europeia de Direitos Humanos (que estudaremos) e o das Comunidades Europeias, que é por sua vez bastante avançado. Em verdade, sabe-se que a sentença da Corte de Justiça constatando, de acordo com o artigo 171 CEE, a falta de um Estado às suas obrigações convencionais, não é possuidor de força executória.[44]

É verdade que, sobre esse tema, é necessário registrar o importante elemento que representa o artigo 54 da Convenção de Washington de 1965 (e sobre a questão o artigo 4, j, do Anexo II da Convenção MIGA de 1985). Não somente a força executória deve ser acordada à sentença ICSID na ordem interna do Estado interessado, mesmo no caso onde este é condenado, mas ainda uma força idêntica deve ser reconhecida à decisão por todos os Estados partes da Convenção de Washington,

44 Ver sobre este ponto, por exemplo, LABOUZ, *Le système communautaire européen*, Paris, 1986, p. 171.

sob a reserva, todavia, do respeito das regras aplicáveis em matéria de imunidade dos Estados em face das jurisdições internas. Trata-se, sem dúvida, por ora, de um dos sistemas convencionais mais sofisticados em matéria de efeito interno das decisões das jip,[45] talvez possamos analisa-lo um dia como a já mencionada Câmara do Tribunal Internacional do Direito do Mar, que de acordo com as disposições pertinentes da Convenção de 1982 deverá possuir o direito de gerar efeitos "urbi et orbi".

Um fato curioso pode ser observado nesse setor: num tratado bilateral recente, lemos uma disposição (relativa à execução interna das decisões internacionais) sobre a qual podemo-nos questionar se ela não carrega um caráter *ultra vires*. Os Acordos de Argel de 1981 entre Irã e os Estados Unidos preveem em seu ponto 17 do Acordo de base (e reiteram no artigo 4, alínea 3, da Declaração sobre Solução de Contenciosos) que as decisões do Tribunal de Controvérsias Iran-Americano poderão ser executados "perante os tribunais de todos os países"; é verdade que acrescenta imediatamente "conforme ao direito daquele". Bem evidentemente, esta disposição não servirá para criar obrigações para os Estados terceiros, excetuando-se a Argélia. O que deseja ela verdadeiramente? É provável que a disposição citada vise somente o resultado de proibir a cada um dos Estados de se ancorar por trás da imunidade de jurisdição no caso em que a execução de uma decisão do Tribunal será demandada junto a um país terceiro pela parte vitoriosa sobre os bens de um Estado sucumbente,[46] sendo entendido que a execução forçada só será possível se (e nos limites onde) o direito interno deste último Estado assim o permita.

Uma observação se impõe nesse sentido. É evidente que cada Estado não possui a obrigação de outorgar efeitos internos – quaisquer que sejam – a uma decisão de uma jip a não ser no momento em que ele

45 Ver, para mais detalhes sobre estes pontos, GIARDINA, "L'exécution des sentences du CIRDI", *RCDIP*, 1982, pp. 273 e ss.

46 Ver neste sentido as intervenções dos professores BOUREL e AUDIT em *Le Tribunal des différends irano-américains*, op. cit. Pp. 52 e ss. e 58.

se compromete (direta ou indiretamente, explícita ou implicitamente) através de uma regra apropriada de direito internacional. Todavia, se não subscreveu qualquer compromisso nesse sentido, nada impede o Estado de reconhecer *sua sponte* a esta decisão – ao aplicar suas próprias leis – uma eficácia qualquer em nível interno. Pode-se imaginar, por exemplo, que a legislação nacional de um dado país em matéria de *exequatur* seja interpretada de maneira a permitir a execução não somente dos julgamentos e das sentenças arbitrais estrangeiras, mas também de (ou de certas) decisões de jip.

Resta ainda a questão, bem diferente, de saber se as convenções multilaterais em matéria de reconhecimento de sentenças arbitrais são aplicáveis, não somente às sentenças "estrangeiras", mas também às sentenças "internacionais". Neste sentido, limitamo-nos a constatar que trata-se de uma questão a ser resolvida caso a caso por interpretação de cada uma destas convenções: sabemos, por exemplo, que o artigo 1 da Convenção de Nova Iorque de 1958 sobre o reconhecimento e execução de sentenças arbitrais é moldada de maneira ampla, podendo aplicar-se a toda sentença de arbitragem comercial internacional, inclusive a de um Estado e uma empresa estrangeira dentro do quadro ICSID[47] (e sem dúvida também do mesmo tipo emanando de um Tribunal de controvérsias Iran-Americano).[48]

---

47 Ver BOWETT, *op. cit.*, p. 218. Diga-se de passagem, o recurso à Convenção de Nova Iorque para as sentenças ICSID só possui sentido quando se trata de obter a execução de uma destas sentenças sobre o território de um Estado não-parte da Convenção de Washington mas ligado pela Convenção de Nova Iorque. Esta última, com efeito, prevê possibilidades de se recusar o reconhecimento e execução de sentenças arbitrais "estrangeiras" (ver Gaja, *International Commercial Arbitration. The New York Convention*, Dobbs Ferry, 1978) que são por sua vez excluídas pela Convenção de Washington. Ver nesse sentido GIARDINA, *L'exécution des sentences du CIRDI*, op. cit. pp. 277 e ss.

48 Ver nesse sentido a resposta de M. FOUCHARD in *Le Tribunal des différends irano-américains*, op. cit. pp. 59 e ss; ver tambpem LLOYD JONES, *The Iran-United*

Examinaremos, para terminar, o seguinte problema: as decisões das jip podem exprimir a força da coisa julgada no direito interno? A nosso ver, esse problema não se coloca de maneira autônoma no que concerne às decisões de jip do tipo clássico. Com efeito, é bem inconcebível que o juiz interno seja acionado pela mesma controvérsia entre as mesmas partes de um procedimento internacional (os Estados), ou mesmo – sempre entre as mesmas partes – de uma nova controvérsia cuja solução será influenciada pela parte dispositiva da decisão internacional: em outras palavras, as exatas situações nas quais a força da coisa julgada poderá ser invocada, tanto a título principal quanto incidental, não poderá se produzir perante os juízes nacionais. Todavia, tal fato não exclui absolutamente que a decisão em questão emane no nível interno os efeitos de tipo normativo que foram já discutidos: o juiz nacional deverá então, não se abster do exame de mérito da questão que lhe é submetida, mas ao entender conhece-la, decidir conformar-se à decisão internacional (*supra*, §5).

O problema examinado se coloca, portanto, em realidade, somente para as decisões internacionais que se admite que produzam efeitos de atos jurisdicionais em direito interno. Ora, nós verificamos em quais casos essas decisões (regularmente qualificadas de "definitivas") se veem atribuídas força executiva. Esta supõe também, inevitavelmente, a força da coisa julgada.

7. A AUTORIDADE "*ERGA OMNES*" DA DECISÃO DAS JIP

A autoridade da decisão das jip foi em substância, na ótica do estudo desenvolvido até aqui, a força obrigatória de sua parte dispositivo: é a ele que se coliga a força obrigatória da coisa julgada internacional (nos limites objetivos e subjetivos já conhecidos) e não à exposição de moti-

---

States Claims Tribunal: Private Rights and State Responsibility, in Lillich (ed.), The Iran-United States Claims Tribunal 1981-1983, Charlottesville, 1984, p.75.

vos, mesmo que seja indiscutível que deva-se cuidadosamente levar em consideração os motivos da decisão a fim de depreender o significado exato da verdadeira dimensão do dispositivo – a jurisprudência e a doutrina esclarecem cuidadosamente este ponto delicado.[49] Deve-se de todo modo reconhecimento que a exposição de motivos (ou seja, o raciocínio do juiz, as afirmações que ele realiza, a análise que ele faz do estado do direito internacional sobre a matéria ou nos domínios próximos, etc.), mas por vezes também o dispositivo, exercem uma autoridade bem mais larga, embora menos precisa e menos definida. É a esta espécie de autoridade que se refere o artigo 38, § 1, letra d, do Estatuto da CIJ, quando ele atribui às "decisões judiciárias" o papel de "meio auxiliar na determinação das regras de direito".[50]

---

49 Ver sobre estas questões GAIA, "Considerazioni sugli effetti delle sentenze di merito della Corte internazionale di giustizia", in *Il processo internazionale, Studi in onore di Gaetano Morelli, Communicazioni e studi*, vol. XIV, Milano, 1975, pp. 313 et ss.; Grisel, "Res judicata: l'autorité de la chose jugée em droit international", in *Mélanges Georges Perrin*, Lausanne, 1984, pp. 147 e ss.

50 Encontramos comentários, observações e indicações sobre o artigo 38, § 1, letra d do Estatuto da CIJ e sobre o papel da jurisprudência internacional em todo manual e em todo estudo sobre as fontes do direito internacional: o que renderia inútil (e incompleta) toda referência bibliográfica sobre este argumento. Observaremos porém que a influência da jurisprudência sobre o aparelho normativo internacional é estudada normalmente no quadro do exame sobre o costume internacional, vez que seria mais lógico ocupar-se das "determinações das regras de direito", não somente costumeiras, mas também convencionais (ou outras).

Feita esta observação, convém assinalar imediatamente que as observações apresentadas no presente parágrafo possuem um objetivo bem particular, o que nos interessa não é descobrir o lugar exato que cabe à jurisprudência no domínio das fontes do direito. Com efeito, para nossos fins, é suficiente constatar que inquestionavelmente as decisões judiciais e arbitrais possuem um papel normativo considerável no direito internacional (apesar do título "auxiliar" ou "subsidiário"). Tentaremos então entender as causas de uma autoridade também notável, afastando-se de alguma maneira da ocasião que determinou estas decisões e exercendo-se bem além da esfera das relações *inter partes*, e no interior de uma comunidade pouco inclinada a se servir de juízes ou árbitros.

Sem dúvida não se deve esperar aqui uma análise detalhada do grande sujeito clássico que é a autoridade dos precedentes judiciários no direito internacional. Limitemo-nos somente a rememorar os aspectos fundamentais deste fenômeno social e sua consistência, com o objetivo essencial que é nosso: tentar compreender as razões capazes de explicar porque as decisões tendem – aparentemente, como vimos, atentando contra toda lógica – a produzir efeitos que transbordam largamente o espaço circunscrito das relações *inter partes*, terminando mesmo por tocar, caso necessário, toda a comunidade internacional. Observamos imediatamente que, se esse fenômeno social é muito importante por conta de serem decisões da CIJ (e previamente da CPJI), é sem dúvida menos por outras jip: a autoridade "*praeter partes*" das decisões destas últimas é certamente notável, mas possuem tendência de inscrever na maioria dos casos no interior do edifício normativo particular no qual se posiciona o tribunal envolvido. Por exemplo, a jurisprudência da Corte de Justiça das Comunidades Europeias possui um impacto formidável sobre o direito comunitário, que ela precisa, desenvolve, integra, etc, ao mesmo tempo que a ela prestamos uma atenção menor no que se refere a questões saindo deste quadro. Por sua vez, a autoridade das decisões da Corte "mundial" possui sempre uma dimensão que poderemos chamar de "universal".

A autoridade das decisões, no sentido que nos interessa agora, pode ser apreciada ao se constatar, para começar, que um lugar de escolha é atribuído à jurisprudência quando se trata de descrever os princípios do direito internacional: a maioria dos manuais – mas especialmente aqueles vindos de ares anglófilos – abunda citações jurisprudenciais. Por sua vez, as próprias decisões utilizam largamente de precedentes, por vezes doando a impressão de verdadeiras estratificações de jurisprudência. Mas independentemente desses índices um pouco extrínsecos, deve-se reconhecer simplesmente o quanto ainda hoje a consistência normativa do direito internacional (para não dizer certos elementos estruturais desta ordem jurídica) é devedora da elaboração jurisprudencial. A noção de costume internacional, as relações entre norma costumeira e norma convencional, os efeitos das convenções de codificação, o esquema de princípios em matéria de responsabilidade internacional, a disposição das relações entre a esfera de liberdade (ou seja, da soberania) dos Estados e a esfera de submissão às obrigações internacionais, são sempre teses centrais ao esclarecimento das quais a jurisprudência contribuiu de maneira fundamental. Apesar de todas as modificações, grandes regiões do direito internacional permanecem em boa parte como *judge-made law*: pensemos no direito da proteção diplomática, ou ao direito do processo judicial e arbitral internacional, ou ainda ao regime jurídico das relações e das interfaces entre a via judiciária (e arbitral) por um lado, e os outros meios de regulamentação de controvérsias, do outro lado, para que nos demos conta. Ademais, em numerosos domínios (pertencendo ao "pequeno número de rubricas" no tratamento do qual, como vimos, as jip são "especializadas") a jurisprudência não representa apenas o "antigo direito": frequentemente os desenvolvimentos do novo direito são profundamente influenciados, ou referendados, ou consolidados, para uma ou mais decisões. Por exemplo, a jurisprudência largamente moldou o direito dos tratados atualmente em vigor (talvez até de maneira decisiva, como em matéria de reservas) ou o direito do mar (notavelmente em matéria de delimitação dos espaços marítimos em relação à jurisdição do Estado costeiro). Alguns *obter dicta* foram fecundos para o desenvolvimento do direito internacional.[51]

51 Uma simples visão panorâmica das direções principais nas quais as decisões das jip são emanadas de maneira manifesta a sua autoridade "erga omnes" faz justiça a uma concepção muito restritiva, como a que pretenderia atribuir a cada decisão o peso de um elemento de prática internacional testemunhando a atitude singular dos Estados partes na controvérsia decidida pelo juiz. A nosso ver, com efeito, é inegável que em princípio o impacto de uma decisão é, sem medida comum, bem mais considerável que aquele de uma declaração comum de dois Estados ou de um acordo pelo qual estes regulariam uma controvérsia que lhes opõe, sem acionar nenhum juiz. Entre outros, um acordo deste gênero poderia não representar uma indicação significativa quanto à *lex lata* (ou à *lex ferenda*), vez

Como explicar esta singular autoridade da decisão? O artigo 38 do Estatuto da CIJ constata-a em termos redutivos, mas não a elucida. O estudo desta disposição, contudo, auxilia ao menos a compreender sobre o que tal autoridade não repousa.

Efetivamente, o artigo 38, § 1, letra d, reserva a disposição do artigo 59 do Estatuto, a qual indica os limites subjetivos e objetivos do efeito obrigatório das decisões da CIJ (e, de maneira geral, de toda decisão judiciária ou arbitral internacional): essas são obrigatórias apenas para as partes em contenda e apenas no caso em que foi decidida. A relação

---

que ele pode estabelecer, intencionalmente ou não, um regime especial de caráter derrogatório; este não é o caso, por sua vez, de numerosas decisões judiciárias ou arbitrais, que interpretam e aplicam as regras de direito em vigor podendo (se elas são costumeiras, ou extraídas de um tratado multilateral) envolver outros Estados submetidos às mesmas regras, de maneira que as decisões em questão terminam por ter de ser tomadas em consideração por outros Estados. Ademais, a CIJ é de tal modo consciente da possibilidade que sua jurisprudência colida claramente com as posições e interesses dos Estados terceiros que não puderam fazer valer seus argumentos no processo que ela se preocupa sempre de se proteger contra falhas, de reservas e de limitações permitindo salvaguardar ao máximo os interesses de terceiros. As controvérsias recentes relativas às delimitações dos espaços marinhos submetidos às jurisdições nacionais no Mediterrâneo central (entre Tunísia e Líbia, entre Líbia e Malta) assim como aquelas sobre as questões dos pedidos de intervenção de terceiros nestes casos (por Malta no primeiro e pela Itália no segundo) deram a Corte a ocasião de anunciar propostas bastante rigorosas quanto aos limites e efeitos de suas decisões: nem das conclusões, nem dos motivos das sentenças será possível extrair qualquer inferência para os direitos ou pretensões de terceiros. Deve-se dizer, contudo, que estas tomadas de decisão são perfeitamente justificadas (e devem ser entendidas como) no que se refere à aplicação de uma norma numa situação concreta, aplicação que não pode ser feita à luz de todas as circunstâncias particulares em questão. Mas a norma evidenciada e aplicada pelo juiz (se ela é geral ou multilateral) não vai mudar em princípio de um caso a outro em relação a mesma matéria: nesse sentido, o peso do precedente não é diminuído pelos terceiros, mesmo aqueles que poderiam em seguida fazer valer de acordo com o caso que outras circunstâncias especiais devam levar a estabelecer uma aplicação diferente da mesma norma.

Sobre esta última questão, ver GRIESEL, *op. cit.*, pp. 141 e ss.

entre o artigo 38 e o artigo 59 é ainda clara: a referência que é feita ao segundo pelo primeiro indica que o artigo 38 refere-se ao efeito das decisões judiciárias além da esfera precisa do artigo 59, e que este efeito "exorbitante" não poderá ser confundido com o efeito, obrigatório *entre partes*, da coisa julgada internacional, baseado sobre a vontade comum das partes na controvérsia.

Em suma, por um lado o próprio texto do artigo 38, § 1, letra d, ("meio auxiliar de determinação"), por outro lado a referência ao artigo 59 ("...sob a reserva do..."), testemunham, percebemos claramente, que não existe lugar no direito internacional para o princípio do precedente obrigatório (*stare decisis*), que em diversos países pertencentes a família de *common law* contribui para assegurar a certeza jurídica. Efetivamente, este princípio da *common law* é estritamente ligado – nas ordens jurídicas interessadas – à existência de um poder judiciário através do qual se exprime a potência da instituição estatal. Por outro lado, a não institucionalização do direito internacional (no qual, como sublinhamos, não pode existir um "poder" judiciário, mas exclusivamente uma "função" judiciária) torna inconcebível uma qualquer eficácia obrigatória *erga omnes* do precedente.

Assim, falta um passo para concluir que a autoridade do precedente no direito internacional seja semelhante aquela que exercem as decisões dos juízes internos (e mais particularmente das cortes supremas) nos países ditos de *civil law*. Tal passo, todavia, deve ser dado com muita prudência e não somente porque é difícil considerar verdadeiramente como homogêneas as estruturas das diversas ordens jurídicas internas em questão, mas também porque – deve-se observar mais uma vez – a exportação de conceitos de direito interno ao direito internacional é frequentemente enganosa, dado pelo fato que diferenças profundas existem entre os dois meios jurídicos.

A influência dos precedentes, mesmo nas ordens jurídicas internas que não adotam o sistema de *stare decisis*, não depende do prestígio que gozam os juízes, mas principalmente de sua posição assim como da continuidade de sua jurisprudência. As cortes supremas nacionais possuem a função de uniformizar a interpretação do direito graças à estrutura institucionalizada das ordens jurídicas em questão, ou seja, graças ao fato que o poder judiciário é, justamente, um "poder" do Estado: em direito interno, com efeito, toda controvérsia encontra em princípio um juiz competente a resolvê-la e, por via dos recursos apropriados, pode ser finalmente levada – sempre em princípio – às mãos do juiz de última instância, o qual pode ainda corrigir e harmonizar a jurisprudência das jurisdições inferiores. Nada parecido existe em direito internacional:[52] por um lado, nenhum juiz é competente para decidir sobre a maioria das controvérsias; por outro lado, não existe nem um juiz supremo nem um duplo grau de jurisdição, nem a possibilidade formal de recurso contra as decisões esporádicas que são pronunciadas (salvo exceções raríssimas estabelecidas em algumas convenções internacionais). Em suma, a "força" do precedente judiciário ou arbitral no direito internacional possui como suporte apenas, por um lado, a validade intrínseca das motivações e das soluções que ele estatui e, por outro lado, sua atitude para responder às exigências do meio social internacional.

Estas observações demonstram que a autoridade "*erga omnes*" da jurisprudência internacional não pode ser verdadeiramente percebida se utilizamos categorias conceituais preestabelecidas, emprestadas dos direitos internos, mas somente se conseguimos cavar até as raízes do fenômeno, ao refletir sem prejuízos sobre as necessidades sociais profundas da comunidade internacional: necessidades que a obra dos juízes

---

52 Certamente à exceção de certos subsistemas onde fenômenos particularmente dotados de integração comportam uma forte dose de jurisdicionalização. Efetivamente, a autoridade perfeitamente notável que goza a jurisprudência da Corte de Justiça das Comunidades Europeias e aquela da Corte Europeia de Direitos Humanos baseia-se em razões perfeitamente análogas aquelas que – como vimos – explicam a força dos precedentes nos países de *civil law*.

pode contribuir a satisfazer. É assim que estaremos aptos a compreender porque a comunidade internacional atribui no contexto geral uma larga consideração aos precedentes judiciários, ainda que os Estados sejam pouco inclinados a se servir de juízes e de árbitros. É que a ordem jurídica internacional possui a característica fundamental de se edificar essencialmente a partir da acumulação caótica de "materiais" dispersos e não coordenados: de um lado a prática dos Estados, frequentemente modificável, ambígua, por vezes contraditória; por outro lado uma massa caótica de tratados internacionais, cada um provido de um conteúdo próprio e cada um em vigor num círculo diferente de Estados; por outro lado uma quantidade impressionante de "documentos" possuidores de fontes, revestidos de formas e exercendo efeitos diversos, por vezes indefinidos. Em suma, pelo fato da não-institucionalização e da dispersão dos processos normativos, o direito internacional é policêntrico, fragmentário, assistemático, contraditório e lacunoso, vez que nenhuma autoridade superior exerce o poder de dar-lhe um ordenamento coerente. Ora, não se negará que se trata de condições singularmente propícias para que outras entidades, com base não em suas "potências públicas" mas de suas imparcialidades e independência (ou bem, do seu sentido de realidade e de oportunidade), terminem por substituir de alguma maneira – ainda que de uma maneira reduzida – as autoridades superiores que faltam. Esse fenômeno de substituição não é obstaculizado pelo fato de que os Estados estão raramente prontos a aceitar se submeter aos juízes: ao contrário, são pouco numerosos os casos em que deixamos o juiz internacional fazer seu trabalho, o valor social de cada uma de suas intervenções se encontra então inevitavelmente aumentada, por causa justamente de sua raridade. Um tal valor depende do fato que a jurisprudência, através de um esforço de síntese relativo aos elementos heteróclitos e frequentemente divergentes, "descobrir", precisar ou esclarecer as regras as quais as relações internacionais se submetem, identificar as tendências dominantes assim como os pontos de acordo entre as tendências divergentes. A indicação oferecida pelo juiz em relação à existência e interpretação desta ou daquela norma internacional poderá então (apesar de toda obrigação jurídica) desempenhar uma função sobre a boa-fé dos Estados terceiros, reforçando o ponto de vistas de alguns Estados e enfraquecendo o de outros: estes últimos encontrarão então novas dificuldades, tratando-se de manter (e de fazer aceitar) uma opinião condenada pela jurisprudência.

Tocamos assim o coração do problema: efetivamente, a autoridade "*erga omnes*" das decisões é intimamente conectada a um dado estrutural do sistema internacional. A não institucionalização do sistema implica que cada Estado auto interprete com seus próprios fins as regras de direito que lhe concernem, de maneira que a auto interpretação de um Estado é destinada cedo ou tarde a entrar em colisão com a auto interpretação de outro Estado (ou de diversos), sem se referir a qualquer autoridade dotada da potência pública necessária para resolver de maneira obrigatória o conflito. Certo, os Estados podem – se assim desejam – criar um juiz e dotar-lhe das competências necessárias para resolver a controvérsia, ou então de decidir utilizar um tribunal já existente; contudo, ao fazê-lo, eles renunciam ao seu poder de auto interpretação: o que explica porque os Estados se prestam a tal sacrifício com dificuldade. Mas às vantagens da auto interpretação acompanham também graves inconvenientes, representados pela incerteza, as controvérsias e as tensões quanto aos direitos que cada Estado pode reivindicar e às obrigações que eles podem se eximir. Ora, justamente, a elaboração jurisprudencial alivia um pouco os inconvenientes da auto interpretação vez que ela contribui a reduzir-lhe o espaço. Todavia, esta redução se faz de maneira suave (ou *soft*) e numa escala tolerável: efetivamente, devido à ausência no direito internacional do princípio "*stare decisis*", a jurisprudência não servirá de nenhuma maneira a suprimir o espaço de auto interpretação, como pode fazer uma decisão judiciária ou arbitral no que toca à controvérsia decidida, mas somente comprimir-lhe marginalmente: ainda mais que um Estado pode sempre decidir contestar a validade ou a pertinência dos precedentes que são-lhe desfavoráveis e que reforçam a posição de seu adversário. Dito de outra forma, a autoridade "*erga omnes*" da jurisprudência é um fenômeno que se inscreve na fisiologia de uma ordem jurídica cujos sujeitos não somente recusam em se considerar submetidos a qualquer entidade soberana, mas igualmente não aceitam, de maneira geral, abdicar de seu poder de auto interpretação, o que não lhes impede de ter consciência (e de sofrer) da incerteza jurídica decorrente de sua atitude.

Em conclusão, a atitude das sentenças e laudos internacionais de exercer uma significativa eficácia "*erga omnes*" a nível normativo, ancorando-se no efeito obrigatório *inter partes* da coisa julgada, nada mais é que uma das respostas dadas pela comunidade internacional a uma necessidade social profunda que ela ressente: a necessidade de dispor de um mínimo de certeza jurídica, de pontos de referência, de indicações imparciais que sejam suscetíveis de orientar a conduta dos atores internacionais. Estes atores, com efeito, por um lado não possuem a sua disposição qualquer entidade superior que possa lhes indicar com força obrigatória quais são exatamente seus direitos e obrigações, no caso de uma controvérsia, e por outro lado, não amam confiar de própria iniciativa uma tal tarefa a um organismo criada (anterior, ou pouco a pouco) por eles mesmos. Mas quando um tal organismo é colocado em função por alguns Estados, todos os outros terminam por preocupar-se na medida em que a decisão finalmente adotada se revela capaz de satisfazer – ainda que em uma escala extremamente reduzida – uma necessidade geral.

Resumamos nossas observações em algumas palavras. O juiz (e o árbitro) internacional, ao se liberar da tarefa que lhe foi investida pelos Estados de decidir uma controvérsia precisa entre eles, é levado – mesmo sem querê-lo – a desempenhar um papel social diferente e mais amplo que aquele que lhe foi confiado: as condições estruturais da comunidade internacional fazem com que, enquanto ele exerça sua função jurisdicional, ele se encontre inevitavelmente exercendo – sempre sem apoiar-se em qualquer poder – uma função de "substituição legislativa".

8. CONCLUSÃO

Algumas breves observações são suficientes para extrair as conclusões de nosso estudo.

As decisões das jip, embora desprovidas de efeitos obrigatórios para terceiros, são incontestavelmente capazes de exercer uma autoridade significativa além das relações *inter partes*: os juízes são levados a exercer uma "função de substituição legislativa" cuja utilidade social não é comprometida pelo fato de que não repousa em um "poder" correspondente. A autoridade "*erga omnes*" das decisões constitui uma das respostas oferecidas à necessidade latente da comunidade internacional: o fato de que esta não seja dotada de estruturas hierarquizadas acentua, no máximo, a exigência social de pontos de referência, de indicações imparciais aptas a orientar a conduta dos atores, de certezas jurídicas capazes de corrigir um pouco as consequências negativas do poder de auto interpretação que dispõem os atores e ao qual eles são extremamente coligados. Os serviços que a jurisprudência internacional pode oferecer nesse sentido (apesar de toda lógica de autoridade) não são menores.

Esses serviços prestados pelas decisões das jip representam, contudo, um "plus" (uma espécie de "transbordamento inevitável") em relação à tarefa que lhes é diretamente confiada em nível internacional: a de decidir uma controvérsia. A autoridade própria e típica da decisão, ou seja, a força da *res judicata*, é então limitada às partes na controvérsia e concerne apenas a elas. A ambição que objetivava que o respeito da decisão *inter partes* se tornasse uma questão de interesse geral pode ser levado adiante apenas uma medida bem modesta e em quadros restritos.

Quanto à autoridade da decisão nas ordens jurídicas internas, é nestas últimas que ela deve ser buscada, no que se refere às decisões internacionais de tipo clássico. A consequência é uma evidente ausência de uniformidade em relação à tomada em consideração em nível nacional da aptidão dessas decisões de influenciar a significação das regras de direitos que elas interpretam e aplicam. Ora, uma tal ausência de uniformidade não pode ser eliminada (pelas decisões que a isso se prestam) a não ser através de disposições de tratados obrigando os Estados partes a outorgar, nos seus respectivos direitos internos, um tratamento similar às decisões internacionais. Este tratamento é representado, normalmente, pela adequação das decisões internacionais às nacionais, através da força executória. Trata-se de um tratamento que supõe, por um lado, que a decisão precise – para produzir plenamente seus efeitos – ser executada a nível interno, por outro lado, que ela possua as características que permitam tal execução.

Esta espécie de transformação da decisão internacional em decisão nacional com a finalidade de execução (para se utilizar uma linguagem imagético podemos dizer, esta "nacionalização" das decisões internacionais) é um fenômeno jurídico que merece ser sublinhado. Trata-se de um dispositivo que permite obter um resultado notável: todos os mecanismos, altamente sofisticados, complexos e eficientes que o direito interno dispõe para assegurar o respeito de suas próprias decisões são assim colocados a serviço das decisões internacionais. É, em suma, o direito interno que vai ao socorro das decisões internacionais, atribuindo-lhes uma força jurídica que o direito internacional não está em grau de lhes conferir.

"A Corte": especulações indecisas sobre o futuro da Corte Internacional de Justiça[1]

Alain Pellet[2]

Para Habib Slim, esse "dever de amizade"[3], sobre um assunto que ele conhece bem e que ele "praticou"[4]

"A Corte!". Quem, assistindo pela primeira vez a uma audiência da Corte Internacional de Justiça, não ficou impressionado com essas duas palavras anunciadas pelo meirinho, de costume, no momento da chegada dos Juízes? E toda a assembleia se levanta, como na celebração da santa missa. Tal é o ritual imutável seguido na abertura de cada audiência da Corte, que parece congelado no tempo desde a criação da CPJI em 1920 – a primeira jurisdição internacional permanente, pois a Corte Permanente

---

1 Esta contribuição foi preparada com a ajuda preciosa de Benjamin Samson (CEDIN, Université Paris Ouest, Nanterre La Défense). Traduzido para a língua portuguesa por Lucas Carlos Lima e Nina Soares França.

2 Professor emérito da l'Université Paris Ouest Nanterre La Défense. Antigo membro e Presidente da Comissão de Direito Internacional. Presidente da Sociedade Francesa para o Direito Internacional. Membro do Instituto de Direito Internacional.

3 V. H. Slim, "Observations préliminaires sur la résolution 1973 et sur la mise en œuvre de la responsabilité de protéger par le Conseil de sécurité", *in* J.-F. AKANDJI-KOMBÉ (dir.), *L'homme dans la société internationale. Mélanges en hommage au Professeur Paul Tavernier, Bruylant, 2013, p. 375.*

4 O dedicatário dessas linhas foi conselheiro jurídico do governo tunisiano no caso da *Plataforma Continental (Tunísia/Jamahiriya Árabe Líbia) (v. CIJ Recueil 1982, p. 19).*

de Arbitragem (CPA) possuía apenas o adjetivo em seu nome. Pode-se ver aí o sinal de que a Corte mundial permanece "a" jurisdição internacional *par excellence, que resiste à usura do tempo sem criar rugas.*[5] Ou não seria esse cerimonial (e também outros arcaísmos) apenas uma maneira de tentar "reparar [ou negar] o estrago irreparável dos anos"[6]?

A resposta não é evidente, mesmo para uma figura familiar no pretório. Nós podemos ficar entediados com o formalismo do procedimento, lamentar o seu peso e perder a paciência com sua lentidão, ao mesmo tempo em que admitimos que suas falhas – algumas – possuem seu reverso positivo: elas são talvez necessárias a uma justiça metódica, cuja solenidade fortalece a autoridade. Porque o prestígio da Corte (*"la" Cour), mesmo que ela seja desprovida de autoridade sobre outras jurisdições internacionais que se multiplicaram*[7] ao final do século XX, permanece intacto.

ESTADO DAS COISAS

Sabe-se: "Somente os Estados poderão ser partes em questões perante a Corte" (artigo 34, parágrafo 1, do Estatuto) e, segundo o artigo 35, "[a]s condições pelas quais a Corte estará aberta a outros Estados serão determinadas pelo Conselho de Segurança, ressalvadas as disposições especiais dos tratados vigentes". Mas hoje todos os Estados reconhecidos como tais são membros das Nações Unidas, o que torna a questão puramente teórica. Além do Estado da Palestina, estão privados do pretório da alta jurisdição somente as entidades cujo *status* estatal é contestado – como o Saara Ocidental, a Santa Sé ou Taiwan.

---

5 V. L. CONDORELLI, "La Cour internationale de Justice: 50 ans et (pour l'heure), pas une ride", *ESIL*, 1995, vol. 6, nº 3, pp. 388-400.

6 J. RACINE, *Athalie*, acte II, scène V (« Le songe d'Athalie »).

7 Alguns teriam escrito "proliferado" mas a palavra possui uma conotação negativa equivocada, rejeitada pelo autor da presente contribuição – v. *infra, par. 49.*

Quanto às organizações internacionais, elas podem apresentar à Corte uma demanda de caráter consultivo, com base no artigo 96 da Carta das Nações Unidas e em conformidade com o procedimento descrito nos artigos 65 a 68 do Estatuto da Corte. A Assembleia Geral e o Conselho de Segurança podem fazê-lo de pleno direito (muito embora o Conselho jamais tenha feito uso dessa oportunidade, em oposição ao que era a prática do Conselho da Sociedade das Nações perante a CPJI). "Outros órgãos das Nações Unidas e entidades especializadas, que forem em qualquer época devidamente autorizados pela Assembleia Geral, poderão também solicitar pareceres consultivos da Corte sobre questões jurídicas surgidas dentro da esfera de suas atividades" (artigo 96, parágrafo 2, da Carta). Além disso, em virtude do artigo 34 do Estatuto, a Corte "poderá solicitar informação [....] sobre as questões que forem submetidas [...] e receberá as informações que lhe forem prestadas" por organizações internacionais públicas, o que exclui, portanto, as ONGs. Existem meios para outros atores intervirem no processo judiciário perante a CIJ[8], mas essas possibilidades não têm influência sobre o número de casos levados à Corte, que é unicamente determinado pelos Estados e pelas organizações internacionais.

Considerando-se essas limitações estatutárias, é possível presumir que a atividade judiciária da Corte permanecerá estável, ou, ainda, que se expandirá? Ou seria o caso de temer um retorno à situação dos anos 1960, quando, não apenas por causa do impacto negativo do infeliz julgamento de 1966 no caso do *Sudoeste Africano*, o entusiasmo pela Corte estava em seu ponto mais baixo: entre 1960 e 1975, somente doze novos casos foram submetidos à Corte (dos quais alguns eram requerimentos múltiplos para o mesmo caso[9]) e nenhum processo foi introduzido

---

8 V. *infra, par. 24.*

9 Veja os casos *Sudoeste Africano (Etiópia v. África do Sul e Libéria v. África do Sul), os casos sobre a Plataforma Continental do Mar do Norte (República Federal da Alemanha/Dinamarca e República Federal da Alemanha/Holanda), a Jurisdição*

em 1963, 1964, 1965, 1966 (portanto *antes da segunda fase do Sudoeste Africano), nem em 1968, 1969, 1970, 1974 e 1975 – situação que, aliás, se reproduziu em 1980 e 1985.*

Depois, vieram tempos melhores. Em 2003, o rol continha 25 casos. Mas essa cifra é enganosa, porque uma dezena deles havia sido introduzida pela Sérvia contra os Estados membros da OTAN, após o caso kosovar, enquanto outros eram casos dormentes – tal era, em particular, e tal é ainda, o caso *Gabcikovo-Nagymaros*: em seu julgamento de 1997[10], a Corte havia concluído que os danos e, portanto as responsabilidades das partes eram compartilhadas, mas não havia fixado o montante das reparações; ela ainda não o fez e, chocante o suficiente, o caso ainda está inscrito no rol da Corte em 2016, dezenove anos após a decisão sobre a responsabilidade.

De todo modo, a situação do início dos anos 2000 parece ter sido realmente excepcional, e agora estamos retornando a um quadro mais habitual. Nenhum caso foi introduzido em 2012, quatro o foram em 2013, cinco em 2014[11] e nenhum em 2015. No momento atual (abril de 2016), treze casos estão pendentes – entre os quais ainda está o *Gabcikovo-Nagymaros Project*, que é claramente um vestígio do passado e deve ser removido do rol da Corte[12], e três, idênticos, estão, no mérito, *sub*

Pesqueira (Reino Unido da Grã-Bretanha e da Irlanda do Norte v. Islândia e República Federal da Alemanha v. Islândia) e Testes Nucleares (Austrália v. França e Nova Zelândia v. França).

10 CIJ, Julgamento, 25.09.1997, *Gabcikovo-Nagymaros Project (Hungria/Eslováquia), Reports 1997, p. 81, paras. 151-154,*

11 Apenas três se agruparmos as petições submetidas pelas Ilhas Marshall em um só caso.

12 Acerca do caso *Atividades Armadas no Território do Congo, aproximadamente dez anos após o Julgamento sobre a responsabilidade, Uganda introduziu uma nova petição requerendo à Corte que decida a questão da reparação devida à RDC no caso. Os procedimentos estão em curso em 2016.*

judice[13]. O número não é nem ridículo nem impressionante.

Pode-se considerar o copo meio cheio: dado o ritmo consideravelmente tranquilo do trabalho da Corte, ela está ocupada para os próximos três ou quatro anos. Mas pode-se também considerá-lo meio vazio: claramente a Corte Mundial permanece "uma alternativa à resolução direta e amigável de tais disputas entre as Partes"[14] e os Estados preferem optar por negociar o quanto eles podem. O uso da Corte segue bastante excepcional – tanto mais quanto a CIJ enfrenta "competição" de outras instituições judiciais, notadamente em assuntos relativos a delimitação marítima, que era até recentemente uma das principais áreas para as quais ela era chamada a exercer jurisdição.[15]

Considerações similares se aplicam às declarações opcionais feitas sob o Artigo 36, parágrafo 2, do Estatuto: seu número aumenta muito lentamente[16], mas, entre os membros permanentes do Conselho de Segurança, apenas o Reino Unido fez uma, e ela inclui diversas reservas que basicamente a esvaziam em substância – e este é o caso de muitas outras declarações do Artigo 36(2). A resistência dos Estados *vis-à-vis*

---

13 Ver *Obrigações relativas a Negociações sobre a Cessação da Corrida Armamentista Nuclear e o Desarmamento Nuclear (Ilhas Marshall v. Índia), (Ilhas Marshall v. Paquistão) e (Ilhas Marshall v. Reino Unido).*

14 PCIJ. Ordem, 19.08.1929, *Free Zones of Upper Savoy and the District of Gex*, Série A, n. 22, p. 13.

15 16 casos inteira ou parcialmente relacionados à delimitação marítima desde 1967 (a data em que os casos da Plataforma Continental do Mar do Norte foram iniciados) em um total de 97 casos contenciosos.

16 De acordo com o Professor Akande, em 1994, 58 dos 186 Estados-partes do Estatuto haviam aceitado a jurisdição compulsória sob o art. 36(2). Em 2005, 66 dos 191 Estados-partes haviam feito declarações da cláusula opcional. Hoje, 72 dos 193 Estados-partes fizeram declarações da cláusula opcional. ("Seleção da Corte Internacional de Justiça como um fórum para procedimentos contenciosos e consultivos (incluindo jurisdição)", discurso proferido no seminário em honra ao 70º aniversário da Corte Internacional de Justiça. Haia, 18.04.2016).

a jurisdição compulsória da Corte também é refletida pelo decrescente número de tratados incluindo uma cláusula compromissória que estabelece a jurisdição da Corte.[17]

É lugar comum lamentar essa situação[18], o que levou a Assembleia Geral a solicitar aos Estados "estudarem a possibilidade de aceitar, com o mínimo possível de reservas, a jurisdição compulsória da Corte Internacional de Justiça de acordo com o Artigo 36 do seu Estatuto"[19] – sem muito efeito. Estados – e particularmente aqueles que assumem (ou pensam que assumem) responsabilidades em escala mundial – são relutantes em renunciar sua liberdade de escolha dos meios para resolver controvérsias. Logo, pode-se perguntar: face a essa relutância dos Estados, em vez de pregar no deserto, não seria mais apropriado à Assembleia Geral ou ao Conselho de Segurança recomendar[20] o acionamento da Corte, em certos casos propícios à resolução judicial?

---

17 O Professor Akande observa "que houve um declínio apreciável no número de tratados que incluem cláusulas compromissórias prevendo o recurso à Corte com um método de resolução de disputas. Aparentemente, nenhum tratado com essa cláusula foi concluído desde 2006. Essa é uma tendência preocupante, especialmente quando combinada com o fato de que praticamente em todo ano entre 1945 e 2006, houve pelo menos um tratado concluído entre Estados incluindo uma cláusula compromissória que se referia à Corte". (*ibid.*).

18 Veja, *e.g.*, *Afirmação por Sua Excelência o Juiz Peter Tomka, Presidente da Corte Internacional de Justiça, no Encontro de Alto-Nível sobre o Governo da Lei, 24.09.2012, pp. 2-3 <http://www.icj-cij.org/presscom/files/0/17100.pdf>.*

19 UNGA. Res. 3232 (XXIX), 12.11.1974, "Revisão do papel da Corte Internacional de Justiça". Veja também: UNGA. Res. 37/10, 15.11.1982, "Declaração de Manilla sobre a Resolução Pacífica de Controvérsias Internacionais", II(5)(b)(ii).

20 Não pode haver dúvida de que Conselho pode recomendar a submissão de "controvérsias jurídicas" à CIJ (veja o Art. 36 da Carta). Eu também sugiro que, em caso de ameaça a paz, o Conselho de Segurança poderia decidir, com efeito vinculante para os Estados envolvidos, que eles devem trazer seu caso perante a Corte.

De que modo se pode explicar a situação prevalente hoje? A minha visão é de que a Corte, em si, é pouco responsável por ela: apesar das vociferações de certos Estados – como a Colômbia depois do Julgamento de 19 de Novembro de 2012 na *Disputa Territorial e Marítima (Nicarágua v. Colômbia)* – todos os seus recentes Julgamentos são equilibrados e perfeitamente defensáveis do ponto de vista jurídico. Além disso, é verdade que os procedimentos são lentos, mas nesses últimos anos – e particularmente sob as presidências da Juíza Higgins e depois do Juiz Tomka – a Corte na realidade compensou seus costumeiros atrasos excessivos para lidar com um caso. E se a baixa produtividade da Corte (a Corte entrega raramente mais de três decisões por ano)[21] tem sido criticada amiúde, é o preço a se pagar por decisões meticulosas, refletidas e respeitadas – ainda mais se tomarmos em consideração o fato de que (exceto na constituição de uma Câmara) a formação é geralmente composta por 15 a 17 membros. E torna a deliberação ainda mais difícil a discussão ser realizada em duas línguas – francês e inglês.

Ademais, está claro que os Estados continuam a ver a Corte como um meio útil de resolução de controvérsias, mas eles não recorrem sistematicamente a ela – exceto a Nicarágua, que parece ter incluído a CIJ no topo de sua política jurídica externa.[22] Geralmente, o recurso à CIJ

---

21 Em 2004, a Corte proferiu dez julgamentos mas oito diziam respeito à *Legalidade do Uso da Força na Iugoslávia. <http://www.icj-cij.org/docket/index.php?p1=3&p2=5&p3=-1&y=2004>; Em 2007, <http://www.icj-cij.org/docket/index.php?p1=3&p2=5&p3=-1&y=2007> e 2011 <http://www.icj-cij.org/docket/index.php?p1=3&p2=5&p3=-1&y=2011>, ela proferiu quatro julgamentos e em 2012, quatro julgamentos e uma opinião consultiva <http://www.icj-cij.org/docket/index.php?p1=3&p2=5&p3=-1&y=2012>.*

22 Desde 1984 e seu Pedido contra os Estados Unidos no caso *Atividades Militares e Paramilitares na e contra a Nicarágua, a Nicarágua ajuizou sete Petições (Ações Armadas Fronteiriças e Transfronteiriças (Nicarágua v. Costa Rica), Ações Armadas Fronteiriças e Transfronteiriças (Nicarágua v. Honduras), Disputa Territorial e Marítima entre Nicarágua e Honduras no Mar do Caribe (Nicarágua v. Hondu-*

permanece excepcional e reservado para casos políticos altamente delicados. No entanto, mesmo nesses casos, a Corte enfrenta competição de outras cortes e tribunais internacionais.

2. A COMPETIÇÃO COM OUTRAS CORTES E TRIBUNAIS INTERNACIONAIS

Se se alarga o escopo deste exame a fim de compreender a justiça internacional como um todo, nota-se que, junto com a Corte Internacional de Justiça, "principal órgão judicial das Nações Unidas", e diversas cortes e tribunais especializados,[23] coexistem seis principais mecanismos para a resolução de controvérsias:

- a CPA é uma lista de potenciais árbitros e uma eficiente fonte de "serviços arbitrais": regras de modelo, secretário, instalações materiais (cômodos, tradução e transcrição); 117 Estados são Partes do Estatuto (a Convenção de Haia de 1899, revisada em 1907);

---

ras), Disputa Territorial e Marítima (Nicarágua v. Colômbia), Construção de uma Estrada na Costa Rica ao longo do Rio San Juan (Nicarágua v. Costa Rica), Questão da Delimitação da Plataforma Continental entre Nicarágua e Colômbia além de 200 milhas náuticas a partir da costa nicaraguense (Nicarágua v. Colômbia) e Supostas Violações de Direitos Soberanos e Espaços Marítimos no Mar do Caribe (Nicarágua v. Colômbia)); ela interveio no caso Disputa de Terras, Ilhas e Fronteira Marítima entre El Salvador e Honduras e foi trazida à Corte três vezes pela Costa Rica (Disputa Acerca de Direitos de Navegação e Relacionados (Costa Rica v. Nicarágua), Certas Atividades realizadas pela Nicarágua na Área de Fronteira (Costa Rica v. Nicarágua) e Delimitação Marítima no Mar do Caribe e no Oceano Pacífico (Costa Rica v. Nicarágua)).

23 Veja, e.g., a lista dada por J. Crawford e N. Schrijver' "The Institution of Permanent Adjudicatory Bodies and Recourse to 'ad hoc' Tribunals"; In: Y. Daudet (eds.), *Actualité de la Conférence de La Haye de 1907, Deuxième Conférence de la Paix / Topicality of the 1907 Hague Conference, the Second Peace Conference*, Nijhoff, 2008, pp. 153-175, em particular, pp. 167-168. Veja também: <http://www.worldlii.org/catalog/2561.html.>

- o muito complexo sistema de solução de controvérsias estabelecido na terceira Convenção das Nações Unidas sobre o Direito do Mar (CNUDM), da qual 167 Estados são Partes;
- os procedimentos de resolução de controvérsias da OMC, compulsório para os 162 Membros da Organização;
- o Sistema do CIRDI para a resolução de controvérsias sobre investimentos, o qual engloba 152 Estados Partes;[24]
- cortes regionais de direitos humanos; e
- embora Estados não sejam partes diretas dos procedimentos, cortes e tribunais criminais internacionais e, em primeiro lugar, o Tribunal Penal Internacional, que foi ratificado por 124 Estados.

A atividade dessas cortes e tribunais compete com a CIJ ou mostra as deficiências da Corte, o que poderia explicar a preferência dos Estados a esses outros para resolver suas controvérsias? A única verdadeira competição vem essencialmente de tribunais arbitrais ad hoc administrados pela CPA, que são convocados para decidir controvérsias interestatais, e, mais incidentalmente, os outros meios de resolução de controvérsias mencionados na CNUDM.[25] Os três outros tribunais ou cortes supracitados (CIRDI, penal e jurisdições de direitos humanos)

24 Três Estados denunciaram a Convenção de Washington: Bolívia, em 02/05/2007 (com efeito em 03/11/2007), Equador, em 06/07/2009 (com efeito em 07/01/2010), e Venezuela, em 24/01/2012 (com efeito em 25/11/2012).

25 Que inclui Tribunais constituídos sob o Anexo VII da CNUDM, os quais normalmente usam o PCA como secretariado do Tribunal. Até agora, 16 Arbitragens do Anexo VII foram instituídas, 12 foram ou são administradas pelo PCA, 3 finalmente foram submetidas ao TIDM por acordo das Partes (*Saint Vincent and the Grenadines v. Guinea (The M/V Saiga)*; *Bangladesh v. Myanmar (Bay of Bengal Maritime Boundary)* e *Panama/Guinea-Bissau (The M/V 'Virginia G' Case)* e uma tem sido administrada pela CIRDI (*New Zealand v Japan, Australia v Japan (Southern Blue Fin Tuna Case)*).

não resolvem essencialmente disputas interestatais, embora possam contribuir indiretamente para tal. No que diz respeito aos Painéis e ao Corpo de Apelação da OMC, eles são jurisdições compulsórias especializadas na resolução de controvérsias comerciais, que raramente são encaminhadas à *Corte Mundial.*[26]

Nos últimos anos, as disputas interestaduais que não foram direcionadas à CIJ, enquanto poderiam ter sido, são:

- a *Arbitration Between the Republic of Croatia and the Republic of Slovenia* sobre delimitação marítima e de terras; [27]
- o caso *Indus Waters Kishenganga Arbitration (Pakistan* v. *India)*;[28]
- o caso *Railway Land Arbitration (Malaysia/Singapore)*;[29] e
- a *Arbitration under the Timor Sea Treaty entre o Timor-Leste e a Austrália;*[30]
- a *Chagos Marine Protected Area Arbitration entre as Ilhas Maurício e o Reino Unido;*[31]
- o caso entre as Filipinas e a China relativo à jurisdição marítima das Partes sobre o mar do Sul da China;[32]

---

26 Veja, porém, o caso *Oscar Chinn perante a CPJI (Julgamento, 12/12/1934, Series A/B, No. 63) e, até certo ponto, o caso Military and Paramilitary Activities in and against Nicaragua (Nicaragua v. United States of America) (Julgamento, 27/06/1986, Reports 1986, p. 14).*

27 *Agreement de 04/11/2009.*

28 Notificação de 17/05/2010; o Tribunal apresentou uma Sentença Parcial em 18/02/2013 <https://pcacases.com/web/sendAttach/1681> e uma Sentença Final em 20/12/2013 <https://pcacases.com/web/sendAttach/48>

29 Submissão de *Agreement de 09/01/2012.*

30 Notificação de 23/04/2013.

31 Notificação de 20/12/2010. A Sentença foi dada em 18/03/2015 https://pcacases.com/web/sendAttach/48>

32 Notificação de 22/01/2013. O Tribunal realizou sua Sentença sobre Jurisdição e Admissibilidade em 29/10/2015 <https://pcacases.com/web/sendAttach/1506>.

- o caso *Arctic Sunrise, opondo a Holanda à Rússia,* também submetido a um tribunal arbitral do Anexo VII;[33]
- o caso *Duzgit Integrity Arbitration (Malta v. São Tomé and Príncipe);*[34] e
- o caso relativo ao *"Enrica Lexie Incident" entre Itália e Índia.*[35]
- Todos submetidos a tribunal arbitral *ad hoc* administrado pela CPA;
- *a Bay of Bengal Maritime Boundary Arbitration* entre Bangladesh e Índia, também administrada pela CPA,[36] enquanto o "caso gêmeo" entre Bangladesh e Mianmar foi submetido ao Tribunal Internacional do Direito do Mar, e satisfatoriamente resolvido pelo julgamento do Tribunal de 14 de março de 2012;[37] e, finalmente,
- o caso de delimitação marítima entre Gana e a Costa do Marfim, o qual foi submetido a uma Câmara do TIDM.[38]

Controvérsias sobre o direito do mar provavelmente têm uma situação especial porque os Estados devem seguir as tortuosas diretivas da Parte XV da CNUDM que, não concordando em remeter uma disputa à CIJ, prevê arbitragem obrigatória nos termos do Anexo VII da

33 Notificação de 4/10/2013.

34 Notificação de 22/10/2013.

35 Notificação de 26/06/2015.

36 Notificação de 08/10/2009. A Sentença foi dada em 7/07/2014 <https://pcacases.com/web/sendAttach/383>.

37 Notificação de 13/12/2009. Bangladesh e Mianmar consentiram, respectivamente em 04 de novembro e 12 de dezembro de 2009 à jurisdição do TIDM, que deu sua Sentença em 14/03/2012 <https://www.itlos.org/fileadmin/itlos/documents/cases/case_no_16/C16_Judgment_14_03_2012_rev.pdf>.

38 Notificação de 24/09/2014.

Convenção.[39] Porém, o fato é que, nesses casos, as Partes decidiram não encaminhar suas controvérsias à *Corte Mundial e, no caso entre Bangladesh e Mianmar, as Partes deram preferência ex post ao TIDM.*

Vale a pena reter-se neste último caso. Dois aspectos o tornam emblemático. É o primeiro caso de delimitação marítima trazido perante o Tribunal de Hamburgo e a primeira delimitação judicial da plataforma continental além de 200 milhas náuticas. Dois outros aspectos são relevantes para a nossa investigação:

- o TIDM conduziu estes procedimentos expedientemente: acionado em 13 de dezembro de 2009, ele fez seu julgamento em 14 de março de 2012 – duas vezes mais rápido que o tribunal arbitral do Anexo VII, que foi acionado na mesma data do caso entre Bangladesh e Índia, e exarou sua Sentença apenas em 7 de julho de 2014; nesse sentido, é notável que a CIJ resolveu seu primeiro caso de delimitação marítima em menos de dois anos desde o dia em que este foi encaminhado à Corte; [40]
- se não é isento de críticas,[41] o Julgamento do TIDM é sensato e "responsável": o TIDM seguiu a jurisprudência da CIJ, que estabilizou o direito de delimitação marítima.

Conclusão provisória: nas questões de delimitação marítima e – de maneira mais geral – de direito do mar, a CIJ está enfrentando estimulante competição do TIDM – cuja jurisdição é "natural" nesses casos

---

39 Artigo 287(3) da CNUDM.

40 Os casos *North Sea Continental Shelf (Special Agreement of 20/02/1967* e *Julgamento de 20/02/1969). Porém, no caso Nicaragua v. Colombia, a Corte demorou onze anos para realizar seu Julgamento (Application de 06/12/2001 e Julgamento de 19/11/2012). Mas, em mais de quinze anos e meio, o caso relativo à Application of the Convention on the Prevention and Punishment of the Crime of Genocide (Croatia v. Serbia) detém o recorde (Application de 02/07/1999 e Julgamento de 03/02/2015).*

41 O autor foi Conselheiro e Advogado à República do Mianmar.

– e dos tribunais do Anexo VIII, com o risco de fragmentação que essa competição carrega.[42]

Isso não resolve o mistério: nada pode realmente justificar essa preferência pela arbitragem nos últimos anos; esses tribunais arbitrais não são mais rápidos que a CIJ; escolher os Juízes em cada caso é uma tarefa hercúlea e as Partes não obtêm nenhum benefício disso: a escolha de cada Parte colide com a da outra e, se elas discordam, assumem o risco de deixar a decisão final nas mãos da autoridade de nomeação, o que poderia satisfazer nenhuma das partes, mas poderia desagradar a ambas;[43] de fato, o grande número de juízes da CIJ completa (15 a 17) ou TIDM completo (21 a 23) garante imparcialidade e independência das Partes, bem como a objetividade da decisão.[44] Ademais, além da maior previsibilidade da decisão devido à estabilidade da sua jurisprudência, duas outras razões aumentam a atratividade de cortes e tribunais permanentes em comparação a tribunais arbitrais:

- elas têm regras de procedimento que foram meticulosamente testadas na prática e adaptadas às necessidades ao longo do tempo; [45]

---

42 No entanto, deve-se notar que, com a exceção de algumas sentenças arbitrais, a jurisprudência sobre delimitação marítima é consistente e segue a jurisprudência da CIJ.

43 Porém, deve-se notar que tais autoridades, sejam elas o Presidente da CIJ ou o do TIDM ou o Secretário-Geral do TPA, têm uma grande experiência com o "pequeno mundo" do direito internacional e tentam consultar com as Partes o máximo que razoavelmente podem.

44 Em minha opinião, as razões que militam por jurisdições permanentes (em formação plenária) deveriam também desencorajar as Partes a referirem seus casos a câmaras da Corte (Artigos 27-29 do Estatuto da Corte e 15-18 e 90-93 de suas Regras) ou do TIDM (Artigos 15 do Estatuto do TIDM e 28-31 e 107-109 de suas Regras).

45 Porém, nos últimos anos, o TPA adaptou suas Regras a fim de '[r]efletir os elementos de direito internacional público que podem surgir em controvérsias que

- somente as taxas e custos do time são financiados pelas Partes; a remuneração dos juízes e os custos do Secretário são pagos pelas Partes de ambos os Estatutos[46] e as instalações são colocadas à disposição das Partes.[47]

Na falta de uma explicação global, pode-se tentar encontrar algum tipo de explanação ao analisar-se cada caso individualmente:

- no que tange aos casos trazidos perante um tribunal arbitral do Anexo VIII, a explicação mais fácil é a de que a constituição de tal tribunal é o resultado da aplicação do mecanismo estabelecido na Parte XV da CNUDM; esta razão não é completamente convincente, visto que as Partes têm a possibilidade de concordar em encaminhar sua controvérsia à CIJ ou ao TIDM, como fizeram Bangladesh e Mianmar; essa explicação é verdadeiramente convincente apenas quando o réu falha em participar dos procedimentos, como a China no caso introdu-

---

envolvem um Estado, uma entidade controlada por um Estado, e/ou uma organização intergovernamental" e "[e]nfatizar flexibilidade e autonomia da parte" (Introdução às *Arbitration Rules de 2012). Além de suas Arbitration Rules, o TPA adotou 8 conjuntos opcionais de regras adaptadas a diversos tipos de controvérsias, seja por causa das Partes da disputa (ex: Regras Opcionais para Arbitragem entre Organizações Internacionais e Partes Privadas) ou por causa do assunto da disputa (ex: Regras Opcinais para Arbitragem de Controvérsias Relacionadas a Atividades no Espaço Sideral). Tendo agido como secretário em mais de 50 disputas interestaduais, O TPA ganhou grande experiência nesse campo.*

46 O orçamento da CIJ, que equivale a 52.344.800 dólares americanos para o biênio 2014-2015, é Adotado pela Assembleia Geral das Nações Unidas; o do TIDM (21.239.120 euros para o biênio 2013-2014) é adotado pelos Estados-Membros da CNUDM.

47 Para uma análise recente e detalhada dos custos da justiça internacional, veja MIRON, A.; '*Le coût de la justice internationale. Enquête sur les aspects financiers du contentieux interétatique' (2014) A.F.D.I. 1-39.*

zido pelas Filipinas, ou como a Rússia no caso *Arctic Sunrise*; quanto ao caso *Chagos Arbitration*, a preferência pela arbitragem é certamente uma consequência do fato de que países do Commonwealth excluem a jurisdição da Corte para resolver suas controvérsias *inter se*;[48]

- a mesma consideração provavelmente explica que, no caso *Kishenganga*, o artigo IX do Tratado da Água do Rio Indus preveja a arbitragem, o que é consistente com a firme recusa da Índia em submeter suas disputas com o Paquistão à CIJ;[49]
- Similarmente, no caso *Timor Sea*, a Declaração do artigo 36 (2) feita pela Austrália exclui a jurisdição da Corte sobre "qualquer controvérsia acerca de ou relativa à delimitação de zonas marítimas, incluindo o mar territorial, a zona econômica exclusiva e

---

48 O Artigo 36(2) da Declaração opcional das Ilhas Maurício de 23/09/1968 exclui "*disputes with the Government of any other country which is a Member of the British Commonwealth of Nations, all of which disputes shall be settled in such manner as the parties have agreed or shall agree*", e o do Reino Unido, em sua versão de 31/12/2014, "*any dispute with the government of any other country which is or has been a Member of the Commonwealth*""

49 Veja o caso *Trial of Pakistani Prisoners of War (Pakistan v. India)* (Ordem, Remoção da lista, 15/12/1973, *Reports 1973*, p. 347) e o caso *Aerial Incident of 10.08.1999 (Pakistan* v. *India)* (Julgamento, 21/06/2000, *Reports 2000*, p. 12); veja também as numerosas reservas à Declaração da Índia do Artigo 36(2), e em particular aquelas que excluem "*(1) disputes in regard to which the parties to the dispute have agreed or shall agree to have recourse to some other method or methods of settlement; (2) disputes with the government of any State which is or has been a Member of the Commonwealth of Nations; (...) (4) disputes relating to or connected with facts or situations of hostilities, armed conflicts, individual or collective actions taken in self-defence, resistance to aggression, fulfilment of obligations imposed by international bodies, and other similar or related acts, measures or situations in which India is, has been or may in future be involved; (...) 10) disputes with India concerning or relating to: (a) the status of its territory or the modification or delimitation of its frontiers or any other matter concerning boundaries (...)*"

a plataforma continental, ou advinda de, acerca de ou relativa à exploração de qualquer área disputada pertencente ou adjacente a qualquer dessas zonas marítimas enquanto sua delimitação estiver pendente".[50];[51]

- No caso *Croatia/Slovenia*, a escolha por um tribunal arbitral é facilmente explicada: por diversas razões, uma das Partes (Eslovênia) condicionou sua aceitação de uma resolução vinculante à injeção de uma medida de equidade[52] e, apesar do possível recurso a *ex aequo et bono* sob o Artigo 38, parágrafo 2, do Estatuto da Corte, a CIJ não é bem equipada para lidar com tal pedido; além disso, o caso está fortemente ligado com a candidatura da Croácia à UE, e um tribunal arbitral "Europeu"[53] parece mais lógico.

Para ser claro: o (relativo) desinteresse para com a Corte não é baseado em qualquer razão racional, com o entendimento, porém, de que o TIDM é uma alternativa crível para matérias abrangidas pela sua jurisdição, incluindo a delimitação marítima.

---

50 Do original: "*any dispute concerning or relating to the delimitation of maritime zones, including the territorial sea, the exclusive economic zone and the continental shelf, or arising out of, concerning, or relating to the exploitation of any disputed area of or adjacent to any such maritime zone pending its delimitation*".

51 Declaração de 21/03/2002.

52 Veja o Artigo 4 do Acordo de 04/11/2009: "*The Arbitral Tribunal shall apply (a) the rules and principles of international law for the determinations referred to in Article 3 (1) (a); (b) international law, equity and the principle of good neighbourly relations in order to achieve a fair and just result by taking into account all relevant circumstances for the determinations referred to in Article 3 (1) (b) and (c)*" (*Article 3 (1)*: "*(b) Slovenia 's junction ta the High Sea; (c) the regime for the use of the relevant maritime areas*").

53 Isto é composto de cidadãos europeus.

3. AUMENTAR A ATRATIVIDADE DA CORTE AO ABRIR SEU FÓRUM A NOVOS ATORES?

Levando em consideração a incapacidade da Corte para lidar simultaneamente com um grande número de casos, é possível vislumbrar novas opções que provavelmente reforçarão sua atratividade?

Diversas sugestões foram feitas. Nenhuma delas me convence totalmente.

Uma dessas proposições é abrir o fórum da Corte a novos atores, como atores privados ou organizações internacionais.[54] É atraente apenas à primeira vista.

De fato, um dos pontos fortes da CIJ é que ela é aberta e reservada a Estados (com a exceção de opiniões consultivas requisitadas por certos órgãos de organizações do sistema das Nações Unidas – um problema distinto ao qual voltarei). E, seja o que for que a doutrina "pós-moderna" afirma, o Estado soberano continua uma muito especial – e soberana – entidade, e ainda é prematuro escrever seu obituário.[55]

Como a Corte explicou em várias ocasiões, ela é "o órgão" de direito público internacional[56] concebido na definição estrita e tradicional

---

54 Veja, e.g., ROSENNE, S.; 'Reflections on the Position of the Individual in Inter-State Litigation in the International Court of Justice' in P. Sanders (ed.), *International Arbitration - Liber Amicorum for M Domke,* Nijhoff, 1967, p. 250 ; R. Higgins, 'Conceptual Thinking about the Individual in International Law' in R. Falk, F. Ktayochwil and S.H. Mendlovitz (eds.), *International Law: A Contemporary Perspective,* Boulder, CO, Westview Press, 1985, pp. 481-482; M.W. Janis, 'Individuals and the International Court', in Muller *et al.* (eds.), *The International Court of Justice: its future rote after fifty years,* Nijhoff, 1997, pp. 205-216 and F. Orrego Vicuna, *International Dispute Settlement in an Evolving Global Society,* CUP, 2004, p. 60.

55 Cf L. Henkin, 'The Reports of the Death of Article 2(4) Are Greatly Exaggerated, (1971) *A.J.I.L* .544- 548.

56 PCIJ, Judgment 25.05.1926, *Certain German Interests in Polish Upper Silesia (Me-*

da expressão que é direito interestatal. De fato, isso não significa que o direito internacional da atualidade é limitado a esse direito puramente interestatal, mas:

- primeiramente, a meu ver, a soberania ainda desempenha um papel central, mesmo em novos ramos do direito internacional, onde ela parece ausente *prima facie* (mesmo um sistema legal que foi formado "sem o Estado", como a lex mercatoria, é marcado pela soberania, uma vez que os atores privados que estão na origem dessa ordem legal levam a soberania em conta para contorná-la); e,
- em segundo lugar, parece normal e justificado que não apenas essas novas ordens legais (como a *lex mercatoria* ou sportiva ou o direito próprio das organizações internacionais) mas também novos ramos do direito internacional stricto sensu usam diferentes foros e meios de resolução de controvérsias, se somente porque o direito internacional se tornou dificilmente "dissociável" em toda a sua complexidade e tecnicalidades. A maioria dos Juízes da CIJ são "advogados internacionais generalistas", mas não é ruim que casos que envolvam regras técnicas sejam encaminhados a cortes ou tribunais especializados – e isto certamente é verdade sobre casos nos quais pessoas privadas podem interferir como partes, como direito penal internacional, direito dos internacional direitos humanos ou direito internacional dos investimentos. O mesmo se verifica em campos especializados, como o direito da OMC; e é mais verdadeiro ainda para o direito regional, seja o da UE, o do Mercosul ou os das numerosas organizações Africanas.

---

rits), Series A, No. 7, p. 19 or I.C.J., Judgment, 9.04.1949, *Corfu Channel case, Reports 1949*, p. 35.

Atores privados têm seus próprios foros de resolução de controvérsias; não é, portanto, necessário abrir o fórum da Corte a eles, com o entendimento de que poderia ser previsto o fornecimento de algum tipo de intervenção como *amicus curiae* perante a Corte. Isto não é excluído pelo Estatuto[57] e se alinharia com uma tendência geral em tribunais internacionais – caso se pense na resolução de controvérsias da OMC[58] ou na recente jurisprudência do CIRDI. [59] Isto foi proposto de tempos em

57 Ademais, a *Practical Direction XII* (adotada em 2004) prevê que:

"*1. Where an international non-governmental organization submits a written statement and/or document in an advisory opinion case on its own initiative, such statement and/or document is not to be considered as part of the case file.*

2. Such statements and/or documents shall be treated as publications readily available and may accordingly be referred to by States and intergovernmental organizations presenting written and oral statements in the case in the same manner as publications in the public domain.

3. Written statements and/or documents submitted by international non-governmental organizations will be placed in a designated location in the Peace Palace. All States as well as intergovernmental organizations presenting written or oral statements under Article 66 of the Statute will be informed as to the location where statements and/or documents submitted by international non-governmental organizations may be consulted."

58 Veja, e.g., WTO; Appellate Body, Report, 6.11.1998, *United States - Import Prohibition of certain Shrimp and Shrimp Products*, WT/DS58/AB/R and Report, 7.06.2000, *United States - Imposition of Countervailing Duties on Certain Hot-Rolled Lead and Bismuth Carbon Steel Products Originating from the United Kingdom*, WT/DS138/AB/R.

59 Veja, e.g., *Methanex Corp. v. United States*, Decision of the Tribunal on Peitions from Third Party to Intervene as *Amicus Curiae*, 15.06.2001; *Biwater Gauff (Tanzania) Ltd. v. United Republic of Tanzania*, ICSID Case No. ARB/05/22, Procedural Order No. 5.02.2007 and for a case granting the *amicus curiae* status to the European Union, *AES Summit Generation Ltd. And AES-Tisza Eromu Kft. V. Republic of Hungary*, ICSID Case No. 07/22.

tempos;[60] porém, pelo menos duas razões militam por cuidado: deve ser aberto de maneira que (1) não sobrecarregue a Corte e, especialmente, o Cartório da Corte com uma enxurrada de pedidos emanando de pessoas não realmente interessadas e (2) não apague o caráter essencial da CIJ como uma corte de "controvérsias de soberania".

Agora, e as organizações internacionais? Duas subquestões estão em jogo:

1. As organizações internacionais devem ser autorizadas a serem requerentes ou réus em casos contenciosos?
2. A possibilidade para opiniões consultivas deve ser ampliada?

Eu provavelmente responderia positivamente a ambas as perguntas – mas com cuidado, qualificações e advertências:

1. A subquestão mais difícil é a primeira; *a priori* isto seria lógico em uma época na qual quando organizações internacionais – pelo menos algumas delas – atuam mais e mais como Estados em alguns campos; portanto, pareceria normal que, quando sua responsabilidade ou os limites das suas competências estão em jogo, isso pode ser trazido perante uma corte de direito internacional exatamente como quando dois Estados estão em disputa; por outro lado, como demonstrado (ou, infelizmente, não completamente demonstrado...[61]) pelos recentes Artigos da Comis-

60 Veja, e.g.: G. Gaja, 'A New Way for Submitting Observations on the Construction of Multilateral Treaties to the International Court of Justice' in *From Bilateralism to Community Interest: Essays in Honour of Judge Bruno Simma*, O.U.P., 2011, pp. 669-671.

61 V. A. Reinisch, 'Aid or Assistance and Direction and Control between States and International Organizations in the Commission of Internationally Wrong-

são de Direito Internacional sobre a responsabilidade de organizações internacionais, as consequências de tal responsabilidade são tão complexas, sua articulação com a responsabilidade de Estados-membros tão incerta, que tal abertura do fórum contencioso da Corte deveria, penso eu, ser restrito a casos em que apenas a responsabilidade ativa ou passiva da organização está em jogo (com a exclusão da possível responsabilidade conjunta ou solidária dos Estados-membros); de qualquer forma, essa extensão parece inatingível, uma vez que pressuporia uma emenda à Carta, o que, por enquanto, parece estar fora de alcance. Basta recordar a este respeito das dificuldades com a adesão da UE para a CEDH: discutida desde o final da década de 70, a adesão se tornou uma obrigação apenas sob o Tratado de Lisboa, o qual entrou em vigor em 01 de dezembro de 2009. O projeto de adesão foi assinado em 05 de abril de 2013 e sua ratificação está sujeita a uma opinião consultiva do TJUE.

b) Este não seria o caso em todas as hipóteses se se vislumbra uma extensão da possibilidade para organizações internacionais pedirem opiniões consultivas. Mais uma vez, duas "sub-possibilidades" podem ser consideradas.

---

ful Acts' (2010) 7 *International Organizations Law Review* 63-77 ; E. Paasivirta, 'Responsibility of a Member State of an International Organization: Where Will it End' (2010) 7 *International Organizations Law Review* 49-61 ; J. D'Apremont, 'The Articles on the Responsibility of International Organizations: Magnifying the Fissures in the Law of International Responsibility' (2012) SHARES Research Paper 12 *ACIL* accessed in <http://www.sharesproject.nl/publication); A. Pellet, "International Organizations Are Definitely not States>. 'Cursory Remarks on the ILC Articles on the Responsibility of International Organizations' in M. Ragazzi (ed.), *Responsibility of International Organizations. Essays in Memory of Sir Jan Brownlie,* Martinus Nijhoff Publishers, Leiden 2013, pp. 49-54.

Primeiro, tal direito poderia ser estendido a outras organizações internacionais ou instituições dentro do sistema da ONU – isto é simplesmente uma questão de vontade política, uma vez que, de acordo com o Artigo 96, parágrafo 2, da Carta da ONU "...órgãos das Nações Unidas [que não forem a Assembleia Geral e o Conselho de Segurança] e entidades especializadas, que forem em qualquer época devidamente autorizados pela Assembleia Geral, poderão também solicitar pareceres consultivos da Corte sobre questões jurídicas surgidas dentro da esfera de suas atividades". Agora o único problema real é: deveria tal direito ser concedido ao Secretário-Geral?[62] Isso é proposto de tempos em tempos – não estou realmente convencido: ou os pedidos diriam respeito a pontos técnicos relativamente menores e não haveria necessidade real de contornar o Consultor Jurídico e minar sua autoridade; ou os pedidos tocariam em questões de "guerra e paz" e isso ameaçaria o delicado equilíbrio entre os órgãos responsáveis pela manutenção da paz e da segurança internacional.

Segundo, a outra possibilidade seria abrir o *jus standi* para pedir opiniões consultivas a organizações que não sejam entidades especializadas, incluindo outras cortes e tribunais internacionais.[63] Isso parece bastante

---

62 Veja, e.g., S. Schwebel, 'Authorizing the Secretary-General of the United Nations to Request Advisory Opinions of the International Court of Justice' (1984) 78(4) *A.J.J.L.* 869-878; M. S.M. Amr, *The Role of the International Court of Justice as the Principal Judicial Organ of the United Nations,* Kluwer Law International, 2003, p. 60 or R. Kolb, *La Cour internationale de Justice,* Pedone, Paris 2013, pp. 1085-1086.

63 Veja, por exemplo, o *Address* por H.E. Juiz Gilbert Guillaume, Presidente da Corte Internacional de Justiça, à Assembleia Geral das Nações Unidas, 26/10/2000 <http://www.icj-cij.org/court/index.php?pr=84&pt=3&p1=1&p2=3&p3=1>, veja também o *Address* por H. E. Juiz Stephen M. Schwebel, Presidente da Corte Internacional de Justiça, à Assembleia Geral das Nações Unidas, 26/10/1999 <http://www.icj-cij.org/court/index.php?pr=87&pt=3&p1=1&p2=3&p3=1>. Veja também: S. Yee, 'Reform Proposals Regarding the International *Court* of Justice' in R. Wude (ed.), *Report of the International Law Association Study Group on United Nations Reform,* décembre 2011, paras. 15-16.

atraente – especialmente se outras cortes e tribunais pudessem acionar a *Corte Mundial* em questões de princípios relativas à interpretação e alcance das regras gerais do direito internacional. Tal possibilidade ajudaria a limitar as inconveniências da "fragmentação" do direito internacional e interessaria a todas as partes interessadas em tal sistema. Porém,

- nesse caso, as opiniões, embora "consultivas", deveriam ser... vinculantes para a organização ou tribunal que as tenha solicitado, a fim de evitar minar a autoridade da Corte (e isso é bem possível, como foi demonstrado pelos antigos mecanismos de "revisão" dos julgamentos do Tribunal Administrativo da ONU, e pelo que ainda existe, no que diz respeito aos julgamentos do ILOAT);[64]
- no entanto, mesmo que esta provavelmente seja uma reforma útil, também supõe uma revisão da Carta da ONU, o que não prevejo como realista.

---

64 Veja, e.g., W. Choi, 'Judicial Review of International Administrative Tribunal Judgments' in T. Burgenthal (ed.), *Contemporary Issues in International Law: Essays in Honor of Louis B. Sohn,* N. P. Engel, 1984, pp. 347-370 ; R. Ostrihansky, 'Advisory Opinions of the International Court of Justice as Reviews of International Administrative Tribunals' (1988) 17 *Polish Yearbook of International Law* 101-121; J. Gomula, 'The International Court of Justice and Administrative Tribunals of International Organizations' (1991-1992) 13 *Michigan Journal of International Law* 83-121 ; C.F. amerasinghe, 'Cases of the International Court of Justice Relating to Employment in International Organizations' in V. Lowe and M. Fitzmaurice (eds.), *Fifty Years of the International Court of Justice. Essays in Honour of Sir Robert Jennings,* 1996, pp. 193-209 ; K.H. Kaikobad, *The international Court of Justice and Judicial Review,* Kluwer Law International, 2000, xxvii-353 p.; S. Rosenne, *The Law and Practice of the International Court 1920-2005,* Nijhoff, 2006, Vol. II, pp. 949-1020 and J. Gomula, 'The Review of Decisions of International Administrative Tribunals by the International Court of Justice' in E. Ülufemi, *The Development and Effectiveness of International Administrative Law,* Nijhoff, 2012, pp. 249-373. Veja também o Artigo 66 da Convenção de Viena de 1986 sobre o Direito dos Tratados concluídos por organizações internacionais.

Resulta destas considerações que parece indesejável ou completamente irrealista vislumbrar o reforço da atratividade da Corte ao se abrir seu fórum a outros atores.

4. AUMENTAR A ATRATIVIDADE E A "PRODUTIVIDADE" DA CORTE?

A CIJ é frequentemente criticada pelo peso e formalismo de seu procedimento, fontes de uma lentidão indevida, e pelo seu conservadorismo.[65] Pode-se indagar se os autores dessas críticas medem as vantagens e razões desse apego à tradição.

Ademais, não é evidente que, mesmo globalmente, estas críticas são fundamentadas. No que tange à duração dos procedimentos, ela não é maior do que na maioria das cortes e tribunais e internacionais (e nacionais); além disso, na maior parte do tempo, as Partes são responsáveis pela duração dos processos (demandas excessivas por uma longa fase escrita, acumulação de documentos inúteis) – mas é verdade que a Corte poderia ser mais prescritiva na condução destes; por fim, a CIJ provou, especialmente nos últimos anos, que é capaz de decidir um caso em um tempo razoável[66] (e, no recente caso da *Caça à Baleia entre Austrália e Japão,* ela agiu com pressa excessiva).[67]

---

65 D. Bowett *et al.*, *The International Court of Justice - Process, Practice and Procedure,* BIICL, London, 1997, xi-190 p., C. Peck and R.S. Lee (eds.), *Increasing the Effectiveness of the International Court of Justice - Proceedings of the ICJ/UNITAR Colloquium to Celebrate the 50th Anniversary of the Court,* Nijhoff/UNITAR, 1997, xvi-542 p.

66 Deade 2000, dezoito processos levaram a um julgamento aos méritos. Desses dezoito processos, três duraram menos que dois anos (*Arrest Warrant of 11.04.2000 (Democratic Republic of the Congo* v. *Belgium), Certain Questions of Mutual Assistance in Criminal Matters (Djibouti* v. *France)* e *Request for Interpretation of the Judgment of 15.06.1962 in the Case concerning the* Temple of Preah Vihear *(Cambodia* v. *Thailand)*), quarto duraram cerca de três anos, seis duraram cerca de quatro anos, três duraram cerca de cinco anos, um durou cerca de seis anos e, outro, cerca de onze anos (*Territorial and Maritime Dispute (Nicaragua* v. *Colombia)*).

67 Veja abaixo, nota 82.

Dito isto, "microrreformas" susceptíveis de melhorar a "produtividade" e, portanto, a imagem da *Corte Mundial são possíveis.*

Não há muito o que mudar no que tange ao acionamento da Corte. A instituição de processos por uma Application ou a notificação de um Special Agreement não causa qualquer problema – e a jurisprudência da Corte especificou em pormenor (e com flexibilidade suficiente) a forma e o conteúdo desses documentos.[68] Mas duas observações relacionadas podem ser feitas:

- Primeiramente, é certamente bom que a popularidade das Câmaras na Corte tenha sofrido um declínio entre Estados;[69] é uma mistura híbrida entre os procedimentos arbitral e judicial (o que, por si só, não é um problema), que combina as inconveniências dos dois sem vantagem decisiva: a escolha dos Juízes é

68 Veja,e.g., CIJ, Judgment, 19.12.1978, *Aegean Sea Continental Shelf, Reports 1978*, p. 39, para. 96; Judgment, 2.11.1963, *Case concerning the Northern Cameroons (Cameroon* v. *United Kingdom), Preliminary Objections, Reports 1963*, pp. 27-28; Judgment, 1.07.1994, *Maritime Delimitation und Territorial Questions between Qatar and Bahrain, Jurisdiction und Admissibility, Reports 1994*, pp. 118-122, paras. 21-30; Judgment, 11.07.1996, *Application of the Convention on the Prevention and Punishment of the Crime of Genocide, Preliminary Objections, Reports 1996*, pp. 613-614, par. 26 ou Judgment, 18.11.2008, *Application of the Convention on the Prevention and Punishment of the Crime of Genocide (Croatia* v. *Serbia), Preliminary Objections, Reports 2008*, pp. 438-440, par. 82.

69 Veja o caso *Delimitation of the Maritime Boundary in the Gulf of Maine Area (Canada/United States of America)* , o caso the *Frontier Dispute (Burkina Faso/ Republic of Mali)* case, the *Land, Island and Maritime Frontier Dispute (El Salvador/Honduras: Nicaragua intervening)* (veja também a *Application for Revision of the Judgment of 11.09.1992 in the Case concerning the* Land, Island and Maritime Frontier Dispute (El Salvador/Honduras: Nicaragua intervening) *(El Salvador* v. *Honduras)*), o caso *Elettronica Sicula S.p.A. (ELSI) (United States of America* v. *Italy)* ou o caso *Frontier Dispute (Benin/Niger)*. Felizmente, o caso *Burkina Faso/ Niger* foi submetido à Corte inteira.

um dilema; não há ganho real de tempo;[70] e perde-se a vantagem de se ter um painel extenso, cuja imparcialidade e neutralidade global é assegurada pela diversidade de sua composição;

- Em segundo lugar, concordo plenamente com o "*Practice Direction*" nº 1, de acordo com o qual "a prática de depósito simultâneo de peças processuais em casos trazidos por *special agreement*"[71] deve ser desencorajada: a simultaneidade de petições escritas impede as Partes de responder seriamente uma à outra. Infelizmente, essa demanda não é respeitada na prática, pois as Partes não desejam aparecer como Requerente ou Réu. Essa é uma razão errada: o *Special Agreement* pode especificar a ordem de petições escritas sem prejudicar a respectiva posição das Partes e, em qualquer evento, a simultaneidade não é possível durante a fase oral.

Dito isto, a adoção de *Practice Directions* é uma prática detestável. Foi introduzida há treze anos, a fim de completar as Regras da Corte – as quais podem, porém, simplesmente ser emendadas, caso seja necessário, pela própria Corte.[72] O efeito legal dessas "*Directions*" é totalmente incerto: ninguém sabe se elas são vinculantes ou não. E, se elas não são todas questionáveis,[73] algumas são completamente supérfluas, uma vez

70 *Delimitation of the Maritime Boundary in the Gulf of Maine Area (Canada/United States of America)* = 3 anos; *Frontier Dispute (Burkina Faso/Republic of Mali)* = 3 anos; *Land, Island and Maritime Frontier Dispute (El Salvador/Honduras: Nicaragua intervening)* = 6 anos; *Elettronica Sicula S.p.A. (ELSI) (United States of America* v. *Italy)* = 2 anos e *Frontier Dispute (Benin/Niger)* = 3 anos.

71 Do original: "the practice of simultaneous deposit of pleadings in cases brought by special agreement".

72 Veja o Artigo 30 do Estatuto da Corte.

73 Algumas são até úteis– em particular a *Practice Direction VII*, a qual prevê que "*when choosing a judge ad hoc pursuant to Article 31 of the Statute and Article 35 of the Rules of Court, should refrain from nominating persons who are acting as agent,*

que simplesmente reafirmam as regras de procedimento já existentes;[74] e muitas são abusivamente detalhadas e dificilmente aplicáveis.[75] Este certamente é um desvio muito negativo advindo da crescente "Anglo-Saxonização" da Corte... Nem todas as etapas do processo têm que ser trancadas em regras rígidas – deve haver algum espaço para adaptação nas circunstâncias concretas do caso e para livre e razoável apreciação da Corte caso-a-caso.

No que diz respeito a processos incidentais, apenas duas observações estão em ordem no contexto desta contribuição:

---

counsel or advocate in another case before the Court" – *but there is no reason to exclude persons which "have acted in that capacity in the three years preceding the date of the nomination."*

74 Veja, e.g., o Artigo 31 das Regras e a *Practice Direction X* sobre as reuniões das Partes com o Presidente ou o Artigo 56 e a *Practice Direction IX* sobre a submissão de novos documentos após a conclusão dos procedimentos escritos.

75 O melhor exemplo é a *Practice Direction IX quarter*, que diz o seguinte: "*1. Having regard to Article 56 of the Rules of Court, any party wishing to present audio-visual or photographic material at the hearings which was not previously included in the case file of the written proceedings shall submit a request to that effect sufficiently in advance of the date on which that party wishes to present that material to permit the Court to take its decision after having obtained the views of the other party. 2. The party in question shall explain in its request why it wishes to present the audio-visual or photographic material at the hearings. 3. A party's request to present audio-visual or photographic material must be accompanied by information as to the source of the material, the circumstances and date of its making and the extent to which it is available to the public. The party in question must also specify, wherever relevant, the geographic co-ordinates at which that material was taken. 4. The audio-visual or photographic material which the party in question is seeking to present shall be filed in the Registry in five copies. The Registrar shall communicate a copy to the other party and inform the Court accordingly. 5. It shall be for the Court to decide on the request, after considering any views expressed by the other party and taking account of any question relating to the sound administration of justice which might be raised by that request.' It is rather absurd and abusively punctillous.*"

- a Corte é, de certa maneira, negligente demais quanto aos pedidos de medidas provisórias, os quais ela tende a receber com demasiada leveza – tanto mais que, seguindo o mais discutível princípio *LaGrand*, de acordo com o qual medidas provisórias são vinculantes às Partes,[76] tende a encorajar o Estado demandante a solicitar tais medidas e complica radicalmente as questões de reparação quando a responsabilidade é colocada em jogo – mesmo muito artificialmente, como exemplificado por *Cameroon v. Nigeria;*[77]
- pelo contrário, estou preocupado com a nova tendência que aparentemente inspira a Corte no que tange à intervenção: após um longo período de uma abordagem muito restritiva com relação à admissibilidade de intervenções, a Corte parecia ter adotado uma abordagem equilibrada com seu Julgamento de 13 de setembro de 1990, na intervenção da Nicarágua no caso *Land, Island and Maritime Frontier Dispute entre El Salvador e Honduras,*[78] confirmada, dentre outros, na sua Ordem de 1999 em *Cameroon v. Nigeria;*[79] infelizmente, seus Julgamentos de 04 de maio de 2011 *(NICOL) sobre as intervenções de Honduras e,*[80]

---

76 ICJ, Judgment, 27/06/2001, *LaGrand (Germany* v. *United States of America), Reports 2001*, pp. 502- 503, para. 102.

77 ICJ, Judgment, 10/10/2002, *Land and Maritime Boundary between Cameroon and Nigeria (Cameroon* v. *Nigeria: Equatorial Guinea intervening), Reports 2002,* pp. 450-453, paras. 309-324, e, em particular, pp. 453-453, paras. 320-322.

78 ICJ, Judgment, 13/09/1990, *Land, Island and Maritime Frontier Dispute (El Salvador/Honduras), Application to Intervene, Reports 1990*, p. 92.

79 ICJ, Judgment, 21/10/1999, *Land and Maritime Boundary between Cameroon and Nigeria (Cameroon* v. *Nigeria: Equatorial Guinea intervening), Application to Intervene, Reports 1999,* p. 1029.

80 ICJ, Judgment, 04/03/2011, *Territorial and Maritime Dispute (Nicaragua* v. *Colombia), Application for Permission to Intervene, Reports 2011*, p. 420.

mais chocante, Costa Rica,[81] no caso *Nicaragua v. Colombia* mostram um preocupante passo para trás nesse respeito.

Dito isto, nenhuma reforma das regras aplicáveis a esses dois conflitos incidentais parece necessária. Simples mudanças jurisprudenciais seriam o suficiente – e podemos pensar mais particularmente que o retorno a uma intervenção mais aberta aumentaria o interesse dos Estados na Corte Mundial (mesmo quando eles não são partes do sistema da cláusula opcional).

Uma vez que os procedimentos começaram, que melhoras provavelmente aumentariam a eficiência e a atratividade da Corte?

No que diz respeito às petições escritas, minha principal reclamação é a tendência dos Estados, encorajados pelo seus Defensores – e, em primeiro lugar, escritórios de advocacia anglo-americanos – a escrever demais ou, mais precisamente, a acumular anexos com muito pouco discernimento: com as novas tecnologias (a internet, que dá acesso a um excesso de informações e, muito basicamente, as instalações em reprografia), eles têm uma tendência a anexar às suas petições escritas uma impressionante quantidade de documentos que, muitas vezes, têm apenas uma vaga conexão com o argumento e são incluídas "just in case", e não porque são realmente úteis para o caso. Infelizmente, além do autocontrole pelas Partes, a Corte não é bem equipada para enfrentar esta margem de manobra – embora ela possa se basear no Artigo 48 de seu Estatuto[82] para ser mais ativa na condução dos processos.

---

81 ICJ, Judgment, 04/03/2011, *Territorial and Maritime Dispute (Nicaragua* v. *Colombia), Application for Permission to Intervene, Reports 2011*, p. 348.

82 "*The Court shall make orders for the conduct of the case, shall decide the form and time in which each party must conclude its arguments, and make all arrangements connected with the taking of evidence.*" A Corte também poderia usar o Artigo 62(1) de suas Regras: "*The Court may at any time call upon the parties to produce such evidence or to give such explanations as the Court may consider to be necessary*

Agora, esses desvios são infelizes não somente porque utilizam toneladas de papel e são antiecológicos, mas também porque retardam os processos. Não somente juízes conscienciosos vão – em alguns casos, provavelmente sem esperança – tentar ler ou pelo menos passar por todos esses documentos – o que gasta tempo demais para um resultado desapontador –, mas também porque isso tudo deveria, teoricamente, ser traduzido, uma vez que, de acordo com o Artigo 39, parágrafo 1, do Estatuto, "as línguas oficiais da Corte serão francês e inglês".[83]

O bilinguismo introduzido por essa disposição é, claro, explicado pelo seu contexto histórico. O período de 1920 a 1945, que foi crucial para a adoção do Estatuto, marca a ocasião na qual o inglês suplantou o francês como a *lingua franca* internacional. Porém, essa disposição tem consequências significativas, tanto práticas quanto mais fundamentais.

No nível prático, o resultado é uma carga de trabalho muito pesada para o Cartório da Corte. Enquanto o processo escrito permaneceu, com certas exceções, em dimensões razoáveis, a obrigação de traduzir todas as submissões processuais para a outra língua oficial era aceitável. Esse requerimento se tornou excessivo com o aumento do tamanho das submissões das Partes e, acima de tudo, de seus anexos. Enquanto não posso ter certeza absoluta – obviamente sou, afinal de contas, um observador externo – parece-me que o Secretariado tem sabiamente se recusado a traduzir a totalidade desses anexos que, apesar das opiniões expressas por certos advogados, as Partes insistem em acumular. Porém, se esse é o caso, é lamentável que os juízes não sejam obrigados a entender ou pelo menos ter uma compreensão passiva da outra língua

---

for the elucidation of any aspect of the matters in issue, or may itself seek other information for this purpose" – esta previsão é aplicável aos procedimentos orais, mas nada impede a Corte de aplicá-la aos procedimentos escritos ou para emendar suas Regras conformemente.

83 Do original: "[t]he official languages of the Court shall be French and English".

oficial. O francês tem fama de ser uma língua difícil, mas é uma língua de trabalho da Corte, e mesmo o francês pode ser aprendido...

Dado o subsequente fardo do bilinguismo para a Corte Internacional de Justiça, deve-se perguntar – a política do bilinguismo deveria ser reavaliada? Não sendo um ativista da língua francesa, eu mesmo tenho frequentemente ponderado sobre isso.[84] Afinal, as deliberações da Corte são conduzidas exclusivamente em francês, e isso tem desvantagens enormes. Juízes são capazes de trocar suas ideias diretamente, sem a necessidade de se comunicar através de um intérprete. Ademais, essa tradição não tem sido questionada apesar da sucessiva difusão e multiplicação de línguas utilizadas na Comunidade. Por que, então, nós não implementamos uma única língua procedimental, para o benefício *da língua internacional, que é, atualmente, o inglês?*

A principal razão que, em minha opinião, diminui a simplificação e o apelo prático de tal solução é que o bilinguismo não é apenas uma fonte de frustração e restrição, mas também uma de enriquecimento. Não se deve encobrir o fato de que o desaparecimento da língua francesa resultaria pouco a pouco, talvez vagarosamente, mas certamente sem dúvida, na crescente rejeição de conselho de países latinos em favor de conselho anglo-saxão, que já é atualmente largamente predominante na "barra invisível". Ademais, essa ausência afetará indireta, mas certamente, a jurisprudência da Corte Internacional de Justiça e, portanto, a evolução do próprio direito internacional. É claro que se pode pleitear em inglês perante um juiz francês ou um brasileiro que fala francês ou um marroquino, mas a linguagem não é, em si mesma, um agente neutro. Acredito que a oportunidade de se dirigir à Corte Internacional de Justiça tanto em uma língua que constitui um veículo natural para o *common law* quanto, por outro lado, em uma que está mais ligada às particularidades do direito latino é uma fonte de enriquecimento complementar e mútuo.

---

84 Veja, por exemplo, PELLET, A.; 'Remarks on Proceedings before the International Court of Justice' (2006) *LPICT* 170-173.

A linguagem é meramente a ponta do iceberg. Além disso está a abordagem jurídica para relações internacionais; o próprio conceito de direito internacional está em jogo. Isso resulta do encontro essencial de duas tradições jurídicas: o direito romano-germânico, de origem latina, que sem dúvidas é praticado na maioria dos países do mundo e cuja influência foi certamente predominante quando as bases do direito internacional moderno foram sugeridas e pensadas nos séculos XVII e XVIII, e, por outro lado, o *common law*, com seus métodos muito diferentes de raciocínio. Ademais, nos termos do artigo 9 do Estatuto da CIJ ou do Artigo 2 do Estatuto do TIDM, os juízes da Corte ou do Tribunal são escolhidos a fim de assegurar "no corpo, como um todo, a representação das principais formas de civilização e dos principais sistemas jurídicos do mundo".[85] Esta diversidade fornece grande riqueza, mesmo que a experiência educacional dos juízes seja, de fato, muito uniforme.

Por sua vez, petições orais frequentemente são os objetos de disputa em discussões entre juízes e Conselho. Aqueles imputam ao segundo um desejo de esticar a duração das audiências até o máximo. Este suspeita que aquele deseje encurtar as audiências abaixo do mínimo razoável. Eu, da minha parte, tenho uma opinião cheia de nuances. Concordo com os juízes que audiências frequentemente são longas demais e levam a repetições inúteis. Mas sei também, por experiência, que, seja certo ou errado, os Estados favorecem audiências relativamente longas, as quais são a oportunidade para mostrar às opiniões públicas que tudo o que poderia ter sido feito para defender o caso foi feito. Os juízes são "obrigados a ouvir" e, esperamos, a escutar, e as audiências públicas podem constituir reconhecimento de que todos os argumentos possíveis foram levantados (as audiências são, hoje em dia, normalmente transmitidas integralmente por programas de televisão nacionais). Dito isto, eu pensaria que limitar petições orais a um período de tempo mais curto

85 Do original: "the body as a whole the representation of the main forms of civilization and of the principal legal systems of the world."

do que era costumeiro no passado[86] é compreensível, mas somente sob duas condições:

- a primeira é que é claro que tudo é relativo: em alguns casos, poucas horas de audiências são o suficiente; em outros, isso não permitiria que a justiça fosse feita mas, além disso, parecesse ser feita;
- a segunda seria que a Corte renunciasse à imposição aos advogados do exaustivo ritmo a que ela frequentemente os sujeita; sem aumentar o número de audiências, é indispensável lidar cuidadosamente com as diferentes rodadas de petições; as fases de preparação, que muitas vezes são reduzidas a expressões simples, não dão aos advogados tempo suficiente para estudar seriamente os argumentos opostos e os obrigam ou a correr por respostas insuficientemente fundamentadas, ou a ler seus textos preparados anteriormente às petições orais às quais eles supostamente devem responder. Aqui, no entanto, posso notar, novamente, certa melhoria nos últimos anos. Agora sou capaz de dormir na Haia (digo dormir em uma cama, e não numa sala de audiência, mesmo que às vezes eu sucumba a uma sonolência discreta que não é reservada somente a alguns juízes).

Último – e geral – ponto processual. Os procedimentos perante a Corte são frequentemente criticados pela sua lentidão e pelo seu formalismo. E, de fato, eles são bastante lentos e extremamente formalistas.

Quanto à duração dos processos, já invoquei o assunto várias vezes.[87] Apenas três breves observações, então: primeiramente, eles não

---

86 Nos *South-West Africa cases*, 21 dias em 1962 e mais de 6 meses em 1965-1966; no caso *Barcelona Traction*, 3 meses.

87 Veja,e.g.: 'Remarques sur l'(in)efficacité de la Cour internationale de Justice et d'au-

são mais longos que os de outras cortes e tribunais internacionais (e nacionais); em segundo lugar, Estados são frequentemente mais responsáveis pela duração excessiva dos processos do que a própria Corte (pedidos excessivos para uma preparação longa das petições escritas; pedidos para extensão ou para uma terceira rodada desnecessária; acumulação de documentos excessivos) – apesar de que a Corte poderia ser mais diretiva na sua orientação do processo; e terceiro, a CIJ tem mostrado, particularmente nos últimos tempos, que ela pode ser razoavelmente expediente (e, em um caso recente – o caso *Whaling, entre Austrália e Japão* – excessivamente expediente, a meu ver).[88]

Agora, por último, o formalismo. Sim, procedimentos perante a Corte são extremamente formais, e isto é particularmente visível no que diz respeito às audiências. Mesmo que consideravelmente encurtadas em comparação com o passado, elas continuam bastante longas (e, para ser sincero, normalmente muito tediosas), e em contraste com outras cortes (em particular a Corte da UE e a CEDH em Estrasburgo), bem como arbitragens de investimentos, elas são excepcionalmente formais no sentido de que os juízes escutam silenciosamente às apresentações dos advogados (ou eles discretamente dormem), mas raramente fazem perguntas – mesmo que tenham o feito um pouco menos parcimonio-

---

tres juridictions internationales' in Liber Amicorum *Jean-Pierre COT - Le procès international*, Bruylant, Bruxelles 2009, pp. 208-209 e 'Remarks on Proceedings before the International Court of Justice' in A. del Vecchio ed., *New International Tribunals and New International Proceedings*, Giuffrè, Milano 2006, pp. 116-117, e em *The Law and Practice of International Courts and Tribunals*, 2006, pp. 180-181.

88 Nesse caso, de uma maneira muito discutível, a Corte rejeitou o pedido do Japão para uma segunda rodada de petições escritas relativas à sua objeção preliminar (veja Judgment, 31/03/2014, para. 6), mesmo considerando que o Japão tinha levantado tal exceção somente no seu *Counter-Memorial*, como ele tinha o direito de fazer (veja I.C.J., Judgment 30/11/2010, *Ahmadou Sadio Diallo (Republic of Guinea* v. *Democratic Republic of the Congo), Reports 2010*, p. 658, par. 44).

samente nestes últimos tempos;[89] mas perguntas continuam sendo raras; normalmente são feitas somente ao fim da primeira ou da segunda rodada de petições; e são previamente discutidas entre o juiz que deseja perguntar e a Corte inteira; ademais, eles nunca pedem por uma resposta imediata do Conselho e, bem frequentemente, um período de tempo confortável (entre uma semana e um mês) é dado às Partes para responderem.

Devo dizer que, tudo bem considerado, eu prefiro manter as coisas como estão nesse sentido: as Partes perante a Corte são Estados soberanos; os casos submetidos à CIJ geralmente são questões políticas extremamente sensíveis; e, nessas circunstâncias, espontaneidade não é uma

---

89 No caso *Questions relating to the Obligation to Prosecute or Extradite (Belgium* v. *Senegal)*, vários juízes fizeram perguntas às Partes no decorrer das audiências de março de 2012 (Judgment, 20/07/2012, *Reports 2012*, p. 428, para. 11). Perguntas também foram feitas pela Bancada no caso *Frontier Dispute (Burkina Faso/Niger)*, durante as audiências de outubro de 2012 (Judgment, 16/04/2013, *Reports 2013*, p. 53, par. 8). No caso relative ao *Request for Interpretation of the Judgment of 15.06.1962 in the Case concerning the* Temple of Preah Vihear (Cambodia *v.* Thailand) *(Cambodia* v. *Thailand)*, um juiz fez uma pergunta às Partes no decorrer das audiências realizadas em abril de 2013 (Judgment, 11/11/2013, *Reports 2013*, p. 287, para 10). No caso *Whaling in the Antarctic (Australia* v. *Japan: New Zealand intervening)*, vários juízes fizeram perguntas às Partes, bem como aos especialistas, durante as audiências de julho de 2013 (Judgment, 31/03/2014, *Reports 2014*, p. 237, paras. 21-22). Nos procedimentos para medidas provisórias no caso *Certain Activities carried out by Nicaragua in the Border Area (Costa Rica* v. *Nicaragua)*, o Juíz Greenwood fez uma pergunta à Nicarágua e o Presidente Tomka pediu a resposta antes do fim da sessão (CR 2013/27, 17/10/2013, morning, pp. 16-17); o Advogado da Nicarágua respondeu alguns minutos depois (*ibid.*, p. 33). No caso *Application of the Convention on the Prevention and Punishment of the Crime of Genocide (Croatia* v. *Serbia)*, perguntas foram feitas durante as audiências de março de 2014. Mesmo mais recentemente, nos casos relacionados às *Obligations concerning Negotiations relating to Cessation of the Nuclear Arms Race and to Nuclear Disarmament (Marshall Islands* v. *India; Marshall Islands* v. *Pakistan and Marshall Islands* v. *United Kingdom)*, a Bancada fez perguntas às Partes durante as audiências de março de 2016.

opção e é muito preferível, em particular, que o Conselho possa discutir suas respostas com seu Time e seu Advogado, que frequentemente tem que se referir à sua capital.

CONCLUSÃO: A CIJ E A MULTIPLICAÇÃO DE CORTES E TRIBUNAIS INTERNACIONAIS

A chamada "fragmentação" do direito internacional está na origem do florescimento de jurisdições e outros meios de resolução de controvérsias; longe de globalmente ser uma inconveniência, é um sinal de vitalidade do fenômeno das cortes internacionais. Sem dúvidas, para citar o Presidente Bedjaoui, esta multiplicação de corpos judiciais constitui "*la bonne fortune du droit des gens*"[90] – a boa sorte do *ius gentium;*

Isso não significa que esta situação não tem desvantagens. Os riscos de contradição na jurisprudência dessas várias cortes e tribunais são reais;91 o forum shopping advindo dessa "proliferação" pode chocar advogados mais austeros – pelo menos aqueles para os quais o direito doméstico é o único paradigma do "verdadeiro direito". Porém, a proliferação de cortes e tribunais internacionais não eliminou situações nas quais nenhum mecanismo particular para a resolução de controvérsias exista ou tenha jurisdição; isso é particularmente assim no que diz res-

90 'Conclusions générales - La multiplication des tribunaux internationaux ou la bonne fortune du droit des gens' in *SFDI, Colloque de Lille, pp. 529-545.*

91 Veja, no que diz respeito a atribuição e "controle", as posições irreconciliáveis adotadas pelo TPIJ (Appeal Chamber, Judgment, 15/07/1999, *Prosecutor v. Tadić*, IT-94-1, pars. 116-145) e pela CIJ (Judgment, 26/02/2007, *Application of the Convention on the Prevention and Punishment of the Crime of Genocide (Bosnia and Herzegovina* v. *Serbia and Montenegro), Reports 2007,* pp. 206-214, paras. 396-412) – no direito internacional de investimento, posições contraditórias existem, no que tange à definição de investimento, MFN e *umbrella clauses* (para uma apresentação dessas contradições, veja A. Pellet, 'The Caselaw of the ICJ in Investment Arbitration' (2013) 28(2) *ICSID Review* 224-225, notes 3-5).

peito às atividades e ações de organizações internacionais que, muitas vezes, não podem ser submetidas a qualquer um desses mecanismos (particularmente tenho em mente as operações de manutenção da paz que, infelizmente, são majoritariamente "injustificáveis").

Este é um dos defeitos congênitos do direito internacional. Mas devemos aceitá-lo como é e notar que, nos campos onde cortes internacionais são chamadas para decidir, a dominância moral da CIJ é impressionante. Prova disso é a homenagem feita por todos os outros processos arbitrais ou judiciais à jurisprudência da Corte no que tange ao direito internacional público geral.[92]

Introduzindo sua apresentação como o Agente da Grécia na ocasião da intervenção de seu país no caso *Jurisdictional Immunities of the State (Germany v. Italy: Greece intervening), o Professor Perriakis expressou sua admiração "pela Corte e o trabalho que ela tem feito pelos últimos 66 anos".*[93] Esta apreciação é bem merecida.

Não há necessidade de reforma solene e de larga escala para que a Corte mantenha seu *status implícito de primus inter pares* – para não falar de *prima donna,* cuja posição, mesmo que questionável,[94] é respei-

92 Isto também é verdade para sistemas "periféricos", como a arbitragem do CIRDI; veja *ibid., pp. 223-240.*

93 CR 2011/19, 14.09.2011, tradução, p. 2 (Original francês: '*il est opportun d'emblée d'exprimer ma profonde considération pour la Cour et son oeuvre depuis soixante-six années ainsi que mon dévouement à la justice internationale et le droit international' - CR 2011/19, 14/09/2011, p. 10).*

94 Veja o muito discutível "*Nicaragua test*", que se tornou *a* referência no que diz respeito à atribuição de *internationally wrongful acts* cometidos sob influência. Veja M. Spinedi, 'On the Non Attribution of the Bosnian Serbs' Conduct to Serbia' (2007) 5(4) *JICJ* 829-838; J. Griebel and M. Plucken, 'New Developments Regarding the Rules of Attribution?: the International Court of Justice's Decision in Bosnia v. Serbia'. *L.JJ.L.*, Vol. 21, 2008, No. 3, pp. 601-622; O. de Frouville, "Attribution of Conduct to the State: Private Individuals", in J. Crawford, A. Pellet and S. Olleson (eds.), *The Law of International Responsibility,* OUP, 2010, pp. 257-280;

tada e, geralmente, seguida. E é melhor preservar o respeito que a Corte conquistou do que enfraquecê-lo ao dirigir-se críticas por vezes injustas e frequentemente fúteis ou ao se propor reformas imprudentes, que não podem ter êxito, visto que uma emenda ao Estatuto da Corte é improvável em um futuro próximo. De qualquer maneira, apesar de altos e baixos, "a Corte" permanecerá por muito tempo "*La Cour*".

A. Pellet, "Remarques sur la jurisprudence récente de la CIJ dans le domaine de la responsabilité internationale", in *Perspectives of International Law in the 21 si Century - Perspectives du droit international au 21e siècle, Liber Amicorum Professor Christian Dominicé in Honour of his 80th Birthday*, Martinus Nijhoff, 2012, pp. 332-336 and P. Jacob, "Les definitions des notions d'"organe' et d'"agent' retenues par la CDI sont-elles opérationnelles?", *R.B.D.I.*, Vol. 47, 2013, No. 1, pp. 17-44.

A criação da corte permanente de arbitragem nas convenções da paz da Haia e sua posição na história da justiça internacional

Lucas Carlos Lima[1]
Arno Dal Ri Júnior[2]

INTRODUÇÃO

O advento da Organização das Nações Unidas trouxe à comunidade internacional a ideia de limitação do uso da força para assegurar a manutenção da paz e segurança internacionais. Assim, veio insculpida na Carta de São Francisco, em seu artigo segundo,[3] a obrigação principiológica de se buscar um deslinde pacífico para os dissídios entre Estados antes de

1 Professor de Direito Internacional na Universidade Federal de Minas Gerais. Doutor em Direito Internacional e Direito da União Europeia pela Università degli Studi di Macerata. Coordenador do Grupo de Pesquisa em Cortes e Tribunais Internacionais UFMG/CNPq. Contato: lclima@ufmg.br

2 Doutor em Direito pela Universidade Luigi Bocconi de Milão, com pós-doutorado na Université Paris I (Panthéon-Sorbonne). Mestre em Direito pela Universidade de Pádua. Professor nos Cursos de Graduação e Pós-Graduação em Direito na Universidade Federal de Santa Catarina (UFSC).

3 Carta da ONU, 1945, artigo 2º, inc. 3: *"Os membros da Organização deverão resolver as suas controvérsias internacionais por meios pacíficos, de modo a que a paz e a segurança internacionais, bem como a justiça, não sejam ameaçadas"*;

recorrer-se ao uso da força. A contemporânea concepção de resolução pacífica de controvérsias[4] encontra no art. 33 da Carta da Organização das Nações Unidas[5] amplo rol de métodos para pôr fim aos conflitos de interesse gerados no âmbito da comunidade internacional. Entre essas metodologias de resolução de conflitos, a arbitragem internacional[6] ganha papel de relevo, sobretudo pelo seu desenlear histórico e pela próxima relação que possui com as origens da "via judicial" internacional.

Empregada desde a antiguidade grega[7] e também no período medieval[8] como método de solução pacífica de controvérsias, a arbitragem

4 Por controvérsia, lança-se mão do conceito firmado por MORELLI (1968, p.368): *"relação entre dois interesses encabeçados por Estados diversos e entre eles incompatíveis, no sentido de que a satisfação de um não pode existir sem o sacrifício do outro".*

5 Carta da ONU, 1945, artigo 33: *"As partes numa controvérsia, que possa vir a constituir uma ameaça à paz e à segurança internacionais, procurarão, antes de tudo, chegar a uma solução por negociação, inquérito, mediação, conciliação, arbitragem, via judicial, recurso a organizações ou acordos regionais, ou qualquer outro meio pacífico à sua escolha".*

6 *"A arbitragem pode ser definida como o meio de solução pacífica de controvérsias entre Estados por uma ou mais pessoas livremente escolhidas pelas partes, geralmente através de um compromisso arbitral que estabelece as normas a serem seguidas e onde as partes contratantes aceitam, de antemão, a decisão a ser adotada" (ACCIOLY, 1998, p.454).*

7 "as regras [acerca da arbitragem] lentamente elaboradas entre os gregos antigos permanecem à base do desenvolvimento moderno da instituição" *(POLITIS, 1924, p.26). Sobre a temática, ver também: TOD, Marcus Niebuhr. International Arbitration amongst the greeks. Oxford: Oxford University Press, 1913.*

8 *"Il medioevo fu un'epoca particolarmente favorevole allo svilupo di quest'istituto. Il concetto di una civitas cristiana, risultante da un complesso di gruppi politici con limitata autonomia, dipendenti spesso gli uni dagli altri per molteplici rapporti d'origine e natura feudale e tutti poi sottoposti alle supreme autorià dell'imperatore e del papa; il principio germanico dell'iudicium parium.; la stessa compenetrazione fra diritto pubblico e privato; tutto contribuiva a facilitare e diffondere l'uso di risolvere le controversie fra le varie autorità politiche mediante il giudizio di un terzo".* (ANZILOTTI, 1915, p.16)

internacional desenvolveu-se de maneira profícua no ínterim do século XIX. A partir deste momento, então, a arbitragem veio entendida como uma espécie de "solução judiciária" do sistema de direito internacional, ganhando um aprimoramento técnico e voltado à concreção do direito internacional. Sob esta linha argumentativa, o presente estudo visa compreender de que forma ocorreu o desenvolvimento da arbitragem internacional ao longo do século XIX e de que maneira esse desenvolvimento influenciou na positivação das normas de arbitragem ocorrida nas Convenções de Haia de 1899 e 1907.

A ARBITRAGEM INTERNACIONAL NO SÉCULO XIX

Antes de se compreender e analisar os principais fatos que propulsionaram o uso da arbitragem internacional no século XIX, cabe esclarecer que no período imediatamente anterior (séculos XVII e XVIII), a arbitragem internacional teve pouca utilização. Isto porque com a aparição dos Estados Modernos e o reafirmar da ideia de soberania absoluta desenhada (principalmente) por Jean Bodin, ocorre um refrear do uso da arbitragem na Europa, tão largamente utilizada no medievo.

Preocupados com sua soberania e independência, os Estados modernos recém saídos de Westphalia[9] não desejavam submeter suas diferenças ao juízo de um terceiro. A prática arbitral anterior, medieval, colocava a decisão de um litígio na figura de um julgador (o papa, o imperador, outro monarca) reconhecendo-lhe autoridade. Na dinâmica dos Estados Soberanos, dotados de uma pretensa igualdade jurídica advinda dessa soberania, é impossível reconhecer a autoridade de um terceiro.

9 O Tratado da Paz de Westfália, assinado em 1648, é o marco tradicional do nascimento do direito internacional moderno. Em síntese, este tratado pôs fim à guerra de trinta anos entre protestantes e católicos no continente europeu reafirmando a noção de soberania estatal. Nesse sentido, ver OPPENHEIM, 1923, p.61.

Somando forças a este raciocínio, Alfred Verdross, em sua obra "Direito Internacional Público", ao listar as características do direito internacional do período pós-Wesphalia, ou seja, nas raízes do direito internacional clássico, pontua que "a comunidade internacional segue sendo desorganizada, carecendo de autoridade central. A própria arbitragem quase desaparece completamente".[10] Raros são os casos de arbitragem entre o século XVI e XVIII, sendo estes de importância secundária.[11]

Se no século XVI e XVII a arbitragem internacional tem seu uso diminuído, pode-se falar que já do final século XVIII o instituto ganha novo impulsionar, assumindo novamente posição de importância no deslinde dos litígios internacionais.

Para melhor ilustrar esta ideia, colaciona-se aqui excerto da obra de Emmerich de Vattel, um dos autores clássicos do direito internacional, que no seu *"O Direito das Gentes" de 1758, já prelecionava que:*

> A arbitragem é um meio razoável e em total conformidade com a lei natural, apropriada para terminar com toda divergência que não interessa diretamente para a segurança da nação. Se o justo direito pode ser desconhecido dos árbitros, há mais ainda a temer que não sucumba sob a força das armas.[12]

Nota-se, pois, que Vattel, ainda que em defesa da arbitragem[13], condiciona seu uso, afastando-a de questões que pudessem envolver "a segu-

---

10 VERDROSS, 1961, p. 37.

11 ANZILOTTI, 1913, p.46.

12 VATTEL, 2008, p. 628.

13 "Os suíços tiveram o cuidado, em todas as alianças entre si, e mesmo naquelas que o contrataram com potências vizinhas, de concordar de antemão a maneira pela qual as divergências deveriam ser submetidas a árbitros, caso não pudessem chegar a um acordo amigavelmente. Essa sábia precaução contribuiu em muito para manter a república helvética nesse estado florescente que assegura sua liberdade e que a torna respeitada na Europa" (VATTEL, 2008, p. 628)

rança do Estado". Ademais, o autor suíço por diversas vezes afirma que o poder dos árbitros jamais poderá exceder aos limites outorgados pelas vontades dos Estados, afirmando que os Estados jamais confeririam a árbitros poderes demasiadamente amplos. Vattel cria, pois, condições de validade para o uso da arbitragem, limitando-a à soberania estatal.

Não apenas na obra dos estudiosos do direito internacional a arbitragem vem privilegiada no final do século XVIII. O uso da arbitragem também se reacende no período, em especial com a Independência das Treze Colônias em relação à Grã-Bretanha. No ano de 1794 foi firmado o Tratado Jay,[14] no qual Estados Unidos e Reino Unido concordam em submeter suas divergências a comissões mistas[15] de arbitragem, prevendo a obrigatoriedade da decisão proferida pelas comissões. Este aceite transforma aludido tratado num marco para a ciência jurídica de maneira que, para muitos autores, a "arbitragem moderna começa com o Tratado Jay (...) o qual realizou a adjudicação de várias questões legais por comissões mistas".[16]

O êxito do Tratado Jay, portanto, abre ao século XIX uma nova fase para o desenvolvimento das arbitragens internacionais como meio de resolução de conflitos. Se Estados como Grã-Bretanha (à época um império colonial) lançam mão desta metodologia para resolver seus dissídios, inexiste impedimento para que outros Estados igualmente utili-

14 Sir William Jay, ministro das relações exteriores americano, foi um dos primeiros a advogar pela causa da arbitragem internacional como solução pela paz. Seu destaque foi tamanho que os tratados de arbitragem que acertaram a independência americana em relação à Grã-Brestanha levaram seu nome. Cf. ARNOLDSON, 1892, p.12

15 Entendida como uma forma primitiva de arbitragem, as comissões mistas eram corpos jurisdicionais *"compostos exclusivamente por representantes das partes litigantes", Cf. ACCIOLY, 1998, p. 452.*

16 BROWNLIE, 1998, P. 704. Do original: "Modern arbitration begins with the Jay Treaty of 1794 between the United States and Great Britain, which provided for adjudication of various legal issues by mixed commissions".

zem-na em sua prática internacional. A partir do Tratado Jay, o número de casos de arbitragem internacional aumenta gradativamente, de maneira que não seria errôneo dizer que o século XIX é o século de maior desenvolvimento da arbitragem internacional.[17]

O cenário internacional transfigurou-se[18] e persevera no âmago da comunidade o êxito que a arbitragem ganhou no deslinde da questão de independência americana. Para Politis além da Revolução Americana e seu deslinde arbitral, a Revolução Francesa também influiu diretamente no pensamento político e jurídico da época, permitindo aos Estados um maior acesso à arbitragem.[19] Através das ideias da Revolução, desmistificavam-se os Estados monárquicos absolutos inserindo subrepticiamente um ideário de liberdade, igualdade e fraternidade. Não seria estranho, pois, que uma difusão da ideia de justiça também se alargasse na consciência comum, devendo esta também ser galgada no âmbito internacional.

Neste fervilhar de ideias que confluem no cenário internacional, transformando-o, Verdross[20] acrescenta ainda a essa fórmula o elemento comercial.[21] O comércio internacional no século XIX desenvolve-se, sobretudo quando somado à Revolução Industrial que tomava corpo. O

---

17 Segundo LA FONTAINE (1902, p.7), são 173 os casos resolvidos por arbitragem desde 1794 e 1900.

18 *"Na Sociedade Internacional alargada, mas restringida também pelos progresso técnicos, essas transformações afectaram a vida de todos os povos e despertaram neles o sentimento de sua unidade e de sua interdependência.(...) Esta tomada de consciência fez aparecer a necessidade da cooperação e do esforço coletivo com vista à procura de soluções para os problemas de interesse comum". (DIHN; DAILLER; PELLET, 2003, p. 61-62)*

19 POLITIS, 1923, p.30.

20 VERDROSS, 1961, p.12.

21 "As crescentes necessidades do comércio pacífico deram nova vida e amplitude, desde o final do século XVIII, à instituição da arbitragem, já conhecida no mundo grego e no mundo mediterrâneo" (VERDROSS, 1961, p.12)

aumento da produção industrial de cada Estado tornava as relações internacionais mais próximas, com igual necessidade de regulamentação e solução de litígios dessa advindo.[22]

O crescente uso da arbitragem internacional ao longo Século XIX foi bem fotografo pelo belga Henri Marie La Fontaine,[23] que em sua obra *Pasicrie: Histoire Documentaire des Arbitrages Internationaux (1902) realiza um levantamento das arbitragens internacionais e das cláusulas arbitrais*[24] inseridas nos tratados do período:

Período	Casos de Arbitragem
1820-1840	8
1841-1860	20
1861-1880	44
1880-1900	90

O estudo de La Fontaine demonstra de forma inconteste o aumento do recurso à resolução arbitral para solução de litígios. Além disso, o autor francês evidencia detalhadamente o aumento da participação dos Estados e das matérias que eram submetidas, inclusive do Brasil.[25]

22 Muito embora o grande número de tratados arbitrais do período circunscrevesse discussões acerca de fronteiras, uma cifra significativa de arbitragens também concernia a matérias comerciais e transporte de mercadorias. Cf. LA FONTAINE, 1902, p. 668.

23 Prêmio Nobel da Paz de 1913 e Professor de Direito Internacional da Universidade de Bruxelas, presidente do *International Peace Bureau.*

24 Cláusulas arbitrais são as cláusulas contidas em tratados e contratos internacionais que prevêem o uso da arbitragem como meio de solução de litígio.

25 Segundo LA FONTAINE (1907, p.9), o Brasil, no século XIX, participou de 11 arbitragens internacionais. Foi o sétimo país que mais resolveu seus litígios pela forma arbitral. Encabeçando a lista se encontra a Grã-Bretanha, figurando em 70 casos de arbitragem.

Após a primeira metade do século XIX outro caso resolvido pela solução arbitral ganha especial atenção da ciência jurídica internacional: o Caso Alabama (1872). Após a Guerra de Secessão Americana (1861-1865), Estados Unidos acusavam o Reino Unido de romper seu dever de neutralidade, ao apoiar e fornecer recursos aos estados do Sul. Estabelecido o uso de arbitragem no Tratado de Washington, de 1871, neste caso foi criado um tribunal arbitral composto por cinco juízes, dentre os quais três possuíam nacionalidade diferente daquela dos litigantes (Itália, Suíça e Brasil). Em 1872, com quatro votos contra um, o tribunal arbitral deu razão ao lado americano e condenou o Reino Unido ao pagamento de uma indenização de U$15 milhões.[26]

Além de ser considerado o primeiro caso de arbitragem em sentido estrito (não mais comissões mistas de caráter eminentemente diplomático), composto por juízes de nacionalidade diversa da dos litigantes e ter sua fundamentação toda calcada em razões jurídicas (não em princípios de equidade e convencionalidade), o caso Alabama também contribuiu para o desenvolvimento da arbitragem internacional sobre dois vieses.

O primeiro, realizando uma condensação de uma série de princípios e práticas de arbitragem internacional, solidificando um procedimento adotado pelas partes no Tratado de Washington a ser seguido pelos árbitros.[27] O segundo foi a imensa popularidade[28] atribuída à arbitragem internacional, dando força ao movimento propagandista e pacifista num período imediatamente posterior. Neste sentido, e imedia-

---

26 Cf. LANGE, 1919, p.305 e BARCLAY, 1917, p. 41

27 Cf. POLITIS, 1923, p70. In verbis: *"Ils étaient dejà assez consistants au lendemain de l'affaire de l'Alabama pour permettre à l'Institut de droit international de formuler, avec quelques améliorations propres à faire progresser la pratique arbitrale, dans um règlement em vingt-sept articles adopté em août 1875"*

28 Nos dizeres de Ian Brownlie (1998, P. 704), *"The popularity of arbitration increased considerably after the successful Alabama Clains arbitration of 1872 between the United States and Great Britain"*.

tamente após o deslinde do litígio Alabama, o internacionalista francês Edgard Rouard de Card[29] pontua que

> Pode-se dizer que o Tratado de Washington e a sentença do tribunal de Genebra servem de ponto de partida a todo este grande movimento em favor da paz que se realiza diariamente diante e nossos olhos e que anunciam as promessas do que está por vir.[30]

Em sua obra Pax Mundi, de 1891, o prêmio Nobel da paz Klas Pontus Arnoldson relata as diversas iniciativas nacionais de se estabelecer um sistema de arbitragem internacional. Em julho de 1873, Henry Richard trouxe ao parlamento inglês uma proposta de convidar à negociação governos estrangeiros no intuito de criar um sistema universal de arbitragem. Movimento este que foi seguido pelos parlamentos italiano,[31] holandês, belga e pelo senado dos Estados Unidos.[32] As propostas realizadas nessas câmaras legislativas envolviam o estímulo ao uso da arbitragem, buscando também ideias para a formação de um sistema de arbitragem permanente.[33]

A literatura jurídica pacifista do período inclusive contrapõe a ideia de guerra a de arbitragem internacional.[34] Chega-se a afirmar que,

---

29 CARD, 1877, p.64.

30 Do original: "*On peut dire que la traité de Washington et la sentence du tribunal de Genève servent de point de départ à tout ce grande mouvement en faveur de la paix qui s'accomplit chaque jour sous nos yeux et qui annonce tant de promesses pour l'avenir*"

31 Através da atividade do internacionalista e ministro das Relações Exteriores italiano, Pasquale Stanislao Mancini (1817-1888).

32 ARNOLDSON, 1892, p. 14.

33 Cf. LANGE, 1919, p. 332.

34 Com descrença, o internacionalista alemão Otfried Nippold (1923, p.21) comenta: "*It was doubtless a delusion when it was hoped in pacifistic circles, especially in earlier years, that a more or less absolute palladium against war was to be found in courts of arbitration*".

para resolver as questões entre os Estados, "é necessário escolher entre o direito e a força: a força é a guerra, é o processo das crianças, das feras, dos selvagens, é o processo dos homens de hoje. O outro processo é o direito; e o direito é recorrer a um tribunal árbitro".[35]

Nota-se, pois, a associação de direito, justiça, lei, com a arbitragem internacional e também a força que este movimento ganha no coração de cada Estado, seja na seara política dos parlamentos, seja na seara dos pensadores políticos e dos internacionalistas.

A arbitragem internacional, neste período, é compreendida pela ciência jurídica como um sistema jurídico, uma instituição internacional.[36] Ela é, no âmbito do direito internacional e de suas contingências, o sistema judiciário internacional do período, daí a necessidade de sua maior regulamentação. Esta concepção não causa estranheza, sobretudo, se analisada sobre prisma histórico e o momento em que inserida.

Sob uma retrospectiva histórica da arbitragem internacional, assistir à multiplicação do uso da arbitragem com um relativo sucesso em evitar o uso da força faz com que exista uma preocupação sempre mais freqüente com o instituto por parte dos internacionalistas. Essa preocupação da ciência jurídica em regular o instituto ao longo do século XIX,[37] somada às iniciativas políticas dos parlamentos em apoio à ar-

---

35 RICHET, 1899, p. 80. Do original: *"Per risolverele bisogna scegliere tra il diritto e la forza: la forza è la guerra, è il processo dei fanciulli, delle bestie, dei selvaggi; è il processo degli uomini dell'oggi. L'altro processo è il diritto; e il diritto è il ricorrere a un tribunale arbitro".*

36 BARCLAY, 1917, p. 40.

37 Cf. POLITIS, 1927, p. 141 *"L'arbitrage internacional a été pratiqué depuis la plus haute antiquité. Mais c'est à partir de la fin du XVIII siècle qu'il a vraiment commencé à se développer. Il est devenu au XIX siècle d'un usage de plus en plus fréquent. Son influence a été très grande sur le progrès de la légalité internationale. Il s'est formé ainsi un ensemble de règles, d'abord coutumières, puis conventionelles, toutchant le choix des arbitres, la procédure, la force et la valeur des sentences".*

bitragem,[38] permeado pelo movimento pacifista do período coadunam num movimento que vai eclodir nas Convenções da Paz de Haia de 1899 e, posteriormente, 1907. Cristaliza-se, pois, em grandes tratados internacionais no início do século XX, toda uma experiência jurídica fermentada ao longo do século XIX.

Analisando o período, o historiador do direito internacional Stefanno Mannoni afirma que "não surpreende que a arbitragem tenha encontrado o favor das chancelarias no curso do século XIX, enquanto a sua ágil estrutura se prestava maravilhosamente a conciliar as razões do direito com as razões da soberania".[39]

A hipótese que levanta Mannoni vem dissociada do ideário pacifista que permeava o período e une forças aos céticos daquela época.[40] Seguindo a linha do historiador italiano, pode-se afirmar que a arbitra-

---

38 Entre outras iniciativas, como a American Peace Society, nos Estados Unidos; The International Peace Scoiety, na Inglaterra; Cf. CARD, 1877, p.107. Em igual sentido, a lição de Ferdinand Dreyfus (1892, p. 202): "*Depuis cinquante ans, des hommes éminents ont provoqué dans tous les pays libres des discussions sur la nécessité de l'arbitrage. La tribune, la chaire, la presse, tous les moyens de propagande ont été employés pour faire pénétrer l'idée dans les masses populaires ou pour l'accréditer auprés des gouvernement*"

39 MANNONI, 2002, p. 221. Do original: "*Non stupisce che l'arbitrato abbia incontrato Il favore delle cancelleria nel corso del XIX secolo, in quanto la sua agile struttura si prestava a meraviglia a conciliare le ragioni del diritto com quelle della sovranità*".

40 Pode-se citar como exemplo o professor de Direito Internacional da Universidade de Princetown, Philip Marshal Brown, que em sua obra "*International Realities*", de 1917, enxerga o fenômeno com ceticismo: "*Nations resort to Arbitration not for purposes of strict justice, but for an impartial, conciliatory adjustment of conflicting claims. Arbitral tribunals have not the functions or the powers of courts of justice. This is due primarily to the absence of international statutes defining rights and obligations, and imposing penalties for wrong-doing. Furthermore, there is no feasible means for the enforcement of arbitral awards, and consequently arbitral*" (BROWN, 1917, p. 96)

gem internacional é um método conveniente para a estrutura política do período. Os Estados detinham a liberalidade de definir os limites da jurisdição prestada pelo tribunal arbitral às suas contendas sem abrir mão da sua soberania. A própria escolha dos árbitros (que deixaram de ser chefes de Estados e monarcas ou representantes diplomáticos dos Estados litigantes) baseada em peritos que fundavam suas decisões em normas jurídicas criava este aspecto de segurança tão conveniente à dinâmica de poder dos Estados.

Desta forma, o caráter maleável e voluntarista da arbitragem assumido ao longo do século XIX, o que torna ainda mais aprazível seu uso pelos Estados, é também outro (senão o principal) fator para o desenvolvimento do instituto e seu alargado uso no período.

Cabe compreender, neste ínterim, de que maneira esse efervescer de experiência jurídica arbitral ao longo século XIX influenciou as normas futuras e deu azo à criação de um tribunal permanente de arbitragem nas Convenções da Paz, realizadas em Haia nos anos de 1899 e 1907.

AS CONVENÇÕES DA PAZ DE HAIA DE 1899 E 1907 E A CORTE PERMANENTE DE ARBITRAGEM.

Em agosto de 1898, o Czar Nicolau, através de seu ministro das relações exteriores, conde Moraviev, emitiu um documento imperial afirmando que aquele momento era "muito favorável para buscar, através da discussão internacional, os meios mais eficazes para assegurar a todos os povos os benefícios de uma paz real e durável".[41]

Reunidas em Haia em 1899, as 26 delegações[42] firmaram em 29

41 Do original: "(...) very favorable for seeking, by means of international discussion, the most effectual means of assuring to all peoples the benefits of a real and durable peace", Cf. BARCLAY, 1917 p.38.

42 Assinaram a Convenção da Paz de Haia de 1899: Alemanha, Áustria, Bélgica, China, Dinamarca, Espanha, Estados Unidos da América, Estados Unidos Me-

de julho daquele ano a Convenção para a Solução Pacífica de Conflitos Internacionais. Tal documento versava sobre questões gerais de manutenção da paz, mas também acerca de bons ofícios, mediação e comissões internacionais de inquérito. Além disso, a partir do seu artigo 15, a Convenção versa acerca da arbitragem internacional, conferindo-lhe fundamental valor em seu artigo 16:

> Nas questões de caráter jurídico e em primeiro lugar nas questões de interpretação e aplicação das convenções internacionais, reconhecem as Potências signatárias a arbitragem como o meio mais eficaz e simultaneamente mais eqüitativa para dirimir os litígios que não houverem sido resolvidos pelas vias diplomáticas.

Entretanto, muito embora existisse um debate acerca do uso obrigatório da arbitragem internacional,[43] o dispositivo destacado confere um caráter de recomendação ao uso da arbitragem, não constituindo, pois, uma obrigação das partes.[44]

Não bastando reconhecer à arbitragem um posicionamento de destaque no cenário internacional, a Convenção também previa a criação de um tribunal permanente de arbitragem no seu artigo 20:

> No intuito de facilitar o recurso imediato à arbitragem para as pendências internacionais que não tiverem podido ser reguladas pela via diplomática, as Potências signatárias obrigam-se a construir um tribunal permanente de arbitragem acessível em qualquer tempo e funcionando, salvo estipulação das Partes em

---

xicanos, França, Grã-Brestanha, República Helênica, Itália, Japão, Luxemburgo, Montenegro, Países Baixos, Pérsia, Portugal, Romênia, Rússia, Sérvia, Sião, Suécia e Noruega, Suiça, Império Otomano, Bulgária.

43 Havia uma forte proposta americana no sentido de constituir um Tribunal Arbitral Permanente com força obrigatória. Neste sentido, ver WILSON, George Grafton. Handbook of International Law. St. Paul: West Publishing Company, 1910.

44 Cf. BARCLAY, 1917, p. 52

contrário, em conformidades das regras de processo inseridas na presente Convenção.

Nas conferências de 1907, os debates reafirmaram a importância de uma corte permanente de arbitragem e levantaram outra vez a questão da obrigatoriedade da arbitragem na resolução dos conflitos. Se na primeira Convenção vinte e seis foram o número de potências signatárias, na segunda os participantes foram quarenta e quatr o,[45] demonstrando o interesse das nações em resolver seus conflitos pacificamente, oferecendo lugar de destaque à arbitragem internacional.[46]

A Corte Permanente de Arbitragem (CPA) criada nas Convenções, na realidade, trata-se de uma lista de árbitros apontados pelos países. Oppenheim chama de "eufemismo"[47] o nome que ganhou a Corte, e o internacionalista francês Georges Scelle trata-a por "pseudo-Corte",[48] haja vista possuir apenas alguns elementos de caráter permanente, como a sua secretaria, por exemplo.

É inegável a sua importância ao direito internacional, pois, entre 1900 e 1920, a CPA foi a maior organização de arbitragem. Não uma corte, mas um maquinário para a composição de tribunais arbitrais.[49]

Além de reafirmar a importância da arbitragem internacional como método de solução pacífica de litígios[50] e a implementação de

---

45 Hoje, são 122 membros signatários das Convenções.

46 Segundo Sir H. Erle Richards (1891, p.15): "*The ratification of that Convention was in itself a striking proof of the increased desire of the Powers to refer their differences to arbitration, and equally striking are the facts that after the ratification more than a hundred treaties of arbitration were signed between the Powers, and that since that time such treaties have become almost a matter of course.*"

47 OPPENHEIM, 1921, p.42.

48 SCELLE, 1919, p.75.

49 BROWNLIE, 1998, 705.

50 Arts. 15 ao 19 da Convenção de 1899; Artigos 37 ao 40 da Convenção de 1907; com poucas diferenciações entre as redações de ambos.

uma instância permanente de recurso à arbitragem, as Convenções de Haia possuem o mérito de circunscrever em sua redação as normas procedimentais de arbitragem internacional.[51]

A compilação de normas de procedimento arbitral é realizada com base nas experiências arbitrais que se desenvolveram no XIX.[52] Desta maneira, pode-se concluir que os trabalhos realizados na Convenção tiveram como arcabouço jurídico toda a prática arbitral desenhada no século que se passara. As Convenções de Haia foram um verdadeiro processo de codificação internacional[53] em matéria de solução de controvérsias, bons ofícios, mediação e arbitragem[54] que lançou mão de toda experiência anterior para sua concreção.

Todavia, muito embora exista grande euforia em abordar as inovações trazidas pelas Convenções de Haia, há também certa dose de ceticismo e realismo no seu recebimento pelos internacionalistas. Uma das mais fortes críticas que se faz às festejadas Convenções é que, muito embora tenha sido tratada como um fim possível às guerras através da

---

51 Arts. 30 a 57 da Convenção de 1899; Arts. 51 a 90 da Convenção de 1907.

52 Em sua obra *The Two Hague Conferences and their contributions to international law,* de 1908, William Hull descreve com precisão esta evolução do processo arbitral e sua compilação: *The few rules of 1899 for the procedure of international commissions of inquiry were so developed and increased in 1907 that a complete code of ready-made rules is available at all times for the guidance of those commissions, no matter how suddenly they may be called upon to operate, or how important and delicate the questions which they may be asked to investigate. These rules are based upon experience in the case of the Hull Fishermen, or the Dogger Bank, and are confidently expected to facilitate a resort to commissions of inquiry as a means of avoiding warfare.* (HULL, 1908, p. 492)

53 HUDSON, 1943, p.5.

54 NIPPOLD, 1923, p.16. Nesse sentido: "*The work in international law at these conferences concerned the normalization of the procedure of international law. The most important of the Hague Conventions deals with the peaceful settlement of international disputes*". (NIPPOLD, 1923, p.14)

paz, não havia um caráter verdadeiramente cogente e obrigatório em sua admissão. "Estas convenções limitavam-se a platônicas recomendações ou puramente a obrigações de fundamentação moral apenas".[55]

Os Estados não se comprometeram através do uso da arbitragem obrigatória, limitando-se ao reconhecimento das arbitragens facultativas sob a égide de uma Corte que, em verdade, tratava-se de uma lista de nomes indicados pelos países. Além disso, com o advir da primeira Guerra Mundial[56] entre outros conflitos menores[57] imediatamente posteriores à instauração da Corte Permanente, fez com que se derruísse também a crença cega dos pacifistas de que a arbitragem poria fim aos conflitos bélicos.[58]

Não se pode aduzir, porém, ante tal contexto bélico, numa completa falha dos objetivos das Convenções de Haia em assegurar a paz. Além de servirem como grande fórum de discussão dos Estados para solução de litígios internacionais reafirmando a posição da arbitragem internacional e compilando diversas normas esparsas na *praxis sobre o instituto, pode-se afirmar também que as Convenções de Haia foram passo significativo na caminhada para a justiça internacional permanente.*

---

55 Do original: "*These conventions confine themselves to a platonic recommendation or to a purely fundamental obligation of moral significance only*".

56 Nesse sentido: "*The second great truth revealed by the Great War is that there exists between the nations of Europe a profound divergence of views concerning international rights and obligations both in time of peace and war*" (BROWN, 1917, p. 85).

57 A título de exemplo, pode-se citar a Guerra Hispano-Americana (1898), a Segunda Guerra dos Boers (1899-1902) a Guerra Russo-Japonesa (1904-1905), a Guerra Ítalo-Turca (1912) e Guerra dos Balcãs (1912 e 1913).

58 OPPENHEIM, 1923, p.25. Do original: "*Because a number of wars had been fought since the establishment of the Permanent Court, impatient pacifists were in despair and considered the institution of the Court of Arbitration a failure, whereas cynical pessimists triumphantly pointed to the fact that the millennium seemed to be as far distant as ever*"

Os projetos e discussões acerca de um tribunal permanente que ocorreram no período e durante as Convenções foram posteriormente utilizados nos debates para a criação de uma Corte Permanente de Justiça dissociada de uma lista de árbitros. Em retrospectiva, a importância histórica das Convenções de Haia está na ideia que serviram como ponto de partida para projetos mais ambiciosos de justiça internacional visando a adjudicação, em oposição à arbitragem.[59]

Ademais, o insucesso das Convenções em manter absolutamente a paz levou os próprios internacionalistas e pacifistas a refletirem sobre o papel da arbitragem no sistema jurídico em que está inserido. A conclusão da ciência jurídica quanto à arbitragem, desta maneira, foi considerá-la mais apropriada para dirimir determinados casos, que não versassem sobre questões fundamentais da prática dos países[60]. Concluiu-se que as arbitragens possuem um escopo e um fim próprio, estando aptas e sendo melhor adaptadas a determinados tipos de controvérsias.[61]

Assim, através das Convenções da Paz de Haia, o uso da arbitragem internacional veio positivado e regulado, ainda que inicialmente. Esta positivação, fenômeno de cristalização da experiência jurídica, é uma resposta imediata ao desenvolver da arbitragem internacional ao longo do século XX, o que, por si só, demonstra a relação direta entre o caráter político e também de que maneira vem incorporada nos movimentos jurídicos da comunidade internacional todo o desenvolver de um instituto através de um determinado período histórico.

---

59 SPIERMANN, 2005, p. 4.

60 *"These Arbitrations have been hailed by many as great triumphs for peace under the assumption that they removed just so many possible causes of war. A closer study of the facts does not tend to confirm this point of view. It rather confirms the impression that Arbitration is essentially limited in its scope and functions"*(BROWN, 1917, p.89).

61 BROWN, 1917, p.89.

Dessa maneira, pode-se falar que as Convenções de Haia são o maior indicativo do papel de preponderância que ganhou o instituto da arbitragem internacional durante século XIX. Comparada em relação a algumas gerações anteriores, a arbitragem foi uma força estabelecida que ganhou diariamente mais força e influência.[62] A experiência jurídica que se consolidou de forma cabal nas Convenções de Haia de 1899 e 1907, tornando a arbitragem internacional a solução judiciária de controvérsias do século passado, origem da composição de tribunais permanentes que hoje vicejam na comunidade internacional.

CONSIDERAÇÕES FINAIS

Buscou-se no presente ensaio traçar uma retrospectiva histórica do desenvolvimento da arbitragem internacional ao final do século XVIII e por todo o século XIX evidenciando o papel desempenhado pelo instituto e pelas Convenções de Haia de 1899 e 1907 na ciência jurídica do período, bem como sua contribuição para a práxis jurídica internacional hodierna.

Tendo o Tratado Jay (1794) como marco inicial desse movimento, percebe-se que a doutrina clássica começava a apontar a arbitragem internacional como método de solução de controvérsias confiável e que respeitava os limites soberanos dos Estados, porquanto estes mesmos compunham a maneira de se resolver determinado litígio.

Pode-se concluir que o caráter voluntarista e maleável da arbitragem internacional, bem como o prestígio que o instituto ganhou após seu uso no deslinde de contendas referentes à Independência (Tratado Jay, 1784) e a Guerra de Secessão (caso Alabama, 1872) americanas foram elementos propulsores do uso do instituto.

Ante esse contexto, a arbitragem internacional começa a ser utilizada como mote dos pacifistas, sendo compreendida como um método

---

62 OPPENHEIM, 1923, p.26. Do original: "*compared with some generations before, arbitration was an established force which daily gained more power and influence*".

alternativo eficaz para os conflitos bélicos. A força do movimento foi recepcionada nos ordenamentos jurídicos de vários Estados e em seus parlamentos, consubstanciando-se na forma de projetos de arbitragem internacional compulsório.

O prolífero uso da arbitragem internacional durante a extensão do século XIX (são 173 casos de 1794 a 1900) consolida-a como método de resolução pacífica de controvérsias entre Estados. Pode-se falar numa evolução do instituto na medida em que os árbitros não são mais chefes de Estado ou representantes diplomáticos dos países litigantes (comissões mistas), mas sim especialistas de direito internacional elencados pelas partes.

Além disso, o grande número de casos lançando mão de diversos procedimentos arbitrais criou um arcabouço jurídico de procedimentos arbitrais que seria posteriormente utilizado nas Convenções de Solução Pacífica de Controvérsias de Haia. Formava-se, pois, nestas Convenções, um verdadeiro compêndio de processo arbitral, numa cristalização em grandes tratados internacionais de toda uma experiência jurídica fermentada durante um século.

As Conferências da Paz de Haia de 1899 e 1907 são o brotar epidérmico deste fervilhar de ideias e práticas ao longo do século XIX. Reafirmando a importância da arbitragem internacional e constituindo uma Corte de arbitragem, as Convenções foram, outrossim, a semente de um movimento de judicialização do direito internacional que se estendeu pelo século XX.

Nesse sentido, o revisitar histórico e o entendimento das lógicas jurídicas que permeiam o período vem a contribuir de forma inconteste não apenas para uma percepção da ciência jusinternacionalista do período, mas igualmente para a compreensão do repisar e do sedimentar de um importante instituto jurídico do direito das gentes que ainda hoje se encontra presente e largamente utilizado na dinâmica da comunidade internacional.

REFERÊNCIAS BIBLIOGRÁFICAS

ACCIOLY, Hilbrando. *Manual de Direito Internacional Público, 13. ed., São Paulo: Saraiva, 1998*

ANZILOTTI, Dionísio. Corso di Diritto Internazionale. Volume Primo. 3ª.ed. Padova: Cedam 1964. p. 44.

ARNOLDSON, Klas Pontus. *Pax Mundi: A concise account of the progress of the movement for peace by means of arbitration, neutralization, international law and disarmament.* London: Swan Sonnenschein & Co, 1892.

BARCLAY, Sir Thomas. *New Methods Of Adjusting International Disputes And The Future.* London: Constable & Company Ltd, 1917.

BROWN, Philip Marshall. *International Realities.* New York: Charles Scribner's Sons, 1917

BROWNLIE, Ian. *Principles of Public International Law.* 5.ed. Oxford: Oxford University Press, 1998.

CARD, Edgard Rouard de. *L'arbitrage international dans le passé, le présent et l'avenir*, Paris: A. Durand et Pedone-Lauriel Editeurs, 1877.

HAIA, Convenção para Solução Pacífica de Controvérsias Internacionais, 1899.

HAIA, Convenção para Solução Pacífica De Controvérsias Internacionais, 1907.

DREYFUS, Ferdinand. *L'Arbitrage international. Paris: Calmann Lévy Éditeur, 1892.*

DINH, Nguyen Quoc; DAILLER, Patrick; PELLET, Alain. *Direito Internacional Público* 2ª ed. Lisboa: Fundação Calouste Gulbenkian, 2003.

HUDSON, Manley O. *The Permanent Court of International Justice 1920-1942.* New York: The Macmillan Company, 1943.

HULL, William I. *The Two Hague Conferences and their contributions to international law*. Boston, Ginn & Company, 1908.

LA FONTAINE, H. *Pasicrie: Histoire Documentaire des Arbitrages Internationaux*. Berne: Imprimerie Stampeli & Cie, 1902.

LANGE. Christian L. *Histoire de l'Internationalisme*. Vol. I. New York: G.P. Putnams Sons, 1919.

MANNONI, Stefano. *Relazioni Internazionali*. In: FIORAVANTI, Maurizio. *Lo Stato moderno in Europa*: Istituzioni e diritto. Roma: Laterza, 2002, p. 206-245.

MORELLI, Gaetano. *Nozioni di Diritto Internazionale*. 7a. Ed. Padova: CEDAM, 1967.

NIPPOLD, Otfried. *The Development of International Law After the World War*. Oxford: Clarendon Press, 1923.

OPPENHEIM, Lassa. *International Law, a Treatise*, New York: Longmans Green and Co, 1921.

OPPENHEIM. Lassa. *The Future of International Law*. Oxford: Clarendon Press, 1921.

ORGANIZAÇÃO DAS NAÇÕES UNIDAS, Carta de São Francisco, 1945.

POLITIS, Nicolas. *La Justice Internationale*. Paris: Librairie Hachette, 1924.

RICHARDS, Sir H. Erle. *The Progress of International Law and Arbitration*. Oxford: Clarendon Press, 1891.

RICHET, Charles. *Le guerre e la Pace*. Studi sull'arbitrato internazionale. Napoli: Colonnese editore, 1899.

SCELLE, Georges. *Le Pacte des Nations et sa liaison avec Le Traité de Paix*. Paris: Recueil Sirey, 1919.

SPIERMANN, Ole. *International Legal Argument in the Permanent Court of Internacional Justice.* New York: Cambridge University Press, 2005.

VATTEL, Emmerich de. *O Direito das Gentes. Ijuí: Editora Unijuí, 2008.*

VERDROSS, Alfred. Derecho Internacional Publico. 4°. Ed. Madrid: Ed. Aguilar, 1961. Tradução: Antonio Truyol y Serra.

A autoridade das decisões de órgãos Judiciais ou *quasi-judiciais* internacionais na Jurisprudência da Corte Internacional de Justiça: diálogo ou competição?

Paolo Palchetti[1]

INTRODUÇÃO

É comum observar que a Corte Internacional de Justiça ocupa uma posição especial dentre as cortes e tribunais internacionais, devido à autoridade que é geralmente conferida às suas decisões. Essa postura é recorrente na opinião individual dos juízes da Corte, particularmente nos discursos proferidos ao longo do tempo pelos seus Presidentes.[2]

---

1 Professor catedrático de Direito Internacional da *Università degli Studi di Macerata* (Itália). Doutor em Direito Internacional pela *Università degli Studi di Milano*. O texto foi traduzido da língua italiana por Gustavo Carnesella.

2 Em um discurso proferido em 2000, o Presidente Guillaume declarou: "a Corte Internacional de Justiça continua sendo *o principal órgão judicial das Nações Unidas* e, como resultado disso, ocupa uma posição privilegiada na hierarquia judicial internacional. Ademais, ela é a única corte com jurisdição universal e geral. Por fim, a sua idade a dota de uma autoridade especial". Em discurso proferido em 2006, a Presidente Higgins retomou a questão da relação entre a Corte e outro tribunal, reforçando que "a natureza autoritativa dos julgamentos da CIJ é amplamente reconhecida". Ambos os discursos estão disponíveis no site da Corte (www.icj-cij.org).

Recentemente, essa visão foi explicitamente reconhecida nos trabalhos da Comissão de Direito Internacional acerca da identificação do direito internacional costumeiro. A Conclusão nº 13, adotada em primeira leitura em 2016, prevê que "decisões de cortes e tribunais internacionais, especialmente da Corte Internacional de Justiça, sobre a existência e conteúdo das normas costumeiras de direito internacional são um meio subsidiário para a determinação de tais normas". Como deixa claro o comentário às Conclusões, "faz-se menção expressa à Corte Internacional de Justiça, o principal órgão judicial das Nações Unidas [...], em reconhecimento à importância de sua jurisprudência e sua particular autoridade como a única corte internacional a possuir jurisdição geral". [3]

A consciência da Corte de seu papel ímpar na verificação do que é direito internacional não a impediu de conferir um peso especial a decisões de outras cortes e tribunais internacionais. A prova mais concreta dessa atitude da Corte é a sua dependência dessas decisões para fundamentar seus argumentos jurídicos. É um fato: a jurisprudência recente da Corte frequentemente contém referências e citações de decisões de outras cortes e tribunais. [4]

O objeto deste breve ensaio é analisar o uso de precedentes externos pela Corte. O seu foco reside menos nas amplas implicações sistêmicas dessa prática comunicativa entre cortes e tribunais, e mais na

---

3 Ver o Comentário às *Draft Conclusions on the identification of customary international law*, adotado pela CDI em 2016, UN Doc. A/71/10, p. 110.

4 Para um panorama geral, ver Pellet A., 'Article 38', in Zimmermann A., Tomuschat C., Oellers-Frahm K., Tams C (eds.), *The Statute of the International Court of Justice*, Oxford: Oxford University Press, 2012, p. 858 et seq.; De Brabandere E., "The Use of Precedent and External Case Law by the International Court of Justice and the International Tribunal for the Law of the Sea", in *Law and Practice of International Law and Tribunals*, 15(2016), pp. 24-55; Sienho Y., "Article 38 of the ICJ Statute and Applicable Law: selected issues in recent cases", in *Journal of international dispute settlement* 7(2016), pp. 472-498, à p. 490 et seq.

abordagem específica da Corte.[5] Em particular, o trabalho mostra que um traço característico dessa abordagem reside no fato que a Corte não se limita a utilizar precedentes externos; ela também parece interessada no estabelecimento de critérios para estimar os diferentes pesos e a variada importância a ser vinculada a esses precedentes. Em outras palavras, a Corte não apenas dialoga; ela também busca estabelecer as "regras do diálogo". Essa postura pode ser entendida de diferentes formas: pode-se elogiá-la, como uma tentativa louvável de se estipular alguma ordem no diálogo entre as cortes internacionais; pode, todavia, ser vista como uma maneira velada pela qual a Corte busca reservar para si uma função especial na determinação da lei. Como será exposto, os critérios que emergem da jurisprudência da Corte não estão isentos de críticas.

Antes de se adentrar na análise da jurisprudência da Corte, duas observações devem ser feitas para melhor esclarecer e delimitar o escopo deste trabalho. Em primeiro lugar, é importante fazer uma distinção entre conclusões de outras cortes e tribunais sobre questões de fato e conclusões sobre questões de direito. Ainda que a Corte tenha feito referência a conclusões de fato obtidas por outros tribunais como evidência relevante para se determinar fatos de um caso seu, este trabalho apenas abordará o uso de precedentes externos sobre questões de direito, considerando que critérios diferentes regem – e justificam – a possibilidade de se referir a decisões de outras cortes e tribunais nesses dois casos. [6] Em segundo lugar, a referência a outras cortes e tribunais internacionais deve também abarcar órgãos *quasi*-judiciais, especialmente órgãos de

5 Para um exame recente e exaustivo das implicações sistêmicas dessa prática comunicativa, ver Boisson de Chazournes L., "Plurality in the Fabric of International Courts and Tribunals: The Threads of a Managerial Approach", in *European Journal of International Law* 28 (2017), pp. 13–72.

6 Sobre as dificuldades de se separar questões de direito e questões de fato na utilização de precedentes externos pela Corte, ver Gattini A., Cortesi G., "Some New Evidence on the ICJ's Treatment of Evidence: The Second *Genocide* Case", in *Leiden Journal of International Law* 28(2015), pp. 899–913, à p. 911.

monitoramento estabelecidos por tratados de Direitos Humanos. Isso é justificado à luz da prática da Corte. Não apenas a Corte utilizou a prática judicial desses órgãos em vários casos, como sempre tratou esses precedentes substancialmente da mesma maneira que precedentes de outras cortes e tribunais internacionais.[7]

ESTABELECENDO O CONTEXTO: A EVOLUÇÃO DA POSTURA DA CORTE

Sob o Artigo 38(1)(d), a Corte Internacional de Justiça, na decisão acerca de casos a ela submetidos, pode utilizar decisões judiciais como "meio subsidiário para a determinação do direito". Até recentemente, contudo, a Corte raramente utilizou essa prerrogativa, constantemente citando seus próprios precedentes, mas mencionando apenas de maneira excepcional decisões de outras cortes.[8]

A importância de se estabelecer uma prática comunicativa entre cortes internacionais se tornou um problema apenas como consequência da crescente consciência dos riscos associados à proliferação das cortes internacionais. Em discurso proferido ao Sexto Comitê da Assembleia Geral em 2000, o Presidente Guillaume notou que "a Corte Internacional de Justiça observa cuidadosamente os julgamentos proferidos por outras cortes e tende cada vez mais a lhes fazer referência". Ele "apontou, ao todo, 15 julgamentos da Corte contendo tais referências." [9] No discurso do Presidente Guillaume, *cross-citation* foi claramente considerada como um possível antídoto contra preo-

---

7 Contudo, para um entendimento de que "a política de precedentes da Corte essencialmente busca garantir um diálogo construtivo com tribunais arbitrais que julgam contenciosos interestatais, especialmente sobre questões de fronteira", ver Guillaume G., "The Use of Precedent by International Judges and Arbitrators", in *Journal of International Dispute Settlement*, 2 (2011), pp. 5–23, à p. 20.

8 Ver Guillaume, nota 5 *supra*, p. 19.

9 Ver nota 1 *supra*.

cupações sistêmicas acerca da coerência ao se determinar o direito. Mesmo assim, considerando a jurisprudência da Corte à época do discurso, seria um exagero dizer que a Corte estava dando relevância a precedentes externos. Referências a esses precedentes eram apenas ocasionais e, na maioria dos casos, concerniam questões marginais ao raciocínio geral da Corte.

A mudança na prática da Corte ocorreu apenas nos anos imediatamente posteriores. O ponto de inflexão é simbolicamente considerado a Opinião Consultiva no caso do *Muro*, na qual a Corte, *inter alia*, deu ampla relevância à prática do Comitê de Direitos Humanos no julgamento da questão do escopo extraterritorial de aplicação do Pacto Internacional de Direitos Civis e Políticos.[10] Seja qual for a aferição do ponto de partida, a referência a precedentes externos se tornou desde então um atributo recorrente na jurisprudência da Corte.

Em muitos aspectos, essa nova prática parece refletir uma mudança interna à própria Corte em direção ao fenômeno da proliferação do direito internacional. Como se percebe das visões expressadas pelos juízes, houve, por muitos anos, um sentimento crescente de que a proliferação de tribunais internacionais implicaria em menos trabalho para a Corte e, ao mesmo tempo, em um prejuízo do seu papel de prestígio, favorecendo assim o risco de fragmentação do direito internacional. Essa preocupação, que também era aparente no discurso supracitado do Presidente Guillaume em 2000, pode ter sido o motivo que levou, em 1993, à decisão da Corte de estabelecer uma Câmara para Questões Ambientais. Como apontou o juiz Oda, "o estabelecimento de uma Corte Mundial para Questões Ambientais pode ter motivado o estabeleci-

10 *Legal Consequences of the Construction of a Wall in the Occupied Palestinian Territory*, ICJ Reports 2004, p. 69, para. 109. Ver Andenas M., Leiss J.R., "Article 38(1) (d) ICJ Statute and the Principle of Systemic Institutional Integration", University of Oslo Faculty of Law Legal Studies Research Paper Series No. 2016-20, pp. 1-68, à p. 4, nota 6.

mento paralelo de uma Câmara Especial para questões ambientais na própria CIJ, de modo a prevenir a proliferação de jurisprudência acerca de questões ambientais e de atrair mais casos dessa natureza".[11] Após a virada do milênio, o cenário parece ter mudado substancialmente. O medo da "fragmentação" foi atenuado. Em discurso para a Assembleia Geral proferido em 2006, a então Presidente Higgins declarou que as preocupações ocasionadas pelo aumento no número de novas cortes sobre uma potencial falta de consistência na enunciação das normas internacionais e o consequente risco de fragmentação "não se mostraram significativos". Ela então, enfatizou a importância de se compor uma prática comunicativa como ferramenta sistêmica ao abordar o risco da incongruência na jurisprudência. Higgins, sobre esse ponto, notou que "novas cortes e tribunais regularmente se referiram, de maneira quase sempre essencial a seu raciocínio jurídico, a julgamentos da CIJ acerca de questões de direito internacional e de procedimento internacional", e que "[a] Corte Internacional, da sua parte, vem seguindo atentamente o trabalho desses outros órgãos internacionais".[12]

3. AS DIFERENTES UTILIZAÇÕES DE DECISÕES DE ÓRGÃOS JUDICIAIS OU *QUASI*-JUDICIAIS INTERNACIONAIS PELA CORTE INTERNACIONAL DE JUSTIÇA

Um breve exame dos últimos 15 anos da jurisprudência da Corte revela que precedentes externos foram levados em consideração para uma variedade de objetivos. Em vários casos, a questão chave envolvia

11 Oda S, "The International Court of Justice Viewed from the Bench", *Recueil des cours* 244 (1993), p. 55.

12 Ver nota 1 *supra*. De acordo com Murphy S., "What a Difference a Year Makes: The International Court of Justice's 2012 Jurisprudence", in *Journal of International Dispute Settlement*, 4(2013), pp. 539–552, à p. 540, "the Court's reliance on such a wide range of jurisprudence from other tribunals might be viewed as a counter-argument to concerns about the 'fragmentation' of international law".

a interpretação de tratados. Assim, por exemplo, além do supracitado parecer do caso do *Muro*, o julgamento de mérito no caso *Diallo* fornece mais um exemplar da dependência pela Corte, da prática do Comitê de Direitos Humanos para interpretar o Pacto de 1966; [13] no mesmo caso, a CIJ fez menção ao corpo de decisões da Comissão Africana de Direitos Humanos e dos Povos para fundamentar sua interpretação do Art. 12 da Carta Africana.[14] Em outros casos, precedentes externos foram levados em conta para amparar a determinação do costume internacional pela Corte. Dessa forma, em seu julgamento em *Territorial and Maritime Dispute*, caso demandado pela Nicarágua em face da Colômbia, a Corte enfatizou que "o direito aplicável no presente caso é o costume internacional refletido na jurisprudência desta Corte, do Tribunal Internacional do Direito do Mar (ITLOS) e de cortes e tribunais arbitrais internacionais".[15] Em *Jurisdictional Immunities of a State*, atribuiu-se especial importância ao fato que "[a] Corte Europeia de Direitos Humanos refutou a noção de que Estados não tem mais direito à imunidade em casos envolvendo graves violações do direito internacional humanitário ou do direito internacional dos Direitos Humanos."[16] Precedentes externos também foram empregados para se mensurar o conteúdo de princípios gerais. Em seu julgamento de compensação no caso *Diallo*, a Corte amplamente se escorou na prática de outros tribunais, cortes e comissões "que aplicaram princípios gerais envolvendo compensação".[17] Na

13 *Ahmadou Sadio Diallo (Republic of Guinea v. Democratic Republic of the Congo)*, I.C.J. Reports 2010, p. 66, para. 66.

14 *Ibid.*, p. 67, para. 67.

15 *Territorial and Maritime Dispute (Nicaragua v. Colombia)*, I.C.J. Reports 2012, p. 666, para. 114.

16 *Jurisdictional Immunities of the State (Germany v. Italy: Greece intervening)*, I.C.J. Reports 2012, p. 139, para. 90.

17 *Ahmadou Sadio Diallo (Republic of Guinea v. Democratic Republic of the Congo), Compensation*, I.C.J. Reports 2012, p. 331, para. 13.

Opinião Consultiva do caso *IFAD*, em 2012, dois Comentários Gerais do Comitê de Direitos Humanos foram citados, de modo a demonstrar o desenvolvimento do conteúdo do princípio da igualdade de acesso a cortes e tribunais.[18]

Na doutrina internacional, diferentes análises foram apresentadas sobre a possível base jurídica a explicar o diálogo feito na determinação do direito. Alguns autores citam as regras de interpretação e, em particular, o princípio de integração sistêmica consagrado no Art. 31(3)(c) da Convenção de Viena sobre o Direito dos Tratados.[19] Sob um diferente viés, o Art. 38(1)(d) do Estatuto deve ser interpretado na direção de impor às cortes internacionais a obrigação de se levar em conta a jurisprudência de outras cortes na verificação das normas internacionais; nesse sentido, sugere-se que o Art. 38(1)(d) deva ser entendido como uma "codificação positiva" do uso de outras decisões judiciais.[20] Outra perspectiva aponta que a importância das considerações judiciais de uma corte em procedimentos judiciais perante outro corpo judicial seria explicado pelo tratamento de decisões previamente proferidas por uma corte como normas de direito internacional aplicáveis às partes em um caso.[21] Em contraste à riqueza do debate científico nesse ponto, é difícil encontrar na jurisprudência da Corte uma tentativa de explicar, em termos jurídicos, o uso de precedentes externos na determinação do direito. O máximo que a jurisprudência oferece, como elucidação explícita, encontra-se no julgamento

18 *Judgment No. 2867 of the Administrative Tribunal of the International Labour Organization upon a Complaint Filed against the International Fund for Agricultural Development*, I.C.J. Reports 2012, p. 27, para. 39.

19 Brown C., *A Common Law of International Adjudication*, Oxford, OUP, 2007, pp. 52–55.

20 Andenas, Leiss, nota 9 *supra*.

21 Cannizzaro E., "Interconnecting International Jurisdictions: A Contribution from the Genocide Decision of the ICJ", in European Journal of Legal Studies, 1(2007).

dos méritos do caso *Diallo*. Aqui, a Corte justificou o peso atribuído à prática do Comitê de Direitos Humanos fazendo menção à necessidade de "obter a clareza necessária e a consistência essencial do direito internacional, bem como a segurança jurídica, às quais tanto os indivíduos com direitos garantidos quanto os Estados forçados a cumprir com as obrigações pactícias têm o direito."[22] De resto, a Corte tem sido cautelosa em não passar a mensagem de que está submetida a qualquer tipo de dever de honrar precedentes externos. Ela também evitou lhes conferir um peso decisivo na justificação de alguma medida jurídica. Com a possível exceção do julgamento de compensação do caso *Diallo*, no qual decisões de outras cortes aparecem frequentemente como o único elemento a basear a decisão, a Corte, em geral, tem feito uso de precedentes externos apenas para confirmar suas próprias conclusões acerca da interpretação dada a um tratado ou do conteúdo de uma norma costumeira. Levando todos esses elementos em conta, a impressão geral é que a postura da Corte acerca do uso de precedentes externos tem sido ditada principalmente por considerações práticas, baseadas na necessidade de se aprimorar o poder de persuasão de suas decisões, por um lado, e na sua disposição de coordenar suas atividades com os outros órgãos judiciais, por outro, de modo a contra-atacar o risco de inconsistência.[23]

4. ESTABELECENDO AS "REGRAS DO DIÁLOGO": A

22 *Ahmadou Sadio Diallo (Republic of Guinea v. Democratic Republic of the Congo)*, I.C.J. Reports 2010, p. 664, para. 66.

23 De acordo com de Brabandere, nota 3 *supra*, p. 44, 'while external case law is used as material support for the Court's argumentation, the wording used hints towards a form of search for consistency with external case law'. Ver também Ulfstein G., "Awarding Compensation in a Fragmented Legal System: The *Diallo* Case", in *Journal of International Dispute Settlement*, 4(2013), pp. 477–485, à p. 479. Boisson des Chazournes, nota 3 *supra*, p. 77, explica que 'these trends are scarcely grounded in principles of international law. Their development is mainly due to the attitude of international courts and tribunals'.

DIFERENTE AUTORIDADE CONFERIDA A DECISÕES DE OUTROS ÓRGÃOS JUDICIAIS

Como já foi apontado, em alguns casos, a Corte não se limitou a meramente citar as conclusões jurídicas tomadas por outras cortes e tribunais. A Corte também considerou apropriado definir a carga devida de cada precedente na delimitação do direito, bem como as razões para tratar alguns precedentes de maneira diferente de outros. Com base nessas premissas, é possível identificar um critério geral que potencialmente seria aplicável pela Corte em casos futuros.

No seu julgamento de mérito do caso *Diallo*, a Corte reconheceu a importância da prática do Comitê de Direitos Humanos nos seguintes termos: "Apesar da Corte não estar de forma alguma obrigada, no exercício de suas funções judiciais, a moldar sua interpretação do Pacto em torno da interpretação dada pelo Comitê, ela acredita que deve outorgar grande peso ao entendimento adotado por esse órgão independente, que foi estabelecido com o objetivo específico de supervisionar a aplicação daquele tratado".[24] Em virtude dessa declaração, a Corte, primeiramente, reconhece que se deve atribuir "grande peso" à prática do Comitê de Direitos Humanos. Ademais, a Corte indica que se deve designar grande peso à "interpretação do Pacto" adotada pelo Comitê, e não acerca de qualquer questão de direito abordada pelo órgão. Por fim, a importância atribuída à dita prática é justificada com base no fato de que o órgão "foi estabelecido com o objetivo específico de supervisionar a aplicação daquele tratado". Em suma, na visão da Corte, o peso a ser conferido àquela prática está estritamente conectado às funções e competências atribuídas ao Comitê de Direitos Humanos pelos Estados Parte do Pacto.

Manifestação similar foi feita pela Corte com respeito à importância a se atrelar à prática da Comissão Africana de Direitos Humanos e dos Povos, para o propósito de interpretar a Carta Africana: "De igual

---

24 Ver nota 12 *supra*.

maneira, quando a Corte é instada, como nesse procedimento, a aplicar um instrumento regional para a proteção dos Direitos Humanos, deve levar em consideração a interpretação de tal instrumento adotada pelos órgãos independentes que foram especificamente criados, se for o caso, para monitorar a plena aplicação do tratado em questão".[25] Importante notar que, nessa declaração, a Corte utilizou a expressão "deve levar em consideração", ao invés de "deve outorgar grande peso". Não é claro se, ao empregar tais termos, a intenção da Corte era de reduzir a importância a se relacionar à prática de órgãos regionais, em contraposição a órgãos estabelecidos por tratados universais. Isso não parece condizer com a prática. Para fins de se aferir a prática de um órgão judicial ou *quasi*-judicial, o que parece valer não é a natureza regional ou universal do órgão em questão; é o fato de que tal órgão foi propriamente concebido pelas partes para supervisionar a aplicação do tratado. De qualquer maneira, é significativo que, novamente, a Corte se apoie nas competências e funções atribuídas a um órgão *quasi*-judicial para explicar a importância vinculada à prática de tal entidade.

O liame entre o valor de um precedente externo e a competência do órgão que adotou tal entendimento também é fruto do julgamento da Corte no caso *Genocídio*. Dessa vez, contudo, a Corte contou com esse critério para justificar a não adoção do precedente.[26] Ao avaliar o parâmetro de controle requerido, pelo costume internacional, para se atribuir uma conduta de um órgão *de facto* a um Estado – se o "controle geral" estabelecido pela Tribunal Penal Internacional para a antiga Iugoslávia (ICTY) no caso *Tadić* ou o "controle efetivo" empregado pela Corte no caso *Nicarágua* -, a Corte notou, primeiramente, que "o ICTY não foi instado no caso *Tadić*, e nem o é de maneira geral, a julgar questões de responsabilidade de Estados, visto que sua jurisdição

25 Ver nota 13 *supra*.

26 Para a abordagem da Corte sobre a possibilidade de se utilizar da jurisprudência do ICTY, ver De Brabandere, nota 3 *supra*, p. 47.

é penal; aplica-se apenas a pessoas". A Corte ressalta que, ao passo que confere "a maior importância às conclusões de fato e de direito atingidas pelo ICTY no julgamento da responsabilidade criminal do acusado a ele submetido", "[a] situação não é a mesma para as posições adotadas pelo ICTY acerca de questões gerais de direito internacional que não recaiam no âmbito específico de sua jurisdição e, acima de tudo, cuja resolução não é necessária para decidir os casos penais a ele submetidos".[27]

Parece que dois parâmetros distintos estão em aplicação. O primeiro parâmetro envolve a questão sobre se uma conclusão jurídica é fundamental para decidir o caso. Esse teste é bastante tradicional, baseado na ideia de que, a princípio, *obiter dicta* devem possuir menos peso do que conclusões jurídicas essenciais à decisão do caso. O segundo parâmetro é mais inovador: ele se centra na questão da posição do tribunal em questões de direito internacional que recaiam no âmbito específico de sua jurisdição. Esse teste é essencialmente o mesmo empregado pela Corte no caso *Diallo*. Entretanto, o uso desse teste para justificar a não adoção de um precedente externo, como fez a Corte no caso *Genocídio*, mostra o seu lado problemático. Em particular, levanta-se duas questões delicadas: como determinar se uma questão de direito internacional recai no âmbito específico da jurisdição de um tribunal? Mas, acima de tudo, quem deve decidir sobre tal questão?

5. DIÁLOGO OU COMPETIÇÃO?

Como o diálogo interjudicial refletido no uso dos precedentes externos é conduzido prioritariamente em um modo informal e depende da discrição e sensibilidade de cada corte, a identificação de critérios gerais para se avaliar o peso a ser conferido a tais precedentes deve ser conside-

---

27 *Application of the Convention on the Prevention and Punishment of the Crime of Genocide (Bosnia and Herzegovina v. Serbia and Montenegro)*, I.C.J. Reports 2007, p. 43, para. 403.

rada como um desenvolvimento positivo. Isso introduz uma certa previsibilidade e transparência na jurisprudência de uma corte, reduzindo assim o risco dessa corte ser considerada seletiva, ou até mesmo arbitrária, na sua utilização de precedentes externos. Ao mesmo tempo, contudo, a determinação das "regras do diálogo" é um exercício delicado, que tem o potencial de afetar a própria possibilidade de um sério diálogo entre cortes. Nesse viés, uma situação é uma corte conferir grande peso a decisões proferidas por outra corte devido à competência sobre um assunto específico do Direito atribuído a esta. Pronome indicativo, não vai crase pois não é precedido de artigo. Essa forma de deferência, que equivale ao reconhecimento da autoridade de outras cortes, pode estimular a reciprocidade e facilitar um verdadeiro diálogo entre cortes.[28] É um contexto inteiramente diferente quando uma corte rebaixa a importância a se atrelar a uma conclusão jurídica tomada por outra corte com base no argumento de que a matéria em questão não recai no âmbito de jurisdição dessa outra corte. Ainda que uma corte seja livre para desconsiderar o precedente de outra corte, levar o confronto para o terreno das respectivas competências de diferentes cortes e tribunais é um caminho perigoso. Isso levanta a questão da autoridade de um tribunal para aferir os limites de competência de outro tribunal.[29] Essa mudança de trajetória é ainda mais perigosa, dado

---

28 Por vezes, a deferência da Corte pode ser fruto de sua consciência de que "quando uma área do direito internacional possui mecanismos especializados, que regularmente se encarregam da interpretação e aplicação da lei, o impacto da CIJ será provavelmente menor". Nesse ponto, ver Tams C., "The Development of International Law by the International Court of Justice", nesse volume.

29 Conforme Treves T., "Fragmentation of International Law: The Judicial Perspective", in *Agenda Internacional* 16 (2009), pp. 214-253, à p. 253, "the assessment of whether a statement of law is necessary for a certain decision and whether it is within a court or tribunal's jurisdiction is undoubtedly delicate if made by another court or tribunal. It would seem that this is a ground on which prudence is of the utmost importance and that only the most evident cases of lack of necessity or lack of jurisdiction should be relevant."

que, na maioria dos casos, será difícil afirmar quais questões de direito recaem ou não no âmbito específico da jurisdição de uma corte. Resumindo, tal abordagem pode criar uma competição entre cortes acerca do escopo de suas competências, em contraposição a incitar a coordenação de suas atividades.

A apreciação da Corte do critério do "controle geral" no caso *Genocídio* ilustra bem os limites inerentes em tal abordagem. É verdade que, no seu entendimento, a Corte não confiou exclusivamente no parâmetro da "competência" para justificar sua não adoção da conclusão jurídica tomada pelo ICTY no caso *Tadić*. Ademais, a Corte não utilizou esse parâmetro para refutar a autoridade desse julgado; ela simplesmente não conferiu a essa conclusão a mesma autoridade conferida às conclusões jurídicas tomadas pelo ICTY no julgamento da responsabilidade criminal do acusado a ela submetido.[30] O que permanece, porém, é que a tentativa da Corte de diminuir a importância a se atribuir à conclusão do ICTY ao se apontar às competências do tribunal não é convincente. Ainda que seja verdade que a jurisdição do ICTY é penal e se aplica apenas a indivíduos, isso não significa que o ICTY, no exercício da sua jurisdição, não possa ser instado a aplicar normas de responsabilidade dos Estados ou a determinar a validade da resolução do Conselho de Segurança que as estabelecem, caso isso seja necessário como matéria preliminar para se abarcar questões de responsabilidade penal dentro de sua competência. Igualmente, mesmo que a competência de tribunais ou órgãos de monitoramento de Direitos Humanos se relacione com a interpretação e aplicação dos tratados que os estabelecem, eles são frequentemente solicitados a julgar sobre questões gerais de direito internacional, ligadas a matérias como validade de reservas a tratados ou exceções à imunidade estatal. Em seu julgamento, a Corte foi cuida-

---

30 *Application of the Convention on the Prevention and Punishment of the Crime of Genocide (Bosnia and Herzegovina v. Serbia and Montenegro)*, I.C.J. Reports 2007, p. 43, para. 403.

dosa em demonstrar que não havia necessidade para o ICTY de abordar a questão da atribuição da conduta ao Estado para resolver a questão da natureza do conflito. Contudo, uma coisa é a Corte expressar seu desacordo com o raciocínio realizado pelo Tribunal; é bastante diferente dizer que o Tribunal, ao avaliar a questão preliminar acerca do conteúdo da norma de atribuição, agiu fora do escopo de sua jurisdição, uma conclusão que a própria Corte evitou atingir. A Corte ainda reforçou que o ICTY não é, de forma geral, instado a decidir sobre questões de responsabilidade dos Estados.[31] Não fica claro, porém, quais consequências podem ser obtidas disso. A *expertise* específica de um tribunal pode, claro, ser um elemento na avaliação do peso de um precedente. Ao mesmo tempo, porém, questões gerais de direito internacional, como responsabilidade internacional ou o direito dos tratados, parecem recair naturalmente na *expertise* de qualquer tribunal internacional na aplicação do direito internacional, inclusive tribunais penais internacionais.[32]

Há ainda outra razão pela qual a avaliação da Corte do precedente do ICTY parece longe do adequada. Concorda com Corte. Mesmo que tenha persistido na questão da competência específica do ICTY, a Corte pouco falou sobre o argumento jurídico desenvolvido pelo ICTY para basear sua conclusão de que o "controle geral" seria o limiar de controle requerido, sob as normas costumeiras de direito internacional, para atribuir a um Estado a conduta de um grupo de indivíduos. Isso é surpreendente, visto que, no caso *Tadić*, o ICTY conduzira um amplo exame da prática relevante para alicerçar sua conclusão sobre o conteúdo da norma costumeira em questão. Independentemente de se concordar

---

31 *Ibid.*

32 Conforme apontado por Kohen M., "'Considerations about what is common': the ICJ and specialised bodies", in *Les limites du droit international : essais en l'honneur de Joe Verhoeven*, Bruylant, Bruxelles, 2015, p. 477, "questions of interpretation of treaties or matters of international responsibility are two largely codified matters that any judicial or quasi-judicial body is in a position to address".

ou discordar da conclusão atingida pelo ICTY,[33] deve-se esperar maior atenção da Corte na aferição da prática. Pelo contrário, a Corte aqui meramente reafirmou a contínua validade do teste do "controle efetivo" introduzido no caso *Nicarágua*, sem a devida cautela de fundamentar sua conclusão no exame da prática destacada pelo Tribunal.

Aqui, faz-se necessária uma consideração final. Ao passo que as cortes internacionais, em suma, continuam livres para repelir um precedente externo, elas devem justificar tal decisão buscando demonstrar que a sua determinação da lei é baseada em um *approach* mais rigoroso e sistemático do que o assumido pela outra corte. O poder de persuasão do argumento, ao invés da competência da corte, deve ser a chave para determinar a autoridade de uma conclusão sobre direito.[34]

---

33 Acerca dessa questão, ver Palchetti P., *L'organo di fatto nell'illecito internazionale*, Giuffé, Milano, 2007, pp. 163-171.

34 Nesse ponto, ver Abi-Saab G., "La métamorphose de la function juridictionnelle internationale", in *Unity and Diversity of International Law. Essays in Honour of Pierre-Marie Dupuy*, Brill, Leiden, 2014, p. 391.

Conflitos entre o Tribunal Internacional do Direito do Mar e a Corte Internacional de Justiça[1]

Tullio Treves[2]

I. INTRODUÇÃO

O crescimento do número de cortes e tribunais internacionais, ocasionalmente rotulado com o termo ligeiramente pejorativo, "proliferação", suscita indagações relativas à coordenação e ao conflito entre as diversas cortes e tribunais e traz conceitos que despertam a atenção de advogados internacionais, cujo interesse estava previamente restrito ao direito interno da jurisdição das cortes, como o efeito da litispendência e o "forum shopping".

Estes problemas são tidos como particularmente agudos, porque as cortes e tribunais internacionais estão expandindo dentro de um sistema internacional que não tem um judiciário unificado. A Câmara de Apela-

1 O texto "Conflicts between the international tribunal for the law of the sea and the international court of justice", originalmente publicado na obra TREVES, Tullio. International Law and Politics, p. 809-821.Vol. 31:809, foi traduzido da língua inglesa por Pedro Pirani e Lucas Lima.

2 Professor de Direito Internacional na Universidade de Milão; Ex-juiz do Tribunal Internacional do Direito do Mar, Hamburgo. As visões aqui expressadas são de cunho pessoal do autor.

ção do Tribunal Penal Internacional para a ex-Iugoslávia (TPII) observou, "Em Direito Internacional, todo tribunal é um sistema autocontido (salvo disposição contrária)."[3] Consequentemente, não existem regras gerais para ordenar questões de coordenação e conflito. Estas questões devem ser resolvidas por cada "sistema autocontido" - em outras palavras, no contexto da corte ou tribunal internacional perante o qual o caso foi apresentado. Por vezes, essas matérias são abordadas pelos instrumentos regulatórios de uma corte ou tribunal específico. Para citar novamente do TPII, esses instrumentos, às vezes, "dispõe o contrário". Quando este é o caso, essas questões são resolvidas pelo emprego das normas aplicáveis do tribunal ou corte na qual a demanda foi apresentada. Quando os instrumentos internacionais que regulam esses foros não preverem esses problemas diretamente, será uma matéria de interpretação. Nas observações que seguem, explorarei algumas destas problematizações, em relação a possíveis conflitos entre a Corte Internacional de Justiça (a Corte) e o novo Tribunal Internacional do Direito do Mar (o Tribunal).[4]

Dois tipos de conflitos podem se desenvolver: os de jurisdição e os de jurisprudência. Diversas ideias têm sido proferidas quanto a possibilidade de que a jurisprudência do Tribunal divirja daquela da Corte, seja em matérias relativas a direito do mar ou mesmo em temas gerais de direito internacional. Essas ideias vão desde preocupação com um risco iminente de fragmentação no direito internacional[5] até a ideia

---

3

4 Convenção sobre o Direito do Mar]. Ver genericamente: Tullio Treves, Le Tribunal International du droit de la mer: D´ebuts et perspectives, 1996 ANNUAIRE DU DROIT DE LA MER 27..

5 Ver: Shigeru Oda, Dispute Settlement Prospects in the Law of the Sea, 44 INT'L & COMP. L.Q. 863 (1995); Shigeru Oda, The International Court of Justice Viewed from the Bench (1976-1993), 244 RECUEIL DES COURS 9, 144-55 (1993); G. Guillaume, The Future of International Judicial Institutions, 44 INT'L & COMP. L.Q. 848 (1995); E. LAUTERPACHT, ASPECTS OF THE ADMINISTRATION OF INTERNATIONAL JUSTICE 19-22 (1991).

de que "o risco não deve ser exagerado"[6] e que a coexistência de várias – e não necessariamente unânimes - vozes judiciais podem melhorar o crescimento do direito internacional e resolução de controvérsias.[7] Embora eu compartilhe da última visão,[8] eu não aspiro entrar nessa discussão aqui. Deixando de lado os conflitos de jurisprudência, o presente artigo aborda conflitos de jurisdição entre a Corte e o Tribunal.

Ao discutir tais conflitos de jurisdição, considerei se há casos em que o mesmo litígio poderia recair sob a jurisdição da Corte e do Tribunal, e, se estes casos implicam problemas jurídicos ou práticos para as partes e para o corpo judicial atrelado a disputa.

II. CONFLITOS GERAIS DE JURISDIÇÃO ENTRE A CORTE E O TRIBUNAL

Não há dúvida de que a jurisdição de ambos pode abranger casos relativos à "interpretação ou aplicação" da Convenção das Nações Unidas de 1982 sobre o Direito do Mar (a Convenção).[9] O conflito é mais teórico do que prático, no entanto, já que a submissão do mesmo caso a Corte e ao Tribunal não é possível.

Quando um caso é submetido por notificação de um acordo espe-

---

6 Stephen M. Schwebel, Address by the President of the International Court of Justice to the General Assembly of the United Nations (27 de outubro de 1998) (em arquivo com o autor).

7 Bernard H. Oxman, The Rule of Law and the United Nations Convention on the Law of the Sea, 7 EUR. J. INT'L L. 353, 370 (1996).

8 Ver: Tullio Treves, New Trends in the Settlement of International Disputes, 1 BANCAJA EUROMEDITERRANEAN COURSES OF INTERNATIONAL LAW 395, 433-36 (1997).

9 Os artigos 279 e 286 da Convenção especificam que as disposições sobre a solução de controvérsias da Convenção refere-se a controvérsias relativas à interpretação e aplicação da Convenção. Ver Convenção sobre o Direito do Mar, nota supra 2, arts. 279 e 286, reimpressos em 21 I.L.M. a 1322.

cial, as partes informarão ou a Corte ou o Tribunal. A jurisdição potencial do órgão para o qual o caso não foi submetido torna-se irrelevante. Do ponto de vista das partes, entretanto, a escolha entre esses dois órgãos judiciais autorizados a julgar o caso é relevante. Na negociação que leva ao acordo especial, o problema da seleção do foro assumirá uma nova dimensão que vai além do dilema usual de escolher entre arbitragem e a Corte. Esta dimensão é a escolha entre dois corpos judiciais permanentes com características diferentes: um é um corpo antigo e bem estabelecido, com jurisdição geral; o outro é um corpo novo e especializado.

Quando um caso é submetido por requerimento, pode-se imaginar a possibilidade de "fórum shopping", no sentido de que a parte litigante que toma a iniciativa tem a vantagem de escolher, entre a Corte e o Tribunal, o foro que prefere. Esse não é o caso, no entanto, na prática. O artigo 282 da Convenção é um mecanismo que impede eficientemente o "fórum shopping", bem como questões de sobreposição de litispendência – questões que podem surgir do conflito de escolhas feitas pelas partes em disputa. O artigo 282 afirma:

> Se os Estados Partes que são partes numa controvérsia relativa à interpretação ou aplicação da presente Convenção tiverem ajustado, por meio de acordo geral, regional ou bilateral, ou de qualquer outra forma, em que tal controvérsia seja submetida, a pedido de qualquer das partes na mesma, a um procedimento conducente a uma decisão obrigatória, esse procedimento será aplicado em lugar do previsto na presente Parte, salvo *acordo em contrário* das partes na controvérsia.[10]

O artigo 282 favorece qualquer mecanismo de resolução de controvérsias obrigatório vinculativo para as partes em litígio, às custas tanto do Tribunal como de outros órgãos de solução de controvérsias com jurisdição obrigatória nos termos dos artigos 286 e 287 da Convenção.

10 Idêntico ao artigo 282 da Convenção.

Se os litigantes tiverem concordado previamente em conferir jurisdição a um determinado órgão de solução de controvérsias, então nenhuma das partes pode se opor à jurisdição desse órgão no fundamento de que a jurisdição é, em vez disso, do órgão jurisdicional competentes nos termos dos artigos 286 e 287.

No relacionamento entre a Corte e o Tribunal, o aspecto mais interessante do artigo 282 é que a aceitação por todas as partes em uma disputa da jurisdição obrigatória da Corte, nos termos do artigo 36, parágrafo 2 do Estatuto da Corte, pode ser considerado o "acordo" mencionado no Artigo 282. Isso pode ser discutido em termos formais, mas a perspectiva consensual – que parece ser o requisito fundamental do artigo 36, parágrafo 2 - indubitavelmente existe,[11] de modo que seja razoável concluir que as partes concordaram "em contrário". Assim, à luz do artigo 282, sempre que ambas as partes num litígio aceitarem a "cláusula facultativa", o Tribunal, se demandado por um pedido, e assim solicitado, deve declarar que não tem jurisdição. Por outro lado, se a Corte for assim demandada, deve rejeitar a alegação do réu de que, porque as partes escolheram o Tribunal pelo artigo 287, a Corte não possui jurisdição.

De acordo com o artigo 282, a prioridade jurisdicional dada a Corte sobre o Tribunal, entre os estados que aceitaram cláusula facultativa aplica-se a todos os casos de jurisdição do Tribunal "previsto" na Parte XV da Convenção. Por conseguinte, o artigo 282 não parece se aplicar à jurisdição obrigatória da Câmara de Controvérsias dos Fundos Marinhos do Tribunal porque esta competência está prevista no artigo 187, que está na Parte XI - não na Parte XV - da Convenção. O impacto é relativamente pequeno, porque se refere apenas disputas entre estados. As outras disputas sob o artigo 187, que envolvem partes não-estatais, estão fora da jurisdição da Corte, *ratione personae.*

Um conflito real, no entanto, pode surgir. É teoricamente possível

11 Ver: Objeções preliminares, Anglo-Iranian Oil Case (U.K. v. Iran), 1952 C.I.J. 93, 106, 110 (22 de julho).

que, num litígio relativo à interpretação de Parte XI da Convenção, um Estado Parte submeteria à Corte nos termos do 2 do artigo 36, enquanto o outro Estado parte submeteria à Câmara de Litígios do Fundo Marinho ao abrigo do 187.

III. O IMPACTO DAS RESERVAS À ACEITAÇÃO DA JURISDIÇÃO COMPULSÓRIA DA CORTE

A prioridade estabelecida no artigo 282 só funciona se a disputa é abrangida por um acordo de jurisdição compulsória em vigor entre as partes. Quando uma das partes exclui a controvérsia do seu acordo, a prioridade não pode se aplicar. Reservas às declarações aceitando a obrigatoriedade de jurisdição do Tribunal são meios para obter tal exclusão.

Estas reservas podem ter uma abrangência geral ou serem específicas para o direito do mar. A título de exemplo, as reservas gerais podem excluir litígios para os quais a jurisdição obrigatória da Corte foi aceita pela outra parte com menos de doze meses antes do depósito do requerimento (como as reservas da Nova Zelândia,[12] das Filipinas,[13] e do Reino Unido[14]); ou ainda, disputas de estados não reconhecidos pelo estado que fez a reserva (como a declaração da Índia).[15] Reservas que tratam do direito do mar podem ser muito amplas (como as feitas pela Índia[16] e por Malta[17], que excluem todos os litígios relativos às áreas marítimas sob sua soberania e jurisdição, incluindo a delimitação dessas áreas); ou mesmo podem estar focadas em questões específicas (como aqueles

---

12 Ver: Declarações reconhecendo jurisdição: Nova Zelândia, para. 2, 1995-1996 Y.B. I.C.J. 106, 107.

13 Ver: Declarações reconhecendo jurisdição: Filipinas, id. 110, 111.

14 Ver: Declarações reconhecendo jurisdição: Reino Unido id. 120.

15 Ver: Declarações reconhecendo jurisdição: Índia para. 8, id. 95, 96.

16 Ver: id. para. 9, 99.:

17 Ver: Declarações reconhecendo jurisdição: Malta id. 102.

feitos pela Nova Zelândia[18] e pelas Filipinas,[19] que se referem apenas a controvérsias relativas a pesca na zona econômica exclusiva e, respectivamente, aos recursos naturais do fundo marinho águas arquipelágicas e da plataforma continental).

Resulta claramente dessas reservas que os Estados que têm excluído as controvérsias da jurisdição compulsória da Corte, não podem se escusar da jurisdição compulsória de uma corte ou tribunal da Convenção. O caso recente de direito de pesca entre Espanha e Canadá é um exemplo interessante porque, quando os eventos subjacentes ocorreram, nenhum dos estados era parte da Convenção.[20] O caso dizia respeito ao embarque no alto-mar em um navio de pesca espanhol (o Estai) por um barco de patrulha canadense, em conformidade com o Ato Canadense de Proteção de Pesca Costeira da Organização de Pescas do Atlântico Noroeste (NAFO). O Canadá alegou que sua aceitação da jurisdição obrigatória da Corte não se aplicava ao caso, uma vez que o litígio estava coberto por uma reserva excluindo disputas decorrentes de ou relativas à conservação e medidas de gestão tomadas pelo Canadá em relação aos navios pesca na área de regulamentação da NAFO... e a implementação destas medidas.[21] Em seu julgamento de 4 de dezembro de 1998, a Corte baseou-se na reserva canadense para se declarar sem jurisdição. Se a Espanha e o Canadá fossem partes da Convenção no momento em que ocorreu o embarque, a situação teria sido bem dife-

---

18 Declarações reconhecendo jurisdição: Nova Zelândia id. 106.

19 Ver: Declarações reconhecendo jurisdição: Filipinas id. 110.

20 Ver: Fisheries Jurisdiction Case (Spain v. Can.), 1998 I.C.J. (Dec. 4), (Visitado em 6 de julho de 1999) . Ver genericamente: A. Anna Zumwalt, Straddling Stock Spawn Fish War on the High Seas, 3 U.C. DAVIS J. INT'L L. & POL'Y 35 (1997); Andrew Schaefer, Canada-Spain Fishing Dispute (The Turbot War), 8 GEO. INT'L ENVTL. L. REV. 437 (1996-1997).

21 Ver: Counter-Memorial of Canada (Jurisdiction) (Spain v. Can.), 1996 I.C.J. Pleadings (Fisheries Jurisdiction Case) (29, Fev. 1996), (Visitado em 6 de julho de 1999).

rente. Nenhuma disposição da Convenção exclui, ou permite a exclusão de medidas de gestão ou conservação, bem como de sua aplicação no alto-mar, da jurisdição obrigatória das cortes e tribunais mencionados no artigo 287. O Artigo 297, parágrafo 3º, exclui desta jurisdição compulsória, as demandas relacionadas aos direitos de soberania do Estado costeiro em relação aos recursos vivos, e deixa claro que estas são medidas na zona econômica exclusiva.[22] O Artigo 298, parágrafo 1º, alínea b, que permite declarações que excluam as controvérsias relativas a atividades de aplicação da lei da jurisdição obrigatória, especifica que essas atividades devem ser "no que diz respeito ao exercício de direitos de soberania ou jurisdição, excluídos da jurisdição de uma corte ou tribunal abrigado pelo artigo 297, parágrafos 2º ou 3º"-ou seja, na zona econômica exclusiva.[23]

Uma vez que uma reserva exclua uma demanda da jurisdição compulsória da Corte, o artigo 282 não pode funcionar e as regras de jurisdição obrigatória da Convenção são as que devem ser aplicadas.

IV. A RELEVÂNCIA DAS LIMITAÇÕES E EXCEÇÕES VOLUNTÁRIAS À JURISDIÇÃO COMPULSÓRIA DO TRIBUNAL

Determinar quais disputas que podem ser apresentadas à Corte e ao Tribunal unilateralmente é insuficiente para examinar o impacto das reservas na aceitação da cláusula facultativa pelas partes em litígio. É necessário verificar se uma ou mais das limitações, ou exceções facultativas, à aplicabilidade das regras de competência obrigatória, estabelecidos nos artigos 297 e 298 da Convenção, se aplicam.

Por exemplo, se uma das partes aceitou a cláusula facultativa com uma reserva referente a litígios relativos a "determinação e delimitação de suas fronteiras marítimas," a capacidade de levar um caso a um tribu-

22 Ver: Convenção das Nações Unidas sobre o Direito do Mar, nota supra 2, art. 297.

23 Idêntico ao art. 298, para. 1(b).

nal depende se uma das partes fez uma declaração expressando que não aceita a jurisdição de tais cortes ou tribunais nos termos do artigo 298, parágrafo 1(a). Se tal declaração foi feita, não haveria cláusula de solução de controvérsias compulsória em vigor entre as partes, a menos que sejam satisfeitos os requisitos para a conciliação "obrigatória", nos termos do artigo 298. E se tal declaração, nos termos do parágrafo 1(a), do artigo 298, não for realizada - como é o caso da Índia e Malta, que fizeram a reserva acima mencionada para a sua aceitação da cláusula facultativa – uma parte terá o direito de invocar a obrigação nos termos da Convenção, para submeter a controvérsia à jurisdição de uma corte ou tribunal.

Alguns aspectos de uma disputa complexa podem estar sob a jurisdição da Corte, enquanto outros podem ser da competência do Tribunal ou de outro órgão jurisdicional competente nos termos da Convenção. Isso pode acontecer por vários motivos: 1) o efeito das reservas nas aceitações das cláusulas facultativas do artigo 36, parágrafo 2º; 2) o Estatuto da Corte; ou 3) limitações e exceções opcionais nos termos dos artigos 297 e 298 da Convenção. Em qualquer uma destas situações, cada tribunal seria competente para decidir sobre questões diferentes. Enquanto não haveria litispendência, de forma estrita, a relação entre as questões submetidas a Corte e o Tribunal tornaria impraticável e arriscado que estes órgãos ouvissem em paralelo (ou em sequência) as diferentes questões conectadas.

As partes devem ser flexíveis e devem tentar concentrar a inteireza de suas disputas perante uma corte ou tribunal.Esses devem considerar a concessão de competência total do caso a uma única corte ou tribunal a que se obrigaram. As partes podem fazer isso por sua aquiescência, e pelas cláusulas de *fórum prorogatum* incluídas nos Regulamentos da Corte e do Tribunal.[24]

Os Estados também podem impedir essa situação, elaborando habilmente suas declarações. Um exemplo interessante é a declaração de

24 Ver: Regulamento da Corte, Corte Internacional de Justiça, art. 38, para. 5; Regulamento do Tribunal, Tribunal Internacional do Direito do Mar, art. 54, para. 5.

25 de junho de 1996, em que a Noruega modificou sua aceitação da jurisdição obrigatória da Corte. A declaração confirma essa aceitação:

> desde que, no entanto, as limitações e exceções relativas à resolução de litígios nos termos do às disposições e declarações norueguesas aplicáveis a qualquer momento, à Convenção das Nações Unidas sobre o Direito do Mar de 10 de Dezembro 1982... aplicar-se-á a todas as controvérsias relativas ao direito do mar.[25]

Através desta declaração, a Noruega exclui todas as disputas que não podem ser abrangidas pela jurisdição compulsória de uma corte ou tribunal da Convenção, seja por causa das limitações previstas no artigo 297 ou devido a uma declaração da Noruega, utilizando uma exceção facultativa prevista no artigo 298. Desta forma, no que diz respeito aos litígios sobre o direito do mar, a Noruega aceita a competência da Corte, nos termos do artigo 36, parágrafo 2, do Estatuto, com exatamente o mesmo escopo como tem sob as cláusulas de jurisdição compulsória da Convenção - e suas limitações e exceções.

Em vista disso, faz sentido para os estados que aceitaram a cláusula opcional para fazer uma declaração de preferência para a Corte, nos termos do artigo 287, no que diz respeito aos litígios com Estados que também fizeram a declaração - não apenas quando não aceitou a cláusula facultativa, mas também no que diz respeito aos litígios com outros estados que aceitaram a cláusula. A jurisdição da Corte, quando excluída por reservas à aceitação da cláusula facultativa, pode ser "restaurada", com base nos artigos 286 e 287. Também faz sentido para estados que aceitaram a cláusula facultativa para preferir o Tribunal em suas declarações nos termos do Artigo 287. Os estados que estão nesta categoria (Áustria, Grécia, Portugal e Uruguai) estarão sob a obrigatoriedade de jurisdição da Corte para disputas com outros estados que aceitam a cláusula facultativa e sob a jurisdição do Tribunal em litígios com outros Estados que preferem o Tribunal ao abrigo do artigo 287. Se as reservas

25 Declarações reconhecendo jurisdição: Noruega, 1995-1996 Y.B. C.I.J. 108, 109.

à cláusula facultativa excluírem jurisdição da Corte, na maioria dos casos, devido à baixo número de escolha do Tribunal, a arbitragem será procedimento aplicável.

V. A CORTE, O TRIBUNAL E AS DECLARAÇÕES NOS TERMOS DO ARTIGO 287 DA CONVENÇÃO DO DIREITO DO MAR

Pode dizer-se que a Corte e o Tribunal estão em competição (não em conflito!) para atrair declarações de preferência nos termos do artigo 287, pelos Estados partes na Convenção. Parece mais importante, no entanto, notar que a Corte e o Tribunal estão em concorrência juntos, e não um contra o outro, com a arbitragem. Arbitragem é o procedimento que as partes podem declarar, nos termos do Artigo 287, que se presume preferir na ausência de uma declaração, e isso se aplica sempre que duas partes envoltas em uma controvérsia não tenham expressado a mesma preferência.

O que aconteceu na prática? Dos 127 estados participantes, apenas vinte expressaram preferência de acordo com o Artigo 287. Essas preferências são as seguintes:[26]

- dez para o Tribunal (Argentina, Áustria, Cabo Verde, Chile, Alemanha, Grécia, Portugal, Tanzânia e Uruguai),
- seis para a Corte (Argélia, Holanda, Noruega, Espanha, Suécia e Reino Unido),
- quatro para o Tribunal e para a Corte, sem declarar uma preferência entre os dois (Bélgica, Finlândia, Itália e Omã) e
- um para arbitragem (Egito).

---

26 Ver: Divisão para questões dos Oceanos e do Direito do Mar, ONU, Escritório de Assuntos Jurídicos, Mecanismo de Solução de controvérsias: Escolha do procedimento pelos Estados-parte ao abrigo do artigo 287 da Convenção (última modificação em 17 de fevereiro de 1999). Argélia aceita a jurisdição da Corte apenas com um acordo anterior entre os envolvidos na disputa.

Esses dados devem ser considerados à luz das aceitações da cláusula facultativa do artigo 36, parágrafo 2, do Estatuto do Tribunal, feita pelos Estados Partes da Convenção. Lá eram quarenta e quatro (de sessenta e um) estados no início de 1998. Desses quarenta e quatro, trinta e dois não fizeram nenhuma declaração nos termos do artigo 287, enquanto doze fizeram uma dessas declarações. Estas declarações demonstram que:[27]

- cinco preferem a Corte (Holanda, Noruega, Espanha, Suécia e Reino Unido);
- um prefere a Corte e o Tribunal (Finlândia);
- quatro preferem o Tribunal (Áustria, Grécia, Portugal, e Uruguai);
- um prefere arbitragem (Egito); e
- um declarou que rejeita a jurisdição da Corte em qualquer litígio. (Esta é a posição tomada pela Guiné-Bissau, embora tal declaração não se dá, ao que parece, ao abrigo do artigo 287).

Os estados partes vinculados à jurisdição compulsória da Corte (quer ao abrigo da cláusula facultativa, quer ao abrigo dos artigos 286 e 287) chegam a quarenta e seis, incluindo Itália e Omã.

Aqueles vinculados pela jurisdição compulsória ao Tribunal chegam a treze, incluindo a Bélgica, a Finlândia, a Itália e Omã. A obrigatoriedade desses estados de se submeterem à jurisdição da Corte ou do Tribunal apenas se aplica a litígios entre Estados que aceitaram a jurisdição destes. Para todas as outras disputas, a arbitragem resta competente, nos termos do artigo 287.

Uma observação inicial motivada por esses dados é que a esmagadora maioria dos estados que manifestaram uma preferência selecionaram órgãos judiciais permanentes. Apenas dois estados expressaram

27 Ver: Idêntico.

uma preferência pela arbitragem. Pode-se acrescentar que a política de limitar o impacto das regras do artigo 287 favorecendo a arbitragem pode ser alcançada por declarações como aquelas feitas pela Finlândia, Itália e Omã - escolhendo a Corte e o Tribunal, sem manifestar preferência. Esta política foi claramente expressa pela Itália na sua declaração de escolha da Corte e do Tribunal:

> "Ao fazer esta declaração ao abrigo do artigo 287 da Convenção sobre o Direito do Mar, o Governo da Itália está reafirmando sua confiança nos atuais órgãos judiciais internacionais. Em conformidade com o artigo 287, parágrafo 4, a Itália considera que escolheu "o mesmo procedimento" que qualquer outro estado que escolheu o Tribunal Internacional do Direito do Mar ou a Corte Internacional de Justiça."[28]

Uma segunda observação impelida pelos dados é que a grande maioria (aproximadamente dois terços) dos Estados partes da Convenção não aceitou a cláusula facultativa, nem fez uma declaração nos termos do Artigo 287. À luz dessa observação, pode-se perguntar se os estados que não expressaram preferência estão satisfeitos com a "regra residual" do Artigo 287, parágrafo 5, declarando que "se as partes não aceitarem a mesmo procedimento para a solução da controvérsia", a jurisdição sob a Convenção pertence a um tribunal arbitral. A resposta pode ser afirmativa em alguns casos, quando o Estado em questão tem um apego profundamente arraigado à arbitragem ou razões igualmente enraizadas para a desconfiança em relação à Corte ou ao Tribunal. Esse pode ser o caso dos Estados Unidos, cujo governo, ao submeter a Convenção ao Senado para o seu conselho e consentimento, deixou claro que pretende manifestar preferência por arbitragem especial e, para dis-

---

28 Tratados Multilaterais depositados junto ao Secretário-Geral, Status de 31 de dezembro de 1997, aos 812, ONU Doc. ST/LEG/SER.B/16 (1998). Na versão original em francês de sua declaração, a Itália expressou confiança nos "organes permanents de justice internationale." Uma melhor tradução teria sido "permanentes", ao invés de de "existentes" órgãos judiciais internacionais.

putas não acobertadas por arbitragem especial, arbitragem geral.[29] Esta também deve ser a posição de quaisquer estados que façam a escolha pela arbitragem, como o Egito.

Na maioria dos casos, porém, a falta de declarações pode ter explicações diferentes de uma preferência por arbitragem. Pode-se pensar em passividade burocrática- a bem conhecida tendência burocrática (incluindo as burocracias em assuntos estrangeiros) de não fazer movimentos que não sejam estritamente necessários ou obrigatórios. Pode-se também pensar na hipótese, intimamente aliada com a passividade burocrática - e neste caso claramente errada - que essa inação não tem consequências. Também é possível que esta inação seja uma atitude de "esperar para ver" derivada de uma falta de conhecimento sobre o Tribunal.

VI. CONCLUSÃO

Os Estados partes da Convenção devem considerar seriamente as questões em torno declarações que podem fazer nos termos do artigo 287. Mais do que a escolha entre a Corte e o Tribunal, é a importante escolha que os estados devem fazer entre os órgãos permanentes de resolução de controvérsias e os tribunais arbitrais.

O Caso M / V "Saiga" (No. 2) demonstra porque os estados devem considerar seriamente os prós e contras de suas escolhas nos termos do artigo 287.[30] Nenhuma das partes no litígio, São Vicente e Granadinas e Guiné, fez uma declaração abrigada no artigo 287. Por conseguinte,

29 Ver: Carta de submissão do Secretário de Estado do Presidente dos Estados Unidos (23 de setembro de 1994), reeditado em suplemento especial: Mensagem do Presidente dos Estados Unidos e Comentário acompanhando a Convenção da Nações Unidas do Direito do Mar, 7 GEO. INT'L ENVTL. L. REV. 77, 79 (1994); Comentário sobre a Convenção das Nações Unidas do Direito do Mar de 1982, reeditado em idêntico ao 87.

30 Ver: Caso M/V "Saiga" (No. 2), Ordem de Medidas Proviórias (St. Vincent v. Guinea), 37 I.L.M. 1202 (Int'l Trib.Mar, 11 de março de 1998).

quando São Vicente e Granadinas iniciou um processo de mérito, solicitou o estabelecimento de um tribunal de arbitragem, uma vez que a arbitragem foi único procedimento competente para tratar do caso nos termos do artigo 287. Ao mesmo tempo, invocando o parágrafo 5, do artigo 290, São Vicente e Granadinas também solicitou ao Tribunal a prescrição de medidas provisórias até a constituição do tribunal de arbitragem. Quando as partes discutiram a organização do caso entre si e com o Presidente do Tribunal, durante os dias que antecederam as audiências relativas ao pedido de medidas provisórias, acordaram em transferir a jurisdição sobre o mérito do caso do ainda-a-ser-constituído tribunal arbitral ao Tribunal.[31] Embora as razões não tenham sido divulgadas, é razoável inferir que esse acordo pode ter sido influenciado significativamente pelo custo e encargos organizacionais que a arbitragem internacional impõe às partes. Neste caso, dois estados que não fizeram declarações nos termos do artigo 287, se viram em uma situação desconfortável quando surgiu uma controvérsia e um painel de arbitragem precisou ser constituído.

31 Ver: idêntico ao parágrafo 28.

O relacionamento entre o Conselho de Segurança das Nações Unidas e a Corte Internacional de Justiça

Aziz Tuffi Saliba[1]
Bernardo Mageste Castelar Campos[2]**

INTRODUÇÃO

A Corte Internacional de Justiça e o Conselho de Segurança são dois dos seis principais órgãos das Nações Unidas e foram criados com a finalidade comum de preservar a paz. A Corte Internacional de Justiça (CIJ), como principal órgão judiciário das Nações Unidas, exerce um papel fundamental como mecanismo judicial de solução pacífica de controvérsias, um dos diversos aspectos da manutenção da paz internacional. O Conselho de Segurança (CSNU), como o órgão regulador do sistema de segurança coletiva estabelecido pela Carta das Nações Unidas, é considerado o principal responsável pela manutenção da paz e

---

1 Doutor em Direito pela Universidade Federal de Minas Gerais. Mestre em Direito Internacional (International Trade Law) pela *University of Arizona*. Professor do Departamento de Direito Público da UFMG e Diretor de Relações Internacionais da UFMG.

2 ** Doutorando em Direito Internacional pela *Università degli Studi di Milano-Bicocca*. Mestre em Direito Internacional Contemporâneo pela Universidade Federal de Minas Gerais.

da segurança internacionais e possui amplos poderes para assegurar a aplicação de suas decisões.

Por visarem os mesmos fins, a atuação dos dois órgãos possibilita o exercício de jurisdição concorrente entre eles, o que pode eventualmente gerar conflitos (1). Um destes possíveis conflitos é a possibilidade do exercício pela CIJ de um controle jurisdicional das decisões do Conselho de Segurança, o que levanta questionamentos sobre a própria existência de limites jurídicos aos poderes deste órgão (2).

A JURISDIÇÃO CONCORRENTE ENTRE A CORTE INTERNACIONAL DE JUSTIÇA E O CONSELHO DE SEGURANÇA

Apesar de possuírem funções distintas, a atuação do Conselho de Segurança e da Corte Internacional de Justiça pode eventualmente recair sobre o mesmo litígio, já que ambos são competentes para conhecer de controvérsias entre Estados. Em tais casos a existência de uma jurisdição concorrente entre ambos pode ser inevitável. Ao contrário do que acontece com a Assembleia Geral das Nações Unidas,[3] a Carta das Nações Unidas não impede que a Corte Internacional de Justiça conheça de assuntos que estejam sendo tratados pelo Conselho de Segurança, motivo pelo qual as respostas a este suposto antagonismo foi desenvolvido pela jurisprudência da Corte.

O caso *Lockerbie* foi um dos episódios que melhor exemplificou o relacionamento complexo entre os dois órgãos.[4] Em março de 1992 a Líbia interpôs ações na CIJ contra os Estados Unidos e o Reino Unido sobre a interpretação ou aplicação da Convenção de Montreal de 1971

---

3 *Carta das Nações Unidas*, 26 de junho de 1945, artigo 12, parágrafo 1º.

4 Gowlland-Debbas, Vera. The Relationship Between the International Court of Justice and the Security Council in the Light of the Lockerbie Case. *American Journal of International Law*, Washington D.C., v. 88, n. 4, pp. 643-677, out. 1994, p. 644.

para a Repressão de Atos Ilícitos Contra a Segurança da Aviação Civil. A Líbia alegava sofrer ameaças dos dois países para a extradição dos suspeitos de explodirem o voo 103 da *Pan Am* sobre a cidade escocesa de Lockerbie, em dezembro de 1988. Segundo a Líbia, os países estariam obstando sua prerrogativa de exercer jurisdição sobre o atentado, já a Convenção de Montreal atribui ao país onde se encontra um suspeito do cometimento de um crime nela previsto o direito de julgá-lo.[5]

A questão se tornou especialmente problemática porque dias após as audiências para a concessão de medidas provisórias o CSNU aprovou a Resolução 748 (31 de março de 1992), baseada nos poderes previstos pelo Capítulo VII da Carta das Nações Unidas, e que instava o governo Líbio a extraditar os suspeitos do atentado.[6] A Corte negou a concessão das medidas provisórias e no julgamento da admissibilidade do caso sua jurisdição foi questionada pelos Estados Unidos e pelo Reino Unido, que alegaram a suplantação pela Resolução 748 do direito da Líbia de recorrer à CIJ previsto na Convenção de Montreal. Os dois países basearam sua fundamentação nas disposições da Carta das Nações Unidas que estabelecem a obrigatoriedade das decisões do CSNU (artigo 25) e a prevalência das obrigações da Carta sobre qualquer outro tratado internacional (artigo 103).[7]

A Corte rejeitou o argumento dos Estados Unidos e do Reino Unido, declarando que a Resolução 748 havia sido adotada após a instau-

---

5 *Convenção para a Repressão aos Atos ilícitos Contra a Segurança da Aviação Civil*, 23 de setembro de 1971, 974 UNTS 177, artigos 5º (parágrafos 2º e 3º), 7º, 8º (parágrafo 3º) e 11.

6 CONSELHO DE SEGURANÇA DA ORGANIZAÇÃO DAS NAÇÕES UNIDAS. *Resolution 748*, UN Doc. S/RES/748 (1992), 31 March 1992, para. 1.

7 CORTE INTERNACIONAL DE JUSTIÇA. *Questions of Interpretation and Application of the 1971 Montreal Convention arising from the Aerial Incident at Lockerbie*, (Libyan Arab Jamahiriya v. United States of America), Preliminary Objections, Judgment of 27 February 1998, ICJ Rep. 1998, p. 128, para. 36.

ração dos procedimentos pela Líbia, entendendo que "o surgimento posterior das resoluções não pode afetar sua jurisdição quando já estabelecida".[8] A decisão do caso *Lockerbie* não negou a força vinculante das resoluções do CSNU ou seu poder de alterar as obrigações das partes previstas na Convenção de Montreal, o que foi admitido expressamente,[9] mas afastou a possibilidade de que resoluções do Conselho de Segurança pudessem alterar as funções da Corte, negando a existência de hierarquia entre os dois órgãos.

A existência da jurisdição concorrente entre os dois órgãos não é compreendida pela CIJ como um efeito colateral negativo, mas como resultado de seu objetivo comum. Dessa forma, entende-se existir um "paralelismo funcional"[10] entre os dois órgãos, que podem "exercer suas funções distintas, mas complementares, a respeito dos mesmos eventos".[11] Dessa forma, a Corte enxerga que sua atuação pode ser um "fator importante, e às vezes decisivo" na promoção da solução da controvérsia simultaneamente tratada pelo Conselho.[12]

O paralelismo funcional entre os dois órgãos é evidenciado na possibilidade de utilização do CSNU como órgão executor das decisões da CIJ, que não conta com mecanismo próprio de execução de suas sentenças. O artigo 94, parágrafo 2º da Carta das Nações Unidas permite que o Conselho de Segurança possa ser acionado por uma Parte em um litígio perante a CIJ se a outra Parte deixar de cumprir as obrigações

---

8 *Ibid.*, p. 129, para. 37.

9 *Ibid.*, Provisional Measures, Order of 14 April 1992, pp. 126-127, paras. 43-44.

10 Gowlland-Debbas, *supra* nota 4, p. 658.

11 CORTE INTERNACIONAL DE JUSTIÇA. *Military and Paramilitary Activities in and against Nicaragua*, (Nicaragua v. United States of America), Jurisdiction and Admissibility, Judgment of 26 November 1984, ICJ Rep. 1984, p. 435, para. 95.

12 CORTE INTERNACIONAL DE JUSTIÇA. *United States Diplomatic and Consular Staff in Tehran* (United States of America v. Iran), Jurisdiction and Admissibility, Judgment of 24 May 1980, ICJ Rep. 1980, p. 22, para. 40.

determinadas pela Corte, dado que a Carta das Nações Unidas estabelece a obrigação dos Membros da Organização de se conformarem com as decisões da Corte Internacional de Justiça nos casos em que forem Parte.[13] O dispositivo é semelhante àquele previsto na Carta da Liga das Nações em relação a decisões arbitrais ou da Corte Permanente de Justiça Internacional.[14]

A possibilidade de atuação do CSNU nesse sentido é ampla, podendo o órgão, "se julgar necessário, fazer recomendações ou decidir sobre medidas a serem tomadas" para assegurar o cumprimento de uma sentença da CIJ.[15] Hans Kelsen chega a afirmar que o artigo 94 possibilita que o CSNU faça o papel de órgão recursal da CIJ:

> Ao recorrer ao Conselho de Segurança nos termos do artigo 94, parágrafo 2º, a Parte coloca a Corte sob o controle do Conselho. Tendo em vista que a Carta proíbe a autoajuda (exceto em caso de legítima defesa contra ataque armado), o descumprimento da sentença da Corte pode levar a outra parte a recorrer ao Conselho de Segurança nos termos do artigo 94, parágrafo 2º. Tal recurso pode ter como efeito a transformação de uma disputa jurídica, decidida pela Corte de acordo com o direito vigente, em uma questão a ser resolvida novamente pelo Conselho com base em princípios políticos.[16]

---

13 *Carta das Nações Unidas*, 26 de junho de 1945, artigo 94, parágrafo 1º.

14 O Pacto, entretanto, não limitava a atuação do Conselho da Liga das Nações ao requerimento da outra Parte no litígio, permitindo até mesmo a análise *ex officio*. *Pacto da Sociedade das Nações*, 28 junho de 1919, artigo 13, parágrafo 4º.

15 *Carta das Nações Unidas*, 26 de junho de 1945, artigo 94, parágrafo 2º. Sobre a discricionariedade do Conselho em decidir sobre o tema, *vide* Tanzi, Attila. Problems of Enforcement of Decisions of the International Court of Justice and the Law of the United Nations. *European Journal of International Law*, Florença, v. 6, pp. 539-572, 1995.

16 Kelsen, Hans. *The Law of the United Nations*: A Critical Analysis of Its Fundamental Problems. Londres: Stevens & Sons Limited, 1951, p. 541.

Entretanto, o artigo 60 do Estatuto da CIJ é claro ao afirmar que as sentenças da Corte são definitivas e inapeláveis, e os trabalhos preparatórios da Carta demonstram que não havia a intenção dos redatores da Carta de atribuir a função recursal ao Conselho de Segurança.[17] Assim, por ser esta uma função atípica, a atuação do Conselho de Segurança deve se limitar aos seus objetivos e poderes originalmente previstos na Carta, não podendo o artigo 94 ser interpretado de forma isolada. Assim:

> A ambiguidade fundamental do artigo 94 não reside em si mesmo, mas no seu relacionamento com o resto da Carta. As decisões do Conselho de Segurança podem autorizar o uso da força armada ou medidas que não utilizem a força *somente* se a paz estiver ameaçada. Evidentemente nem todo ato de descumprimento constitui um perigo iminente à paz. Fosse o artigo 94(2) uma forma independente de ação, contornando a necessidade de determinação da existência de qualquer ameaça à paz, teria enorme significado constitucional e coercitivo; no nível jurídico, pelo menos, tornaria as Nações Unidas um verdadeiro executor.[18]

Os poderes do Conselho de Segurança em relação ao artigo 94 nunca foram empregados, em parte pela observância geral das decisões da CIJ pelas partes e pelas divergências políticas de seus membros permanentes. Após o julgamento final do caso *Nicarágua*, por exemplo, dois projetos de resolução "conclamando urgentemente a execução" da sentença da CIJ de 27 de junho de 1986 foram vetados pelos Estados Unidos, parte sucumbente do julgamento.[19] A utilização do termo "sentença" no parágrafo 2º do artigo 94 lança dúvidas sobre a possibilidade

---

17 Oellers-Frahm, Karin. Article 94, pp. 1957-1972. In: Simma, Bruno et al. (Ed.). *The Charter of the United Nations*: A Commentary. Vol. II. 3ª ed. Oxford: Oxford University Press, 2012, p. 1966.

18 Reisman, Michael. The Enforcement of International Judgments. *American Journal of International Law*, Nova York, v. 63, n. 1, pp. 1-27, jan. 1969, pp. 14-15.

19 Projetos de Resoluções S/18250 (31 de julho de 1986) e S/18428 (28 de outubro de 1986).

de ação do CSNU para assegurar a implementação de medidas provisórias, que apesar de não serem sentenças *strictu sensu* também possuem caráter vinculante.[20]

A complementariedade entre as funções dos dois órgãos também é evidenciada pela possibilidade do Conselho de solicitar pareces consultivos à Corte, conforme previsto no artigo 96, parágrafo 1° da Carta das Nações Unidas. A emissão de pareceres consultivos pela CIJ é função herdada da Corte Permanente de Justiça Internacional, que através de sua jurisdição consultiva era competente para tratar de "toda controvérsia ou questão a ela submetidos pelo Conselho ou pela Assembleia" da Liga das Nações.[21] Ao contrário de sua predecessora, no entanto, a CIJ pode se manifestar apenas sobre questões "de ordem jurídica". Por outro lado, a CIJ pode ser solicitada também por outros órgãos e entidades especializadas das Nações Unidas que não o Conselho de Segurança ou Assembleia Geral, desde que tais órgãos sejam autorizados para tal pela Assembleia.[22]

O estabelecimento da função consultiva da PCIJ destinou-se a servir de meio alternativo para auxiliar a solução de controvérsias internacionais e foi amplamente utilizada,[23] razão pela qual a possibilidade de sua utilização pelo Conselho de Segurança para a persecução de seus objetivos foi mantida na Carta das Nações Unidas.[24] Além de seu caráter estratégico

---

20 Oellers-Frahm, *supra* nota 17, p. 1959.

21 *Pacto da Sociedade das Nações*, 28 junho de 1919, artigo 14.

22 *Carta das Nações Unidas*, 26 de junho de 1945, artigo 96, parágrafo 2°.

23 A PCIJ emitiu 27 Opiniões Consultivas em dezoito anos de funcionamento, contra 26 em setenta e três anos de funcionamento da CIJ. Oellers-Frahm, Karin. Article 96, pp. 1975-1990. In: SIMMA, Bruno et al. (Ed.). *The Charter of the United Nations*: A Commentary. Vol. I. 3ª ed. Oxford: Oxford University Press, 2012, p. 1978.

24 Proposta do delegado norte-americano em Dumbarton Oaks limitava a possibilidade de solicitação de pareces consultivos apenas ao Conselho de Segurança, visto sua principal responsabilidade na manutenção da paz e segurança internacionais. Schwebel, Stephen. Was the Capacity to Request an Advisory Opinion

na solução pacífica de questões, a função consultiva da CIJ visa auxiliar os órgãos das Nações Unidas no exercício de suas funções.[25] Ainda assim, apenas uma única vez o Conselho de Segurança solicitou a função consultiva da Corte, na opinião consultiva sobre a *Namíbia*, de 1971.

A capacidade da Assembleia Geral de solicitar opiniões consultivas sobre questões relacionadas à manutenção da paz e segurança internacionais, que a princípio seria competência exclusiva do Conselho de Segurança, foi tratada pela Corte na opinião consultiva sobre *a Construção de um Muro no Território Ocupado da Palestina*. Como o artigo 12, parágrafo 1º da Carta das Nações Unidas estabelece que a Assembleia Geral não poderá fazer nenhuma recomendação a respeito de uma controvérsia que estiver sendo debatida pelo Conselho de Segurança, em tese uma resolução da AGNU solicitando uma opinião consultiva sobre a questão da Palestina, discutidas há décadas pelo CSNU, ultrapassaria sua competência e deveria ser rejeitada pela Corte. Para a Corte, entretanto, a prática dos dois órgãos fez emergir uma tendência de admitir que ambos lidem simultaneamente com questões relativas à manutenção da paz e segurança internacionais, sendo o foco do Conselho aspectos afeitos à paz e segurança internacionais e da Assembleia aspectos mais amplos, como questões humanitárias, sociais e econômicas relacionadas ao tema.[26] Assim, a Corte entendeu não haver obstáculo em aceitar o pedido da Assembleia Geral.

Wider in the Permanent Court of International Justice than it is in the International Court of Justice? *British Yearbook of International Law*, Londres, v. 62, n. 1, pp. 77-118, jan. 1992, p. 103.

25 CORTE INTERNACIONAL DE JUSTIÇA. *Accordance with international law of the unilateral declaration of independence in respect of Kosovo*, Advisory Opinion of 22 July 2010, ICJ Rep. 2010, pp. 421, para. 44.

26 CORTE INTERNACIONAL DE JUSTIÇA. *Legal Consequences of the Construction of a Wall in the Occupied Palestinian Territory*, Advisory Opinion of 09 July 2004, ICJ Rep. 2004, pp. 148-150, paras. 26-28. O tema veio a ser retomado na Opinião Consultiva sobre o Kosovo.

LIMITAÇÃO JURÍDICA DAS AÇÕES DO CONSELHO DE SEGURANÇA

A atribuição de amplos poderes e grande discricionariedade ao Conselho de Segurança buscou dar efetividade às decisões do principal órgão responsável pela manutenção da paz e segurança internacionais. Mas este alto grau de liberdade de ação não significa que os poderes do CSNU são ilimitados ou que ele seja *potestas legibus solutos*, um poder livre de restrições legais.[27] Diversas resoluções aprovadas pelo Conselho nas últimas décadas tiverem sua legalidade questionada, como as relativas às sanções impostas ao Iraque a partir de 1990, a criação dos tribunais penais internacionais *ad hoc*, o estabelecimento de uma missão internacional e a sucessiva declaração de independência do Kosovo e a aplicação da doutrina da Responsabilidade de Proteger na Líbia.

A limitação jurídica mais evidente dos poderes do Conselho de Segurança é a Carta das Nações Unidas. Mesmo sendo um órgão com finalidades políticas com amplos poderes, o Conselho de Segurança tem sua atuação limitada pelos contornos jurídicos definidos pela Carta, que afinal é o instrumento jurídico que o instituiu e que estabelece seus propósitos.[28] A Carta estabelece expressamente que o Conselho "agirá de acordo com os Propósitos e Princípios das Nações Unidas" (artigo 24, parágrafo 2º), entre os quais se incluem a solução pacífica de controvérsias, a proibição do uso da força e a cooperação internacional. Argumentos relativos à natureza vaga e geral destas limitações parecem se basear em uma incompreensão do conteúdo e da função dos princípios, que são naturalmente menos definidos e mais densos.

---

27 Saliba, Aziz Tuffi. Is the Security Council Legibus Solutus? An Analysis of the Legal Restraints of the UNSC. *Michigan State University College of Law International Law Review*, Detroit, v. 20, n. 2, pp-401-420, 2012, p. 404.

28 TRIBUNAL PENAL INTERNACIONAL PARA A EX-IUGOSLÁVIA. *Prosecutor v. Tadić (aka. "Dule")*, IT-94-1-AR72, Decision on the Defence Motion for Interlocutory Appeal on Jurisdiction, 2 de outubro de 1995, para. 28.

O Conselho de Segurança também tem seus poderes limitados de forma mais genérica pelo direito internacional, consequência lógica da própria atribuição de faculdades ao órgão por um instrumento jurídico internacional. Conforme salientou o Juiz Jennings em seu voto dissidente no caso *Lockerbie*:

> (...) todos os poderes discricionários ou de tomada de decisões legais são necessariamente derivados do Direito, e portanto governados e qualificados pelo Direito. Isso ocorre porque toda a autoridade de tais decisões emana do Direito. Não é logicamente possível dizer representar o poder e a autoridade do Direito e, ao mesmo tempo, afirmar estar acima do Direito.[29]

A submissão do Conselho às normas gerais do direito internacional também está expressamente prevista na Carta, que prevê a capacidade do órgão em adotar "medidas efetivas para evitar ameaças à paz e reprimir os atos de agressão ou outra qualquer ruptura da paz e chegar, por meios pacíficos e *de conformidade com os princípios da justiça e do direito internacional*, a um ajuste ou solução das controvérsias ou situações que possam levar a uma perturbação da paz" (artigo 1º, parágrafo 1º). Entre as regras de direito internacional que devem ser observadas pelo Conselho estão os princípios da autodeterminação dos povos, o princípio da boa-fé e o respeito aos direitos humanos e liberdades fundamentais.[30]

Os poderes do Conselho também são limitados pelas normas de *jus cogens*, entendidas como normas aceitas e reconhecidas pela comunidade internacional dos Estados como normas das quais nenhuma derrogação é permitida. Controvérsias doutrinárias e jurisprudenciais em relação às

---

29 CORTE INTERNACIONAL DE JUSTIÇA. *Questions of Interpretation and Application of the 1971 Montreal Convention arising from the Aerial Incident at Lockerbie*, (Libyan Arab Jamahiriya v. United States of America), Preliminary Objections, Judgment of 27 February 1998, Dissenting opinion of Judge ad hoc Sir Robert Jennings, ICJ Rep. 1998, pp. 109-110.

30 Saliba, *supra* nota 27, p. 406 *et seq*.

normas de *jus cogens* ainda persistem, mas a existência e superioridade hierárquica destas regras são largamente admitidas, motivo pelo qual constituem uma efetiva limitação dos poderes do Conselho de Segurança.[31]

Ainda que a existência de limites jurídicos aos poderes do CSNU e consequentemente a possibilidade da adoção de atos contrários ao direito internacional seja amplamente reconhecida, a identificação dos órgãos ou entidades que podem estabelecer tais limites ainda não é clara.

Por ser o "principal órgão judiciário das Nações Unidas", a Corte Internacional de Justiça poderia ter a competência de interpretar a Carta das Nações Unidas e as decisões de seus órgãos, mas a possibilidade da Corte de realizar o "controle de convencionalidade" das decisões dos órgãos das Nações Unidas foi descartada pelos redatores da Carta e negada pela Corte.[32] Por outro lado, a impossibilidade de agir como um órgão de controle não impede que a Corte interprete as resoluções do CSNU de maneira incidental. A interpretação de resoluções do Conselho de Segurança é prática necessária para sua aplicação, sendo realizado por outros órgãos das Nações Unidas[33] e por outras cortes como o Tribunal Penal Internacional para a Ex-Iugoslávia[34] e o Tribunal de Justiça da União Europeia.[35]

---

31 *Ibid.*, p. 418.

32 CORTE INTERNACIONAL DE JUSTIÇA. *Certain Expenses of the United Nations (Article 17, paragraph 2, of the Charter)*, Advisory Opinion of 20 July 1962, ICJ Rep. 1962, p. 168. CORTE INTERNACIONAL DE JUSTIÇA. *Legal Consequences for States of the Continued Presence of South Africa in Namibia (South West Africa) notwithstanding Security Council Resolution 276 (1970)*, Advisory Opinion of 21 June 1971, ICJ Rep. 1971, p. 45, para. 89.

33 Wood, Michael. The Interpretation of Security Council Resolutions. *Max Planck Yearbook of United Nations Law*, Leiden, v. 2, pp. 73-96, 1998, p. 85.

34 TRIBUNAL PENAL INTERNACIONAL PARA A EX-IUGOSLÁVIA. *Prosecutor v. Tadić (aka. "Dule")*, IT-94-1-AR72, Decision on the Defence Motion for Interlocutory Appeal on Jurisdiction, 2 de outubro de 1995.

35 TRIBUNAL DE JUSTIÇA DA UNIÃO EUROPEIA. *Yassin Abdullah Kadi and Al Barakaat International Foundation v Council of the European Union and Commis-*

Um dos possíveis impedimentos para a interpretação de resoluções do CSNU pela CIJ poderia ser a identificação da Corte como um "órgão jurídico", que portanto estaria limitado à tratar de questões jurídicas. Neste sentido, as decisões de um órgão político se encontrariam fora da esfera jurídica e não poderiam ser controladas por um tribunal. A classificação do Conselho como um órgão político repousa sobre uma falsa dicotomia entre "político" e "jurídico". Na verdade, tanto órgãos públicos nacionais quanto internacionais possuem componentes que podem ser entendidos tanto como "jurídicos" quanto "políticos", e um sistema que classifica instituições como um ou outro muito provavelmente é artificial e arbitrário.

O fato de que a Carta das Nações Unidas e regras de direito internacional limitam os poderes do CSNU faz com que a conformidade de suas decisões com tais normas seja indubitavelmente uma questão jurídica, que portanto pode ser apreciada pela CIJ[36]. Em algumas opiniões consultivas a CIJ interpretou decisões do CSNU, reconhecendo que se tratava de "questões de ordem jurídica".

Na *Opinião Consultiva sobre a Namíbia*, de 1971, a Corte teve que analisar os aspectos formais e procedimentais adotados na solicitação da própria opinião consultiva, que tratava das consequências legais da presença da África do Sul naquele território. Na ocasião a África do Sul se manifestou sobre a admissibilidade do pedido questionando a validade da Resolução nº 284 de 1970 do Conselho, que solicitava a opinião consultiva. A África do Sul alegou que a Resolução seria *ultra vires* por não ter seguido a norma estabelecida no artigo 27, parágrafo 3º da Carta das Nações Unidas, que requer a aprovação das decisões do Con-

---

sion of the European Communities, Judgment of the Court (Grand Chamber) of 3 September 2008, EC Rep. 2008 I-06351.

36 Peters, Anne. Article 24, pp. 761-787. In: Simma, Bruno et al. (Ed.). *The Charter of the United Nations*: A Commentary. Vol. I. 3ª ed. Oxford: Oxford University Press, 2012, p. 771.

selho de Segurança em questões não processuais pelo voto afirmativo de nove Membros, inclusive os cinco Membros Permanentes, já que o Reino Unido e a União Soviética, Membros Permanentes, se abstiveram da votação. A Corte entendeu que o entendimento pelo qual a abstenção voluntária de um membro permanente não obstaria a adoção de resoluções estaria consolidado pela prática do Conselho e teria sido geralmente aceita pelos membros da Organização.[37]

A interpretação de disposições da Carta das Nações Unidas que estabelecem os poderes do CSNU também foi realizada no julgamento da admissibilidade das opiniões consultivas sobre *Certas Despesas das Nações Unidas* e sobre a *Construção de um Muro no Território Ocupado da Palestina*, reconhecendo em ambas o compartilhamento das funções relativas à manutenção da paz e segurança internacionais entre a Assembleia Geral e o Conselho de Segurança.

Mais recentemente, o efeito jurídico das resoluções do Conselho de Segurança foi debatido pela CIJ na *Opinião Consultiva sobre a Conformidade com o Direito Internacional da Declaração Unilateral de Independência do Kosovo*, de 2010. A opinião foi requisitada pela Assembleia Geral, que questionava à Corte se a declaração de independência do Kosovo em relação à República Federativa da Iugoslávia, em fevereiro de 2008, era legal do ponto de vista do direito internacional. Para responder a pergunta a Corte analisou a Resolução 1244 do Conselho de Segurança de 10 de junho de 1999, que autorizou a implementação de uma presença internacional civil na região, a fim de dotá-la de uma "administração provisória por meio da qual seu povo possa gozar de uma autonomia substancial da República Federativa da Iugoslávia".[38]

---

37 CORTE INTERNACIONAL DE JUSTIÇA. *Legal Consequences for States of the Continued Presence of South Africa in Namibia (South West Africa) notwithstanding Security Council Resolution 276 (1970)*, Advisory Opinion of 21 June 1971, ICJ Rep. 1971, p. 22, para. 22.

38 CONSELHO DE SEGURANÇA DA ORGANIZAÇÃO DAS NAÇÕES UNIDAS. *Resolution 1244*, UN Doc. S/RES/1244 (1999), 10 June 1999, para. 10.

A Corte considerou que as resoluções do CSNU poderiam fazer parte do quadro geral de obrigações do direito internacional e reconheceu sua competência para analisa-las, mesmo que "a interpretação e a aplicação de uma decisão de um dos órgãos políticos das Nações Unidas seja, em primeiro lugar, responsabilidade do órgão que tomou tal decisão".[39] A Resolução 1244 foi então analisada com o auxílio das regras de interpretação de tratados,[40] tendo a Corte concluído que a declaração de independência realizada pela Assembleia do Kosovo não violava o direito internacional. Na opinião consultiva a Resolução 1244 não foi interpretada para determinar sua legalidade, mas para ser utilizada como marco legal para se analisar a declaração de independência em questão.[41]

No caso do exercício de sua jurisdição contenciosa, a Corte reconhece que aspectos políticos podem estar presentes nas disputas ou questões a ela encaminhadas, mas acredita que sua função como mecanismo de solução pacífica de controvérsias não a impede de se pronunciar sobre questões que possam ser solucionadas pela aplicação de regras e princípios do direito internacional.[42] Em diversos casos envolvendo Estados a CIJ interpretou resoluções do CSNU, analisando especialmente sua competência para tratar de controvérsias que estivessem

---

39 CORTE INTERNACIONAL DE JUSTIÇA. *Accordance with international law of the unilateral declaration of independence in respect of Kosovo*, Advisory Opinion of 22 July 2010, ICJ Rep. 2010, pp. 422 (para. 46) e p. 439 (para. 85).

40 CORTE INTERNACIONAL DE JUSTIÇA. *Accordance with international law of the unilateral declaration of independence in respect of Kosovo*, Advisory Opinion of 22 July 2010, ICJ Rep. 2010, p. 442, para. 94.

41 CORTE INTERNACIONAL DE JUSTIÇA. *Accordance with international law of the unilateral declaration of independence in respect of Kosovo*, Advisory Opinion of 22 July 2010, ICJ Rep. 2010, p. 439, para. 85.

42 CORTE INTERNACIONAL DE JUSTIÇA. *Border and Transborder Armed Actions* (Nicaragua v. Honduras), Jurisdiction and Admissibility, Judgment of 20 December 1988, ICJ Rep. 1988, P. 91, Para. 52.

sendo simultaneamente tratadas pelo Conselho, como nos casos da *Plataforma Continental do Mar Egeu* e dos *Reféns em Teerã*.

No caso *Lockerbie* a mesma questão foi levantada, mas a situação era inédita. Foi o primeiro caso em que a Corte teve que interpretar uma resolução do Conselho de Segurança que se baseava expressamente nos poderes previstos no Capítulo VII da Carta. A Corte não considerou inadmissível o argumento da Líbia de que a Resolução 748 do CSNU aprovada após a instituição do caso na CIJ seria contrária ao direito internacional por tentar afastar sua base de jurisdição, reafirmando a inexistência de hierarquia entre os dois órgãos e se mostrando disposta a julgar o mérito da questão.[43] Apesar do ineditismo, a Corte não chegou a julgar os méritos da controvérsia em razão de um acordo firmado entre as partes para a retirada do caso da lista da Corte em 2003.[44]

O caso *Lockerbie* evidenciou a possibilidade de apreciação das decisões do Conselho de Segurança pela CIJ de forma incidental em controvérsias e com efeitos apenas em relação às obrigações das partes envolvidas. Tal possibilidade se fundamenta na existência de limites jurídicos dos poderes do Conselho de Segurança e pela função judicial da CIJ de julgar as controvérsias a ela submetidas com base no direito internacional.

Mesmo com a possibilidade de considerar uma resolução do CSNU *ultra vires*, a CIJ possivelmente não chegaria a tal decisão. O reconhecimento da ilegalidade de uma resolução do Conselho de Segurança

---

43 CORTE INTERNACIONAL DE JUSTIÇA. *Questions of Interpretation and Application of the 1971 Montreal Convention arising from the Aerial Incident at Lockerbie*, (Libyan Arab Jamahiriya v. United Kingdom), Request for the indication of Provisional Measures, Judgment of 14 April 1992, ICJ Rep. 1992, p. 14, para. 36.

44 CORTE INTERNACIONAL DE JUSTIÇA. *Questions of Interpretation and Application of the 1971 Montreal Convention arising from the Aerial Incident at Lockerbie*, (Libyan Arab Jamahiriya v. United Kingdom), Discontinuance, Order of 10 September 2003.

poderia minar a legitimidade deste, o que inevitavelmente iria afetar o interesse comum dos órgãos de solucionar a controvérsia de modo pacífico.[45] Além disso, uma eventual recusa do Conselho em reconhecer a ilegalidade de um de seus atos poderia afetar o sistema internacional em uma medida maior do que a decisão de não se analisar a legalidade da resolução.[46]

CONCLUSÃO

As relações entre a Corte Internacional de Justiça e o Conselho de Segurança se baseiam no papel comum dos dois órgãos na manutenção da paz internacional. Em razão das finalidades comuns, não raro a mesma controvérsia é tratada simultaneamente pelos dois órgãos sem que haja a sobreposição de suas funções.

A existência de uma jurisdição concorrente entre os dois órgãos não significa a sobreposição de um sobre o outro, mas sim à existência de um paralelismo funcional entre eles. Os dois órgãos são independentes e não obedecem a uma hierarquia, motivo pelo qual o Conselho de Segurança não pode alterar o exercício das funções da Corte, como demonstrado no caso *Lockerbie*, e esta não possui o poder de fazer um controle abstrato da legalidade das resoluções do Conselho.

Além da impossibilidade de sobreposição de funções, o paralelismo funcional entre o Conselho de Segurança e a Corte Internacional de Justiça é expressão da complementariedade entre suas atividades na solução pacífica de controvérsias, evidenciada na possibilidade da solicitação e emissão de pareces consultivos ou da execução de sentenças judiciais.

---

45 Gowlland-Debbas, *supra* nota 4, p. 99.

46 Nolte, Georg. The Limits of the Security's Council Powers and its Functions in the International Legal System: Some Reflections. In: Byers, Michael (Ed.). *The Role of Law in International Politics*. Oxford: Oxford University Press, 2001, p. 318.

REFERÊNCIAS BIBLIOGRÁFICAS

CONSELHO DE SEGURANÇA DA ORGANIZAÇÃO DAS NAÇÕES UNIDAS. *Draft Resolution 18250*, UN Doc. S/18250 (1986), 31 July 1986.

CONSELHO DE SEGURANÇA DA ORGANIZAÇÃO DAS NAÇÕES UNIDAS. *Draft Resolution 18428*, UN Doc. S/18428 (1986), 28 October 1986.

CONSELHO DE SEGURANÇA DA ORGANIZAÇÃO DAS NAÇÕES UNIDAS. *Resolution 748*, UN Doc. S/RES/748 (1992), 31 March 1992.

CONSELHO DE SEGURANÇA DA ORGANIZAÇÃO DAS NAÇÕES UNIDAS. *Resolution 1244*, UN Doc. S/RES/1244 (1999), 10 June 1999.

Convenção para a Repressão aos Atos ilícitos Contra a Segurança da Aviação Civil, 23 de setembro de 1971, 974 UNTS 177.

CORTE INTERNACIONAL DE JUSTIÇA. *Accordance with international law of the unilateral declaration of independence in respect of Kosovo*, Advisory Opinion of 22 July 2010, ICJ Rep. 2010.

CORTE INTERNACIONAL DE JUSTIÇA. *Border and Transborder Armed Actions* (Nicaragua v. Honduras), Jurisdiction and Admissibility, Judgment of 20 December 1988, ICJ Rep. 1988.

CORTE INTERNACIONAL DE JUSTIÇA. *Certain Expenses of the United Nations (Article 17, paragraph 2, of the Charter)*, Advisory Opinion of 20 July 1962, ICJ Rep. 1962.

CORTE INTERNACIONAL DE JUSTIÇA. *Legal Consequences for States of the Continued Presence of South Africa in Namibia (South West Africa) notwithstanding Security Council Resolution 276 (1970)*, Advisory Opinion of 21 June 1971, ICJ Rep. 1971.

CORTE INTERNACIONAL DE JUSTIÇA. *Legal Consequences of the Construction of a Wall in the Occupied Palestinian Territory*, Advisory Opinion of 09 July 2004, ICJ Rep. 2004.

CORTE INTERNACIONAL DE JUSTIÇA. *Military and Paramilitary Activities in and against Nicaragua*, (Nicaragua v. United States of America), Jurisdiction and Admissibility, Judgment of 26 November 1984, ICJ Rep. 1984.

CORTE INTERNACIONAL DE JUSTIÇA. *Questions of Interpretation and Application of the 1971 Montreal Convention arising from the Aerial Incident at Lockerbie*, (Libyan Arab Jamahiriya v. United States of America), Preliminary Objections, Judgment of 27 February 1998, ICJ Rep. 1998.

CORTE INTERNACIONAL DE JUSTIÇA. *Questions of Interpretation and Application of the 1971 Montreal Convention arising from the Aerial Incident at Lockerbie*, (Libyan Arab Jamahiriya v. United States of America), Preliminary Objections, Judgment of 27 February 1998, Dissenting opinion of Judge ad hoc Sir Robert Jennings, ICJ Rep. 1998.

CORTE INTERNACIONAL DE JUSTIÇA. *Questions of Interpretation and Application of the 1971 Montreal Convention arising from the Aerial Incident at Lockerbie*, (Libyan Arab Jamahiriya v. United Kingdom), Request for the indication of Provisional Measures, Judgment of 14 April 1992, ICJ Rep. 1992.

CORTE INTERNACIONAL DE JUSTIÇA. *Questions of Interpretation and Application of the 1971 Montreal Convention arising from the Aerial Incident at Lockerbie*, (Libyan Arab Jamahiriya v. United Kingdom), Discontinuance, Order of 10 September 2003.

CORTE INTERNACIONAL DE JUSTIÇA. *United States Diplomatic and Consular Staff in Tehran* (United States of America v. Iran), Jurisdiction and Admissibility, Judgment of 24 May 1980, ICJ Rep. 1980.

DOEHRING, Karl. Unlawful Resolutions of the Security Council and their Legal Consequences. *Max Planck Yearbook of United Nations Law*, Leiden, v. 1, pp. 91-109, 1997.

GOWLLAND-DEBBAS, Vera. The Relationship Between the International Court of Justice and the Security Council in the Light of the Lockerbie Case. *American Journal of International Law*, Washington D.C., v. 88, n. 4, pp. 643-677, out. 1994.

KELSEN, Hans. *The Law of the United Nations*: A Critical Analysis of Its Fundamental Problems. Londres: Stevens & Sons Limited, 1951.

NOLTE, Georg. The Limits of the Security's Council Powers and its Functions in the International Legal System: Some Reflections. In: BYERS, Michael (Ed.). *The Role of Law in International Politics*. Oxford: Oxford University Press, 2001.

OELLERS-FRAHM, Karin. Article 94, pp. 1957-1972. In: SIMMA, Bruno et al. (Ed.). *The Charter of the United Nations*: A Commentary. Vol. II. 3ª ed. Oxford: Oxford University Press, 2012.

OELLERS-FRAHM, Karin. Article 96, pp. 1975-1990. In: SIMMA, Bruno et al. (Ed.). *The Charter of the United Nations*: A Commentary. Vol. II. 3ª ed. Oxford: Oxford University Press, 2012.

PETERS, Anne. Article 24, pp. 761-787. In: SIMMA, Bruno et al. (Ed.). *The Charter of the United Nations*: A Commentary. Vol. I. 3ª ed. Oxford: Oxford University Press, 2012.

REISMAN, Michael. The Enforcement of International Judgments. *American Journal of International Law*, Nova York, v. 63, n. 1, pp. 1-27, jan. 1969.

SALIBA, Aziz Tuffi. Is the Security Council Legibus Solutus? An Analysis of the Legal Restraints of the UNSC. *Michigan State University College of Law International Law Review*, Detroit, v. 20, n. 2, pp-401-420, 2012.

SALIBA, Aziz Tuffi. *Conselho de Segurança*: Sanções e Limites Jurídicos. Curitiba: Juruá, 2008.

SCHWEBEL, Stephen. Was the Capacity to Request an Advisory Opinion Wider in the Permanent Court of International Justice than it is in the International Court of Justice? *British Yearbook of International Law*, Londres, v. 62, n. 1, pp. 77-118, jan. 1992.

TANZI, Attila. Problems of Enforcement of Decisions of the International Court of Justice and the Law of the United Nations. *European Journal of International Law*, Florença, v. 6, pp. 539-572, 1995.

TRIBUNAL DE JUSTIÇA DA UNIÃO EUROPEIA. *Yassin Abdullah Kadi and Al Barakaat International Foundation v Council of the European Union and Commission of the European Communities*, Judgment of the Court (Grand Chamber) of 3 September 2008, EC Rep. 2008 I-06351.

TRIBUNAL PENAL INTERNACIONAL PARA A EX-IUGOSLÁVIA. *Prosecutor v. Tadić (aka. "Dule")*, IT-94-1-AR72, Decision on the Defence Motion for Interlocutory Appeal on Jurisdiction, 2 de outubro de 1995.

WOOD, Michael. The Interpretation of Security Council Resolutions. *Max Planck Yearbook of United Nations Law*, Leiden, v. 2, pp. 73-96, 1998.

Zimmermann, Andreas; Tomuschat, Christian; Oellers-Frahm, Karin, Tams, Christian. *The Statute of the International Court of Justice*: A Commentary. 2ª ed. Oxford: Oxford University Press, 2012.

O diálogo entre a Corte Internacional de Justiça e outros órgãos jurisdicionais internacionais sobre questões processuais[1]

Loris Marotti[2]

ÍNDICE

---

1 O texto "The International Court of Justice role in influencing the approach of other courts on fundamental procedural matters", originalmente publicado na obra ARCARI, M., BALMOND, L. Le dialogue des jurisdictions dans l'ordre juridique international: entre pluralisme et securité juridique. Editoriale Scientifica: Napoli, 2014, foi traduzido da língua inglesa por Lucas C. Lima.

2 ** Loris Marotti é doutorando em Direito Internacional e da União Européia pela Università degli Studi di Macerata. Bacharel em Direito pela Università Federico II di Napoli. Seus estudos focam-se em questões de processo perante tribunais internacionais e contencioso internacional.

1. INTRODUÇÃO

Este trabalho analisa e discute o diálogo judicial relacionado a questões processuais e, em particular, evidencia o essencial papel desempenhado pela Corte Internacional de Justiça (CIJ) na determinação e no desenvolvimento de princípios e regras de processo judicial internacional. Uma análise quantitativa e qualitativa das referências mais relevantes feitas por órgãos judiciais internacionais às decisões da Corte em questões de procedimento parece confirmar este papel essencial da CIJ, ao menos relativo a princípios e regras fundamentais que são comuns a qualquer procedimento judicial e que são enraizados na própria natureza da função judicial (e.g. os princípios *jura novit curia*, *competence-competence*, a disposição do ônus da prova e assim por diante).

Esta análise irá igualmente ilustrar como a CIJ cada vez mais envolve-se em diálogos com outros órgãos judiciais ou quase-judiciais. Quando este diálogo implica a extensão da aplicação de normas e princípios elaborados em diferentes contextos, revela-se um significante processo de mútua fertilização cruzada entre diferentes cortes e tribunais.[3] A este respeito, particular atenção será prestada ao princípio da igualdade processual das partes, o qual foi objeto de uma interessante abordagem reconstrutiva baseada em direitos humanos pela Corte em uma recente opinião consultiva (a "Opinião Consultiva IFAD").[4] De maneira inte-

3 Especialmente em relação aos princípios e regras do processo internacional, é importante rememorar que, já em 2008, BROWN, The Cross-Fertilization of Principles Relating to Procedure and Remedies in the Jurisprudence of International Courts and Tribunals, in Loyola of Los Angeles International and Comparative Law Review, 2008, p. 219 ss., sublinhou a tendência de cortes e tribunais internacionais levar em consideração a prática de outros tribunais em questões processuais e sublinhou a emergência de abordagens comuns neste campo.

4 Corte Internacional de Justiça, Judgment No. 2867 of the Administrative Tribunal of the International Labour Organization upon a Complaint Filed against the International Fund for Agricultural Development, Advisory Opinion of 1 February 2012, in ICJ Reports, 2012, p. 10.

ressante, os entendimentos da Corte neste casos podem ser observados como expressão de uma tendência geral recente de abertura a valores protegidos por diferentes áreas do direito internacional.

A primeira parte deste trabalho irá afrontar alguns aspectos gerais relativos à prática de "diálogo judicial" no contencioso internacional e as fontes do direito processual internacional. A segunda parte é uma análise da práxis de diversos órgãos judiciais internacionais que "dialogaram" com a CIJ em questões processuais. A terceira e última parte focará no posicionamento tomado pela CIJ em relação à determinação e interpretação de princípios processuais e, à luz da abordagem adotada pela Corte na Opinião Consultiva IFAD, traçar os possíveis desenvolvimentos emergentes deste tipo de abordagem.

2. DIÁLOGO JUDICIAL E QUESTÕES PROCESSUAIS NO CONTENCIOSO INTERNACIONAL.

Nos termos do parágrafo 1 (d) do Artigo 38 do Estatuto da Corte Internacional de Justiça, "sob ressalva da disposição do art. 59," decisões judiciais são consideradas apenas como "meios subsidiários para a determinação das regras de direito". Portanto, a doutrina do *stare decisis* - através da qual cortes são compelidas pelos seus julgamentos anteriores, e precedentes são reconhecidos como uma *fonte* (e não mera *evidência*) do direito - é claramente excluída pelo Artigo 59.[5] De maneira geral, é possível afirmar que esta doutrina não integra o direito internacional vez que nenhum outro tribunal internacional a aplica.[6] Entretanto, como Mohamed Shahabudden apontou em seu magistral trabalho sobre o precedente na Corte Internacional, "o fato que a doutrina do

5 Ver SHAHABUDDEN, Precedent in the World Court, Cambridge, 1996.

6 GUILLAUME, The Use of Precedent by International Judges and Arbitrators, in Journal of International Dispute Settlement, 2011, p. 9 ss.; Shaw, International Law, Cambridge, 2008, p. 110.

precedente obrigatório não se aplica significa que as decisões da Corte não são precedentes vinculantes; isto não significa que elas não sejam 'precedentes'".[7] Em verdade, a CIJ, como qualquer outra corte permanente, tende em levar em consideração sua jurisprudência através de constantes referências às decisões anteriores, portanto, desenvolvendo uma *jurisprudence constante* ou o que foi definido como uma "*de facto case law*".[8] Como observado por um ex-Presidente da CIJ, Gilbert Guillaume, o recurso a precedente por juízes e árbitros internacionais possui implicações positivas e negativas.[9] Por um lado, seu uso permite assegurar certeza e igualdade de tratamento aos litigantes e contribui para a organização de um sistema judicial descentralizado através do fortalecimento do diálogo judicial. Por outro lado, o "culto ao precedente" poderia aumentar o risco de imobilização do direito e ser degenerado em um instrumento de governo por juízes.

Para os propósitos deste estudo, salienta-se que o conceito de precedente é proximamente similar aquele de "diálogo judicial". De fato, este é frequentemente utilizado para descrever a prática seguida por cortes e tribunais internacionais de usar e interagir com a jurisprudência de outros tribunais. Em outras palavras, este conceito expressa o recurso ao "precedente externo" por juízes internacionais.[10]

---

7 SHAHABUDDEN, Precedent in the World Court, *cit.*, p. 2, grifo adicionado.

8 REINISCH, The Proliferation of International Dispute Settlement Mechanism: The Threat of Fragmentation vs. the Promise of a More Effective System? Some Reflections From the Perspective of Investment Arbitration, in BUFFARD, CRAWFORD, PELLET, WITTICH (eds.), International Law Between Universalism and Fragmentation. Festschrift in Honour of Gerhard Hafner, Leiden/Boston, 2008, p. 123. Ver igualmente ROSENNE, The Perplexities of Modern International Law, Leiden, 2004, pp. 44-46.

9 GUILLAUME, The Use of Precedent, *cit.*, p. 23.

10 A expressão "precedente externo" é devida a Guillaume, The Use of Precedent, *cit.* Diversos autores preferem não utilizar a palavra "precedente" ao abordar a questão. Ver, por exemplo, MILLER, An International Jurisprudence? The Ope-

Somente em tempos recentes a doutrina internacional iniciou a refletir sobre esta específica questão. Isto não surpreende se considera que o fenômeno parece ser estritamente relacionado à relativamente recente proliferação de organismos judiciais internacionais.[11] Diálogo internacional no contencioso internacional, em sua conotação positiva, tem sido observado como um valoroso instrumento para enfrentar problemas que emergiram da multiplicação de instâncias jurisdicionais e, ao menos "acalmar os medos daqueles preocupados com a fragmentação do direito internacional".[12] A prática de engajar-se em tal interação

---

ration of "Precedent" Across International Tribunals, in Leiden Journal of International Law, 2002, p. 488, de acordo com quem "(...) 'Precedent' is a loaded term, especially in international law. (...) To the extent that it is understood to refer to other practices, the term is ambiguous; it means different things in different legal system and can have multiple meanings even within the same system, depending on the context in which it is used [...]". Ver igualmente ZAMMIT BORDA, Precedent in International Criminal Courts and Tribunals, in Cambridge Journal of International and Comparative Law, 2013, p. 288. De maneira geral, é interessante notar que um autor pontuou que o precedente externo possui relevência apenas como um mero "exemplo"; em outras palavras, "(...) it does not indicate the decisional criterion that must be followed in the subsequent cases, but it only shows that a given norm has been applied in a certain way in a certain case. Thus, example informs but does not suggest, nor does it impose a decision consistent with it". Ver TARUFFO, Precedente e giurisprudenza, Napoli, 2007, p. 32 (Tradução em inglês realizada pelo autor).

11 ROMANO, Deciphering the Grammar of the International Jurisprudential Dialogue, in International Law and Politics, 2009, pp. 759-760, observa que "[t]he role of precedent across international courts is still a largely unmapped territory. While most literature to date has focused on the treatment by courts of their own precedents, there have been very few studies about the treatment of precedent across international courts". Entre outras recentes contribuições lidando com este tópico, ver WEINIGER and SCHREUER, Conversations across Cases: Is there a Doctrine of Precedent in Investment Arbitration?, in Transnational Dispute Management, 2008; ZAMMIT BORDA, Precedent in International Criminal Courts, *cit.*

12 MILLER, An International Jurisprudence? *cit.*, p. 499.

jurisprudencial, portanto, tem representado a principal solução para escapar da condição de isolamento formal na qual organismos judiciais naturalmente operam.[13]

Um ponto que merece ser considerado refere-se às técnicas adotadas por estes órgãos judiciais para justificar e legitimar o recurso a decisões externas. Nesse sentido, deveria parecer claro que - dada a ausência de qualquer doutrina de obrigatoriedade do precedente e a ausência de uma hierarquia ordenando o "sistema judicial" internacional - estas técnicas de diálogo não são previstas por qualquer dispositivo estatutário ou instrumento positivo. Elas são simplesmente o resultado das atividades argumentativas e interpretativas executadas pelas cortes. Por exemplo, entre as possíveis justificativas para o uso de decisões de outros tribunais internacionais, tem-se feito referência à regra contida no parágrafo 1(c) do Artigo 31 da Convenção de Viena sobre Direito dos Tratados (CVDT), especialmente em relação à interpretação dos instrumentos constitutivos e regulamentos de cortes internacionais. Como se sabe, esta regra estabelece que, para a interpretação de um tratado "(...) serão levados em consideração, juntamente com o contexto (...) quaisquer regras pertinentes de Direito Internacional aplicáveis às relações entre as partes". Um exemplo deste *modus operandi* pode ser encontrado no julgamento da Corte Europeia de Direitos Humanos (CEDH) no caso *Mamatkulov and Abdurasulovic v. Turkey.*[14] Neste caso,

---

13 Como a Corte Penal para a Antiga Iugoslavia entendeu no caso Prosecutor v. Tadić, Decision on the defence motion for Interlocutory Appeal on Jurisdiction, IT-94-1-AR722, October 1995, para. 11) "[i]nternational law, because it lacks a centralised structure, does not provide for an integrated judicial system operating an orderly division of labour among a number of tribunals, where certain aspects or components of jurisdiction as a power could be centralised or vested in one of them but not the others. In international law, every tribunal is a self-contained system (unless otherwise provided)."

14 ECtHR, Mamatkulov and Abdurasulovic v. Turkey, Applications Nos. 46827/99 and 46951/99, Judgment of 6 February 2003.

a Corte reconheceu a natureza obrigatória de suas medidas cautelares e, ao fazê-lo, fez referência à práxis do Comitê de Direitos Humanos, da Corte Interamericana de Direitos Humanos, à Comissão de Direitos Humanos e à Corte Internacional de Justiça.[15]

Antes de analisar a jurisprudência destes tribunais, a CEDH mencionou o Artigo 31, (3), (c) para estabelecer que a Convenção Europeia de Direitos Humanos "(...) deve ser interpretada tanto quanto possível de maneira consistente com outros princípios do direito internacional do qual ela forma parte".[16] Subsequentemente, a mesma Corte adicionou que "é de crucial importância que a Convenção seja interpretada e aplicada de maneira a assegurar seus direitos práticos e efetivos, não teóricos ou ilusórios. Uma falha da Corte em manter uma *abordagem dinâmica e evolutiva* arriscaria, de fato, transformá-a num documento que precisaria de reforma e melhoramento".[17] Contudo, pode-se questionar se o recurso a um instrumento *formal*, como o Artigo 31 da CVDT, pode oferecer uma adequada base legal de maneira a justificar o uso de precedentes judiciais externos. Isso é especialmente verdade se se considera que a aplicação da regra interpretativa contida no Artigo 31, (3), (c), sujeita à fonte externa, como um tratado, é aplicável to todas as partes de uma controvérsia.[18]

---

15 *Ibidem*, paras. 102-105, citando LaGrand (Germany v. United States), Judgment of 27 June 2001, in ICJ Reports, 2001, para. 466.

16 *Ibidem*, para. 99.

17 *Ibidem*, para. 105 (grifo nosso). A Corte concluiu que "[i]n the circumstances of the present case, the Court notes that in the light of the general principles of international law, the law of treaties and international case-law, the interpretation of the scope of interim measures cannot be dissociated from the proceedings to which they relate or the decision on the merits they seek to protect".

18 Especificamente em relação ao recurso à fontes externas como tratados não obrigatórios a todas as partes numa controvérsia (portanto, incidindo no sentido do Artigo 31(3)(c) da CVDT), uma abordagem interessante comparável à teoria de Taruffo sobre precedentes externos (ver, *supra*, nota 8), tem sido adotada no interior da

No campo do processo international, excluindo-se estas técnicas derivadas da interpretação de tratados, os métodos mais utilizados por cortes internacionais para fazer recurso à prática judicial externa é a utilização de princípios gerais do direito. Com efeito, de maneira a encontrar, enunciar e aplicar um determinado princípio processual, uma corte internacional tende a demonstrar a larga aceitação deste no direito internacional referindo-se à prática internacional e, em particular, como se verá, à jurisprudência da CIJ relacionada às normas procedimentais básicas. Por exemplo, no caso *US - Shirts and Blouses*, o Órgão de Apelação da OMC, determinando a posição do ônus da prova, decidiu que "(...) diversos tribunais internacionais, *incluindo a Corte Internacional de Justiça*, aceitaram e aplicaram de maneira geral e consistente a regra que a parte que alega um fato, seja o requerente ou o requerido, é responsável por prová-lo. Igualmente, é um cânone probatório aceito de maneira geral na civil *law, common law e, de fato, maior parte das jurisdições*, que o ônus da prova compete à parte, seja reclamante ou reclamado, que alega uma determinada tese de acusação ou defesa".[19]

---

jurisprudência da OMC. Por exemplo, no caso *European Comunities- MeasuresAffecting the Approval and Marketing of Biotech Products* (Reports of the Panel, WT/DS291/R, WT/DS292/R, WT/DS293/R, 29 September 2006), o painel sustentou que "[...] other relevant rules of international law may in some cases aid a treaty interpreter in establishing, or confirming, the ordinary meaning of treaty terms in the specific context in which they are used. Such rules would not be considered because they are legal rules, but rather because they may provide evidence of the ordinary meaning of terms in the same way that dictionaries do. They would be considered for their informative character. [...][T]he mere fact that one or more disputing parties are not parties to a convention does not necessarily mean that a convention cannot shed light on the meaning and scope of a treaty term to be interpreted" (paras. 7.92 and 7.94, emphasis added). Para uma visão geral, ver CANNIZZARO, Il rilievo degli accordi esterni nell'interpretazione degliaccordi OMC, in LIGUSTRO, SACERDOTI (eds.), Problemi e tendenze del diritto internazionale dell'economia. Liber amicorum in onore di Paolo Picone, Napoli, 2011, p. 513 ss.

19 Report of the Appellate Body, US – Measures Affecting Imports of Woven Wool Shirts and Blouses from India, WT/DS33/AB/R, 25 April 1997, p. 14 (grifo nosso).

Para melhor explicar este aspecto, faz-se necessário acrescentar algumas palavras no que parece ser a mais nevrálgica questão deste tópico, nomeadamente a questão de *fontes* do direito internacional processual. Neste sentido, parece evidente que o ponto de partida de qualquer discussão sobre fontes do direito internacional está encrustado no Artigo 38 (1) do Estatuto da CIJ, que serve igualmente como uma lista de fontes do direito processual internacional.[20] De maneira interessante, além dos instrumentos constitutivos e das regras de procedimento de tribunais internacionais - as quais representam as fontes (escritas) primárias -, parte autoritativa da doutrina, também à luz das indicações delineadas na prática judicial internacional, parece condividir a visão que existe um conjunto de normas processuais fundamentais possuindo um caráter básico e residual com uma aplicação geral. Afirma-se que estas regras devem ser respeitadas, mesmo quando elas não são necessariamente incorporadas em disposições estatutárias.[21] Não obstante, autores não concordam em relação às fontes das quais estas normas originariam[22] e,

20 O posicionamento de Brown neste ponto de que "[...] if customary international law, general principles of law, judicial decisions and writings of publicists are sources of the substantive rules of international law, there is no reason why they might not also serve as a source of the procedural rules of international law [...]" é bastante convincente. See BROWN, The Cross-Fertilization, cit., p. 37.

21 Ver, entre outros, CHENG, General Principles of Law as Applied by International Courts and Tribunals, London, 1953, p. 257 ss.; SERENI, Principi generali di diritto e processo internazionale, Milano, 1955, passim; SCHLESINGER, Research on the General Principles of Law Recognized by Civilized Nations, in American Journal of International Law, 1957, p. 736; MANI, International Adjudication: Procedural Aspects, The Hague, 1980, p. 12; NEGRI, I principi generali del processo internazionale nella giurisprudenza della Corte internazionale di giustizia, Napoli, 2002, pp. 32-33; KOLB, General Principles of Procedural Law in ZIMMERMANN, TOMUSCHAT, and OELLERS-FRAHM (eds), The Statute of the International Court of Justice: A Commentary, Oxford, 2012, p. 871 ss.

22 MATSCHER, Standing Before International Courts and Tribunals, in EPIL, 1981 p.191; THIRLWAY, Procedure of International Courts and Tribunals, in EPIL,

em geral, quanto à sua natureza.[23]

O que deve ser sublinhado, contudo, é que aparentemente decisões judiciais - especialmente decisões da CIJ - vem ganhado um papel proeminente no interior do sistema de fontes de normas processuais fundamentais, uma vez que elas representam um canal privilegiado para a "abstração" destas fontes. Em outras palavras, embora seja geralmente claro que no campo do direito processual internacional, excetuando as normas estatutárias, exista uma correspondência entre as fontes listada no Artigo 38, (1), do Estatuto da CIJ (i.e., ocorre que as mesmas normas procedimentais podem ser igualmente referenciadas à prática costumeira, princípios gerais do direito ou decisões judiciais) a crescente prática de referir-se à jurisprudência da CIJ em matérias de princípios fundamentais processuais é indicador do papel primário que a Corte assumiu na verificação destes princípios. Portanto, estas normas parecem encontrar suas fontes nos "princípios gerais de direito" (sejam eles princípios do direito internacional ou princípios *in foro domestico*), dado à ativa, e frequentemente ampla, função discricionária outorgada ao intérprete para a sua dedução.[24] Portanto, pode-se afirmar que o diálogo judicial,

---

1997, p. 1128. Ver tambem, do mesmo autor, Procedural Law and the International Court of Justice, in LOWE, FITZMAURICE (eds.), Fifty Years of the International Court of Justice. Essays in Honour of Sir Robert Jennings, Cambridge, 1996, p. 389; and GAFFNEY, Due Process in the World Trade Organization: The Need for Procedural Justice in the Dispute Settlement System, in American University International Law Review, 1999, p. 1179-1180; BROWN, The Cross-Fertilization, cit., pp. 36-37; KOLB, La maxime de la "bonne administration de la justice" dans la jurisprudence internationale, in L'observateur des Nations Unies, 2009, pp. 7-8.

23 Para uma visão geral ver PALOMBINO, Judicial Economy and the Limitation of the Scope of the Decision in International Adjudication, in Leiden Journal of International Law, 2010, p. 910 ss.

24 A Corte Internacional de Justiça referiu-se a "princípios de direito processual" em ao menos duas ocasiões ao longo de sua história. A primeira foi nos casos

seja implícito ou explícito, especialmente na área do direito processual, passa primordialmente através do canal dos princípios gerais do direito, cuja identificação através do recurso à práxis externa é bastante usual.

3. O DIÁLOGO ENTRE CORTES E O PAPEL PREDOMINANTE DA CORTE INTERNACIONAL DE JUSTIÇA EM QUESTÕES PROCESSUAIS

Como mencionado previamente, a CIJ não adota uma doutrina formal do respeito ao precedente, "exceto talvez em matéria de procedimento".[25] É igualmente reconhecido que a Corte sempre foi relutante em citar ou referenciar-se à jurisprudência de outros tribunais, embora tenha demonstrado recentemente grande abertura nesse sentido.[26]

South-West Africa (Segunda Fase), Judgment of 18 July 1966, em ICJ Reports, 1966, p. 6, para. 64, no qual a Corte qualificou como um elementar princípio de direito processual " (...) that a distinction has to be made between, on the one hand, the right to activate a court and the right of the court to examine the merits of the claim, – and, on the other, the plaintiff party's legal right in respect of the subject-matter of that which it claims, which would have to be established to the satisfaction of the Court". A segunda ocasião na qual a Corte fez referência a este conceito foi no caso *Land, Island and Maritime Frontier Dispute (Application to Interene)*, Judgment of 13 September 1990, in ICJ Reports 1990, p. 92, para. 102. Ao enfrentar a questão do Estado requerendo a intervenção, a Corte declarou que este "does not become party to the proceedings, and does not acquire the rights, or become subject to the obligations, which attach to the status of a party, under the Statute and Rules of Court, or the general principles of procedural law".

25 CRAWFORD, Brownlie's Principles of Public International Law, Oxford, 2012, p. 38.

26 Sobre a contribuição da ICJ no desenvolvimento do direito internacional dos direitos humanos ver AGNELLO, F. The dialogue between the International Court of Justice and specialized judicial and quasi-judicial bodies in matters relating to the protection of human rights in ARCARI, M.; BALMOND, L. LE DIALOGUE DES JURIDICTIONS DANS L'ORDRE JURIDIQUE INTERNATIONAL: ENTRE PLURALISME ET SECURITE JURIDIQUE. Napoli: Editoriale Scientifica, 2014.

Entretanto, é digno de nota que a primeira manifestação de um diálogo judicial em que a Corte participou referia-se a uma questão procedimental. No caso *Polish Postal Service in Danzig*, a Corte Permanente de Justiça Internacional mencionou a sentença arbitral *Pious Funds of the Californias* quando enfrentou o princípio da *res judicata.*[27]

De maneira similar, no caso *Nottebohm (objeção preliminar)* a CIJ, pela primeira vez, citou uma decisão externa, nomeadamente a bem conhecida sentença arbitral do caso *Alabama*. Sublinhando que o princípio da *compétence de la compétence* é aceito pelo direito internacional geral, a Corte apontou que

> Desde o caso *Alabama*, tem sido reconhecido de maneira geral [...] que, na ausência de um acordo em contrário, um tribunal internacional possui o direito de decidir sua própria jurisdição e possui o poder de interpretar, para este propósito, os instrumentos que governam esta jurisdição.[28]

Além destes dois casos, a Corte jamais se referiu à jurisprudência externa em relação a questões procedimentais. Em verdade, preocupou-se sempre em manter consistência judicial neste campo referindo-se o máximo possível à própria jurisprudência.

---

27 *Polish Postal Service in Danzig*, PCIJ Ser. B – No. 11, 16 May 1925, p. 30: "[…] It is perfectly true that all the parts of a judgment concerning the points in dispute explain and complete each other and are to be taken into account in order to determine the precise meaning and scope of the operative portion. This is clearly stated in the award of the Permanent Court of Arbitration of October 14th, 1902, concerning the Pious Funds of the Californias, which has been repeatedly invoked by Danzig. The Court agrees with this statement. But it by no means follows that every reason given in a decision constitutes a decision; and it must be remembered that the Court of Arbitration applied the doctrine of res judicata because not only the Parties but also the matter in dispute was the same".

28 *Nottebohm Case (Preliminary Objection)*, Judgment of 18 November 1953, in ICJ Report, 1953, p. 119.

Ao contrário, outros tribunais internacionais referem-se frequentemente à jurisprudência da CIJ (ou da CPJI) especialmente quando estão enfrentando questões procedimentais básicas. Pode-se referir a diversos exemplos para ilustrar esta tendência.

No acima referenciado caso *US - Shirts and Blouses*, o Órgão de Apelação da OMC fez referimento à prática da CIJ em determinar o conteúdo da regra da disposição do ônus da prova, de acordo com o qual a parte que alega um fato é responsável por provar-lhe.[29]

Esta passagem foi amplamente citada em relatórios subsequentes do Órgão de Apelação. Por exemplo, no caso *European Communities - Tariff Preferences*, o mesmo órgão mencionou à referenciada decisão,[30] acrescentando que "de maneira consistente ao princípio *jura novit curiae*, não é responsabilidade das Comunidades Européias fornecer-nos a interpretação legal a ser dada a um determinado dispositivo na presente cláusula".[31] Neste ponto, o Órgão de Apelação explicitamente citou o caso *Nicaragua* ao articular o conteúdo do princípio *jura novit curiae*.[32]

Diverso exemplo oriundo da jurisprudência da OMC pode ser encontrado no caso *United States - Anti-Dumping Act of 1916*, no qual o Órgão de Apelação, lidando com o princípio *compétence de la compétence* notou que "[...] é uma regra largamente aceita que um tribunal internacional é competente a considerar a questão de sua própria jurisdição por sua própria iniciativa, e satisfazer a si mesmo se possui jurisdição em qualquer caso que surja perante a si mesmo". Portanto, fez extensiva referência à prática da CPJI e da CIJ.[33]

---

29 Ver *supra*, nota 17.

30 Report of the Appellate Body, European Communities - Conditions for the Granting of Tariff Preferences to Developing Countries, WT/DS246/AB/R, 7 April 2004, para. 104.

31 *Ibidem*, para. 105.

32 *Ibidem*, para. 105, nota 220.

33 Report of the Appellate Body, United States - Anti-Dumping Act of 1916, WT/DS136/AB/R - WT/DS162/AB/R, 28 August 2000, para. 54, nota 30.

No que tange à prática do Tribunal Penal Internacional para antiga Iugoslávia (TPIAI), a decisão da Corte de Apelação no caso *Allegations of Contempt Against Prior Counsel, Milan Vujin (Prosecutor v. Tadić)*[34] é particularmente relevante. Com efeito, ao determinar se possuía os poderes para lidar com o caso, o tribunal extraiu da jurisprudência da CIJ (precisamente citada neste caso também)[35] uma passagem de acordo com a qual o tribunal "possui uma jurisdição inerente, derivante de sua função judicial, de assegurar que sua jurisdição, expressamente prevista por aquele Estatuto, não seja frustrada e que sua básica função judicial seja salvaguardada".[36]

A Corte Interamericana de Direitos Humanos (CIDH) demonstra igualmente uma frequente tendência em dialogar com a CIJ em questões procedimentais básicas. Por exemplo, no caso *Fairén-Garbi and Solís Corrales v. Honduras (mérito)*, a Corte referiu-se aos casos *Corfu Channel* e *Nicaragua* para demonstrar que "a jurisprudência internacional reconheceu o poder de cortes de avaliar provas livremente, embora ela tenha sempre evitado uma regra rígida relativa ao montante de prova necessária para dar suporte à decisão".[37] Ainda, no

34 Case IT-94-1-A-R77, 31 January 2000.

35 O Tribunal referiu-se ao caso *Nuclear Tests (Australia v. France)*, Judgment of 20 December 1974, in ICJ Reports, 1974, pp. 259-260, para. 23; e ao caso *Northern Cameroons*, Judgment of 2 December 1963, in ICJ Reports, 1963, p. 29. See para. 13, nota 11.

36 Neste sentido, o Tribunal acrescentou que "As an international criminal court, the Tribunal must therefore possess the inherent power to deal with conduct which interferes with its administration of justice. The content of that inherent power may be discerned by reference to the usual sources of international law". Ver para. 13.

37 *Fairén-Garbi and Solís-Corrales v. Honduras (merits)*, Judgment of 15 March 1989, para. 130. Ver também a sentença sobre questões preliminares emitida no mesmo caso em 26 de Junho de 1987, na qual a Corte, referindo-se aos casos *Mavrommatis* e *Aegean Sea Continental Shelf*, apontou em seu para. 38 que "[...] failure to observe certain formalities is not necessarily relevant when dealing on

caso *Velásquez-Rodriguez v. Honduras*, a Corte referenciou-se ao caso *Lotus* da CPJI ao mencionar o princípio *jura novit curia* "[...] no qual a jurisprudência internacional repetidamente embasou-se e que estabelece que a Corte possui o poder e o dever de aplicar as regras jurídicas relevantes em um caso, mesmo quando as partes não as invocaram expressamente".[38]

Voltando-se ao Tribunal Internacional sobre Direito do Mar (ITLOS), é possível identificar diversas ocasiões em que este diálogo estabeleceu-se em sua jurisprudência. No caso *"Grande Prince"*, o Tribunal expressamente citou uma passagem de uma decisão da CIJ no caso *Appeal Relating to the Jurisdiction of the ICAO Council* para confirmar que ele "possui o direito de lidar com todos os aspectos da questão da jurisdição, tendo eles sido expressamente solevados pelas partes ou não".[39]

Ainda mais interessante para os objetivos deste trabalho é o julgamento emanado pelo ITLOS em 28 de Maio de 2013 nos casos *M/V "Louisa"*.[40] Nesta decisão, o Tribunal enfrentou diversas questões de natureza procedimental e fez referência à prática da CIJ a respeito.

Por primeiro, tendo as partes divergido em relação à finalidade da jurisdição do Tribunal por suas declarações feitas sob o Artigo 287 da Convenção das Nações Unidas sobre o Direito do Mar (UNCLOS), o Tribunal estabeleceu, citando uma passagem do caso *Certain Norwegian Loans* que, "[...] em casos onde os Estados Parte fizeram declarações com diferentes finalidades sob o Artigo 287 da Convenção, sua jurisdi-

---

the international plane. What is essential is that the conditions necessary for the preservation of the procedural rights of the parties not be diminished or unbalanced and that the objectives of the different procedures be met".

38 Velásquez-Rodríguez v. Honduras (merits), Judgment of 29 July 1988, para. 163.

39 The "Grand Prince" Case (Belize v. France), Application for Prompt Release, Judgment of 20 April 2001, paras. 78-79.

40 The M/V "Louisa" Case (Saint Vincent and the Grenadines v. Kingdom of Spain), Judgment of 28 May 2013.

ção existe somente na extensão em que a substância das declarações das duas partes coincide".[41]

Segundo, o Tribunal considerou ser apropriado referir-se à "estabelecida jurisprudência da CIJ de acordo com a qual 'compete ao Requerente, em sua Inicial, apresentar à Corte a disputa que deseja a decisão da Corte e estabelecer os pedidos que está submetendo a ela'".[42]

Terceiro, ITLOS referiu-se ao julgamento no caso *Oil Platform* para demonstrar que "para permitir que o tribunal determine se ele possui jurisdição, ele deve estabelecer uma ligação entre os fatos alegados por São Vicente e Granadinas e os dispositivos da Convenção por este Estado alegados e demonstrar que tais dispositivos podem sustentar o pedido ou pedidos submetidos por São Vicente e Granadinas".[43]

Quarto - considerando que neste caso Espanha argumentou que São Vicente e Granadinas tentou mudar a natureza da controvérsia apresentado um novo pedido baseado no Artigo 300 da Convenção apenas depois do encerramento da fase escrita do procedimento - o Tribunal observou que "é um requerimento legal de qualquer novo pedido para sua admissão que ele seja levantado na petição inicial ou esteja nela implícito. (...) Conclui-se do supra referido, enquanto que os pedidos subsequentes podem aclarar os termos da inicial, eles não podem

---

41 *Ibidem*, para. 81, referindo-se ao caso *Certain Norwegian Loans*, Judgment of 6 July 1957, in ICJ Reports, 1957, p. 9, p. 23, e mencionando o caso *Armed Activities on the Territory of the Congo (New Application: 2002) (Democratic Republic of the Congo v. Rwanda), Jurisdiction and Admissibility*, Judgment of 3 February 2006, in ICJ Reports, 2006, p. 6, at p. 39, para. 88.

42 *Ibidem*, para. 95, referindo-se a *Fisheries Jurisdiction (Spain v. Canada), Jurisdiction of the Court*, Judgment of 4 December 1998, in ICJ Reports, 1998, p. 432, at p. 447, para. 29).

43 *Ibidem*, para. 99, referindo-se a *Oil Platforms (Islamic Republic of Iran v. United States of America), Preliminary Objection*, Judgment of 12 December 1996, in ICJ Reports, 1996, p. 803, p. 810, para. 16.

ir além dos limites do pedido como estabelecidos na petição inicial".[44] Portanto, o Tribunal referiu-se largamente à jurisprudência da CPJI e da CIJ na interpretação dos dispositivos de seus Estatutos e Regulamentos que correspondiam àqueles do ITLOS, através do qual o Tribunal inferiu a conclusão supra mencionada.

Embora não seja possível aqui cobrir a práxis de todos os órgãos judiciais que dialogaram com a Corte em matérias procedimentais, parece claro do atual exame que o que vem sublinhado por autoritativos autores é efetivamente confirmado pela práxis.[45] Em substância, esta prática demonstra que a Corte Internacional desempenhou e desempenha um

---

44 *Ibidem*, paras. 142-143, referindo-se a *Prince von Pless Administration, Order of 4February 1933*, P.C.I.J., Series A/B, No. 52, p. 11, at p. 14; *Société commerciale de Belgique, Judgment, 1939*, P.C.I.J., Series A/B, No. 78, p. 160, at p. 173; *Certain Phosphate Lands in Nauru (Nauru v. Australia), Preliminary Objections*, Judgment of 26 June 1992, in ICJ Reports, 1992, p. 265, para. 63 e para. 69 ('[...] the Tribunal concludes that these provisions are essential from the point of view of legal security and the good administration of justice'); *Oil Platforms (Islamic Republic of Iran v. United States of America)*, Judgment of 6 November 2003, in ICJ Reports, 2003, p. 161, p. 213, para. 117.

45 ABI-SAAB, The International Court as a World Court, in LOWE, FITZMAURICE (eds.), Fifty Years of the International Court of Justice. Essays in Honour of Sir Robert Jennings, Cambridge, 1996, p. 3 ss.; Id., The Normalization of International Adjudication: Convergence and Divergences, in International Law and Politics, 2010, p. 9, de acordo com quem "[...] in laying down its own rules (or addressing their lacunae or ambiguities), an international judicial organ starts by looking at what the International Court does; unless there is a special reason to deviate from it that can be drawn from the Statute or the particular nature of the judicial organ". Ver, no mesmo sentido, CRAWFORD, Brownlie's Principles, cit., p. 41, que afirma que: "[...] [w]hilst it is correct to state that in international law 'every tribunal is a self-contained system (unless otherwise provided)', the Court's lengthy period of operation – throughout much of which it was the only international tribunal of any significance – has enabled it to lay down a body of procedural case-law which was and is a natural source of inspiration for later tribunal";e GAFFNEY, Due Process, cit., pp. 1180-1181.

papel central neste campo. Seu corpo de jurisprudência processual representa um sólido ponto de referência para outras cortes e, até o momento, continua a contribuir ao aumento do grau de homogeneidade entre órgãos judiciais, ao menos no que se refere àquelas básicas ou essenciais normas processuais.[46]

4. DESENVOLVIMENTOS RECENTES RELATIVOS À ABORDAGEM RECONSTRUTIVA DA CIJ: A "OPINIÃO CONSULTIVA IFAD"

Foi já sublinhado que a Corte tradicionalmente demonstra relutância em refere-se à jurisprudência externa, ou à fontes externas,[47] especialmente em relação à determinação e interpretação de princípios processuais internacionais. Contudo, como mencionado previamente, a prática recente é um indicador de uma atitude distinta assumida pela CIJ, a qual tem se abrindo de maneira crescente à decisões e fontes externas. Assim, da perspectiva da Corte, diálogo judicial tem gradualmente perdido seu caráter de "diálogo unidirecional", sendo a própria Corte progressivamente envolvida em interação externa.

Tal tendência pode ser igualmente reconhecida no que se refere à princípios gerais de direito processual, como claramente demonstrado

---

46 A prática de referir-se à jurisprudência da Corte Internacional de Justiça em questões processuais fundamentais parece corroborar a quarta suposição da assim chamada «teoria do precedente» desenvolvida por TERRIS, ROMANO AND SWIGART, The International Judge: An Introduction to the Men and the Women Who Decide the World's Cases, Oxford, 2007, p. 119 ss. Efetivamente, de acordo com este corolário "[...] specialized courts will consider, quote and defer to the ICJ on matters of general public international law". Portanto, pode ser afirmado que, na medida em que normas fundamentais do contencioso internacional são 'matter of general public international law", tal corolário é refletido na práxis relevante examinada anteriormente.

47 Ver GUILLAUME, The Use of Precedent, *cit.*, p. 19, apontando que a CIJ "[...] has exclusively cited its own judgments and advisory opinions for a long time".

pela recente opinião consultiva no caso *Judgment No. 2867 of the Administrative Tribunal of the International Labour Organization upon a Complaint Filed against the International Fund for Agricultural Development*, (doravante "Opinião Consultiva IFAD").[48] Neste caso a Corte, verificando a finalidade da aplicação do princípio da igualdade das partes, adotou uma abordagem muito interessante que merece ser analisada à luz das observações *supra* mencionadas.

Neste caso, a Corte pela quinta vez atuou como um órgão de revisão para julgamentos de tribunais administrativos de organizações internacionais.[49] Esta peculiar função - que até 1995 era também estabe-

---

48 Ver *supra*, nota 2. Para uma análise desta opinião consultiva, ver DE BRABANDERE, Individuals in Advisory Proceedings before the International Court of Justice: Equality of the Parties and the Court's Discretionary Authority, in The Law and Practice of International Courts and Tribunals, 2012, p. 253 ss.; AMOROSO, The Judicial Activity of the International Court of Justice in 2012: A Year of Human Rights Cases, in Italian Yearbook of International Law, 2012, p. 223 ss.

49 Os outros quatro casos nos quais a Corte atuou como órgão de revisão neste campo são *Judgments of the Administrative Tribunal of the I.L.O. upon complaints made against theU.N.E.S.C.O.*, Advisory Opinion of 23 October 1956, in ICJ Reports, 1956, p. 77 (doravante 1956 Advisory Opinion); *Application for Review of Judgment No. 158 of the United Nations Administrative Tribunal*, Advisory Opinion of 12 July 1973, in ICJ Reports, 1973, p. 166; *Application for Review of Judgment No. 273 of the United Nations Administrative Tribunal*, Advisory Opinion of 20 July 1982, in ICJ Reports, 1982, p. 325; *Application for Review of Judgment No. 333 of the United Nations Administrative Tribunal*, Advisory Opinion of 27 May 1987, in ICJ Reports, 1987, p. 18. Sobre este procedimento, ver, de maneira geral, KAIKOBAD, The International Court of Justice and Judicial Review. A Study of the Court Powers with Respect to Judgments of the ILO and UN Administrative Tribunals, The Hague, 2000; EISUKE, The Review and Repudiation of Judgments of International Administrative Tribunals, in Asian Yearbook of International Law, 1997, p. 175 ss.; GOMULA, The International Court of Justice and Administrative Tribunals of International Organizations, in Michigan Journal of International Law, 1991-1992, p. 83 fss.

lecida para as decisões do Tribunal Administrativo das Nações Unidas (TANU)[50] - é atualmente fornecida apenas pelo Estatuto pelo Tribunal Administrativo da Organização Internacional do Trabalho (TAOIT)[51] e apresenta uma característica controversa que afeta a igualdade das partes seja no acesso à CIJ quanto ao procedimento perante ela. Em verdade, por um lado, o Estatuto do TAOIT não permite que o indivíduo -empregado tenha acesso à possibilidade de revisão dos julgamentos do TAOIT pela CIJ, sendo a organização-empregadora a única parte permitida a fazê-lo; por outro lado, no que se refere à ausência de igualdade no procedimento perante a Corte, esta última, já em 1956, sublinhou que tal desigualdade "decorre (...) dos dispositivos do Estatuto da Cor-

---

50 O mecanismo de revisão era contemplado pelo Artigo 11 do Estatuto do TANU e foi definitivamente abolido pela Resolução da Assembléia Geral A/RES/50/54 de 11 de Dezembro de 1995. O inteiro sistema foi substituído em 2009 com o estabelecido de um mecanismo *two-tier* de solução de disputa, consistindo no Tribunal de Controvérsias das Nações Unidas (United Nations Dispute Tribunal) e o Tribunal de Apelação das Nações Unidas (United Nations Appeals Tribunal) (Resoluções da Assembléia Geral relativas: A/RES/61/261 of 4 April 2007, A/RES/62/228 of 22 December 2007 and A/RES/63/253 of 24 December 2008). Para uma visão geral, ver VARGIU, From Advisory Opinions to Binding Decisions: The New Appeal Mechanism of the UN System of Administration of Justice, in International Organization Law Review, 2010, p. 261 ss.

51 O artigo XII do Anexo ao Estatuto do TAOIT - o qual se aplica à organizações internacionais, como a IFAD, que tenham aceitado a jurisdição do TAOIT - descreve da seguinte forma: "1. In any case in which the Executive Board of an international organization which has made the declaration specified in article II. paragraph 5, of the Statute of the Tribunal challenges a decision of the Tribunal confirming its jurisdiction, or considers that a decision of the Tribunal is vitiated by a fundamental fault in the procedure followed, the question of the validity of the decision given by the Tribunal shall be submitted by the Governing Body, for an advisory opinion, to the International Court of Justice. 2. The opinion given by the Court shall be binding".

te".[52] Efetivamente, sob o artigo 66 do Estatuto da Corte, apenas Estados e organizações internacionais, e não indivíduos, podem submeter considerações escritas e orais à Corte. Em outras palavras, membros do *staff não possuem o direito de participar no procedimento de revisão, embora o último seja conduzido apenas formalmente na forma consultiva.*[53]

Na Opinião Consultiva IFAD, a Corte explorou a oportunidade para lidar com diversas questões do princípio da igualdade das partes. E o fez à luz da "evolução" que o princípio da igualdade das partes experimentou ao longo dos anos.

Em particular, a CIJ tomou como ponto de referência para a determinação do conteúdo do princípio no caso em comento os dois Comentários Gerais adotados pelo Comitê de Direitos Humanos ao Artigo 14, para. 1, do Pacto Internacional sobre Direitos Civis e Políticos de 1966 (PIDCP). O Artigo 14, para. 1, estabelece que "todas as pessoas são iguais perante os tribunais e as cortes de justiça". A Corte notou que o conteúdo mais detalhado do segundo comentário adotado em 2007 indica uma renovada conotação do princípio. Ademais, a Corte observou que "(...) se direitos processuais são conferidos, eles devem ser conferidos à todas as partes a menos que distinções possam ser justificadas através de argumentos objetivos e razoáveis".[54] Portanto, o princípio da igualdade das partes, que deriva das exigências de boa administração da justiça,[55] "(...) deve ser ora entendido como incluindo o acesso, numa base igualitária, à apelação ou aos remédios judiciais similares, a menos que uma exceção possa ser invocada com argumentos objetivos e razoáveis".[56]

---

52 1956 Advisory Opinion, p. 86.

53 Como notou a Corte na Opinião Consultiva de 1956, p. 85, "[t]he special feature of this procedure is that advisory proceedings take the place of contentious proceedings which would not be possible under the Statute of the Court".

54 IFAD Advisory Opinion, para. 39 (referências internas omitidas).

55 1956 Advisory Opinion, p. 86.

56 IFAD Advisory Opinion, para. 44.

Neste sentido, enquanto a Corte tenha admitido que não poderia ter agido para retificar a "estrutural" ausência de igualdade no acesso à Corte (não estando "em posição de reformar este sistema"),[57] ela tentou aliviar a desigualdade no procedimento utilizando-se de dois expedientes processuais. Em primeiro, ela decidiu que o presidente do Fundo deveria transmitir à Corte qualquer alegação escrita que a parte da controvérsia original, o membro do *staff*, tenha desejado trazer à atenção da Corte. Segundo, a Corte decidiu que não haveria fase oral.[58] De acordo com a CIJ, tais medidas teriam sido suficientes para "aliviar substancialmente" a desigualdade no procedimento e considerar "não suficientemente persuasivas" as razões que poderiam levá-la à evitar a emanação da opinião consultiva.[59]

A abordagem adotada pela Corte na identificação do conteúdo do princípio da igualdade das partes contém novos elementos relevantes. Com efeito, ao interpretar o conteúdo deste princípio, a Corte levou em consideração a evolução de seu significado ao longo do tempo. Significativamente, a Corte estabeleceu um diálogo com um órgão "não-judicial", o Comitê de Direitos Humanos, considerando-o como um intérprete autoritativo do Artigo 14, para. 1, do PIDCP. Como mencionado, a CIJ explicitamente referiu-se aos Comentários Gerais adotados por este órgão para deduzir e *atualizar* o conteúdo do princípio fundamental em questão.[60] Apesar deste diálogo, a CIJ mostrou que qualquer envolvimento de

---

57 *Ibidem*.

58 Ibidem, para. 45.

59 *Ibidem*, para. 48.

60 Com relação ao papel e ao valor de comentários gerais adotados por órgãos de direitos humanos, ver BLAKE, Normative Instruments in International Human Rights Law: Locating the General Comment, Centre for Human Rights and Global Justice Working Paper, 2008. Válido mencionar aqui que, no caso Ahmadou Sadio Diallo (Guinea v. Congo), Judgment of 30 November 2010, in ICJ Reports, 2010, p. 639, para. 66, a ICJ, depois de referir-se *General Comment No. 15: The position of Aliens under the Covenant of the Human Rights Committee*, clarificou

um indivíduo no contencioso internacional implica que o princípio da igualdade das partes não poder ser aplicado a partir de uma mera perspectiva interestatal (o que conecta suas raízes ao princípio de soberania). Sua aplicação requer que devida consideração seja prestada ao desenvolvimento de direitos processuais fundamentais inseridos na maioria dos instrumentos de direitos humanos. Em substância, tal abordagem baseada em direitos humanos permitiu a Corte de *adaptar* e *integrar* os acima mencionados princípios no interior de contexto de direitos humanos.

Deve ser dito que, para os propósitos deste trabalho, o elemento mais inovador da Opinião Consultiva IFAD não é somente o fato que a Corte dialogou com um órgão de direitos humanos ou referenciou-se a um tratado de direitos humanos,[61] mas o fato que *ela assim o fez em relação a um princípio processual fundamental.* Com efeito, como já mencionado, a Corte raramente embasou-se expressamente em fontes externas ao aplicar as regras e princípios essenciais de processo. Neste campo, a Corte sempre liderou, mas nunca seguiu.

5. APONTAMENTOS CONCLUSIVOS

A questão do papel do diálogo judicial no contencioso internacional tem ganhado crescente importância seguindo o desenvolvimento

---

o seguinte: "[a]lthough the Court is in no way obliged, in the exercise of its judicial functions, to model its own interpretation of the Covenant on that of the Committee, it believes that it should ascribe great weight to the interpretation adopted by this independent body that was established specifically to supervise the application of that treaty. The point here is to achieve the necessary clarity and the essential consistency of international law, as well as legal security, to which both the individuals with guaranteed rights and the States obliged to comply with treaty obligations are entitled".

61 Com efeito a CIJ diversas vezes abordou questões relativas a direitos humanos e contribuiu ao desenvolvimento deste campo. Para uma visão geral, ver BEDI, The Development of Human Rights Law by the Judges of the International Court of Justice, Oxford, 2007.

do debate sobre proliferação de órgãos judiciais e quase-judiciais. Este fenômeno é também estritamente coligado a outra interessante questão, nomeadamente a assim chamada "integração de valores" no direito internacional.[62] Esta questão aparece como resultado do grau ao qual estes órgãos, cada qual competente numa área específica do direito internacional, são permeáveis a valores protegidos por diferentes áreas, como o direito internacional dos direitos humanos ou direito ambiental.[63] Neste sentido, diálogo judicial como qualquer outro tipo de abertura a regimes externas claramente constitui a mais importante ferramenta para a circulação e a integração destes valores entre cortes.

Parece que, na Opinião Consultiva IFAD, a abordagem da CIJ ao princípio da igualdade das partes possa ser lido como um esforço para *integrar* o conteúdo deste princípio - o qual pertence a um setor particular do direito internacional, nomeadamente direito processual - a valores emergentes no setor de direitos humanos. Portanto, o diálogo executado pela CIJ no caso em comento - o qual obviamente não pode ser qualificado como "diálogo judicial" num sentido técnico - ocorreu de maneira a atingir tal integração.

Nesta altura, seria possível especular se uma abordagem baseada em direitos humanos em relação a questões processuais, como no caso descrito acima, serviria a trazer posteriores e concretas inovações ao processo perante a CIJ. Efetivamente, parece que esta abordagem poderia haver um impacto em outros aspectos no processo perante a

62 Esta expressão é de DUPUY, VIÑUALES, The Challenge of "Proliferation": AnAnatomy of the Debate, in ROMANO, ALTER, SHANY (eds.), The Oxford Handbook of International Adjudication, Oxford, 2013, p. 150.

63 Com relação à integração de direito ambiental à jurisprudência das cortes de direitos humanos, ver DUPUY, VIÑUALES, The Challenge, *cit.* Em relação ao fenômeno da integração de valores emergentes do direito internacional dos direitos humanos e sobre direito dos investimentos, ver PUMA, Human rights and investment law: Attempts at harmonization through a difficult dialogue between arbitrators and human rights Tribunals, in ARCARI, BALMOND, *cit.*

Corte. Poderia-se referir, por exemplo, à questão de participação de indivíduos como *amici curiae* em casos contenciosos perante a Corte Internacional.[64] Como se sabe, nem o Estatuto nem o Regulamento da Corte contemplam esta particular forma de participação, com exceção do Artigo 34(2) do Estatuto, o qual é limitado à participação de organizações internacionais.[65] Indivíduos podem aparecer perante a Corte apenas como testemunhas ou peritos, e sempre sob o requerimento da Corte.[66] Contudo, o fato que a participação de indivíduos como *amici curiae não é expressamente prevista no Estatuto não significa que a Corte não poderia aceitar e considerar observações submetidas por indivíduos interessados atuando não meramente na qualidade de testemunha e perito. O Estatuto é simplesmente silente em relação à questão.*[67] Efetiva-

---

64 Sobre o argumento de *amicus curiae* no contencioso internacional, ver BARTHOLOMEUSZ, The amicus curiae before International Courts and Tribunals, in BIANCHI (ed.), Non-State Actors and International Law, Dartmouth, 2009, p. 253 ss.; ASCENSIO, L'amicus curiae devant les juridictions internationales, in Revue Générale de Droit International Public, 2001, p. 897 ss.

65 O Artigo 34, para. 2 do Estatuto prevê que "[t]he Court, subject to and in conformity with its Rules, may request of public international organizations information relevant to cases before it, and shall receive such information presented by such organizations on their own initiative". No que se refere aos procedimentos Consultivos, também Estados podem oferecer informação sobre a questão. Neste sentido, ver o Artigo 66, para. 2 do Estatuto, de acordo com o qual "[t]he Registrar shall also, by means of a special and direct communication, notify any state entitled to appear before the Court or international organization considered by the Court, or, should it not be sitting, by the President, as likely to be able to furnish information on the question, that the Court will be prepared to receive, within a time-limit to be fixed by the President, written statements, or to hear, at a public sitting to be held for the purpose, oral statements relating to the question".

66 Ver o Artigo 50 do Estatuto, e os Artigos 62, 63 e 67 do Regulamento da CIJ.

67 A mesma consideração é aplicável no que se refere à posição de Estados que, em procedimentos contenciosos, não estão formalmente permitidos de participar como *amici curiae*. Sobre este ponto, ver PALCHETTI, Opening the Internatio-

mente, como tem sido argumentado, a Corte teria o poder de permitir e aceitar submissões de *amici curiae* em virtude da autonomia que ela goza em relação a evidência, e o exercício concreto deste poder não estaria submetido a uma emenda formal ao Estatuto.[68] Poderia ser sugerido que a CIJ poderia abrir-se a submissões individuais-*amici curiae*, ao menos no contexto de controvérsias envolvendo direta ou indiretamente direitos individuais e interesses. Neste sentido, referência a precedentes externos como a práxis das cortes de direitos humanos (a CEDH e a CIDH), poderia ajudar a legitimar a introdução de tais instrumentos processuais no procedimento perante a CIJ. Os Estatutos e Regulamentos destas cortes expressamente preveem a possibilidade de dossiês de *amici curiae*[69] para garantir, *inter alia*, alguma forma de acesso àqueles que não podem atuar como uma parte *stricto sensu* perante uma corte internacional.

Em conclusão, da análise efetuada pode ser observado que, apesar do fato do diálogo relativo a questões processuais básicas ter sido executado majormente de maneira vertical e unilateral e ter tido a Corte desempenhado um papel fundamental neste campo ao longo dos anos, a mesma Corte demonstrou que mesmo em relação a um bem estabelecido princípio fundamental, como o da igualdade de partes, há ainda espaço para abertura à diferentes valores emergentes de outras áreas do direito internacional e encontrar soluções inovativas. Numa visão ampla, esta análise reafirmou que o diálogo entre órgãos judiciais e/ou qua-

---

nal Court of Justice to Third States: Intervention and Beyond, in Max Planck Yearbook on United Nations Law, 2002, pp. 167-168.

68 *Ibidem*, pp. 168-170, "[t]he Court may avail itself of the amicus curiae procedure as an additional means for collecting evidence. In this sense, it seems tenable that the power to acquire evidence *proprio motu* includes also the possibility of accepting and evaluating views submitted by third states as amici curiae".

69 No que se refere a CEDH, ver o Artigo 36, para. 2 da Convenção e a Regra 44 do Regulamento da Corte. Para a CIDH, ver o Artigo 62, para. 3 das Regras de Procedimento.

se judiciais é inclinado a favorecer a circulação de valores no direito internacional. A integração de valores emergentes do direito internacional dos direitos humanos no interior do domínio do direito internacional processual representa um maior exemplo deste fenômeno. Como verificado, ao permitir-se ir além da tradicional perspectiva interestatal, esta integração poderia contribuir a revelar novos e ainda não explorados desenvolvimentos no contencioso internacional.

As interações institucionais e normativas entre o Tribunal Internacional de Direito do Mar e a Corte Internacional de Justiça

Leonardo de Camargo Subtil[1]

INTRODUÇÃO

Inserido na temática global desta obra a respeito da influência do *case law* da Corte Internacional de Justiça no desenvolvimento do direito internacional, este ensaio se propõe a desvelar particularmente as interações institucionais e normativas entre o Tribunal Internacional de Direito do Mar e a *vieille dame* do direito internacional.

Com o objetivo de identificar e de enfrentar esta controvérsia, serão traçados dois argumentos principais, um de cunho institucional, outro de cunho normativo, inseridos em uma perspectiva teórica, por assim dizer,

---

1 Doutor *summa cum laude* em Direito Internacional pela Universidade Federal do Rio Grande do Sul – UFRGS, com período de estudos doutorais junto à Universidade de Genebra. Foi Pesquisador do Tribunal Internacional de Direito do Mar, *Nippon Fellowship Programme*, apontado pela Universidade de Genebra. Foi *Visiting Research Fellow* no *Max Planck Institute for Comparative Public Law and International Law*. Membro Fundador do Instituto Brasileiro de Direito do Mar (IBDMAR).

sistêmica e social do direito internacional[2]. Nela, o direito internacional é considerado como um sistema jurídico por ser a função de um processo social entre Estados e outras pessoas em um tempo determinado[3].

Em que campos interagem institucional e normativamente a Corte Internacional de Justiça[4] e o Tribunal Internacional de Direito do Mar[5]? Qual a natureza de tais interações institucionais e normativas na operabilidade da vida internacional? Em termos jurisdicionais, contribuem ou não à chamada unidade do direito internacional?

Com base justamente nestes questionamentos, inseridos no desafio de superação dos "obstáculos epistemológicos"[6] desta problemática, serão delineados os contornos da interação institucional e normativa entre o ITLOS e a ICJ

As interações institucionais entre a ICJ e o ITLOS: da resistência à tolerância

As interações institucionais entre Cortes e Tribunais internacionais ocupam, em termos gerais, um lugar privilegiado na análise das relações

2 Em especial, ver: ABI-SAAB, Georges. Cours général de droit international public. *In*: *Recueil des cours de l'Académie du droit international de La Haye*, v. 207,1987. p. 09-463; CRAWFORD, James. *Chance, order, change*: The course of international law. General Course on Public International Law. Leiden, Boston: Martinus Nijhoff Publishers, Brill Academic, 2014.

3 CRAWFORD, James. *Chance, order, change*: The course of international law. General Course on Public International Law. Leiden, Boston: Martinus Nijhoff Publishers, Brill Academic, 2014. p. 128.

4 Doravante, ICJ

5 Doravante, ITLOS

6 BACHELARD, Gaston. *La formation de l'esprit scientifique*. 5. ed. Paris: Vrin, 1967. p. 16.

entre "poder" e "jurisdição" na sociedade internacional. Imersa nessa conjuntura, a interação institucional entre a ICJ e o ITLOS – antes e depois de sua criação – nem sempre foi harmônica ou dialógica no que toca à resolução de controvérsias internacionais ou, mais especificamente, à manutenção e ao desenvolvimento da *rule of law* dos mares e oceanos.[7]

Inicialmente, tal interação institucional entre o ITLOS e a ICJ passou por momentos iniciais de cautela e de resistência por parte de alguns juízes da Corte, sobretudo em relação à própria criação do Tribunal de Hamburgo.[8] Ainda restava indefinida, por assim dizer, a problemática criação do ITLOS à época das discussões realizadas na III Conferência das Nações Unidas sobre o Direito do Mar (1973-1982), autorizada pela Resolução 2750C (XXV) da Assembleia Geral das Nações Unidas,[9] de 17 de dezembro de 1970.

Como pode ser observada em pronunciamentos de ex-juízes e presidentes da ICJ, a tese da "problemática" criação do ITLOS encontrava abrigo ainda no discurso alarmista em torno de uma possível proliferação e fragmentação do direito internacional.[10] Para fins analítico-con-

---

7 OXMAN, Bernard H. The rule of law and the United Nations Convention on the Law of the Sea. *In*: *European Journal of International Law*, v. 7, 1996. p. 353.

8 CAMINOS, Hugo. The growth of specialized international tribunals and the fears of fragmentation of international law. *In*: BOSCHIERO, Nerina; SCOVAZZI, Tullio; RAGNI, Chiara; PITEA, Cesare. (orgs.). *International courts and the development of international law*. Essays in honour of Tullio Treves. Berlin: Springer, 2013. p. 56.

9 UNITED NATIONS (UN). *A/RES/2750(XXV)A-C*. Reservation exclusively for peaceful purposes of the seabed and the ocean floor, and the subsoil thereof, underlying the high seas beyond the limits of present national jurisdiction and use of their resources in the interests of mankind, and convening of a conference on the law of the sea. Disponível em: <http://www.un.org/en/ga/search/view_doc.asp?symbol=A/RES/2750(XXV) >. Acesso em: 6 jan. 2018.

10 CAMINOS, Hugo. The growth of specialized international tribunals and the fears of fragmentation of international law. *In*: BOSCHIERO, Nerina; SCOVAZZI, Tul-

ceituais, a "fragmentação" se referiria a um problema substancial do direito internacional em si – um produto de pronunciamentos conflitantes, mas igualmente autoritativos, de Cortes e Tribunais internacionais[11]. Por seu turno, a "proliferação" consistiria em uma espécie de fragmentação institucional, em outras palavras, "[t]he great expansion in the number of international courts and tribunals of competing jurisdiction since the 1980s."[12]

Em relação ao pronunciamento mais radical realizado por ex-juízes da ICJ, Shigeru Oda contemplara os inúmeros problemas que certamente decorreriam da criação do ITLOS, em especial, pressagiando que "[i]f the development of the law of the sea were to be separated from the

---

lio; RAGNI, Chiara; PITEA, Cesare. (orgs.). *International courts and the development of international law.* Essays in honour of Tullio Treves. Berlin: Springer, 2013. p. 55. Sobre este debate, ver também: TREVES, Tullio. Judicial lawmaking in an era of proliferation of international courts and tribunals: Development or fragmentation of international law? *In*: WOLFRUM, Rüdiger; Röben, V. (org.). *Developments of international law in treaty making*. Berlin: Springer, 2005. p. 587-620; CHARNEY, Jonathan I. Is international law threatened by multiple international tribunals? *In*: *Recueil des cours de l'Académie du droit international de La Haye*, v. 271,1998. p. 101-382; DUPUY, Pierre-Marie. The danger of fragmentation or unification of the international legal system and the International Court of Justice. *In*: *New York University Journal of International Law and Politics*, v. 31, n. 4, 1999. p. 791-808; THIRLWAY, Hugh. The proliferation of international judicial organs: Institutional and substantive questions. *In*: BLOKKER, Niels; SCHERMERS, Henry G. (orgs.). *Proliferation of international organizations.* The Hague: Kluwer, 2001. p. 251-278; SHANY, Yuval. *The competing jurisdictions of international courts and tribunals.* Oxford: Oxford University Press, 2003.

11 CRAWFORD, James. *Chance, order, change*: The course of international law. General Course on Public International Law. Leiden, Boston: Martinus Nijhoff Publishers, Brill Academic, 2014. p. 199.

12 CRAWFORD, James. *Chance, order, change*: The course of international law. General Course on Public International Law. Leiden, Boston: Martinus Nijhoff Publishers, Brill Academic, 2014. p. 199-200.

genuine rules of international law and placed under the jurisdiction of a separate judicial authority, this could lead to the destruction of the very foundation of international law". [13] Igualmente, criticou o equívoco da Convenção das Nações Unidas sobre Direito do Mar[14] em privar a ICJ do papel de único órgão para a solução de judicial de litígios oceânicos através da criação de uma nova instituição judicial, o ITLOS.[15]

Naturalmente, tal posição adotou uma postura cética e crítica em relação ao surgimento de uma nova jurisdição internacional em direito internacional do mar – o ITLOS – e, consequentemente, ao risco de perecimento dos próprios fundamentos do direito internacional em geral. Tal posicionamento, deveras solipsista, viria a ceder espaço a posições mais diplomáticas e flexíveis em torno do processo de descentralização da jurisdição internacional para a regulação dos mares e oceanos.

Com posições não tão críticas em torno da criação do ITLOS e da preservação da jurisdição exercida pela ICJ, estão os pronunciamentos dos ex-presidentes da ICJ, Stephen M. Schwebel e Gilbert Guillaume.

Em pronunciamento de 26 de outubro de 1999, perante à Assembleia Geral das Nações Unidas, Stephen M. Schwebel declarou que certa cautela era necessária na criação de novos tribunais universais em relação a disputas interestatais. No que concernia à produção de algum conflito substancial entre Cortes e Tribunais internacionais e à diminuição dos casos na ICJ, ressaltou que tais preocupações ainda não haviam se concretizado em nenhum estágio.[16]

---

13 ODA, Shigeru. The International Court of Justice viewed from the bench (1976-1993). *In*: *Recueil des cours de l'Académie du droit international de La Haye*, v. 244,1993. p. 145.

14 Doravante, UNCLOS

15 ODA, Shigeru. The International Court of Justice viewed from the bench (1976-1993). *In*: *Recueil des cours de l'Académie du droit international de La Haye*, v. 244,1993. p. 144.

16 INTERNATIONAL COURT OF JUSTICE (ICJ). *Address to the Plenary session of*

Já em 27 de outubro de 2000, perante o Sexto Comitê da Assembleia Geral das Nações Unidas, Gilbert Guillaume declarou que as Cortes internacionais proliferaram-se de maneira anárquica, sem nenhum padrão de relação estabelecido entre elas. Segundo Guillaume, poderiam ocorrer problemas envolvendo a sobreposição de jurisdições, o *fórum shopping*, as jurisprudências conflitantes e a falta de coesão no direito internacional. Justamente com a finalidade de prevenir possíveis incoerências no direito internacional, sugeriu que outras Cortes e Tribunais internacionais pudessem requisitar opiniões consultivas à ICJ.[17]

Com uma posição mais flexível em torno da descentralização do sistema decisório de Cortes e Tribunais internacionais, a ex-presidente da ICJ, Rosalyn Higgins, criticou a posição tomada pelos referidos ex-presidentes da Corte em sugerir a requisição de opiniões consultivas por outros Tribunais à ICJ, tendo em vista que "[t]his seeks to reestablish the old order of things and ignores the very reasons that have occasioned the new decentralization."[18]

Em tom semelhante ao de Higgins, opondo-se aos discursos de Stephen M. Schwebel e Gilbert Guillaume acerca de uma possível ameaça

---

the General Assembly of the United Nations by Judge Stephen M. Schwebel President of the International Court of Justice 26 October 1999. Disponível em: <http://www.icj-cij.org/court/index.php?pr=87&pt=3&p1=1&p2=3&p3=1 >. Acesso em: 1 fev. 2016.

17 INTERNATIONAL COURT OF JUSTICE (ICJ). *The proliferation of international judicial bodies: The outlook for the international legal order. Speech by His Excellency Judge Gilbert Guillaume, President of the International Court of Justice, to the Sixth Committee of the General Assembly of the United Nations 27 October 2000.* Disponível em: <http://www.icj-cij.org/court/index.php?pr=85&pt=3&p1=1&p2=3&p3=1 >. Acesso em: 1 fev. 2016.

18 HIGGINS, Rosalyn. Respecting sovereign and running a tight courtroom. *In*: *International and Comparative Law Quaterly*, v. 50, n. 1, 2001. p. 122. Ver também: HIGGINS, Rosalyn. A babel of judicial voices? Ruminations from the bench. *In*: *International and Comparative Law Quaterly*, v. 55, n. 4, 2006. p. 791-804.

à unidade do direito internacional pela criação de novas Cortes e Tribunais Internacionais, Martti Koskenniemi e Päivi Leino bem pontuaram que "[b]ut it is doubtful if any such 'unity' ever existed. The ICJ never stood at the apex of some universal judicial hierarchy".[19]

Com a entrada em vigor da UNCLOS, em 16 de novembro de 1994, e com a inauguração do ITLOS, em 18 de outubro de 1996, um movimento mais flexível e tolerante pode ser observado nas interações institucionais entre o ITLOS e a ICJ. Tal processo se apresenta, em especial, nos discursos de alguns dos ex-presidentes do Tribunal de Hamburgo, como dos juízes Chandrasekhara Rao, L. Dolliver M. Nelson, Rüdiger Wolfrum, Shunji Yanai e, por último, Vladimir Golitsyn.

Em 27 de novembro de 2001, o ex-presidente Chandrasekhara Rao defendeu perante a Assembleia Geral das Nações Unidas que o estabelecimento de novos Tribunais internacionais a fim de preencher as necessidades complementares dos Estados e mesmo de entidades privadas deveria ser visto como positivo. Assim, os Estados deveriam tirar proveito destas novas Cortes e Tribunais internacionais.[20]

Já em 1º de setembro de 2004, por ocasião da visita ao ITLOS do então Presidente da República Federal da Alemanha, Horst Köhler, o ex -presidente L. Dolliver M. Nelson manifestou-se no sentido de que uma

---

19 KOSKENNIEMI, Martti; LEINO, Päivi. Fragmentation of international law? Postmodern anxieties. *In*: *Leiden Journal of International Law*, v. 15, 2002. p. 576. Ver também: INTERNATIONAL LAW COMMISSION (ILC). *Fragmentation of international law*: Difficulties arising from the diversification and expansion of international law. Report of the Study Group of the International Law Commission. *Special Rapporteur* Martti Koskenniemi. para. 14. Disponível em: <http://legal.un.org/docs/?symbol=A/CN.4/L.702 >. Acesso em: 10 jan. 2018.

20 INTERNATIONAL TRIBUNAL FOR THE LAW OF THE SEA (ITLOS). *Statement on Agenda Item 30 at the Plenary of the fifty-sixth Session of the United Nations General Assembly, 27 November 2001*. Disponível em: <https://www.itlos.org/fileadmin/itlos/documents/statements_of_president/chandrasekhara_rao/ga_221199_eng.pdf >. Acesso em: 10 jan. 2018.

das vantagens que o ITLOS possuía em relação à ICJ era uma eficiente aplicação do princípio da distribuição geográfica equitativa, implicando na presença de um número maior de juízes oriundos de Estados em desenvolvimento.[21]

No que tange à proliferação da jurisdição internacional e aos desafios de manutenção da coerência no direito internacional, o ex-presidente do ITLOS, Rüdiger Wolfrum, manifestou-se perante a Comissão de Direito Internacional (CDI), em 31 de julho de 2008, preconizando que "[a]t the same time, we may recognize that there is a need to maintain the coherence of the international legal order". [22] Reconhecer a necessidade de coerência no direito internacional em relação à resolução de controvérsias no direito do mar responde à exigência de "reconhecimento" entre a ICJ e o ITLOS e, por conseguinte, de certa "harmonia" em suas decisões judiciais.

Por ocasião da apresentação do Relatório do ITLOS na vigésima quarta Reunião dos Estados Partes da UNCLOS, em 9 de junho de 2014, o ex-presidente Shunji Yanai ressaltou o papel crescente do ITLOS na resolução das controvérsias internacionais em relação a outras Cortes e Tribunais internacionais, "[t]he judicial work accomplished by the Tribunal in recent years shows that the Tribunal is playing a growing role in international adjudication and the functioning of the dispute-settlement system established by the Convention". [23]

---

21 INTERNATIONAL TRIBUNAL FOR THE LAW OF THE SEA (ITLOS). *Statement on the occasion of the visit by Mr Horst Köhler, President of the Federal Republic of Germany, 1 September 2004*. Disponível em: <https://www.itlos.org/fileadmin/itlos/documents/statements_of_president/nelson/koehler_010904_eng.pdf >. Acesso em: 10 jan. 2018.

22 INTERNATIONAL TRIBUNAL FOR THE LAW OF THE SEA (ITLOS). *Statement delivered to the International Law Commission, Geneva, 31 July 2008*. Disponível em: < https://www.itlos.org/fileadmin/itlos/documents/statements_of_president/wolfrum/ilc_geneva_31.07.08_eng.pdf >. Acesso em: 10 jan. 2018.

23 INTERNATIONAL TRIBUNAL FOR THE LAW OF THE SEA (ITLOS). *State-*

Por último, o discurso do ex-presidente do ITLOS, Vladimir Golitsyn, durante a vigésima quinta Reunião dos Estados Partes da UNCLOS, conecta-se substancialmente com o movimento de maior harmonia na interação institucional entre o ITLOS e a ICJ ou, de forma mais ampla, do desenvolvimento do diálogo entre Cortes e Tribunais internacionais.[24] Fazendo menção à visita emblemática dos juízes da ICJ[25] ao ITLOS, em 26 e 27 de janeiro de 2015, Golitsyn ressaltou que a ocasião proporcionou aos juízes das duas instituições judiciais a oportunidade de realizar extensas discussões e trocar opiniões sobre vários aspectos do direito internacional, tanto de interesse do Tribunal como da Corte. [26]

A partir dos pronunciamentos de ex-juízes e presidentes da ICJ e do ITLOS, especialmente em relação à problemática da proliferação e da fragmentação do direito internacional, percebe-se que as interações institucionais entre a ICJ e o ITLOS migram de um cenário proeminen-

---

ment given on the occasion of the presentation of the Report of the Tribunal at the twenty-fourth Meeting of States Parties, 9 June 2014. Disponível em: < https://www.itlos.org/fileadmin/itlos/documents/statements_of_president/yanai/MSP_090614_en.pdf >. Acesso em: 10 jan. 2018.

24 INTERNATIONAL TRIBUNAL FOR THE LAW OF THE SEA (ITLOS). *Statement given on the occasion of the presentation of the Report of the Tribunal at the twenty-fifth Meeting of States Parties, 8 June 2015*. Disponível em: <https://www.itlos.org/fileadmin/itlos/documents/statements_of_president/Golitsyn/MSP_25_statement_en.pdf >. Acesso em: 10 jan. 2018.

25 Estavam presentes à ocasião, o então presidente da ICJ, Peter Tomka (Eslováquia), os juízes Hisashi Owada (Japão), Antônio Cançado Trindade (Brasil), Xue Hanquin (China), Giorgio Gaja (Itália) e Julia Sebutinde (Uganda), bem como o *Registrar* da ICJ, Philippe Couvreur (Bélgica).

26 INTERNATIONAL TRIBUNAL FOR THE LAW OF THE SEA (ITLOS). *Statement given on the occasion of the presentation of the Report of the Tribunal at the twenty-fifth Meeting of States Parties, 8 June 2015*. Disponível em: <https://www.itlos.org/fileadmin/itlos/documents/statements_of_president/Golitsyn/MSP_25_statement_en.pdf >. Acesso em: 10 jan. 2018.

te de ceticismo e resistência para uma perspectiva de maior tolerância, quiçá harmônica, entre Cortes e Tribunais internacionais.

AS INTERAÇÕES NORMATIVAS ENTRE O ITLOS E A ICJ: DO TRIBUNAL DE HAMBURGO À *VIEILLE DAME* DO DIREITO INTERNACIONAL

As interações normativas entre Cortes e Tribunais Internacionais podem ser observadas, em termos gerais, a partir das dimensões dogmático-recursiva e jurisprudencial do fenômeno jurídico-internacional.

Em síntese, enquanto que a dimensão dogmático-recursiva[27] se refere à existência de um mínimo de estruturas cognitivas estáveis para a recursividade e a operabilidade do direito internacional – em especial referência às suas fontes –, a dimensão jurisprudencial concerne à produção e à reafirmação do sentido normativo das categorias jurídicas na operabilidade da "vida social"[28] e, mais particularmente, pelo influxo decisório das Cortes e Tribunais internacionais. Essas duas dimensões podem ser desveladas analiticamente nas interações normativas entre o ITLOS e a ICJ.

Quanto à dimensão primeira de análise em torno da dogmática-recursiva nas interações normativas entre ITLOS e ICJ, a primeira ob-

---

27 Salienta-se que um mínimo de operabilidade do sistema do direito internacional está ligado ao papel estabilizador exercido pela dogmática jurídica - de maneira não exclusiva, absoluta ou reducionista –, na codificação de estruturas mínimas de cognição e de recursividade.

28 AGO, Roberto. Diritto positivo e diritto internazionale. *In*: PERASSI, Tomaso. *Scritti di diritto internazionale in onore di Tomaso Perassi*. v. 1. Milano: Giuffré, 1957. p. 59. Ver também: VISSCHER, Charles de. *Theory and reality in public international law*. Princeton: New Jersey, 1968. p. 102; WEIL, Prosper. Towards relative normativity in International Law? *In*: *American Journal of International Law*, v. 77, 1983. p. 413; ABI-SAAB, Georges. Cours général de droit international public. *In*: *Recueil des cours de l'Académie du droit international de La Haye*, v. 207, 1987. p. 126.

servação a ser feita é de que os dois órgãos jurisdicionais referidos são meios de solução de controvérsias relativas à interpretação ou aplicação da UNCLOS, previstos em seu artigo 287 (Escolha do procedimento)[29]. Segundo Yoshifumi Tanaka, "[a]rticle 287 of the LOSC holds the formula for flexibly choosing one or more of the four different forums for compulsory procedures".[30]

Estabelecida pela Parte XV[31] da UNCLOS, essa previsão simultânea do ITLOS e da ICJ na mesma lista de meios judiciais de solução de controvérsias comuns à UNCLOS, particularmente pelo fato de "terem a possibilidade de poder decidir", quando provocados (*saisine*)[32] pelos sujeitos legitimados em seus instrumentos constitutivos[33] ou regulatórios,[34] e em relação a algumas matérias comuns do campo normativo in-

29 Juntamente com um Tribunal Arbitral constituído em conformidade com o Anexo VII e um Tribunal Arbitral especial constituído de conformidade com o Anexo VIII da UNCLOS, para uma ou mais das categorias de controvérsias especificadas no referido Anexo.

30 TANAKA, Yoshifumi. *The international law of the sea*. 2. ed. Cambridge: Cambridge University Press, 2015. p. 425.

31 ADEDE, Andronico. *The system for settlement of disputes under the United Nations Convention on the Law of the Sea*. Dordrecht: Martinus Nijhoff, 1987.

32 Em relação à *saisine* das jurisdições internacionais com vocação internacional, em especial referência ao ITLOS e à ICJ, ver: FORTEAU, Mathias. La saisine des juridictions internationales à vocation universelle (CIJ et TIDM). *In*: RUIZ FABRI, Hélène; SOREL, Jean-Marc. (orgs.). *La saisine des juridictions internationales*. Paris: Éditions Pedone, Paris, 2006. p. 09-87.

33 A Carta das Nações Unidas, no caso da ICJ, e a UNCLOS, no caso do ITLOS. Ver: UNITED NATIONS (UN). *Charter of the United Nations*. Disponível em: < https://treaties.un.org/doc/Publication/CTC/uncharter.pdf >. Acesso em: 10 jan. 2018; UNCLOS (1982). *United Nations Convention on the law of the sea*. Concluded at Montego Bay on 10 december 1982. Disponível em: < http://www.un.org/depts/los/convention_agreements/texts/unclos/unclos_e.pdf >. Acesso em: 10 jan. 2018.

34 Por exemplo, o Estatuto da ICJ, bem como o Estatuto e o Regulamento do ITLOS. Ver: INTERNATIONAL COURT OF JUSTICE (ICJ). *Statute of the Internatio-*

ternacional, se constitui justamente no "primeiro momento" – de cunho mais elementar e embrionário – da interação normativa entre o ITLOS e a ICJ pelo viés da dogmática-recursiva.

Sendo o ITLOS e a ICJ meios de solução de controvérsias estabelecidos pela UNCLOS em seu artigo 287, a segunda observação em torno da dogmática-recursiva nas interações normativas diz respeito à "jurisdição" prevista no artigo 288 da UNCLOS, bem como, especificamente no que tange ao ITLOS, aos artigos 21 e 22 de seu Estatuto.[35]

Quanto ao parágrafo 1º, do artigo 288 da UNCLOS, tanto o ITLOS como a ICJ tem jurisdição *ratione materiae* "sobre qualquer controvérsia relativa à interpretação ou aplicação da UNCLOS", desde que lhe seja submetida em conformidade com a Parte XV da UNCLOS.[36] Ou ainda em virtude do parágrafo 2º, do mesmo dispositivo, a jurisdição *ratione materiae* pode ser exercida, tanto pelo ITLOS como pela ICJ,

---

nal Court of Justice. Disponível em: < http://www.icj-cij.org/documents/index.php?p1=4&p2=2&p3=0 >. Acesso em: 10 jan. 2018; INTERNATIONAL TRIBUNAL FOR THE LAW OF THE SEA (ITLOS). *Statute of the International Tribunal for the Law of the Sea (Annex VI of the United Nations Convention on the Law of the Sea*. Disponível: < https://www.itlos.org/fileadmin/itlos/documents/basic_texts/statute_en.pdf >. Acesso em: 10 jan. 2018; INTERNATIONAL TRIBUNAL FOR THE LAW OF THE SEA (ITLOS). *Rules of the Tribunal (ITLOS/8), as amended on 17 march 2009*. Disponível em: < https://www.itlos.org/fileadmin/itlos/documents/basic_texts/Itlos_8_E_17_03_09.pdf >. Acesso em: 10 jan. 2018.

35 Por força do artigo 318 da UNCLOS (Estatuto dos anexos), o Estatuto do ITLOS é parte integrante da UNCLOS.

36 Ao menos até o presente momento, interessante notar que a ICJ jamais foi provocada tendo como base a Parte XV da UNCLOS para a solução de controvérsias, ou seja, nenhum Estado iniciou procedimentos judiciais junto à ICJ, tendo por base o artigo 288 da UNCLOS. Em um único Caso da ICJ, a Somália utilizou-se da Parte XV da UNCLOS, mas unicamente para rejeitar a incidência dos procedimentos da UNCLOS por via do artigo 282. Ver: INTERNATIONAL COURT OF JUSTICE (ICJ). *Maritime Delimitation in the Indian Ocean (Somalia v. Kenya). Preliminary objections. Judgment of 2 February 2017* (not published).

em controvérsias relativas à interpretação ou aplicação de um Acordo internacional relacionado com os objetivos da UNCLOS, desde que em conformidade com esse Acordo.[37] Além da referida jurisdição *ratione materiae*, o ITLOS e a ICJ tem – quando considerados naquilo que julgam em comum – jurisdição *ratione personae* "somente" no que diz respeito aos Estados Partes da UNCLOS.[38]

Caso tal compatibilidade seja perfectibilizada na operabilidade da vida social, com o consequente reconhecimento da jurisdição *ratione materiae* e *ratione personae* do ITLOS ou da ICJ para dirimir as controvérsias comuns envolvendo a UNCLOS, segundo seu artigo 288, parágrafos 1º e 2º, restaria configurado, assim, o "segundo momento" da interação normativa entre o ITLOS e a ICJ pelo viés da dogmática-recursiva.

Contudo, essa interação normativa mencionada entre o ITLOS e a ICJ, pela via dogmático-recursiva, especialmente quanto à "jurisdição", poderia restar fragilizada tanto no tratamento da jurisdição *ratione materiae* como da jurisdição *ratione personae*.

Em relação à jurisdição *ratione materiae* estabelecida pela UNCLOS, a título exemplificativo, algumas diferenças podem ser apontadas quanto às prerrogativas jurisdicionais do ITLOS em sua comparação com a ICJ. Nestas circunstâncias especiais, o campo normativo de atribuição jurisdicional se torna diferenciado, atenuando as interações normativas entre o ITLOS e a ICJ:

---

37 Foi justamente o caso da segunda Opinião Consultiva do ITLOS, *Request for an Advisory Opinion submitted by the Sub-Regional Fisheries Commission (SRFC) (Request for Advisory Opinion submitted to the Tribunal)*, em virtude da interpretação da chamada "Convenção CMA", Convenção relativa à determinação das condições mínimas de acesso e de exploração dos recursos haliêuticos no interior das zonas marítimas sob jurisdição dos Estados membros da Comissão sub-regional de pesca (CSRP).

38 TANAKA, Yoshifumi. *The international law of the sea*. 2. ed. Cambridge: Cambridge University Press, 2015. p. 436.

1. A Câmara de Controvérsias dos Fundos Marinhos, uma das Câmaras do ITLOS, é quase que exclusivamente competente para julgar controvérsias decorrentes de atividades na "Área" e emitir opiniões consultivas a pedido da Assembleia ou do Conselho da Autoridade Internacional dos Fundos Marinhos, segundo o parágrafo 3º do artigo 288, e dos artigos 187 e 191 da UNCLOS;
2. Enquanto não estiver constituído o tribunal arbitral ao qual uma controvérsia venha a ser submetida, o ITLOS – na falta de acordo sobre a escolha de outra Corte ou Tribunal pelas Partes e dentro de duas semanas subsequentes à data do pedido de medidas provisórias – poderá decretar, modificar ou revogar medidas provisórias nos termos do artigo 290, parágrafo 5º, da UNCLOS, se considerar, *prima facie*, que o tribunal arbitral a ser constituído teria jurisdição e que a urgência da situação assim o requer;
3. A jurisdição do ITLOS compreende todas as questões previstas em qualquer outro Acordo que confira jurisdição ao ITLOS, segundo artigo 21 de seu Estatuto;
4. Se todas as Partes num tratado ou convenção internacional já em vigor sobre matérias cobertas pela UNCLOS assim o acordarem, qualquer controvérsia relativa à interpretação ou aplicação de tal tratado ou convenção poderá, em conformidade com tal Acordo, ser submetida ao ITLOS.

No que concerne à jurisdição *ratione personae*, a fragilização das interações normativas pelo viés da dogmática-recursiva entre o ITLOS e a ICJ relaciona-se especialmente a três problemáticas:

1. Enquanto na ICJ somente Estados podem acessar a Corte, em virtude do artigo 34, parágrafo 1º de seu Estatuto, no ITLOS, esta possibilidade se abre também a Partes não estatais;

2. Segundo os artigos 291, parágrafo 1º, e 305 da UNCLOS, Estados e territórios associados autônomos que gozam de autogoverno interno pleno, além de Organizações Internacionais,[39] desde que tenham ratificado ou confirmado formalmente sua adesão à UNCLOS, também terão *locus standi* perante o ITLOS;
3. Nos casos previstos na Parte XI da UNCLOS, aliado à abertura conceitual feita pelo artigo 20, parágrafo 2º do Estatuto do ITLOS, também teriam *locus standi* perante o ITLOS as empresas estatais, pessoas naturais ou jurídicas, quando patrocinadas por um Estado Parte ou consórcios compostos de tais empresas ou pessoas.

Delineadas as características da primeira dimensão dogmático-recursiva da interação normativa entre o ITLOS e a ICJ, de cunho mais abstrato e estático pela essência da própria dogmática, será abordada a segunda dimensão, de natureza jurisprudencial, de cunho mais dinâmico e aplicativo.

De início, salienta-se que a dimensão jurisprudencial das interações normativas entre Cortes e Tribunais internacionais está intrinsicamente conectada à ideia de que o direito internacional revela-se como um processo temporal contínuo de "decisões autoritativas."[40] Dito de outra forma, o "curso" do direito internacional "[...] is to be understood

39 Desde 1º de abril de 1998, a União Europeia aderiu à UNCLOS. Ver: UNITED NATIONS DIVISION FOR OCEAN AFFAIRS AND THE LAW OF THE SEA (DOALOS). *Chronological lists of ratifications, of accessions and successions to the Convention and the related Agreements as at 6 November 2017*. Disponível em: <http://www.un.org/Depts/los/reference_files/chronological_lists_of_ratifications.htm#The%20United%20Nations%20Convention%20on%20the%20Law%20of%20the%20Sea >. Acesso em: 10 jan. 2018.

40 HIGGINS, Rosalyn. *Problems and process*: International law and how we use it. Oxford: Clarendon Press, 1994. p. 03.

in the same sense as the *old cursus curiae* – as in the frase *cursus curiae est lex curiae*: the course of the court is the law of the court."[41]

A dimensão jurisprudencial das interações normativas entre o ITLOS e a ICJ reside no processo decisório em torno das controvérsias referentes à interpretação ou à aplicação da UNCLOS, seguindo basicamente a estrutura de resolução de controvérsias da Parte XV da UNCLOS.

Se superadas as fases da "escolha do procedimento"[42]e da "jurisdição",[43] tanto o ITLOS como a ICJ estarão aptos a decidir sobre inúmeras controvérsias envolvendo o direito internacional do mar. Assim, as decisões tomadas por ambas as jurisdições serão proferidas sobre categorias jurídicas muitas vezes idênticas ou semelhantes como, por exemplo, a delimitação do mar territorial - artigo 15 da UNCLOS - e da zona econômica exclusiva – artigo 74 da UNCLOS – dos Estados, bem como os direitos e obrigações relativos a estes espaços marítimos.

Em face dessa interseção sobre categorias jurídicas comuns sobre as quais decidirão, o ITLOS e a ICJ terão como fundamento decisório quais regras do direito internacional? A resposta a este questionamento está basicamente no artigo 293, parágrafo1° da UNCLOS sobre "lei aplicável", dispondo particularmente que:

> Article 293. Applicable law. 1. A court or tribunal having jurisdiction under this section shall apply this Convention and other rules of international law not incompatible with this Convention.

Além dos direitos e obrigações previstos na UNCLOS, o ITLOS[44] e

---

41 CRAWFORD, James. *Chance, order, change*: The course of international law. General Course on Public International Law. Leiden, Boston: Martinus Nijhoff Publishers, Brill Academic, 2014. p. 11.

42 Artigo 287 da UNCLOS

43 Artigo 288 da UNCLOS

44 Especificamente em relação à "lei aplicável" pelo ITLOS, observar também o artigo 23 do Estatuto do ITLOS, o artigo 38, Seção 4, do Estatuto do ITLOS dedicado

a ICJ aplicarão "outras regras de direito internacional não incompatíveis com a UNCLOS", em seu processo decisório.

Ao menos em um primeiro momento, as interações normativas pelo viés da dimensão jurisprudencial partem da identidade ou da similitude das categorias jurídicas sobre as quais o ITLOS e a ICJ decidirão, tendo como fundamento justamente a mesma "lei aplicável" prevista no artigo 293 da UNCLOS.

Em um segundo momento, surgem da afirmação do sentido normativo de determinadas categorias jurídicas e da "redundância temporal"[45] nas decisões judiciais tanto do ITLOS como da ICJ. Por último, e substancialmente relevante, as interações normativas entre o ITLOS e a ICJ partem da circularidade de suas decisões judiciais que se integram normativamente a novas decisões judiciais, tanto da Corte como do Tribunal, de forma cruzada e dialógica.

Em relação ao primeiro momento das interações normativas entre a ICJ e o ITLOS, quanto à identidade ou similitude das categorias jurídicas decididas referente à UNCLOS, alguns Casos importantes podem ser mencionados como *Continental Shelf* (Libyan Arab Jamahiriya/Malta),[46] *Maritime Delimitation in the Area between Greenland and Jan Mayen* (Denmark *v.* Norway),[47] *Maritime Delimitation and Territorial*

à Câmara de Controvérsias dos Fundos Marinhos, bem como o artigo 21, parágrafo 1º, do Anexo III da UNCLOS sobre o contrato com a Autoridade Internacional dos Fundos Marinhos e as Condições Básicas de Prospecção, Exploração e Explotação na Área.

45 Redundância, utilizada aqui como meio de reafirmação circular e permanente do sentido normativo, sem nenhuma conotação pejorativa.

46 INTERNATIONAL COURT OF JUSTICE (ICJ). *Continental Shelf (Libyan Arab Jarnahiriya/Malta), Judgment, I. C.J. Reports 1985,* p. 13. para. 27, 29, 31, 32, 33, 65, 77.

47 INTERNATIONAL COURT OF JUSTICE (ICJ). *Maritime Delimitation in the Area between Greenland and Jan Mayen, Judgment, I.C.J. Reports 1993,* p. 38.

Questions between Qatar and Bahrain (Qatar *v.* Bahrain),[48] *Territorial and Maritime Dispute between Nicaragua and Honduras in the Caribbean Sea* (Nicaragua *v.* Honduras),[49] *Territorial and Maritime Dispute* (Nicaragua *v.* Colombia),[50] *Maritime Dispute* (Peru *v.* Chile).[51] Por seu lado, todos os Casos do ITLOS se utilizam, obviamente, da UNCLOS como "lei aplicável". Em todos estes Casos, tanto do ITLOS como da ICJ, há menção direta à UNCLOS em diversos dos parágrafos selecionados.

No que concerne ao segundo momento das interações normativas entre a ICJ e o ITLOS, quanto à circularidade das decisões judiciais que se integram normativamente a novas decisões judiciais, de forma cruzada e dialógica, outros Casos guardam especial relevância, especialmente na jurisprudência do ITLOS.

Nestes Casos, a jurisprudência do Tribunal de Hamburgo faz referência direta e cruzada à ICJ em uma pluralidade substancial de matérias, como se pode observar extensivamente em relação a: (1) Existência

48 INTERNATIONAL COURT OF JUSTICE (ICJ). *Maritime Delimitation and Territorial Questions between Qatar and Bahrain, Merits, Judgment, I.C.J. Reports 2001*, p. 40.

49 INTERNATIONAL COURT OF JUSTICE (ICJ). *Territorial and Maritime Dispute between Nicaragua and Honduras in the Caribbean Sea (Nicaragua* v. *Honduras), Judgment, I.C.J. Reports 2007*, p. 659.

50 INTERNATIONAL COURT OF JUSTICE (ICJ). *Territorial and Maritime Dispute (Nicaragua* v. *Colombia), Judgment, I.C.J. Reports 2012*, p. 624.

51 INTERNATIONAL COURT OF JUSTICE (ICJ). *Maritime Dispute (Peru* v. *Chile), Judgment, I.C.J. Reports 2014*, p. 3. para. 179.

de controvérsias;[52] (2) Princípios da aquiescência e *estoppel;*[53] (3) Princípio da prescrição extintiva;[54] (4) (In)admissibilidade de uma *application* pela passagem de tempo;[55] (5) Ausência das Partes em procedimentos judiciais;[56] (6) Natureza jurídica das questões em procedimentos con-

---

52 INTERNATIONAL TRIBUNAL FOR THE LAW OF THE SEA (ITLOS). *Southern Bluefin Tuna (New Zealand* v. *Japan; Australia* v. *Japan), Provisional Measures, Order of 27 August 1999, ITLOS Reports 1999*, p. 280; INTERNATIONAL TRIBUNAL FOR THE LAW OF THE SEA (ITLOS). *M/V "Louisa" (Saint Vincent and the Grenadines* v. *Kingdom of Spain), Provisional Measures, Order of 23 December 2010, ITLOS Reports 2008- 2010,* p. 58.; INTERNATIONAL TRIBUNAL FOR THE LAW OF THE SEA (ITLOS). *M/V "Norstar" (Panama v. Italy), Preliminary Objections, Judgment, ITLOS Reports 2016*, p. 44.

53 INTERNATIONAL TRIBUNAL FOR THE LAW OF THE SEA (ITLOS). *Delimitation of the maritime boundary in the Bay of Bengal (Bangladesh/Myanmar), Judgment, ITLOS Reports 2012,* p. 4.; INTERNATIONAL TRIBUNAL FOR THE LAW OF THE SEA (ITLOS). *M/V "Norstar" (Panama v. Italy), Preliminary Objections, Judgment, ITLOS Reports 2016*, p. 44.

54 INTERNATIONAL TRIBUNAL FOR THE LAW OF THE SEA (ITLOS). *M/V "Norstar" (Panama v. Italy), Preliminary Objections, Judgment, ITLOS Reports 2016*, p. 44.

55 INTERNATIONAL TRIBUNAL FOR THE LAW OF THE SEA (ITLOS). *"Hoshinmaru" (Japan* v. *Russian Federation), Prompt Release, Judgment, ITLOS Reports 2005-2007*, p. 18.; INTERNATIONAL TRIBUNAL FOR THE LAW OF THE SEA (ITLOS). *M/V "Norstar" (Panama v. Italy), Preliminary Objections, Judgment, ITLOS Reports 2016*, p. 44.

56 INTERNATIONAL TRIBUNAL FOR THE LAW OF THE SEA (ITLOS). *"Arctic Sunrise" (Kingdom of the Netherlands* v. *Russian Federation), Provisional Measures, Order of 22 November 2013, ITLOS Reports 2013,*p. 230.

sultivos;[57] (7) Ausência de efeito vinculante a pareceres consultivos;[58] (8) Obrigações *due diligence* e obrigações de conduta;[59] (9) Interpretação de tratados e a Convenção de Viena de 1969;[60] (10) *Precautionary approach;*[61] (11) Estudo de impacto ambiental;[62] (12) Pleno efeito às ilhas no direito internacional;[63] (13) Método de equidistância/circunstâncias re-

---

57 INTERNATIONAL TRIBUNAL FOR THE LAW OF THE SEA (ITLOS). *Responsibilities and obligations of States with respect to activities in the Area, Advisory Opinion, 1 February 2011, ITLOS Reports 2011*, p. 10.; INTERNATIONAL TRIBUNAL FOR THE LAW OF THE SEA (ITLOS). *Request for Advisory Opinion submitted by the Sub-Regional Fisheries Commission, Advisory Opinion, 2 April 2015, ITLOS Reports 2015*, p. 4.

58 INTERNATIONAL TRIBUNAL FOR THE LAW OF THE SEA (ITLOS). *Request for Advisory Opinion submitted by the Sub-Regional Fisheries Commission, Advisory Opinion, 2 April 2015, ITLOS Reports 2015*, p. 4.

59 INTERNATIONAL TRIBUNAL FOR THE LAW OF THE SEA (ITLOS). *Responsibilities and obligations of States with respect to activities in the Area, Advisory Opinion, 1 February 2011, ITLOS Reports 2011*, p. 10.; INTERNATIONAL TRIBUNAL FOR THE LAW OF THE SEA (ITLOS). *Request for Advisory Opinion submitted by the Sub-Regional Fisheries Commission, Advisory Opinion, 2 April 2015, ITLOS Reports 2015*, p. 4.

60 INTERNATIONAL TRIBUNAL FOR THE LAW OF THE SEA (ITLOS). *Responsibilities and obligations of States with respect to activities in the Area, Advisory Opinion, 1 February 2011, ITLOS Reports 2011*, p. 10.

61 INTERNATIONAL TRIBUNAL FOR THE LAW OF THE SEA (ITLOS). *Responsibilities and obligations of States with respect to activities in the Area, Advisory Opinion, 1 February 2011, ITLOS Reports 2011*, p. 10.

62 INTERNATIONAL TRIBUNAL FOR THE LAW OF THE SEA (ITLOS). *Responsibilities and obligations of States with respect to activities in the Area, Advisory Opinion, 1 February 2011, ITLOS Reports 2011*, p. 10.

63 INTERNATIONAL TRIBUNAL FOR THE LAW OF THE SEA (ITLOS). *Delimitation of the maritime boundary in the Bay of Bengal (Bangladesh/Myanmar), Judgment, ITLOS Reports 2012*, p. 4.

levantes;[64] (14) Esgotamento das negociações diplomáticas;[65] (15) Estado de necessidade;[66] (16) Princípio *considerations of humanity.*[67]

Ainda que brevemente demonstradas, na segunda parte deste ensaio, as interações normativas entre o ITLOS e a ICJ por meio de suas dimensões – dogmático-discursiva e jurisprudencial –, em seus mais diversos aspectos normativos, observa-se uma constante e progressiva interação e diálogo entre estas duas instituições judiciais de caráter universal, sobretudo no que diz respeito ao direito internacional do mar.

CONCLUSÃO

No início desta contribuição dedicada ao estudo e à análise das interações institucionais e normativas entre o ITLOS e a ICJ, alguns questionamentos basilares para o seu desenvolvimento foram delimitados.

Em primeiro lugar, em relação ao questionamento em torno dos

---

64 INTERNATIONAL TRIBUNAL FOR THE LAW OF THE SEA (ITLOS). *Delimitation of the maritime boundary in the Bay of Bengal (Bangladesh/Myanmar), Judgment, ITLOS Reports 2012*, p. 4.

65 INTERNATIONAL TRIBUNAL FOR THE LAW OF THE SEA (ITLOS). *Land Reclamation in and around the Straits of Johor (Malaysia* v. *Singapore), Provisional Measures, Order of 8 October 2003, ITLOS Reports 2003*, p. 10.

66 INTERNATIONAL TRIBUNAL FOR THE LAW OF THE SEA (ITLOS). *M/V "SAIGA" (No. 2) (Saint Vincent and the Grenadines* v. *Guinea), Judgment, ITLOS Reports 1999*, p. 10.

67 INTERNATIONAL TRIBUNAL FOR THE LAW OF THE SEA (ITLOS). *M/V "SAIGA" (No. 2) (Saint Vincent and the Grenadines v. Guinea), Judgment, ITLOS Reports* 1999, p. 10. para. 155.; INTERNATIONAL TRIBUNAL FOR THE LAW OF THE SEA (ITLOS). *"Juno Trader" (Saint Vincent and the Grenadines v. Guinea-Bissau), Prompt Release, Judgment, ITLOS Reports* 2004, p. 17. para. 77.; INTERNATIONAL TRIBUNAL FOR THE LAW OF THE SEA (ITLOS). *"Enrica Lexie" Incident (Italy v. India), Provisional Measures, Order of 24 August 2015, ITLOS Reports 2015*, p. 182.

campos de interação institucional e normativa entre o ITLOS e a ICJ, verificou-se que as suas interações institucionais nem sempre seguiram um padrão harmônico ou dialógico no desenvolvimento de um sistema "descentralizado" de resolução de controvérsias internacionais relativas à construção da *rule of law* para os mares e oceanos.

Especialmente no que tange à criação do ITLOS, constatou-se que ex-juízes e presidentes da ICJ proclamavam problemas de unidade e de riscos de fragmentação no direito internacional a partir da privação da ICJ como única jurisdição à resolução de controvérsias em direito internacional do mar, embora algumas posições adquirissem maior flexibilidade no decorrer do tempo, como a de Rosalyn Higgins. Com a criação do ITLOS e o exercício de sua jurisdição, as interações institucionais com a ICJ ganham força, tendo como episódio emblemático a visita oficial de juízes da ICJ ao ITLOS, em janeiro de 2015, oportunidade para o debate em uma série de matérias comuns.

Por sua vez, as interações normativas partem de uma primeira dimensão dogmático-recursiva e, segunda, jurisprudencial. A primeira dimensão se desenhou, em um primeiro momento, a partir da previsão simultânea do ITLOS e da ICJ na mesma lista de meios judiciais de solução de controvérsias comuns à UNCLOS, inserida em seu artigo 287 (Parte XV). Em um segundo momento, esquematizou-se especialmente pela "jurisdição" prevista no artigo 288 da UNCLOS, tanto *ratione materiae* – "sobre qualquer controvérsia relativa à interpretação ou aplicação da UNCLOS" ou "em controvérsias relativas à interpretação ou aplicação de um Acordo internacional relacionado com os objetivos da UNCLOS, desde que em conformidade com esse Acordo" – como *ratione personae* – quando o ITLOS e a ICJ tem – quando considerados naquilo que julgam em comum – jurisdição *ratione personae* "somente" no que diz respeito aos Estados Partes da UNCLOS.

Como se concluiu, se superadas as fases de escolha do procedimento e da jurisdição, as interações normativas pelo viés da dimensão jurisprudencial partem, em um primeiro momento, da identidade ou similitude das categorias jurídicas sobre as quais o ITLOS e a ICJ decidirão, tendo como fundamento justamente a mesma "lei aplicável" prevista no artigo 293 da UNCLOS.

Em um segundo momento, surgem da afirmação do sentido normativo de determinadas categorias jurídicas e da "redundância temporal" nas decisões judiciais tanto do ITLOS como da ICJ. Por último, e substancialmente relevante, as interações normativas entre o ITLOS e a ICJ partem da circularidade das suas decisões judiciais que se integram normativamente a novas decisões judiciais, tanto da Corte como do Tribunal, de forma cruzada e dialógica, conforme Casos decididos e matérias elencadas extensivamente no corpo deste ensaio.

Por fim, apesar dos receios de fragmentação e de descentralização da jurisdição internacional, as interações institucionais e normativas demonstram que as práticas institucionais desenvolvidas e as decisões proferidas pelo ITLOS e pela ICJ contribuem à manutenção de certa unidade ao direito internacional quanto às matérias comuns sobre as quais dialogam e ao próprio desenvolvimento do direito internacional.

REFERÊNCIAS BIBLIOGRAFICAS

ABI-SAAB, Georges. Cours général de droit international public. *In*: Recueil des cours de l'Académie du droit international de La Haye, v. 207,1987. p. 09-463.

ADEDE, Andronico. The system for settlement of disputes under the United Nations Convention on the Law of the Sea. Dordrecht: Martinus Nijhoff, 1987.

AGO, Roberto. Diritto positivo e diritto internazionale. *In*: PERASSI, Tomaso. Scritti di diritto internazionale in onore di Tomaso Perassi. v. 1. Milano: Giuffré, 1957. p. 01-64.

BACHELARD, Gaston. La formation de l'esprit scientifique. 5. ed. Paris: Vrin, 1967.

CAMINOS, Hugo. The growth of specialized international tribunals and the fears of fragmentation of international law. *In*: BOSCHIERO, Nerina; SCOVAZZI, Tullio; RAGNI, Chiara; PITEA, Cesare. (orgs.). International courts and the development of international law. Essays in honour of Tullio Treves. Berlin: Springer, 2013. p. 55-64.

CHARNEY, Jonathan I. Is international law threatened by multiple international tribunals? *In*: Recueil des cours de l'Académie du droit international de La Haye, v. 271,1998. p. 101-382.

CRAWFORD, James. Chance, order, change: The course of international law. General Course on Public International Law. Leiden, Boston: Martinus Nijhoff Publishers, Brill Academic, 2014.

DUPUY, Pierre-Marie. The danger of fragmentation or unification of the international legal system and the International Court of Justice. *In*: New York University Journal of International Law and Politics, v. 31, n. 4, 1999. p. 791-808.

FORTEAU, Mathias. La saisine des juridictions internationales à vocation universelle (CIJ et TIDM). *In*: RUIZ FABRI, Hélène; SOREL, Jean -Marc. (orgs.). La saisine des juridictions internationales. Paris: Éditions Pedone, Paris, 2006. p. 09-87.

HIGGINS, Rosalyn. A babel of judicial voices? Ruminations from the bench. In: International and Comparative Law Quaterly, v. 55, n. 4, 2006. p. 791-804.

HIGGINS, Rosalyn. Problems and process: International law and how we use it. Oxford: Clarendon Press, 1994.

HIGGINS, Rosalyn. Respecting sovereign and running a tight courtroom. In: International and Comparative Law Quaterly, v. 50, n. 1, 2001. p. 121-132.

INTERNATIONAL COURT OF JUSTICE (ICJ). *Address to the Plenary session of the General Assembly of the United Nations by Judge Stephen M. Schwebel President of the International Court of Justice 26 October 1999.* Disponível em: <http://www.icj-cij.org/court/index.php?pr=87&p-t=3&p1=1&p2=3&p3=1 >. Acesso em: 1 fev. 2016.

INTERNATIONAL COURT OF JUSTICE (ICJ). Continental Shelf (Libyan Arab Jarnahiriya/Malta), *Judgment, I. C.J. Reports 1985*, p. 13.

INTERNATIONAL COURT OF JUSTICE (ICJ). *Maritime Delimitation and Territorial Questions between Qatar and Bahrain, Merits, Judgment, I.C.J. Reports 2001*, p. 40.

INTERNATIONAL COURT OF JUSTICE (ICJ). Maritime Delimitation in the Area between Greenland and Jan Mayen, *Judgment, I.C.J. Reports 1993*, p. 38.

INTERNATIONAL COURT OF JUSTICE (ICJ). *Maritime Delimitation in the Indian Ocean (Somalia v. Kenya). Preliminary objections. Judgment of 2 February 2017* (not published).

INTERNATIONAL COURT OF JUSTICE (ICJ). *Maritime Dispute (Peru* v. *Chile), Judgment, I.C.J. Reports 2014*, p. 3.

INTERNATIONAL COURT OF JUSTICE (ICJ). Statute of the International Court of Justice. Disponível em: < http://www.icj-ij.org/documents/index.php?p1=4&p2=2&p3=0 >. Acesso em: 10 jan. 2018.

INTERNATIONAL COURT OF JUSTICE (ICJ). *Territorial and Maritime Dispute between Nicaragua and Honduras in the Caribbean Sea (Nicaragua* v. *Honduras), Judgment, I.C.J. Reports 2007*, p. 659.

INTERNATIONAL COURT OF JUSTICE (ICJ). *Territorial and Maritime Dispute (Nicaragua* v. *Colombia), Judgment, I.C.J. Reports 2012*, p. 624.

INTERNATIONAL COURT OF JUSTICE (ICJ). *The proliferation of international judicial bodies: The outlook for the international legal order.*

Speech by His Excellency Judge Gilbert Guillaume, President of the International Court of Justice, to the Sixth Committee of the General Assembly of the United Nations 27 October 2000. Disponível em: < http://www.icj-cij.org/court/index.php?pr=85&pt=3&p1=1&p2=3&p3=1 >. Acesso em: 1 fev. 2016.

INTERNATIONAL LAW COMMISSION (ILC). *Fragmentation of international law*: Difficulties arising from the diversification and expansion of international law. Report of the Study Group of the International Law Commission. *Special Rapporteur* Martti Koskenniemi. para. 14. Disponível em: <http://legal.un.org/docs/?symbol=A/CN.4/L.702 >. Acesso em: 10 jan. 2018.

INTERNATIONAL TRIBUNAL FOR THE LAW OF THE SEA (ITLOS). *"Arctic Sunrise" (Kingdom of the Netherlands* v. *Russian Federation), Provisional Measures, Order of 22 November 2013, ITLOS Reports 2013,*p. 230.

INTERNATIONAL TRIBUNAL FOR THE LAW OF THE SEA (ITLOS). *"Enrica Lexie" Incident (Italy v. India), Provisional Measures, Order of 24 August 2015, ITLOS Reports 2015*, p. 182.

INTERNATIONAL TRIBUNAL FOR THE LAW OF THE SEA (ITLOS). *"Hoshinmaru" (Japan* v. *Russian Federation), Prompt Release, Judgment, ITLOS Reports 2005-2007*, p. 18.

INTERNATIONAL TRIBUNAL FOR THE LAW OF THE SEA (ITLOS). "*Juno Trader" (Saint Vincent and the Grenadines v. Guinea-Bissau), Prompt Release, Judgment, ITLOS Reports* 2004, p. 17.

INTERNATIONAL TRIBUNAL FOR THE LAW OF THE SEA (ITLOS). *Delimitation of the maritime boundary in the Bay of Bengal (Bangladesh/Myanmar), Judgment, ITLOS Reports 2012*, p. 4.

INTERNATIONAL TRIBUNAL FOR THE LAW OF THE SEA (ITLOS). *Land Reclamation in and around the Straits of Johor (Malaysia* v. *Sin-*

gapore), Provisional Measures, Order of 8 October 2003, ITLOS Reports 2003, p. 10.

INTERNATIONAL TRIBUNAL FOR THE LAW OF THE SEA (ITLOS). *M/V "Louisa" (Saint Vincent and the Grenadines* v. *Kingdom of Spain), Provisional Measures, Order of 23 December 2010, ITLOS Reports 2008-2010*, p. 58.

INTERNATIONAL TRIBUNAL FOR THE LAW OF THE SEA (ITLOS). *M/V "Norstar" (Panama v. Italy), Preliminary Objections, Judgment, ITLOS Reports 2016*, p. 44.

INTERNATIONAL TRIBUNAL FOR THE LAW OF THE SEA (ITLOS). *M/V "SAIGA" (No. 2) (Saint Vincent and the Grenadines* v. *Guinea), Judgment, ITLOS Reports 1999*, p. 10.

INTERNATIONAL TRIBUNAL FOR THE LAW OF THE SEA (ITLOS). *Request for Advisory Opinion submitted by the Sub-Regional Fisheries Commission, Advisory Opinion, 2 April 2015, ITLOS Reports 2015*, p. 4.

INTERNATIONAL TRIBUNAL FOR THE LAW OF THE SEA (ITLOS). *Responsibilities and obligations of States with respect to activities in the Area, Advisory Opinion, 1 February 2011, ITLOS Reports 2011*, p. 10.

INTERNATIONAL TRIBUNAL FOR THE LAW OF THE SEA (ITLOS). Rules of the Tribunal (ITLOS/8), *as amended on 17 march 2009*. Disponível em: <https://www.itlos.org/fileadmin/itlos/documents/basic_texts/Itlos_8_E_17_03_09.pdf >. Acesso em: 10 jan. 2018.

INTERNATIONAL TRIBUNAL FOR THE LAW OF THE SEA (ITLOS). *Southern Bluefin Tuna (New Zealand* v. *Japan; Australia* v. *Japan), Provisional Measures, Order of 27 August 1999, ITLOS Reports 1999*, p. 280.

INTERNATIONAL TRIBUNAL FOR THE LAW OF THE SEA (ITLOS). *Statement on Agenda Item 30 at the Plenary of the fifty-sixth Session of the United Nations General Assembly, 27 November 2001*. Disponível em: <ht-

tps://www.itlos.org/fileadmin/itlos/documents/statements_of_president/chandrasekhara_rao/ga_221199_eng.pdf >. Acesso em: 10 jan. 2018.

INTERNATIONAL TRIBUNAL FOR THE LAW OF THE SEA (ITLOS). *Statement on the occasion of the visit by Mr Horst Köhler, President of the Federal Republic of Germany, 1 September 2004*. Disponível em: <https://www.itlos.org/fileadmin/itlos/documents/statements_of_president/nelson/koehler_010904_eng.pdf >. Acesso em: 10 jan. 2018.

INTERNATIONAL TRIBUNAL FOR THE LAW OF THE SEA (ITLOS). *Statement delivered to the International Law Commission, Geneva, 31 July 2008*. Disponível em: <https://www.itlos.org/fileadmin/itlos/documents/statements_of_president/wolfrum/ilc_geneva_31.07.08_eng.pdf >. Acesso em: 10 jan. 2018.

INTERNATIONAL TRIBUNAL FOR THE LAW OF THE SEA (ITLOS). *Statement given on the occasion of the presentation of the Report of the Tribunal at the twenty-fourth Meeting of States Parties, 9 June 2014*. Disponível em: <https://www.itlos.org/fileadmin/itlos/documents/statements_of_president/yanai/MSP_090614_en.pdf >. Acesso em: 10 jan. 2018.

INTERNATIONAL TRIBUNAL FOR THE LAW OF THE SEA (ITLOS). *Statement given on the occasion of the presentation of the Report of the Tribunal at the twenty-fifth Meeting of States Parties, 8 June 2015*. Disponível em: <https://www.itlos.org/fileadmin/itlos/documents/statements_of_president/Golitsyn/MSP_25_statement_en.pdf >. Acesso em: 10 jan. 2018.

INTERNATIONAL TRIBUNAL FOR THE LAW OF THE SEA (ITLOS). *Statute of the International Tribunal for the Law of the Sea (Annex VI of the United Nations Convention on the Law of the Sea*. Disponível: <https://www.itlos.org/fileadmin/itlos/documents/basic_texts/statute_en.pdf >. Acesso em: 10 jan. 2018.

KOSKENNIEMI, Martti; LEINO, Päivi. Fragmentation of international law? Postmodern anxieties. In: Leiden Journal of International Law, v. 15, 2002. p. 553-579.

ODA, Shigeru. The International Court of Justice viewed from the bench (1976-1993). In: Recueil des cours de l'Académie du droit international de La Haye, v. 244,1993. p. 13-190.

OXMAN, Bernard H. The rule of law and the United Nations Convention on the Law of the Sea. In: European Journal of International Law, v. 7, 1996. p. 353-371.

SHANY, Yuval. The competing jurisdictions of international courts and tribunals. Oxford: Oxford University Press, 2003.

TANAKA, Yoshifumi. The international law of the sea. 2. ed. Cambridge: Cambridge University Press, 2015.

THIRLWAY, Hugh. The proliferation of international judicial organs: Institutional and substantive questions. *In*: BLOKKER, Niels; SCHERMERS, Henry G. (orgs.). Proliferation of international organizations. The Hague: Kluwer, 2001. p. 251-278.

TREVES, Tullio. Judicial lawmaking in an era of proliferation of international courts and tribunals: Development or fragmentation of international law? *In*: WOLFRUM, Rüdiger; Röben, V. (org.). Developments of international law in treaty making. Berlin: Springer, 2005. p. 587-620.

UNCLOS (1982). United Nations Convention on the law of the sea. Concluded at Montego Bay on 10 december 1982. Disponível em: <http://www.un.org/depts/los/convention_agreements/texts/unclos/unclos_e.pdf >. Acesso em: 10 jan. 2018.

UNITED NATIONS (UN). A/RES/2750(XXV)A-C. Reservation exclusively for peaceful purposes of the seabed and the ocean floor, and the subsoil thereof, underlying the high seas beyond the limits of present national jurisdiction and use of their resources in the interests of mankind, and convening of a conference on the law of the sea. Disponível em: < http://www.un.org/en/ga/search/view_doc.asp?symbol=A/RES/2750(XXV) >. Acesso em: 6 jan. 2018.

UNITED NATIONS (UN). Charter of the United Nations. Disponível em: < https://treaties.un.org/doc/Publication/CTC/uncharter.pdf >. Acesso em: 10 jan. 2018.

UNITED NATIONS DIVISION FOR OCEAN AFFAIRS AND THE LAW OF THE SEA (DOALOS). *Chronological lists of ratifications, of accessions and successions to the Convention and the related Agreements as at 6 November 2017*. Disponível em: <http://www.un.org/Depts/los/reference_files/chronological_lists_of_ratifications.htm#The%20United%20Nations%20Convention%20on%20the%20Law%20of%20the%20Sea >. Acesso em: 10 jan. 2018.

VISSCHER, Charles de. Theory and reality in public international law. Princeton: New Jersey, 1968.

WEIL, Prosper. Towards relative normativity in International Law? In: American Journal of International Law, v. 77, 1983. p. 413-442.

Law-making em processos complexos: a Corte Mundial e o Direito moderno de Responsabilidade Estatal[1]

Christian J. Tams[2]

INTRODUÇÃO

Responsabilidade estatal e a Corte Internacional de Justiça (CIJ) têm dominado grande parte das atividades de James Crawford durante as últimas duas décadas. Este capítulo discute uma questão situada na interseção desses dois temas: ele avalia a influência da CIJ (bem como da Corte Permanente de Justiça Internacional (CPJI)) no direito da responsabilidade e questiona: em qual extensão o atual direito da reponsabilidade foi moldado (ou até mesmo "formado") pelos pronunciamentos dessas duas "Cortes Mundiais"? Qual foi o impacto relativo da CIJ

---

1 Esse capítulo, focado em questões gerais de responsabilidade estatal, foi completado antes da última publicação de James Crawford no assunto. Ver CRAWFORD, J. *State Responsibility: The General Part.* Cambridge: Cambridge University Press, 2013. O texto "Law-making in complex processes: The world court and modern law of State Responsibility" originalmente publicado em Chinkin, C. and Baetens, F. (eds.) Sovereignty, Statehood and State Responsibility: Essays in Honour of James Crawford. Cambridge University Press: Cambridge, pp. 287-306 foi traduzido da língua inglesa por Sofia Neto Oliveira e revisado por Lucas Carlos Lima.

2 Christian J. Tams é Professor de Direito Internacional na Universidade de Glasgow.

e CPJI – comparado a outras "agências de desenvolvimento legal",[3] e comparado ao papel delas em outros campos do direito internacional?[4] São essas as duas questões que esse capítulo busca esclarecer um pouco. Como o tópico é extenso, o tratamento será generalizado ao invés de pormenorizado. Entretanto, como muito do nosso atual debate sobre responsabilidade é talvez muito granular, pode ser válido dar um passo atrás e oferecer algumas reflexões "a distância".

O tópico já foi abordado anteriormente com suficiência, e não há carência de perspectivas. "O direito de responsabilidade sempre foi essencialmente feito por juízes", declara Alain Pellet em uma contribuição recente a um Festschrift.[5] James Crawford admite uma diversidade um pouco maior: de acordo com ele, "[a]s regras da responsabilidade estatal têm sido derivadas de casos, da prática e, geralmente, de desarticuladas instanciações de ideias legais gerais".[6] E é claro, embora curiosamente ausente de ambas as citações, há a Comissão de Direito Internacional (CDI), que – de maneira justa – conta com seu trabalho em responsabilidade estatal dentre suas maiores contribuições à codificação e desenvolvimento

---

3 O termo é emprestado de Hersch Lauterpacht. *The Development of International Law by the International Court of Justice.* Londres: Stevens, 1958, cap. 1 ("The International Court as an Agency for Developing International Law"); e LAUTERPACHT, H. *The Development of International Law by the Permanent Court of International Justice.* Londres: Longmans Green and Company, 1934, p. 2.

4 Uma tentativa recente de oferecer um relato comparativo pode ser encontrada em TAMS, C. J.; SLOAN, J. *The Development of International Law by the International Court of Justice.* Oxford: Oxford University Press, 2013.

5 PELLET, A. "Some Remarks on the Recent Case Law of the International Court of Justice on Responsibility Issues" em KOVÁCS, P. *International Law: A Quiet Strength (Miscellanea in memoriam G´eza Herczegh).* Budapeste: Pazmany Press, 2011, p. 112.

6 CRAWFORD, J. "The International Court of Justice and the Law of State Responsibility" em TAMS, C. J.; SLOAN, J. *The Development of International Law by the International Court of Justice.* Oxford: Oxford University Press, 2013, p. 81.

progressivo do direito internacional. Todos esses contribuíram de alguma maneira para nossa compreensão, e Patrick Daillier está indubitavelmente correto ao enfatizar a "interdependência das várias fontes de direito no complexo processo de formulação do direito de responsabilidade estatal".[7] Mas quais são os respectivos papéis desempenhados pelas várias "fontes" no "complexo processo", e onde em particular a jurisprudência da CPJI e CIJ fizeram a diferença? Para abordar essas questões, é necessário, primeiramente, demarcar o campo de "responsabilidade estatal" antes de traçar e avaliar a contribuição das duas Cortes na matéria.

RESPONSABILIDADE ESTATAL: TRÊS NÍVEIS DE DECISÕES NORMATIVAS

A influência da CPJI e da CIJ no desenvolvimento do direito é melhor avaliada se trabalhada retroativamente: ao descrever o *status quo* e, então, indagando em qual extensão ele pode ser remetido às decisões judiciais. Como o desenvolvimento do direito internacional não é um processo mecânico, a avaliação deve sempre permanecer empírica, mas a influência pode ser galgada pela análise de como pronunciamentos judiciais têm sido recebidos no debate subsequente: eles se tornaram "brilhan[tes] faróis", guiando argumentos e amplamente tidos como referência, ou "tremularam e morreram de forma quase instantânea"?[8]

Em tudo isso, auxilia se o *status quo* puder ser identificado com certeza mínima, e, nesse aspecto, a responsabilidade estatal oferece nítidas vantagens. Porque, embora muitos detalhes ainda sejam contesta-

7 DAILLIER, P. "The Development of the Law of Responsibility through the Case Law" em CRAWFORD, J.; PELLET, A.; OLLESON, S. (eds.). *Handbook of International Responsibility.* Oxford: Oxford University Press, 2010, p. 38.

8 PAULSSON, J. "International Arbitration and the Generation of Legal Norms: Treaty, Arbitration and International Law" em VAN DE BERG, A. (ed.). *ICCA Congress Series No. 13: International Arbitration 2006: Back to Basics?* Haia: Kluwer Law International, 2007, pp. 879-881.

dos, a maioria consideraria os Artigos sobre Responsabilidade Estatal da CDI (ARE), adotados após a segunda leitura em 2001[9] e amplamente referenciados na prática e jurisprudência, como o ponto óbvio de referência. Caso exista, mesmo que apenas como uma hipótese de trabalho, um *status quo* acordado, então ele seria resultado de um surpreendentemente bem-sucedido exercício em clarificar o direito internacional por meio de "acreção normativa": trabalho paciente rumo ao consenso, baseado no estudo cuidadoso de prática anterior e jurisprudência (incluindo a da CPJI e CIJ), destilada pela Comissão em proposições legais gerais e então afirmada ou modificada em um razoavelmente inclusivo e, por vezes, detalhado debate. O texto da CDI realmente (como James Crawford observou) "codific[a] a forma por meio da qual pensamos em responsabilidade"[10]. Contudo, é preciso adicionar que, ao "codificar", a CDI modificou e moldou nosso pensamento sobre o tópico.[11] De fato, nós internalizamos tão completamente a abordagem da CDI que se tornou um grande desafio identificar as escolhas feitas durante a jornada

9 Artigos da CDI de Responsabilidade dos Estados por Atos Internacionalmente Ilícitos, reproduzido com comentários no *Anuário da CDI*, 2 (2), 2001, p. 26. (Todas as referências futuras ao texto da CDI são dessa fonte).

10 CRAWFORD, J. "The International Court of Justice and the Law of State Responsibility", p. 81.

11 Uma rápida olhadela no *System of the Law of Nations: State Responsibility*, de Ian Brownlie. Oxford: Oxford University Press, 1983; é suficiente para ilustrar o ponto. Publicado praticamente há três décadas, o trabalho – com seus detalhamentos em causas de ação, foco em remédios e protesto, etc. – parece muito "fora de sincronia" com o entendimento contemporâneo. O mesmo é verdade para ALLOTT, P. "State Responsibility and the Unmaking of International Law", *Harvard International Law Journal*, 1988, p. 29. 1 – apesar de sua fantástica descrição da abordagem da CDI ("generalizando sobre o efeito de atos ilícitos sem abordar muito qualquer ato ilícito em particular", p. 7). Uma releitura desse (e outros) trabalhos é útil conforme ilustram abordagens alternativas à responsabilidade. E, ao mesmo tempo, é apreciável o quão decididamente o direito internacional seguiu em frente.

rumo ao texto de 2001 da CDI. Se uma tentativa é feita, talvez nosso entendimento específico de responsabilidade estatal pudesse ser descrito como o resultado de decisões normativas em três níveis:

1. O *primeiro* e mais fundamental nível concerne ao conceito de responsabilidade. Desde a elementar reorientação do início dos anos 1960, responsabilidade tem sido postulada como a chave dos debates sobre ilicitude: um conceito mais amplo situado (como colocado por Philip Allott) "entre ilegalidade e imputabilidade"[12] e englobando (nas palavras da CDI) "as condições gerais, no direito internacional, para que o Estado seja considerado responsável por ações ilícitas ou omissões, e as consequências legais que daí se seguem".[13] O conceito é surpreendentemente ambicioso em seu escopo de aplicação (governando todas as formas de ilicitude e incluindo tudo, desde "violações menores de um tratado bilateral ... à invasão da Bélgica"[14]); e notável também ao presumir que o direito internacional da responsabilida-

12 ALLOTT, P. "State Responsibility and the Unmaking of International Law", p. 6 (nota de rodapé 18 dele).

13 Ver para. 1 do Comentário Introdutório aos Artigos de Responsabilidade Estatal da CDI. Não expressamente mencionado é o fato de que os ARE deveriam também expor modalidades governando a invocação de responsabilidade. Um comentário por Rosalyn Higgins, feito antes da finalização ou mesmo da primeira leitura, captura o escopo do projeto muito bem: "Agora é possível começar a ver por que um tópico que deveria ter tomado o trabalho de um verão demorou quarenta anos. Ele tem sido interpretado para cobrir não apenas problemas de atribuição ao Estado, mas também todas as obrigações de direito substantivo, e a totalidade do direito internacional relacionado à compensação"; ver HIGGINGS, R. *Problems and Process: International Law and How We Use It.* Oxford: Oxford University Press, 1995, p. 148.

14 CRAWFORD, J. "The International Court of Justice and the Law of State Responsibility", p. 76.

de deveria ser unitário, renunciando a distinções principiológicas baseadas em fontes[15] ou gravidade.[16]

2. O *segundo nível* de decisões normativas compreende os princípios chave de organização que operacionalizam a ampla noção de responsabilidade. Eles dizem respeito ao entendimento substantivo de "responsabilidade" bem como à delimitação da CDI entre aspectos gerais do regime internacional (abordados no texto da CDI) e regras especiais. Dentre esses princípios de organização, destacam-se os seguintes:
   - Responsabilidade internacional é um conceito objetivo (geralmente não dependendo de culpa ou dano) e autônomo do direito doméstico. Responsabilidade é o resultado de conduta de pessoas/entidades agindo (ou falhando em agir) por um Estado.
   - Responsabilidade como um conceito geral abrange formas de "conduta auxiliar" (notavelmente cumplicidade na conduta ilícita de outro Estado) bem como em um número limitado de circunstâncias precluindo a ilicitude de uma conduta.

---

15 Ver comentário ao Art. 12 ARE, para. 5: "não há espaço no direito internacional para uma distinção, como ocorre em alguns sistemas legais, entre o regime de responsabilidade pela violação de um tratado e pela violação de alguma outra regra, p. ex. para responsabilidade *ex contractu* ou *ex delicto*".

16 Ver Parte II, Capítulo 3 (compreendendo Arts. 40, 41 ARE) para a tentativa da CDI de resgatar alguma forma de "regime especial" para violações particularmente notórias. Conforme o comentário introdutório àquele capítulo (para. 7) deixa claro, o capítulo evidencia certas consequências especiais, sem refletir uma distinção categórica entre "classes" de violações. Isso está em contraste com o esquema inicial da Comissão, o qual – no Art. 19, esboçado no texto da primeira leitura – tinha dividido conduta ilícita em duas classes, a saber, "crimes" e "delitos". A adequação e utilidade dessa distinção categórica tem sido muito discutida: para um resumo, ver CRAWFORD, J. *The International Law Commission's Articles on State Responsibility.* Cambridge: Cambridge University Press, 2002, pp. 16-20.

- Conduta ilícita dá origem a deveres gerais de cessação e reparação (como "as novas relações legais que surgem da comissão... de um ato internacionalmente ilícito"[17]) que buscam assegurar o retorno à legalidade e um reestabelecimento da conjuntura afetada pela violação. Qualquer tentativa de impor esses deveres deve respeitar certas condições gerais regendo a invocação de responsabilidade (o estabelecimento de um "título" a responder: notificação anterior, etc.).
- Enquanto aplicável à conduta ilícita de maneira geral (independentemente da natureza da "vítima"), o direito geral da responsabilidade apenas abrange as consequências da ilicitude, e modalidades de invocação, na medida em que seja entre Estados.

3. Regras específicas enunciando esses princípios organizacionais compõem o *terceiro nível* de decisões normativas determinando o atual regime de responsabilidade estatal. Esse terceiro nível é tipicamente refletido em provisões específicas do texto da CDI que dão significado concreto aos princípios de "segundo nível." Isso é feito, por exemplo, listando fundamentos para atribuição[18] e circunstâncias excludentes de ilicitude,[19] ao formular formas de reparação,[20] ao enunciar os potenciais "títulos" que permitem que um Estado invoque a responsabilidade de outro Estado[21] e assim por diante. Muitas dessas regras específicas existiam muito antes da CDI começar seu trabalho na responsabilidade, mas é dentro daquele contexto que nós agora as depreendemos.

---

17 ARE, Comentário Introdutório, para. 3(f).

18 Arts. 4-11 ARE.

19 Arts. 20-7 ARE.

20 Arts. 31-9 ARE, bem como (para as consequências especiais provocadas por sérias violações de normas *jus cogens*) Arts. 40-1.

21 Ver Arts. 42 e 48 ARE.

MOLDANDO O DIREITO MODERNO DE RESPONSABILIDADE ESTATAL

Mesmo desse mais breve, e sem dúvidas esquemático, esboço, fica claro que a constituição da lei moderna de responsabilidade foi um "processo complexo"[22] envolvendo diferentes atores, e níveis diferentes de coordenação. As seções subsequentes traçam os diferentes papéis desempenhados pela CPJI e pela CIJ, distinguindo entre os diversos níveis de decisões esboçados acima. Porém, antes de avaliar a influência da CPJI e da CIJ, parece importante notar que nem todos os aspectos do regime contemporâneo de responsabilidade são "essencialmente feitos por juízes".[23]

O "plano mestre" da CDI

Enquanto a CPJI e a CIJ foram influentes no moldar os princípios gerais da responsabilidade e regras específicas implementando-as (o segundo e terceiro níveis de decisões normativas mencionadas na seção precedente), é importante notar que a decisão conceitual de pensar na responsabilidade como uma categoria predominante compreendendo as condições gerais e consequências advindas das condutas ilícitas foi adotada pela CDI. Diferentemente de outras mudanças de direção no direito, a decisão crucial pode, de fato, ser traçada com relativa precisão: em 1963, tendo falhado em acordar em um regime de responsabilidade estatal por danos a estrangeiros, a Comissão decidiu mudar de abordagem – em uma rara tentativa de trazer um projeto "de volta à vida"[24] ao mudar do específico ao geral/abstrato. Depois de algum de-

22 DAILLIER, P. "The Development of the Law of Responsibility through the Case Law".

23 *Cf.* acima n. 2.

24 ALLOTT, P. "State Responsibility and the Unmaking of International Law", p. 7. Nas palavras de James Crawford, "Ago reconheceu que proposições sobre respon-

bate, um subcomitê foi estabelecido para estudar formas de resgatar o trabalho da Comissão no tópico proposto pra "dar prioridade à codificação de regras gerais governando a responsabilidade internacional dos Estados".[25] Em retrospecto, parece claro que, na jornada rumo ao direito moderno de responsabilidade, essa foi a bifurcação decisiva: a Comissão posteriormente endossando a recomendação do subcomitê de mudar o panorama legal – e a nomeação de Roberto Ago, uma figura chave nas deliberações do subcomitê, como Relator. Pois foi no compromisso da Comissão com os relatórios de Ago que, para o bem ou para o mal, a noção contemporânea de responsabilidade tomou forma, foi "decodificada".[26] E enquanto muitas das regras específicas (terceiro nível) e alguns dos princípios organizacionais (segundo nível) seriam revisitados em estágios posteriores, a decisão estratégica de entender responsabilidade como o conceito crucial "entre ilegalidade e imputabilidade"[27] permaneceria. A esse respeito, desenvolvimentos desde o início dos anos 1960 seguiram o "plano mestre" da CDI.

(b) Decisões fundamentais pela CPJI

Evidentemente, a Comissão não decidiu, em um rompante, embarcar no seu projeto de codificação mais ambicioso. Em seu subcomitê, preva-

---

sabilidade estatal seriam, curiosamente, mais estáveis do que regras substantivas, que são sujeitas a mudança" em TAMS, C. J.; SLOAN, J. *The Development of International Law by the International Court of Justice*. Oxford: Oxford University Press, 2013, p. 6.

25 Como resumido no AGO, R. "Primeiro Relatório sobre Responsabilidade Estatal", *Anuário da CDI*, 2, 1969, pp. 125, 139. As deliberações do subcomitê, resumidas por Roberto Ago, e os documentos de trabalho submetidos a ele, estão reproduzidos no *Anuário da CDI*, 2, 1963, p. 227.

26 Ver acima n. 8.

27 ALLOTT, P. "State Responsibility and the Unmaking of International Law", p. 6 (nota de rodapé 18 do autor).

leceu a visão de que responsabilidade poderia ser abordada de um ângulo geral, uma vez que questões de atribuição, ou consequências, eram governadas por princípios comuns. Tentando persuadir o subcomitê da CDI a se distanciar do estudo de responsabilidade em áreas específicas (tal como o tratamento de estrangeiros), Mustafa Kamil Yasseen sugeriu que "o primeiro passo deve ser a definição da teoria geral de responsabilidade. *Essa teoria existe*."[28] Na época, nem todos concordaram; daí a contínua atração por "ir (ou permanecer) setorial".[29] Mas o ponto de vista de Yasseen – que "[uma teoria geral de responsabilidade] existe" e espera a codificação, que o subcomitê adotou – certamente parecia plausível. De fato, com o benefício da retrospectiva, alguém pode se perguntar por que demorou tanto a emergir: as árvores estavam ali; era hora de pensar na floresta.

Ao deduzir os princípios gerais de responsabilidade (dos quais uma "teoria geral" poderia ser deduzida), a Corte Permanente foi altamente influente. Ao lado da doutrina[30] e da prática diplomática e arbitral,

---

28 Working paper, reproduzido no *Anuário da CDI*, 2, 1963, p. 251. A declaração continuou: "[C]ertos princípios têm um escopo geral transcendendo o caso em particular [p. ex. área CJT] de responsabilidade no qual são aplicados. Responsabilidade estatal deveria, portanto, ser considerada como um todo".

29 No subcomitê, essa abordagem foi, por exemplo, favorecida por Jiménez de Aréchaga e Modesto Paredes, ver seus documentos de trabalho, reproduzidos no *Anuário da CDI*, 2, 1963, pp. 237 e 244.

30 Em um anexo ao seu documento de trabalho submetido em 1963 (Anuário da CDI, 2, 1963, p. 254), Ago listou uma variedade de trabalhos relevantes. Contudo, como BROWNLIE, I. *System of the Law of Nations: State Responsibility I*, pp. 7 e 8, nota, grande parte da literatura não discutiu responsabilidade estatal como um conceito geral: "[m]uito da literatura do século dezenove continuou a ignorar os problemas de responsabilidade dos Estados como tal", enquanto literatura no "período formativo (1898-1930) era variada" e focava em assuntos especiais, notavelmente danos a estrangeiros. Conforme Brownlie nota adiante, alguns dos clássicos da academia britânica do século vinte, como *Law of Nations* de Brierly, " não continh[am] qualquer discussão de responsabilidade estatal como uma categoria" (*System of the Law of Nations: State Responsibility I*, 2) (o que permanece verdadeiro na edição mais recente preparada por Clapham). É preciso adicionar

sua jurisprudência tinha estabelecido um número de preposições fundamentais nas quais o esforço da codificação (empreendido nos anos 1960) se desenharia. Três delas se destacam:

Em primeiro lugar, uma sequência de decisões da CPJI tinha afirmado a autonomia da responsabilidade internacional de leis domésticas. De fato, pode este muito bem ser o princípio mais frequentemente afirmado pela Corte Permanente. Isso é verdade por ambas as suas "variações": (i) violações de leis constitucionais não tornam a conduta *internacionalmente* ilícita;[31] e (ii) cumprimento de legislação interna não justifica violações de direito internacional.[32] Com relação à última e mais importante variação, o julgamento no caso dos *Polish Nationals* contém a formulação quintessencial; nele, a CPJI afirmou que "um Estado não pode aduzir contra outro Estado sua própria Constituição com o objetivo de evadir obrigações a ele incumbentes baixo o direito internacional ou tratados em vigor".[33] Setenta anos depois, esse princípio seria afirmado, com devida referência à jurisprudência formativa da CPJI, no Artigo 3 do texto da CDI.[34]

---

que onde responsabilidade estatal era discutida como uma categoria, o tratamento frequentemente permanecia focado em danos a estrangeiros.

31 *Treatment of Polish Nationals and Other Persons of Polish Origin or Speech in the Danzig Territory (Advisory Opinion)*, P.C.I.J. Series, A/B, nº 44, pp. 24-5. *SS Lotus (France* v. *Turkey)*, P.C.I.J. Series, A, nº 10, p. 24.

32 Conjuntamente com a declaração feita em *Polish Nationals* (ver nota de rodapé abaixo), ver p. ex. *SS Wimbledon (United Kingdom* v. *Germany)*, P.C.I.J Series, A, nº 1, pp. 29-30; *Greco-Bulgarian Communities (Advisory Opinion)*, P.C.I.J Series, B, nº 17, pp. 17, 32; *Free Zones of Upper Savoy and the District of Gex* (*France* v. *Switzerland)*, P.C.I.J Series, A/B, nº 46, p. 167.

33 *Treatment of Polish Nationals and Other Persons of Polish Origin or Speech in the Danzig Territory*, p. 24.

34 Art. 3 ARE estabelece o seguinte: "A caracterização de um ato de um Estado como internacionalmente ilícito é governada pelo direito internacional. Tal caracterização não é afetada pela caracterização do mesmo ato como lícito pelo direito interno."

Em segundo lugar, a jurisprudência da CPJI poderia ser lida para prenunciar a emergência de responsabilidade como uma noção separada "entre ilegalidade e imputabilidade" – uma noção da qual a relevância falhou em convencer Allott.[35] Em *Phosphates in Morocco*, a Corte se referiu a atribuição e ilegalidade como as duas condições chaves[36] e notou que onde essas condições eram cumpridas "responsabilidade internacional seria imediatamente estabelecida entre os dois Estados".[37] Enquanto isso, abriu caminho para a apreciação de responsabilidade como uma noção combinando condições para, e consequências de, ilicitude, a referência a "dois Estados" traiu uma mentalidade bilateralista[38] que re-

35 Ver acima n. 10.

36 Ela o fez no contexto de uma alegada violação de um tratado, declarando que a conduta supostamente ilícita deveria ser "atribuível ao Estado e descrita como contrária ao direito convencional de outro Estado": *Phosphates in Morocco (Italy* v. *France)*, P.C.I.J Series, A/B, nº 74, p. 28.

37 *Ibid.*

38 Para abordagens alternativas em contraste com a abordagem da decisão da CPJI no *SS "Wimbledon" (United Kingdom* v. *Germany)*, p. 20 (aceitando um direito geral de legitimidade processual dos Estados requerentes que tinham "um claro interesse na execução de provisões relacionadas ao canal de Kiel, uma vez que eles todos possuem frotas e navios mercantes hasteando suas respectivas bandeiras"); e *Interpretation of Statute of Memel Territory (UK, France, Italy and Japan* v. *Lithuania)*, P.C.I.J Series, A/B, nº 47 e nº 49 (reconhecendo a legitimidade processual dos requerentes, cujo "único interesse [era] garantir que a Convenção da qual são Partes seja respeitada pela Lituânia" – conforme colocado pelo agente britânico: ver P.C.I.J Series, C, nº 59, p. 173. Conforme as breves referências sugerem, a CPJI podia ser surpreendentemente moderna ao determinar se Estados requerentes tinham legitimidade processual *in judicio*. Em sua opinião separada no julgamento de 1962 em *South West Africa*, o juiz Jessup se baseou na jurisprudência da CPJI para argumentar (de maneira persuasiva) que "[O] direito internacional há muito reconheceu que Estados podem ter interesses legais em assuntos que não afetam seus interesses financeiros, econômicos ou, de outra maneira, "materiais" ou, digamos, "físicos" ou "tangíveis"" (casos *South West Africa*

duziu responsabilidade à relações recíprocas envolvendo direitos de requerentes e deveres correlatos de requeridos – uma restrição que ainda assombra debates no presente.[39] Ademais, a interpretação centrada nos Estados da Corte sobre reinvindicações de proteção diplomática – pela qual um Estado estava "na realidade assegurando os próprios direitos"[40] – adicionaria uma restrição adicional de impacto duradouro.[41]

Em terceiro lugar, em uma passagem muito citada, a CPJI formularia, de maneira geral, a consequência automática mais importante e "imediatamente decorrente"[42] da responsabilidade. Em *Factory of Chorzow*, ela notou que uma violação de direito internacional "envolve uma obrigação de reparação"; isso foi considerado "um princípio de direito

---

(Ethiopia v. *South Africa*; *Liberia* v. *South Africa)*, I.C.J Reports, 1962, p. 425). O julgamento de 1966 nos mesmos casos infelizmente ofuscaria a abordagem anterior e mais minuciosa da CPJI em legitimidade processual legal. Para mais desses aspectos, ver TAMS, C. *Enforcing Obligations Erga Omnes in International Law*. Cambridge: Cambridge University Press, 2005, pp. 69-79.

39 Para detalhes, ver p. ex. SIMMA, B. "Bilateralism and Community Interest in the Law of State Responsibility" em DINSTEIN, Y.; TABORY, M. (eds.). *International Law in a Time of Perplexity: Essays in Honour of Shabtai Rosenne*. Dordrecht: Martinus Nijhoff, 1989, p. 821. CRAWFORD, J. "Responsibilities for Breaches of Communitarian Norms: An Appraisal of Article 48 of the ILC Articles on Responsibility of States for Wrongful Acts" em FASTENRATH, U. *et al.* (eds.). *From Bilateralism to Community Interest: Essays in Honour of Judge Bruno Simma*. Oxford: Oxford University Press, 2011, p. 221. O ponto de vista do autor está exposto em TAMS, C. *Enforcing Obligations Erga Omnes in International Law*.

40 *Mavrommatis Palestine Concessions (Greece* v. *Britain)*, C.P.J.I Series, A, nº 2, p. 12.

41 Como proteção diplomática foi subsequentemente "transferida" para um tópico separado (relacionado a, mas independente da noção moderna de responsabilidade), o tópico não é abordado em detalhes aqui. Para uma análise recente, ver PARLETT, K. "Diplomatic Protection and the International Court of Justice" em TAMS, C. J.; SLOAN, J. *The Development of International Law by the International Court of Justice*. Oxford: Oxford University Press, 2013, p. 87.

42 *Cf.* acima n. 35.

internacional e até mesmo uma concepção geral de direito".[43] Em uma passagem posterior do mesmo caso, a CPJI então explorou o conteúdo da obrigação:

> [para] erradicar todas as consequências do ato ilícito e reestabelecer a situação que teria, muito provavelmente, existido se o ato não fosse cometido.[44]

Seguiu-se uma declaração sobre a relação entre duas potenciais formas de reparação:

> Restituição em espécie, ou, caso isso não seja possível, pagamento de uma soma correspondente ao valor devido pela restituição em espécie; o pagamento, se necessário, de danos pelas perdas suportadas que não seriam cobertos por restituição em espécie ou pagamento no seu lugar – esses são princípios que deveriam servir para determinar a quantidade de compensação devida por um ato contrário ao direito internacional.[45]

O impacto dessas declarações não foi menos que notável. Dificilmente sustentado por argumentos, eles se tornaram pilares do regime de consequências da responsabilidade: tidos como referência para apoiar a existência de um dever geral de fazer reparação[46] e a primazia de restituição sobre compensação.

---

43 *Factory at Chorzów (Germany* v. *Poland)*, P.C.I.J. Series, A, nº 17, p. 29.

44 *Ibid.*, p. 47. Isso foi declarado como sendo um "princípio essencial contido na própria noção de um ato ilícito".

45 *Ibid.*

46 Ver p. ex. para. 1 do comentário da CDI ao Art. 31 ARE: "O princípio geral das consequências da comissão de um ato internacionalmente ilícito foi declarado pela CPJI no caso *Factory at Chorzów*". Com respeito à primazia da restituição, o comentário da CDI enfatiza pragmaticamente que "[d]as muitas formas de reparação, compensação é talvez a mais comumente procurada na prática internacional" (comentário ao Art. 36, para. 2). Mas o Art. 36 ARE aceita (nas palavras do para. 3 dos comentários) "primazia como uma questão de princípio legal".

Tomadas em conjunto, as três instâncias evidenciam o notável papel da CPJI de preparar o terreno para a emergência, e gradual formulação, do direito moderno de responsabilidade estatal entre os anos 1960 e 2001. A CPJI não foi a arquiteta da noção moderna – como um órgão judicial decidindo casos específicos, ela tinha seus poderes limitados para desenhar uma estrutura normativa ampla. Contudo, a jurisprudência da CPJI (parcialmente desenhada a partir das práticas arbitrais anteriores, parcialmente baseando-se em "raciocínio conceitualista")[47] reconheceu um número de importantes princípios gerais que moldam ou influenciam o direito de responsabilidade até o presente e que, na terminologia acima introduzida, formam parte do "segundo nível" de decisões normativas.

A relevância contínua da CIJ

O trabalho da CIJ também exerceu influência, mas seu impacto tem sido tipicamente em um nível distinto. Ao menos por quatro décadas,[48]

---

47 Esse argumento foi trazido recentemente por Akbar Rasulov: "[C]omo mesmo o mais breve escrutínio de sua jurisprudência pode confirmar, essa Corte, ao longo de sua carreira de vinte anos, permaneceu uma praticante muito dedicada da argumentação conceitualista": ela identificaria, sem muito argumento, o suposto "significado objetivo" de um princípio e "deduzir a partir desse princípio, com argumentação jurídica "objetiva", todo um regime jurídico com numerosos detalhes e complicadas estruturas normativas e corretivas". Ver RASULOV, A. "The Doctrine of Sources in the Discourse of the Permanent Court of International Justice" em TAMS, C. J.; SLOAN, J. *The Development of International Law by the International Court of Justice.* Oxford: Oxford University Press, 2013, pp. 308-9.

48 Com respeito aos antigos pronunciamentos precedendo a conceptualização da CDI, ver notavelmente *Corfu Channel (United Kingdom* v. *Albania)*, I.C.J Reports, 1949, pp. 4 e 244. A opinião das *Reparations* (*Reparation for Injuries Suffered in the Service of the United Nations (Advisory Opinion)*, I.C.J. Reports, 1949, p. 171) abriu o caminho para o subsequente desenvolvimento de um regime de responsabilidade de organizações internacionais (AROI, 2011); como não se refere a responsabilidade estatal, ela é deixada de lado.

a Corte Mundial tem decidido casos de responsabilidade no contexto do trabalho da CDI. E, muito claramente, isso tem afetado seu impacto no desenvolvimento legal.

Operando dentro do plano mestre da CDI

No que diz respeito ao "nível" das decisões normativas, a emergência no cenário de uma ambiciosa Comissão de Direito teve uma restrita influência: conforme o "plano mestre" da CDI para responsabilidade começou a se desenrolar e conforme isso foi traduzido nos diferentes princípios organizacionais de responsabilidade sumarizados na seção precedente (portanto codific[ando] a forma como pensamos sobre responsabilidade"),[49] outros atores já não eram mais livres para vaguear. Isso afetou muitas potenciais agências de desenvolvimento legal, incluindo a doutrina[50] e também a CIJ. Ao invés de "descobrir" princípios gerais de responsabilidade (que seriam então recorridos por outros, como a CPJI tinha feito), a CIJ, dos anos 1970 em diante, operou dentro do âmbito da CDI. Seu impacto se tornou mais específico: na terminologia usada na seção precedente, uma pessoa poderia dizer que ela tipicamente mudou para o (terceiro) nível de regras específicas de responsabilidade.

"Pingue pongue normativo": a CIJ e a CDI em concerto

Essa mudança não deve ser entendida como se a CIJ tivesse se tornado "menos poderosa", ou com menos influência: quando muito, o oposto é verdade. Ao abordar proposições normativas específicas em sua jurisprudência, a CIJ foi altamente influente, e a lista de provisões do texto da CDI que, de uma forma ou de outra, devem sua existência

49 Ver acima n. 8.

50 Ver acima n. 9 para um comentário sobre duas visões alternativas de responsabilidade que seriam deixadas de lado conforme a abordagem da CDI se tornou dominante.

ou formulação a alguma forma de pronunciamento da CIJ é longa. Claro, operando dentro do "plano mestre" da CDI, a CIJ não criaria um novo direito individualmente, mas trabalharia em conjunto com a CDI. Contudo, com o passar dos anos, as duas instituições pareceram desenvolver uma relação quase simbiótica como "parceiros ao fazer direito". O grau e caráter da influência da Corte dentro dessa relação simbiótica varia, mas três categorias podem ser convenientemente distinguidas.

Primeiramente, um número de casos da CIJ levantou "questões de responsabilidade" que foram francamente novas e seriam mencionadas no trabalho da CDI. Dois exemplos podem servir para ilustrar o ponto.

No *Tehran Hostages*, a Corte teve que avaliar em que medida "conduta" essencialmente "privada" - a ocupação da embaixada dos EUA por estudantes e militantes - era atribuível a um Estado que, embora não ativamente participando, endossava isso e explorava para propósitos próprios. No ponto de vista da Corte, aprovação, apoio e "exploração" eram suficientes para tornar um ato privado em um ato público atribuível:

A aprovação dada a esses fatos por Ayatollah Khomeini e outros órgãos do Estado Iraniano, e a decisão de perpetuá-los, converteram a ocupação contínua da Embaixada e a detenção de reféns em atos daquele Estado.[51]

O trabalho subsequente da CDI essencialmente "reconheceu e adotou" a posição da CIJ: com o caso *Hostages* tendo sido decidido apenas no último ano de Ago na Comissão, o assunto não seria considerado até a segunda leitura, quando o Relator Crawford recomendou[52] a in-

51 *United States Diplomatic and Consular Staff in Tehran (United States of America v. Iran)*, I.C.J. Reports, 1980, pp. 3, 35, para. 74.

52 Ver CRAWFORD, J. First Report on State Responsibility", A/CN.4/490, Add. 5, paras. 281-6. Conjuntamente com o caso *Hostages*, muito se baseou na arbitragem *Lighthouses*, que tinha considerado uma situação similar no contexto de sucessão de Estados (*Lighthouses Arbitration (France* v. *Greece)*, Reports onf International Arbitral Awards, vol. 12, 1956, p. 155).

clusão de uma provisão inspirada pelo julgamento da Corte (enquanto também indicando que ela deveria ser interpretada restritivamente).[53] Nesse diapasão, o Artigo 11 dos ARE de 2001 efetivamente converte a abordagem da CIJ em uma regra de atribuição.

Embora tendo uma história mais conturbada, o famoso "*erga omnes* dictum" do caso *Barcelona Traction* é outro pronunciamento da CIJ que, com o tempo, se transformaria em uma provisão do direito moderno de responsabilidade. Durante um tempo, o desnecessariamente enigmático pronunciamento que obrigações particularmente importantes deveriam ser devidas "à comunidade internacional como um todo" seriam utilizados como apoio para a existência de "crimes internacionais" como uma categoria separada de conduta ilícita. Do meio dos anos 1990 em diante, quando "crimes" saíram de moda, a mais mundana (mas ainda ambiciosa) ideia de "execução do interesse público" persistiu: de acordo com o artigo 48(1)(b) do texto de 2001 da CDI, qualquer Estado "é intitulado a invocar a responsabilidade de outro Estado... se a obrigação violada é devida à comunidade internacional como um todo". Conforme reconhecido pelo comentário, isso, na verdade, "pretende dar efeito ao pronunciamento da CIJ no caso *Barcelona Traction*... que... "[d]iante da importância dos direitos envolvidos, todos os Estados podem ser considerados como tendo um interesse legal [na] proteção... de obrigações *erga omnes*""".[54]

Em segundo lugar, a CIJ nem sempre apresentou proposições que a CDI adotou. Frequentemente a ordem tem sido invertida, com a CIJ

---

53 Ver para. 6 do comentário da CDI ao Art. 11 ARE, explicando que, enquanto a CIJ tinha se pronunciado sobre "aprovação" e "endosso", "de maneira geral, conduta não será atribuída a um Estado pelo artigo 11 onde um Estado apenas reconhece a existência fática de uma conduta ou expressa sua aprovação verbal da mesma"; de modo contrário, uma "adoção" oficial era requerida.

54 Comentário ao Art. 48 ARE, para. 8, citando *Barcelona Traction, Light and Power Company, Limited (Belgium* v. *Spain)*, I.C.J. Reports, 1970, pp. 3, 32, para. 33.

estabilizando provisões da CDI cujo destino era, previamente ao *imprimatur* da CIJ, no mínimo incerto. O reconhecimento gradual de uma defesa de necessidade é provavelmente o exemplo mais proeminente: adotado pela Comissão em 1980 e figurado como o esboçado Artigo 33 no texto de 1996, a provisão foi recepcionada com cautela conforme parecia convidar ao abuso. O julgamento arbitral no *Raibow Warrior* refletiu as dúvidas persistentes. O trabalho da CDI, como ceticamente notou o tribunal, "alegadamente autoriza um Estado a levar a cabo ações ilícitas invocando estado de necessidade"; contudo, isso foi considerado "controverso".[55] Em retrospecto, parece ter sido o julgamento da CIJ no *Gabčikovo Nagymaros* que resolveu a situação.[56] Sem demasiada preocupação, e referindo-se ao esboço do Artigo 33, a Corte reconheceu:

> Que o estado de necessidade é um fundamento reconhecido pelo direito internacional costumeiro para precluir a ilicitude de um ato não em conformidade com uma obrigação internacional.[57]

Esse aval foi suficiente para assegurar uma passagem relativamente tranquila dessa provisão durante a segunda leitura. Desde 2001, é claro, o Artigo 25 do texto da CDI tem estado muito em demanda: arbitragem de investimento da última década não teria sido a mesma sem isso e, enquanto muitas questões permanecem (incluindo se deveria se aplicar à crise Argentina de 2001), agora parece indubitável que o direito internacional reconhece uma defesa de necessidade.

Desde a conclusão do projeto da CDI, a CIJ tem continuado a em-

55 *Rainbow Warrior Arbitration (New Zealand* v. *France),* Reports of International Arbitration Awards, vol. XX, 1990, p. 254.

56 Como colocado por James Crawford ("The International Court of Justice and the Law of State Responsibility", pp. 80–1): "No período no qual a Corte lidava com o argumento de necessidade, era praticamente uma incógnita se seria aceito ou não".

57 *Gabčikovo -Nagymaros Project (Hungary* v. *Slovakia),* I.C.J. Reports, 1997, p. 40, para. 51.

prestar sua autoridade a algumas das provisões mais ambiciosas do texto de 2001. O Artigo 41, especificando consequências especiais de violações severas de regras jus cogens (altamente controverso à época), foi, em essência, aplicado na opinião do Wall, mesmo que sem referência ao texto da CDI.[58] E três anos depois, no caso Genocide, a Corte explicitamente se referiu ao artigo 16 do texto da CDI, que – em uma das mais notáveis instâncias de desenvolvimento legal – propôs uma regra geral contra cumplicidade em responsabilidade estatal.[59] A CIJ não apenas confirmou casualmente a provisão,[60] mas até mesmo estendeu isso a um contexto envolvendo não dois Estados, e sim uma entidade não-estatal e um Estado. E, julgando pela resposta subsequente, a combinação na provisão da CDI e o aval da CIJ parecem ter redefinido o mapa de responsabilidade compartilhada.[61]

Por fim, a influência da CIJ também pode ser sentida em um nível um pouco mais granular: em muitas instâncias, os pronunciamentos da CIJ deram clareza relativamente ao escopo de provisões que todos concordaram que seriam incluídas no texto da CDI mas que requeriam alguma clarificação. A formulação eventual das provisões da CDI em contramedidas oferece uma ilustração: enquanto muitas das questões

---

58 *Legal Consequences of the Construction of a Wall in the Occupied Palestinian Territory (Advisory Opinion)*, I.C.J. Reports, 2004, pp. 199-200, paras. 154-9.

59 O Art. 16 ARE prevê o seguinte: “Um Estado que ajuda ou auxilia outro Estado na comissão de um ato internacionalmente ilícito pelo último é internacionalmente responsável por fazê-lo se: *(a)* aquele Estado o faz com ciência das circunstâncias do ato internacionalmente ilícito; e *(b)* o ato seria internacionalmente ilícito se cometido por aquele Estado.”

60 *The Application of the Convention on the Prevention and Punishment of the Crime of Genocide (Bosnia and Herzegovina* v. *Serbia and Montenegro)*, I.C.J. Reports, 2007, p. 217, para. 420.

61 Muitos aspectos são explorados pelo SHARES, um projeto de pesquisa em responsabilidade compartilhada no direito internacional, disponível em: [www.sharesproject.nl/].

cruciais tinham sido abordadas previamente, o julgamento da CIJ no julgamento Gabčikovo Nagymaros utilmente adicionou precisão, por exemplo, ao clarificar a relação entre contramedidas e respostas do direito dos tratados baseados no Artigo 60 na Convenção de Viena sobre Direito dos Tratados (CVDT) ou ao introduzir a noção de uma resposta "proporcional".[62] Enquanto isso aumentou a clareza, o impacto da CIJ em outros campos foi mais decisivo. Com relação ao Artigo 8 do texto da CDI – regulando a atribuição de conduta privada dirigida e/ou controlada por um Estado – ambas a CIJ e a CDI foram robustas ao defender a construção relativamente restrita dessa regra, como moldado pelo caso Nicaragua,[63] contra o teste mais leniente do Tribunal Penal Internacional para a ex-Iugoslávia (TPIJ) no Tadić.[64] Como o assunto foi discutido em detalhes em outro local,[65] é suficiente referir ao julgamento da CIJ no caso Genocide (Bósnio), no qual – sem muito argumento substantivo, e apesar da disposição da Corte em embarcar na abordagem do TPIJ em assuntos de direito penal internacional – o teste Tadić foi descartado liminarmente.[66] Como resultado, pareceria exagerado, na

---

62 *Gabčikovo -Nagymaros Project,* pp. 55-7, paras. 82-7. Para a recepção da CDI ao julgamento, ver p. ex. o comentário ao Art. 49 ARE, paras. 2, 4 e Art. 51, para. 4; para um comentário detalhado ao Art. 60 CVDT (incluindo o relacionamento da cláusula e contramedidas) ver SIMMA, B.; TAMS, C. "Article 60" em CORTEN, O.; KLEIN, P. (eds.). *The Vienna Conventions on the Law of Treaties: A Commentary.* Oxford: Oxford University Press, 2011, p. 1352.

63 *Military and Paramilitary Activities in and against Nicaragua (Nicaragua* v. *United States of America),* I.C.J. Reports, 1986, pp. 62 e 64-5, paras. 109 e 115 (requerendo controle efetivo dos atos ilícitos específicos).

64 *Prosecutor* v. *Tadić,* ICTY, ILM 38, 1999, p. 1541 *et seq.*

65 Ver p. ex. HOOGH, A. de. "Articles 4 and 8 of the 2001 ILC Articles on State Responsibility, the Tadić Case and Attribution of Acts of Bosnian Serb Authorities to the Federal Republic of Yugoslavia," *British Yearbook of International Law*, 72, 2001, p. 255.

66 *The Application of the Convention on the Prevention and Punishment of the Crime of Genocide (Bosnia and Herzegovina* v. *Serbia and Montenegro),* pp. 206-11, paras. 396-407.

atualidade, sugerir que controle global é suficiente para justificar atribuição de conduta privada – frente à dissidência, a CDI-CIJ respondeu.

FAZENDO O INVENTÁRIO: O IMPACTO SUBSTANCIAL DA JURISPRUDÊNCIA DA CPJI E DA CIJ

As considerações anteriores, embora seletivas e superficiais, sugerem que, no complexo processo de moldar o direito moderno de responsabilidade estatal, a CPJI e a CIJ têm sido altamente influentes. Chamar o direito de responsabilidade de "essencialmente feito por juízes"[67] pode ser um exagero; isso ignora o papel essencial da CDI na elaboração de um "plano mestre" e ao supervisionar sua gradual implementação. Contudo, ambas as Cortes têm sido jogadoras cruciais: a CPJI ao configurar o cenário, a CIJ como "coagente" da CDI no desenvolvimento legal. De fato, se alguém fosse engajar em um exercício comparativo e "ranquear" o impacto da CPJI e da CIJ no desenvolvimento de diferentes áreas de direito,[68] responsabilidade estatal estaria na primeira divisão, juntamente com direito do território, proteção diplomática (na medida em que é admitida como uma área autônoma do direito internacional) e, talvez, direito dos tratados. Em todos esses campos, a CPJI e CIJ, com o passar do tempo, exerceram uma influência substancial.

(a) Algumas observações comparativas

Com respeito à responsabilidade estatal, três aspectos dessa influência substancial se destacam.

Primeiramente, responsabilidade estatal tem sido um aspecto per-

---

67 *Cf.* acima n. 2.

68 Para uma tentativa, ver TAMS, C. "The ICJ as a "Law-FormativeAgency": Summary and Synthesis" em TAMS, C. J.; SLOAN, J. *The Development of International Law by the International Court of Justice.* Oxford: Oxford University Press, 2013, p. 377.

manente da carga de trabalho da CPJI e da CIJ, e a jurisprudência delas tem sido uma constante fonte de influência. O primeiro caso contencioso da CPJI (*Wimbledon*) envolveu questões de responsabilidade, assim como *Corfu Channel*, o caso da CIJ; desde então, questões de responsabilidade têm sido característica regular dos procedimentos na CIJ. Dos muitos ramos e seções de direito internacional público, o direito dos tratados (e talvez o direito das *claims*, a menos que seja visto como parte de responsabilidade) talvez seja o outro único com um registro de jurisprudência de longa data similar. Outras áreas ou têm vindo perante a Corte esporadicamente[69] ou vieram e se foram.[70] Responsabilidade ficou e pouco sugere que isso deveria mudar. Isso não garante influência no desenvolvimento do direito, mas é um fator favorável.

Em segundo lugar, enquanto em muitas outras áreas do direito internacional a CPJI e CIJ têm apenas se pronunciado em assuntos específicos – como delimitação marítima dentro do direito do mar,[71] ou a

---

69 Isso seria, por exemplo, verdade para muitas das áreas substantivas do direito internacional: como Sir Franklin Berman ressalta, "a natureza ocasional e aventureira da carga de casos da CIJ tem a quase automática consequência de que a Corte muito provavelmente não terá a oportunidade de revisitar sucessivamente áreas particulares de direito internacional substantivo": "The International Court of Justice as an "Agent" of Legal Development?" em TAMS, C. J.; SLOAN, J. *The Development of International Law by the International Court of Justice*. Oxford: Oxford University Press, 2013, p. 20.

70 Procedimentos relacionados a imunidade se enquadrariam na primeira categoria: a CIJ realmente começou a se envolver apenas na última década. Jurisprudência em direitos de minorias pertence à segunda categoria; ela efetivamente parou quando o sistema de proteção de minorias em tempos de guerra (no qual a CPJI teve um papel crucial de supervisão) terminou.

71 Para uma exposição, ver LOWE, V.; TZANAKOPOULOS, A. "The Development of the Law of the Sea by the International Court of Justice" em TAMS, C. J.; SLOAN, J. *The Development of International Law by the International Court of Justice*. Oxford: Oxford University Press, 2013, p. 177.

relação entre direitos humanos e direito internacional geral[72] – a jurisprudência das Cortes em questão de responsabilidade deixou pegadas por todo o campo: de princípios gerais formulados pela CPJI a regras específicas esclarecidas pela CIJ, poucas partes do direito contemporâneo de responsabilidade escaparam ao escrutínio judicial. Enquanto, tipicamente, a CPJI e CIJ abordam assuntos específicos e seletos de uma determinada área jurídica, no campo de responsabilidade a jurisprudência delas tem sido um fator pervasivo.

Em terceiro lugar, os pronunciamentos da CPJI e CIJ em questões de responsabilidade têm sido tratados como autoritários o tempo todo. Vinculantes apenas "entre as partes e com relação àquele caso em particular",[73] as decisões da CPJI e CIJ devem persuadir para serem relevantes. E, embora de maneira geral, a CPJI e a CIJ têm tido bastante sucesso, persuasão é uma questão de grau: existem (raras) instâncias nas quais julgamentos foram anulados (como o *Lotus*) ou deliberadamente ultrapassados,[74] e um número de decisões mantiveram-se altamente controversas.[75] Em contraste, o breve levantamento acima sugere

---

72 Ver p. ex. SIMMA, B. "Human Rights before the International Court of Justice: Community Interest Coming to Life?" em TAMS, C. J.; SLOAN, J. *The Development of International Law by the International Court of Justice*. Oxford: Oxford University Press, 2013, p. 301.

73 Ver Art. 59 do Estatuto da CIJ.

74 A "inversão" do pronunciamento do *Lotus* em jurisdição do Estado do porto sobre colisões no alto-mar é o exemplo mais proeminente de *overruling*, contrastando o caso *Lotus* (*SS Lotus (France* v. *Turkey)*, p. 27) ao Art. 1 da Convenção Internacional para a Unificação de Certas Regras Relacionadas à Jurisdição Penal em Assuntos de Colisão ou Outros Incidentes de Colisão ("Convenção de Bruxelas de 1952") (Bruxelas, adotada em 10 de maio de 1952, em vigor desde 20 de novembro de 1955), 439 UNTS 233. Sobre *bypassing*, ver p. ex. *Fisheries Jurisdiction (UK* v. *Iceland)*, I.C.J. Reports, 1974, pp. 3 e 75; os comentários da Corte em "zonas de pesca" não seriam adotados, a ZEE era muito atrativa.

75 É preciso apenas pensar nos pronunciamentos consecutivos da CIJ em *jus ad bellum*.

que, no campo de responsabilidade, à jurisprudência é, de fato, conferida "uma verdadeiramente espantosa deferência".[76] Pronunciamentos da CPJI continuam sendo vistos como "a lei" e, em mais de uma ocasião, a CIJ foi reconhecida como árbitro supremo decidindo o destino de provisões controversas da CDI. Apesar da abundância de jurisprudência e do caráter sensível de alguns dos casos da CPJI e da CIJ em questões de responsabilidade, é difícil pensar em qualquer equivalente ao *Lotus* ou *Fisheries*.[77] De maneira geral, as decisões da CPJI e da CIJ tem sido "faróis brilhantes": ao invés de "cintila[rem] e [morrerem] quase instantaneamente",[78] elas têm sido notavelmente persistentes.

Três lições

O desenvolvimento do direito moderno de responsabilidade estatal exibe, em muitos aspectos, características únicas. Contudo, ele produz um número de lições gerais sobre o papel de cortes internacionais como "agências de formação de direito".[79] Em conclusão, três lições do tipo merecem ser rapidamente especificadas.

Em primeiro lugar, o levantamento anterior sugere que o impacto dos pronunciamentos da CPJI e da CIJ no desenvolvimento do direito internacional em uma determinada área é um subproduto natural da atividade de resolução de conflitos. Isso soa prosaico, mas pode valer a pena reforçar, uma vez que grande parte da doutrina busca explicar fatores que justifiquem o impacto sem precedentes dos pronunciamentos

76 Conforme colocado por O"CONNELL, D. *International Law.* Londres: Stevens and Sons, 1970, pp. 1, 32.

77 Ver as referências acima n. 72.

78 *Cf* acima n. 6.

79 O termo foi cunhado por O"CONNELL, *International Law*, p. 31.

judiciais, o que é considerado como dependente da atitude das cortes,[80] na força de sua argumentação[81] ou do (essencial ou *obiter*) caráter de um pronunciamento em particular.[82] Experiência no campo da responsabilidade estatal não suporta essas distinções: ela inclui *ratio* e *dicta*,[83] declarações arrazoadas, e meras afirmações.[84] E quem poderia dizer se a CPJI e a CIJ, desde os anos 1920, têm sido "ativistas" ou "contidas"? Se a CPJI e a CIJ têm sido influentes jogadoras no desenvolvimento de responsabilidade estatal (ao contrário de outras áreas do direito internacional), então isso pareceria refletir principalmente o fato de que elas têm decidido casos de responsabilidade por nove décadas. A primeira lição pode ser formulada em termos refrescantemente simples: "O impacto de cortes e tribunais internacionais na evolução do direito internacional depende amplamente de quantos casos são trazidos perante eles."[85]

---

80 *Cf.* debates sobre ativismo judicial: para uma abordagem recente, ver p. ex. TERRIS, D.; ROMANO, C.; SWIGART, L. *The International Judge: An Introduction to the Men and Women Who Decide the World"s Cases.* Oxford: Oxford University Press, 2007, p. 121.

81 Ver p. ex. SCHWARZENBERGER, G. *International Law as Applied by International Courts and Tribunals.* Londres: Stevens and Sons, 1957, p. 32; e, de maneira similar, O"CONNELL, *International Law,* p. 32.

82 Ver p. ex. JENNINGS, R. "The Judiciary, National and International, and the Development of International Law". *International and Comparative Law Quarterly*, 45, 1996, p. 6 *et seq.*; SHAHABUDDEEN, M. *Precedent in the World Court.* Cambridge: Cambridge University Press, 1996, pp. 152-64.

83 Dentre os últimos, é possível mencionar o celebrado *dicta* decretando a primazia de restituição sobre compensação (*Factory at Chorzów (Germany* v. *Poland)*, p. 47) e a "descoberta" do conceito de obrigações *erga omnes* (*Barcelona Traction, Light and Power Company, Limited (Belgium* v. *Spain)*, p. 32–3).

84 P. ex. Há uma notável ausência de argumento legal na rejeição bem-sucedida, pela CIJ e CDI, da abordagem de atribuição do TPIJ no *Tadi*ć.

85 BOYLE, A.; CHINKIN, C. *The Making of International Law.* Oxford: Oxford University Press, 2007, p. 269.

Isso explicaria a influência relativamente alta no desenvolvimento de responsabilidade estatal.

Em segundo lugar, o impacto substancial dos pronunciamentos da CPJI e da CIJ na responsabilidade estatal pode também refletir o fato de que o direito de responsabilidade é particularmente receptivo ao desenvolvimento judicial. Ele pertence ao núcleo do direito internacional geral, no qual a corte "generalista" do mundo é particularmente confiável. Ele é baseado nos princípios organizacionais que requerem soletração e aplicação – que são muito mais adequados a serem concretizados na resolução de disputa do que, por exemplo, campos especializados do direito compreendendo vastos números de provisões específicas (como direito do mar, humanitário internacional ou direito internacional ambiental). Tão importante quanto, como um campo do direito, responsabilidade estatal carece de instituições especializadas para administrar a aplicação do direito – da maneira pela qual comitês de direitos humanos ou Reuniões das Partes (RePs) e Conferências das Partes (CoPs) "gerenciam" seus respectivos tratados, moldando-os em um processo de regular engajamento e adaptação. Além do mais, conforme demonstrado, a CDI, como instituição chave supervisionando o processo de codificação, parecia cooperar harmoniosamente com a Corte. A experiência no campo de responsabilidade estatal portanto sugere que, conjuntamente com números de casos, o impacto de cortes internacionais no desenvolvimento legal pode depender da "composição" do campo, que pode ser receptiva (como responsabilidade estatal, mas também proteção diplomática, ou direito dos tratados) ou não.

Em terceiro lugar, o levantamento destaque que o papel de cortes como agências de desenvolvimento legal pode mudar com o passar do tempo. Onde a CPJI podia estabelecer princípios gerais, a CIJ operava dentro dos parâmetros de responsabilidade estabelecidos pela CDI. Inversamente, a CIJ reteve um papel importante, vez que por meio de suas decisões ela podia engajar como proposições normativas e confirmar ou modificar o *status* legal de projetos de artigos específicos. Isso marcadamente difere do papel muito mais limitado de cortes internacionais que apenas se tornam envolvidas após a conclusão de um exercício de codificação – como aconteceu, por exemplo, com respeito ao direito do mar ou ao direito internacional humanitário. Uma terceira lição a ser traçada desse breve levantamento é que cortes internacionais, como agências de desenvolvimento legal, dependem das circunstâncias corretas ou "configuração": elas exercem influência durante os estágios formativos do direito e durante tentativas de codificação de longo prazo e em curso.

CONCLUSÃO

A formação do direito moderno de responsabilidade estatal tem sido um processo complexo e duradouro. Desde os anos 1960, o processo tem sido liderado pela Comissão de Direito Internacional guiada pelos seus Relatores. Se o trabalho – supostamente a ser realizado dentro de alguns meses de verão[86] – foi eventualmente completo então é porque, ao implementar seu "plano mestre", a Comissão podia traçar sobre o trabalho de agências de desenvolvimento legal confiáveis. Dentre essas agências, a CPJI e a CIJ foram de importância crucial: sua jurisprudência moldou muitos dos blocos de construção, e alguns dos pilares, do eventual edifício. Em retrospecto, parece claro que sem a jurisprudência de ambas as Cortes Mundiais o projeto não teria se completado.

86 *Cf.* acima n. 11.

Os atos unilaterais à luz da jurisprudência da Corte Internacional de Justiça

Leonardo Nemer Caldeira Brant[1]
Bruno de Oliveira Biazatti[2]

INTRODUÇÃO

Diferente do Direito interno dos Estados, o Direito Internacional se desenvolve num ambiente político-jurídico marcado pela inexistência de um poder legislativo e administrativo central.[3] Na sociedade interna-

1 Doutor em Direito Internacional pela Université Paris X Nanterre, com tese laureada com o Prix du Ministère de la Recherche. Jurista Adjunto na Corte Internacional de Justiça - CIJ. Membro do Comitê Consultivo para Nomeações do Tribunal Penal Internacional - TPI. Professor associado de Direito Internacional Público da Universidade Federal de Minas Gerais (UFMG) e da Pontifícia Universidade Católica de Minas Gerais. Professor convidado na Université Paris X, no Institut des Hautes Études Internationales da Université Panthéon-Assas Paris II, na Université Caen Basse-Normandie, e no XXXVII Curso de Direito Internacional da OEA. Visiting Fellow no Lauterpacht Center da Cambridge University. Presidente e fundador do Centro de Direito Internacional - CEDIN. Editor Chefe do Anuário Brasileiro de Direito Internacional - ABDI.

2 Mestre e Doutorando em Direito Internacional Público pela UFMG.

3 ROMANO, Cesare. "The shift from the consensual to the compulsory paradigm in international adjudication: elements for a theory of consent", International Law and Politics, Nova York, Vol. 39, p.791-872, 2007, p.797.

cional, Estados e organizações internacionais convivem e cooperam de forma horizontal, visando garantir sua coexistência, colaboração com seus pares e efetivação de seus respectivos interesses. Nesse contexto, a igualdade soberana dos Estados e a descentralização social dos sujeitos que compõem a sociedade internacional têm como consequência principal a não subordinação dos Estados a uma ordem institucional a eles superior e deles não decorrente.[4]

À luz dessa conjuntura social única, o poder de produzir o Direito está em larga medida difuso no conjunto do corpo social internacional, de forma que o processo de criação das normas internacionais seja descentralizado e suas fontes sejam múltiplas e variáveis.[5] Essa lacuna institucional na formação do Direito Internacional deu ensejo a um regime de produção normativa no qual o Estado, o principal ator internacional, seria o autor da norma e dirigiria esta, essencialmente a si próprio.[6]

Não é surpresa que os atos unilaterais emanados dos Estados sejam capazes de gerar efeitos jurídicos.[7] O sistema normativo internacional admite que obrigações sejam contraídas pelos Estados através de uma manifestação unilateral e inequívoca de vontade.[8] Contudo, declarações capazes de criar efeitos jurídicos são muito específicas[9] e compreendem apenas aquelas feitas publicamente, manifestando a intenção do seu au-

---

4 BRANT, Leonardo Nemer Caldeira. "Fundamentos da existência e validade do direito internacional", Revista da Faculdade de Direito da UFMG, Belo Horizonte, n. 62, p.366-403, 2013, p.367-368[BRANT].

5 REZEK, José Francisco. Direito Internacional Público: Curso Elementar, 7ª ed., São Paulo: Saraiva, 2000, p.1.

6 BRANT, nota *supra* 5, p.367-368.

7 CANÇADO TRINDADE, Antônio Augusto. A Humanização do Direito Internacional, 2ª ed., Belo Horizonte: Del Rey, 2015, p.60.

8 *Ibid.*

9 CORTE INTERNACIONAL DE JUSTIÇA. Caso dos Testes Nucleares, Austrália v. França, C.I.J. Rec.1974, p.267 [*Caso dos Testes Nucleares*].

tor de vincular-se ao conteúdo da declaração e cujos efeitos legais não dependam da conduta de outros sujeitos internacionais.[10] Esse conceito demonstra que o principal efeito dos atos unilaterais é criar obrigações juridicamente exigíveis ao seu autor, dispensado da necessidade de firmar qualquer acordo de vontade com outros sujeitos internacionais.[11] A unilateralidade do ato se assenta na sua natureza essencialmente não sinalagmática, de forma a criar efeitos obrigacionais ao Estado autor *vis-a-vis* um Estado terceiro que não participou da sua formulação.[12] Assim, os efeitos vinculantes dos atos unilaterais não estão condicionados à participação, aceitação ou qualquer outra reação indicativa de aprovação por este terceiro Estado.[13]

Nesse prisma, o presente estudo almeja identificar os elementos constitutivos e os efeitos das declarações unilaterais dos Estados capazes de criar obrigações jurídicas. Para tanto, dar-se-á destaque especial às decisões da Corte Internacional de Justiça (CIJ) lidando com a matéria.

---

10 Definição criada principalmente a partir de duas fontes: COMISSÃO DE DIREITO INTERNACIONAL. "Princípios orientadores aplicáveis às declarações unilaterais dos Estados, capazes de gerar obrigações jurídicas", Yearbook of the International Law Commission, 2006, vol. II, Parte II, p.370 [*Princípios da CDI Aplicáveis às Declarações Unilaterais dos Estados*]; GONZÁLEZ CAMPOS, Julio D. *et al.* Curso de Derecho Internacional Publico, Editorial Civitas: Madri, 1998, p.130.

11 SKUBISZEWSKI, Krzysztof. "Les Actes Unilatéraux des Etats", p.231. In BEDJAOUI, Mohammed (org.). Droit International: Bilan et perspectives, Vol.1, Paris: Pedone, 1991[SKUBISZEWSKI]; RIVIER, Raphaële. Droit International Public, 2ª ed., Paris: Presses Universitaires de France, 2013, p.193.

12 COMISSÃO DE DIREITO INTERNACIONAL, "Quinto Relatório sobre Atos Unilaterais dos Estados", elaborado pelo Relator Especial Víctor Rodríguez Cedeño, UNDoc.A/CN.4/525, 4 e 17 de abril e 10 de maio de 2002, p.101[*Quinto Relatório da CDI sobre Atos Unilaterais*].

13 *Ibid.*; DAILLIER, Patrick e PELLET, Alain. Droit International Public, 7ª ed., Paris: LGDJ, 2002, p.360[DAILLIER e PELLET].

O FUNDAMENTO NORMATIVO DOS ATOS UNILATERAIS

Como é sabido, os tratados são vinculantes e devem ser respeitados por força do princípio do *pact sunt servanda.*[14] Contudo, esse princípio não pode ser aplicado aos atos aqui estudados, porque esses possuem uma natureza essencialmente unilateral; não constituem acordos de vontade entre dois ou mais sujeitos internacionais.[15] Diante disso, qual o fundamento da juridicidade dos atos unilaterais? O que os tornam instrumentos capazes de criar obrigações aos seus autores? A força normativa dos atos unilaterais encontra fundamento em dois princípios: o princípio da soberania e o princípio da boa-fé.[16] No tocante ao primeiro, destaca-se que é atributo da soberania de todos os Estados a capacidade de abdicar de parte de sua liberdade soberana a fim de se vincular a certo conteúdo obrigacional de cunho internacional.[17] Assim, já que todo Estado é inerentemente uma entidade política soberana, todo "[...] Estado tem capacidade para assumir obrigações jurídicas por meio de declarações unilaterais".[18]

O princípio da boa-fé no contexto dos atos unilaterais foi analisado pela CIJ no *caso dos Testes Nucleares*, no qual assentou-se que a boa-fé consiste no efetivo alicerce à natureza obrigatória dos atos unilaterais.[19] Isso porque, os Estados interessados em certa declaração unilateral depositam confiança na sua execução, criando a expectativa de que ela

---

14 BRASIL. Convenção de Viena sobre o Direito dos Tratados, 23 de maio de 1969, Decreto no. 7.030, de 14 de dezembro de 2009, art.26[*Convenção de Viena sobre o Direito dos Tratados*].

15 SKUBISZEWSKI, nota *supra* 12, p.231.

16 BRÓTONS, José Joaquín *et al.*, Derecho Internacional, Valencia: Tirant lo Blanch, 2007, p.294 [BRÓTONS].

17 *Princípios da CDI Aplicáveis às Declarações Unilaterais dos Estados*, nota *supra* 11, p.371.

18 *Ibid.*

19 *Caso dos Testes Nucleares*, nota *supra* 10, p.268.

será cumprida apropriadamente. Esta confiança legítima recebe tutela do sistema jurídico internacional, impondo ao autor do ato em questão o dever de cumprir as obrigações contraídas unilateralmente.[20] Com fulcro no princípio *venire contra factum proprium*, forma-se uma efetiva vedação ao comportamento contraditório que visa proteger a confiança recíproca entre os Estados e as expectativas criadas a partir das declarações unilaterais.[21]

ELEMENTOS CARACTERIZADORES DAS DECLARAÇÕES UNILATERAIS CAPAZES DE CRIAR OBRIGAÇÕES INTERNACIONAIS

Ainda que não se encontrem listados no artigo 38 do Estatuto da CIJ, os atos unilaterais são capazes de estabelecer obrigações jurídicas internacionais.[22] Contudo, "[...] as declarações assumindo a forma de atos unilaterais [...] podem ser, e de fato são, muito específicas".[23] Assim, nem toda declaração unilateral estatal é capaz de criar obrigações jurídicas vinculantes.[24] Há certos elementos que precisam ser exauridos para que uma declaração assuma a natureza jurídica de um ato unilateral vinculante. (2.1) O primeiro e principal elemento é a intenção do Estado autor de se vincular ao conteúdo da declaração. Além disso, (2.2) o Estado deve realizar sua conduta unilateral de forma pública, ainda que sem adotar uma forma específica e obrigatória. Por fim, (2.3) o ato unilateral deve ser imputável ao Estado, sendo, para tanto, necessário

---

20 *Ibid.*

21 SAGANEK, Przemyslaw. Unilateral Acts of States in Public International Law, Nova York: Brill, 2015, p.418[SAGANEK].

22 SØRENSEN, Max. Manual de Derecho Internacional Publico, Cidade do México: Fondo de Cultura Económica, 1973, p.181[SØRENSEN]; CASSESE, Antonio. International Law, Oxford: Oxford University Press, 2003, p.150[CASSESE].

23 *Caso dos Testes Nucleares*, nota *supra* 10, p.267.

24 CASSESE, nota *supra* 23, p.98.

analisar quais as autoridades oficiais capacitadas para executar declarações dessa natureza.

A INTENÇÃO DE SE VINCULAR

Uma declaração pública somente será considerada um ato unilateral obrigatório se o Estado que a emitiu teve a intenção de se vincular ao seu conteúdo[25]. Em outras palavras, deve ser a vontade do Estado, autor da declaração que essa seja efetivamente capaz de criar obrigações legais a ele.[26] De forma inequívoca, a CIJ concluiu, no caso da *Disputa Fronteiriça entre Burkina Faso e Mali*, que para determinar a existência de efeitos legais em uma certa declaração, "tudo depende da intenção do Estado em questão".[27]

Com efeito, cabe à autoridade competente interpretar a declaração unilateral, com vistas a identificar essa intenção de se vincular do autor.[28] Para tanto, a Comissão de Direito Internacional das Nações Unidas, catalogando a prática internacional, apresentou três elementos a se

25 *Princípios da CDI Aplicáveis às Declarações Unilaterais dos Estados*, nota *supra* 11, p.370; SØRENSEN, nota *supra* 23, p.181; BRÓTONS, nota *supra* 17, pp.297-298; DAILLIER e PELLET, nota *supra* 14, p.360; CARREAU, Dominique. Droit international, 4ª ed., Paris: Pédone, 1994, p.219; RUZIÉ, David e TEBOUL, Gérard. Droit. International Public, 22ª ed., Paris, Dalloz, 1996, p.56; SHAW, Malcolm. International Law, 3ª ed., Cambridge: Cambridge University Press, 2003, p.98[SHAW]; COMISSÃO DE DIREITO INTERNACIONAL. "Segundo Relatório sobre Atos Unilaterais dos Estados", elaborado pelo Relator Especial Víctor Rodríguez Cedeño, UNDoc.A/CN.4/500, 10 de maio de 1999, p.208-209[*Segundo Relatório da CDI sobre Atos Unilaterais*].

26 *Caso dos Testes Nucleares*, nota *supra* 10, p.267; CORTE INTERNACIONAL DE JUSTIÇA, Disputa Fronteiriça, Burkina Faso v. Mali, CIJ Rec.1986, p.573 [*Caso da Disputa Fronteiriça*].

27 *Caso da Disputa Fronteiriça, ibid.*

28 *Caso dos Testes Nucleares*, nota *supra* 10, p.267; SHAW, nota *supra* 26, p.98.

considerar para verificar a existência desse *animus* de obrigar-se: (2.1.1) o conteúdo e a linguagem empregados pelo Estado na declaração; (2.1.2) o contexto e as circunstâncias fáticas identificáveis no momento em que a declaração foi feita; e, por fim, (2.1.3) as reações que a declaração produziu em outros Estados.[29]

O conteúdo e a linguagem do ato unilateral

O conteúdo e a linguagem presentes em certa declaração são peças-chave para a identificação da intenção de se vincular.[30] A própria CIJ chegou a essa conclusão no caso do *Templo de Preah Vihear*, no qual Camboja e Tailândia disputavam a região fronteiriça na qual se localiza o antigo templo hindu de Preah Vihear. Em seu julgamento quanto às objeções preliminares de jurisdição, a CIJ afirmou que "[...] a única questão relevante [na interpretação de declarações unilaterais] é determinar se a linguagem empregada revela uma clara intenção [de se vincular]".[31]

A relevância do conteúdo e da linguagem da declaração para a sua própria interpretação reflete a regra geral de interpretação de tratados codificada no artigo 31, parágrafo 1º da Convenção de Viena sobre o Direito dos Tratados (1969): "Um tratado deve ser interpretado de boa fé *segundo o sentido comum atribuível aos termos do tratado* em seu contexto e à luz de seu objetivo e finalidade"[32] (grifo nosso). De fato, ainda no caso do *Templo de Preah Vihear*, a CIJ recorreu à regra hermenêutica do sentido comum dos termos para determinar se havia, numa declaração feita pela Tailândia em 1950, uma intenção de reconhecer a juris-

---

29 *Princípios da CDI Aplicáveis às Declarações Unilaterais dos Estados*, nota *supra* 11, p.371.

30 CORTE INTERNACIONAL DE JUSTIÇA. Caso do Templo de Preah Vihear, Camboja v. Tailândia, CIJ Rec.1961, pp.31-32[*Caso do Templo de Preah Vihear*].

31 *Ibid.*, p.32.

32 *Convenção de Viena sobre o Direito dos Tratados*, nota *supra* 15, art.31, parágrafo 1º.

dição compulsória daquela Corte, nos termos do artigo 36, parágrafo 2º do seu Estatuto.[33] Contudo, a CIJ enfatizou que a regra do sentido comum dos termos não deve ser aplicada de forma a sempre interpretar palavras e frases de um ato unilateral de maneira puramente literal. Ela explicou que tal regra deve ser afastada nos casos em que a sua aplicação daria ensejo a interpretações irracionais ou absurdas.[34]

Ainda quanto ao conteúdo, uma declaração unilateral só criará efeitos jurídicos se elaborada em termos claros e específicos.[35] Além disso, se a linguagem empregada ensejar dúvida quanto ao escopo obrigacional do ato unilateral, esse deve ser interpretado de forma restritiva e cautelosa.[36]

---

33 O artigo 36, parágrafo 2º do Estatuto da CIJ afirma o seguinte: "Os Estados partes no presente Estatuto poderão, em qualquer momento, declarar que reconhecem como obrigatória, ipso facto e sem acordo especial, em relação a qualquer outro Estado que aceite a mesma obrigação, a jurisdição da Corte em todas as controvérsias de ordem jurídica que tenham por objeto: (a) a interpretação de um tratado; (b) qualquer ponto de direito internacional; (c) a existência de qualquer fato que, se verificado, constituiria a violação de um compromisso internacional; (d) a natureza ou a extensão da reparação devida pela ruptura de um compromisso internacional".

34 *Caso do Templo de Preah Vihear*, nota *supra* 31, pp.32-33; CORTE INTERNACIONAL DE JUSTIÇA. **Caso** da Companhia de Petróleo Anglo-Iraniana, Reino Unido v. Irã, CIJ Rec.1952, p.104; CORTE PERMANENTE DE JUSTIÇA INTERNACIONAL, Caso referente ao Serviço Postal Polonês em Danzig, CPJI, Ser.B, No. II, p. 39.

35 Caso dos Testes Nucleares, nota supra 10, p.267 e 269; Princípios da CDI Aplicáveis às Declarações Unilaterais dos Estados, nota supra 11, p.377; CORTE INTERNACIONAL DE JUSTIÇA. Caso Relativo às Atividades Armadas no Território do Congo, República Democrática do Congo v. Ruanda, CIJ Rec.2006, p.28[Caso Relativo às Atividades Armadas no Território *do Congo*].

36 *Caso dos Testes Nucleares, ibid.*, p.267; *Princípios da CDI Aplicáveis às Declarações Unilaterais dos Estados, ibid.*, p.377; *Caso do Templo de Preah Vihear*, nota *supra* 31, p.574.

A precisão da linguagem se tornou elemento relevante no *Caso Relativo às Atividades Armadas no Território do Congo*, no qual a República Democrática do Congo (RDC) processou Ruanda na CIJ objetivando receber reparação pelas violações do Direito Internacional dos Direitos Humanos e do Direito Internacional Humanitário cometidas por forças armadas ruandesas durante a perpetração de atos de agressão no território da RDC. Durante a fase preliminar do processo, a RDC e Ruanda disputavam os efeitos legais de uma declaração emitida, em 2005, por Edda Mukabagwiza, ex-Ministra de Justiça de Ruanda, durante a 61ª Sessão da Comissão de Direitos Humanos das Nações Unidas. Naquela ocasião, Mukabagwiza afirmou:

> Ruanda é um dos países que ratificaram o maior número de instrumentos internacionais sobre direitos humanos. Apenas em 2004, o nosso Governo [o Governo de Ruanda] ratificou dez deles, incluindo aqueles que regulam os direitos das mulheres, a prevenção e repressão da corrupção, a proibição de armas de destruição em massa e a proteção do meio ambiente. Os poucos instrumentos ainda não ratificados o serão em breve e as reservas interpostas no passado e ainda não retiradas o serão em breve.[37] (grifo nosso)

A RDC alegou que, por meio dessa declaração, Ruanda assumiu o compromisso vinculante de retirar, sem demora, todas as suas reservas em tratados sobre direitos humanos. Por sua vez, os advogados de Ruanda afirmaram que essa declaração não pode ser considerada um ato unilateral, por lhe carecer precisão na linguagem.

---

37 *Caso Relativo às Atividades Armadas no Território do Congo*, nota *supra* 36, p.27. O texto original, em inglês, da declaração é o seguinte: "Rwanda is one of the countries that has ratified the greatest number of international human rights instruments. In 2004 alone, our Government ratified ten of them, including those concerning the rights of women, the prevention and repression of corruption, the prohibition of weapons of mass destruction, and the environment. The few instruments not yet ratified will shortly be ratified and past reservations not yet withdrawn will shortly be withdrawn."

A CIJ, em sua decisão, acolheu a argumentação ruandesa. Segundo ela, a declaração da ex-Ministra de Justiça faz referência às reservas de Ruanda em termos gerais, sem especificar nenhum tratado no qual estas reservas figuravam. Ademais, a declaração apenas afirma que as "reservas [...] ainda não retiradas o serão em breve", sem estabelecer um cronograma preciso a ser rigorosamente cumprido por Ruanda. Com isso, a CIJ concluiu que o discurso de Edda Mukabagwiza não pode ser considerado um ato unilateral vinculante, pois não foi redigido em termos suficientemente específicos.[38]

O contexto e as circunstâncias fáticas dos atos unilaterais

O segundo elemento de interpretação dos atos unilaterais é o contexto e as circunstâncias fáticas presentes na data do ato unilateral.[39] Diante disso, o processo de formulação da declaração, bem como as condições fáticas nas quais o ato unilateral se insere são importantes indicadores que podem ser analisados para verificar se a declaração em questão verdadeiramente apresenta o *animus vinculandi* do Estado.[40]

A importância do contexto foi reconhecida pela CIJ na disputa territorial entre Malásia e Singapura referente à Ilha de Pedra Branca, localizada na entrada oriental do Estreito de Singapura.[41]Uma parte relevante dos argumentos das partes envolvia uma troca de correspondências entre Singapura e o Sultanato de Johor.[42] Em 12 de junho de 1953, o

---

38 *Caso Relativo às Atividades Armadas no Território do Congo*, *ibid.*, pp.28-29.

39 *Princípios da CDI Aplicáveis às Declarações Unilaterais dos Estados*, nota *supra* 11, pp.371-372.

40 *Segundo Relatório da CDI sobre Atos Unilaterais*, nota *supra* 26, p.208.

41 Em malaio, esse rochedo é chamado de Pulau Batu Puteh.

42 O Sultanato de Johor, à época daquelas cartas, era um protetorado britânico. Atualmente, Johor é uma unidade federativa da Malásia. Diante disso, todos os atos praticados por Johor são atribuídos à Malásia, incluindo as cartas relevantes ao caso em análise, por efeitos de sucessão.

Secretário Colonial de Singapura enviou uma carta ao Consultor Britânico do Sultanato de Johor, solicitando informações sobre Pedra Branca. Singapura desejava saber se Johor possuía qualquer documento comprovando que um arrendamento, concessão ou cessão da ilha tinha sido feito pelas autoridades malaias.[43] A resposta veio em 21 de setembro de 1953, na qual o Secretário de Estado Interino de Johor respondeu: "Tenho a honra de me referir à sua carta [...] e informar que o Governo de Johor não reivindica a propriedade de Pedra Branca."[44] (grifo nosso) Depois dessa resposta, nenhuma outra correspondência sobre Pedra Branca foi trocada entre Johor e Singapura.[45]

Em suas alegações perante a CIJ, o advogado singapuriano defendeu que a resposta de Johor é um inequívoco ato unilateral que também vincula a Malásia. Assim, por meio daquela carta, a Malásia abandonou qualquer pretensão de soberania sobre Pedra Branca.[46] A CIJ rejeitou este argumento, alegando que o contexto no qual a resposta de Johor foi emitida não permite concluir que havia uma intenção de se vincular por parte das autoridades malaias. Segundo a Corte,

> [...] a declaração [de Johor] não foi feita em resposta a uma pretensão expressa publicamente por Singapura ou no contexto de uma disputa entre eles [...]. À Johor foi simplesmente solicitado algumas informações. A negativa de propriedade foi elaborada neste contexto, de forma que ela não pode ser interpretada como um compromisso vinculante.[47]

Relevante notar que os Estados devem seguir especial cautela com seus pronunciamentos durante negociações com outros Estados. Saben-

43 CORTE INTERNACIONAL DE JUSTIÇA. Soberania sobre Pedra Branca/Pulau Batu Puteh, Middle Rocks e South Ledge, Malásia v. Cingapura, CIJ Rec.2008, p.73.

44 *Ibid.*, p.74.

45 *Ibid.*

46 *Ibid.*, p.81.

47 *Ibid.*, p.82.

do que, em negociações, os Estados normalmente apresentam pretensões concorrentes e há um constante processo de concessões com o objetivo de chegar a um acordo final, certas declarações podem ser vistas como formas de aceitação da pretensão de outros Estados.[48] Em sentido contrário, os atos unilaterais podem ser usados no contexto de uma negociação para afastar qualquer dúvida quanto à discordância de um Estado em face da pretensão de outro. Nesse cenário particular, atos unilaterais, especialmente o protesto, são usados para evitar alegações futuras baseadas no princípio da aquiescência em face do Estado que ficou silente e não objetou as reivindicações propostas pelo outro Estado interessado.

O protesto no contexto de uma negociação já foi empregado pela Rússia em face do Azerbaijão e do Turcomenistão, no tocante aos direitos soberanos sobre o Mar Cáspio. Desde 1994, os Estados banhados por esse mar negociam um tratado para delimitar e reger a exploração dos recursos naturais ali encontrados. Segundo a Rússia, enquanto esse novo tratado não for concluído, as águas caspianas e seus recursos continuam regidos por dois tratados adotados durante a era soviética: o Tratado de Amizade entre a Pérsia e a União Soviética (1921) e o Tratado de Comércio e Navegação entre o Irã e a União Soviética (1940). Em conjunto, estes dois instrumentos garantem a liberdade de navegação e de pesca no Mar Cáspio, com exceção de uma zona costeira de 10 milhas, onde a pesca é reservada exclusivamente aos navios do Estado costeiro.[49] Ignorando a posição russa, o Turcomenistão promulgou uma lei interna afirmando que parte do Mar Cáspio (além desse limite de 10 milhas) seria seu território soberano, limitando a pesca e a navegação estrangeira nessa área. Na mesma linha, o Azerbaijão publicou um

48 Vide no subtítulo 2.2 o notório caso da Declaração Ihlen.

49 COMISSÃO DE DIREITO INTERNACIONAL, "Oitavo Relatório sobre Atos Unilaterais dos Estados", elaborado pelo Relator Especial Víctor Rodríguez Cedeño, UNDoc.A/CN.4/557, 26 de maio de 2005, p.129-130 [*Oitavo Relatório da CDI sobre Atos Unilaterais*].

projeto oficial de constituição no qual parte do Mar Cáspio (também indo além do suposto limite de 10 milhas) era descrito como território nacional azeri. Em resposta, a Rússia editou duas notas diplomáticas deixando inequívoco que não aceita ou reconhece as delimitações propostas pelo Azerbaijão e pelo Turcomenistão, as definindo como atos internacionalmente ilícitos à luz dos Tratados de 1921 e 1940.[50]

Sabendo que as duas notas diplomáticas russas foram emitidas no decurso de uma negociação sobre a delimitação marítima do Mar Cáspio e em imediata resposta a duas leis domésticas unilaterais propondo novas fronteiras nesse mar, o contexto no caso demonstra uma clara intenção da Rússia de rejeitar as pretensões territoriais turcomana e azeri na área. Devido à presença desse *animus* de se vincular, qualquer argumento baseado em aquiescência que eventualmente possa ser levantado pelo Azerbaijão ou Turcomenistão em desfavor da Rússia se encontra, *a priori*, frustrado.[51]

A reação provocada pela declaração unilateral em Estados terceiros

O terceiro elemento a considerar na interpretação de uma declaração, a fim de determinar se ela contém uma intenção de se vincular pelo Estado autor, é a reação dos Estados terceiros diante do ato unilateral. Se os Estados reagem a uma declaração unilateral, seja se opondo a ela ou a aceitando, isto é um indício de que tal ato unilateral foi emitido com a pretensão de estabelecer obrigações ao Estado autor. Contudo, a eficácia dos atos unilaterais não depende de qualquer resposta, reação ou aceitação subsequente por outros Estados. Caso o contrário fosse verdadeiro, o ato não seria verdadeiramente unilateral, mas teria natureza bilateral e sinalagmática.[52]

---

50 *Ibid.*

51 *Ibid.*, p.138-139.

52 *Caso dos Testes Nucleares*, nota *supra* 10, p.267.

A dispensa da aceitação pelos Estados terceiros como critério da obrigatoriedade dos atos unilaterais foi ratificada pela CIJ no caso dos *Testes Nucleares*. Neste litígio, Austrália e Nova Zelândia iniciaram uma ação em desfavor da França com o objetivo de interromper o programa francês de testes nucleares atmosféricos no Pacífico Sul. Ainda no curso do processo, autoridades da França emitiram uma série de declarações assumindo o compromisso de não realizar mais os testes na atmosfera, mas apenas no subsolo. A Austrália não se contentou com as declarações francesas e afirmou que nenhuma garantia efetiva foi dada pelo governo de Paris assegurando que nenhum outro teste atmosférico seria realizado na região. A CIJ, rejeitando as preocupações da Austrália, concluiu que as declarações da França criaram uma obrigação internacional a esse Estado, na qual ele se comprometeu a não mais realizar testes nucleares na atmosfera do Pacífico Sul. A Corte afirmou, ao fim, que a reação australiana não aceitando a declaração francesa não prejudica os seus efeitos jurídicos vinculantes face o próprio Estado francês.[53]

Outro ato unilateral que trouxe profundas discussões sobre os efeitos das reações dos Estados foi a declaração do Egito, de 24 de abril de 1957. Essa declaração foi emitida depois na nacionalização do Canal de Suez pelo Presidente Nasser, em 26 de julho de 1956,[54] e continha o seguinte texto:

> O Governo do Egito faz a presente Declaração, que reafirma [...] a Convenção de Constantinopla de 1888 [sobre a Livre Navegação no Canal Marítimo de Suez], como uma expressão de sua vontade e determinação em permitir que o Canal de Suez seja uma hidrovia eficiente e adequada, ligando as nações do mundo e servindo aos propósitos da paz e da prosperidade.[55]

---

53 *Ibid.*, p.269-270; *Oitavo Relatório da CDI sobre Atos Unilaterais*, nota *supra* 50, p.128.

54 *Oitavo Relatório da CDI sobre Atos Unilaterais, ibid.*, p.127-128.

55 *Ibid.*, p.127.

Esta declaração foi rejeitada pelos quinze membros da Associação dos Usuários do Canal de Suez,[56] que temiam o fechamento do canal pelo Presidente Nasser. Contudo, apesar dos protestos, a declaração constitui um ato unilateral vinculante, não havendo qualquer dúvida quanto à obrigatoriedade do compromisso assumido pelas autoridades egípcias. Assim, ainda que diversos Estados não tenham aceitado a declaração de abril de 1957, o Egito continua vinculado ao seu conteúdo.[57]

Apesar de seu caráter unilateral, a reação dos Estados a certo ato pode ter efeitos extraordinários quando a eficácia deste ato depende do comportamento de outros Estados. Esse foi o caso da doação de vacinas por Cuba ao Uruguai. Os fatos relevantes a este episódio remetem a dezembro de 2001, quando o Governo do Uruguai demonstrou interesse em comprar um lote de vacinas anti-meningite de Cuba. O governo cubano aceitou enviar as vacinas imediatamente, mas fez uma declaração unilateral afirmando que não desejava que a remessa fosse uma transação comercial e, para tanto, renunciou qualquer lucro que teria com a venda das vacinas. Em troca, Cuba demandou a redução de sua dívida externa com o Uruguai no montante equivalente apenas ao valor de produção das vacinas.[58]

O governo uruguaio recebeu as vacinas, mas, devido a uma grande tensão política entre os dois países à época, não aceitou que a transação fosse tratada como uma doação. O Uruguai abordou a tradição das vacinas como uma transação comercial qualquer e o Banco Central do Uruguai deduziu o valor das injeções da conta cubana. Por outro lado, o Banco Central de Cuba não reconheceu a transação, a tratando como uma doação. Assim, nos documentos do banco cubano, a dívida de Cuba

---

56 São eles: Austrália, Dinamarca, França, República Federal da Alemanha, Irã, Itália, Países Baixos, Nova Zelândia, Noruega, Portugal, Espanha, Suécia, Turquia, Reino Unido e Estados Unidos da América.

57 *Oitavo Relatório da CDI sobre Atos Unilaterais*, nota *supra* 50, p.127-128.

58 *Ibid.*, p.125-126.

com o Uruguai permaneceu a mesma, ainda que no Banco Central do Uruguai essa dívida foi reduzida no valor econômico das vacinas.[59]

A questão controversa deste episódio diz respeito ao ato unilateral de Cuba, cujas implicações jurídicas começaram a surtir efeito a partir do momento em que ele foi formulado, independentemente da reação do Uruguai. O principal efeito da declaração cubana foi o dever assumido por Cuba de não cobrar qualquer lucro pelas vacinas. Na visão do Uruguai, no entanto, o ato não assumiu a forma de uma doação, mas, na verdade, de uma transação comercial. A situação é interessante, pois a recusa do Uruguai em assumir a condição de donatário das vacinas teve efeitos no escopo legal da declaração de Cuba, mas não modificou a natureza dessa como um ato unilateral. Assim, apesar do Uruguai não aceitar que a entrega de vacinas tenha sido uma transação não onerosa, Cuba não poderia exigir qualquer lucro em face das autoridades uruguaias, pois fez um ato unilateral assumindo esta obrigação.[60]

A FORMA DOS ATOS UNILATERAIS E O CRITÉRIO DA PUBLICIDADE

O Direito Internacional não determina uma forma específica aos atos unilaterais, podendo ser tanto orais, quanto escritos.[61] A própria CIJ confirmou esta regra no já mencionado *caso dos Testes Nucleares*:

> [n]o que diz respeito à forma, deve ser observado que este não é um domínio em que o Direito Internacional impõe requisitos es-

59 *Ibid.*, p.125.

60 *Ibid.*, p.126.

61 *Princípios da CDI Aplicáveis às Declarações Unilaterais dos Estados*, nota *supra* 11, p.374; COMISSÃO DE DIREITO INTERNACIONAL. "Terceiro Relatório sobre Atos Unilaterais dos Estados", elaborado pelo Relator Especial Víctor Rodríguez Cedeño, UNDoc.A/CN.4/505, 17 de fevereiro de 2000, p.253[*Terceiro Relatório da CDI sobre Atos Unilaterais*].

> peciais ou rigorosos. Não faz qualquer diferença essencial se uma declaração é feita oralmente ou por escrito, pois se tais declarações são capazes de criar compromissos no Direito Internacional, não se exige que elas sejam formuladas de forma escrita.[62]

A prática estatal também demonstra que a validade e os efeitos legais vinculantes de um ato unilateral não são prejudicados pela sua forma oral. A renomada Declaração Ihlen, datada de 22 de julho de 1919, é um claro exemplo.[63] O ato unilateral em questão consiste numa declaração oral feita pelo Ministro das Relações Exteriores da Noruega, Nils Claus Ihlen, dirigida ao Ministro das Relações Exteriores da Dinamarca durante uma reunião de cúpula entre os dois países. Enquanto discutiam a intenção da Dinamarca de estender a sua soberania sobre todo o território da Groelândia, o Ministro Ihlen afirmou: "os planos do Governo Real [dinamarquês] de ampliar a soberania dinamarquesa sobre a totalidade da Groelândia [...] não encontraria nenhuma dificuldade por parte da Noruega".[64]

Posteriormente, o Estado norueguês decidiu recuar do compromisso assumido pelo Ministro Ihlen e manter sua pretensão e ocupação territorial de parte da Groelândia. A controvérsia entre Noruega e Dinamarca não foi solucionada diplomaticamente, sendo submetida à Corte Permanente de Justiça Internacional. Esta Corte decidiu que a Declaração Ihlen é de fato um ato unilateral vinculante à Noruega, pois a intenção desse Estado de se vincular ao compromisso de não mais objetar a presença dinamarquesa em toda a Groelândia foi inequivocadamente manifestada por Nils Ihlen.[65] Não houve qualquer dúvida quanto ao caráter vinculante da declaração, ainda que tenha sido feita oralmente.

---

62 *Caso dos Testes Nucleares*, nota *supra* 10, p.267.

63 *Oitavo Relatório da CDI sobre Atos Unilaterais*, nota *supra* 50, pp.131-132.

64 CORTE PERMANENTE DE JUSTIÇA INTERNACIONAL. Estatuto da Groelândia Oriental, Dinamarca v. Noruega, CPJI, Rec.1933, Série A/B, nº 53, p.36[*Caso sobre o Estatuto da Groelândia Oriental*].

65 *Ibid.*, p.71.

Outro exemplo de ato unilateral oral foi a renúncia pela Jordânia de sua pretensão relativa ao território da Cisjordânia, que estava à época e continua ocupado por Israel.[66] Hussein bin Talal, o Rei da Jordânia, realizou um discurso dirigido a todos os cidadãos jordanianos, em 31 de julho de 1988, no qual declarou que a Jordânia não mais teria qualquer vínculo jurídico e administrativo com a Cisjordânia. A partir deste pronunciamento, ocorreu a efetiva transferência do território da Cisjordânia para a Palestina, que passou a ser o ente com soberania sobre aquela região.[67]

Assim, desde que a intenção do Estado de dar efeitos jurídicos vinculantes ao ato unilateral seja claramente identificável no texto da declaração, o Direito Internacional deixa o Estado livre para escolher a forma que entender mais conveniente.[68] Esta conclusão revela que o elemento mais importante à obrigatoriedade do ato unilateral não é o modo ou a forma como a vontade do Estado de se vincular é publicizada, mas sim, a linguagem empregada na declaração, pois é através da linguagem escolhida que será possível perceber a verdadeira intenção do autor do ato unilateral.[69] Em decorrência disso, identifica-se uma grande variedade de formas de realização de declarações unilaterais, tais como notas diplomáticas,[70] discursos oficiais à nação,[71] pronun-

---

66 *Oitavo Relatório da CDI sobre Atos Unilaterais*, nota *supra* 50, p.126.

67 *Ibid.*

68 *Caso do Templo de Preah Vihear*, nota *supra* 31, p.31; *Terceiro Relatório da CDI sobre Atos Unilaterais*, nota *supra* 62, p.253.

69 *Caso do Templo de Preah Vihear*, *ibid.*, p.32.

70 Como foi o caso das duas notas diplomáticas emitidas pela Rússia em protesto pela pretensão territorial do Azerbaijão e do Turcomenistão no Mar Cáspio (*Oitavo Relatório da CDI sobre Atos Unilaterais*, nota *supra* 50, p.129-130).

71 Como foi o caso do pronunciamento do Rei da Jordânia em 1988 (*Ibid.*, p.126).

ciamentos durante reuniões e conferências,[72] decretos e proclamações presidenciais, [73] etc.

Ainda quanto à forma, nota-se que um ato unilateral vinculante pode consistir em um único ato ou em várias declarações separadas. Como exemplos do primeiro caso temos a Declaração Ihlen,[74] o pronunciamento do Rei da Jordânia em 1988[75] e a declaração do Egito de 1957.[76] Em todos estes episódios, apenas uma única declaração foi feita e isso já bastou para vincular o respectivo Estado. Por outro lado, o ato unilateral da França, encerrando o seu programa de testes nucleares atmosféricos, consistiu numa série de declarações por diferentes autoridades entre os meses de junho e outubro de 1974. Embora estas declarações não sejam idênticas em conteúdo, todas elas constituem conjuntamente um único ato unilateral vinculando a França.

Apesar de inexistir qualquer exigência particular de forma, os atos unilaterais devem ser públicos. O critério da publicidade não demanda, contudo, que todo Estado e organização internacional seja notificado de todo e qualquer ato unilateral. Na verdade, somente o sujeito internacional afetado pela declaração unilateral deve ser obrigatoriamente notificado da mesma. Sem essa notificação, o ato unilateral é incapaz de produzir efeitos jurídicos válidos.[77]

---

72 Como foi o caso da Declaração Ihlen (*Ibid.*, p.131-132).

73 Como foi o caso da Proclamação Truman de 28 de setembro de 1945, através da qual o Presidente norte americano, Harry S. Truman, determinou que apenas os Estados Unidos poderiam explorar os recursos naturais lozalizados no fundo oceânico logo abaixo do mar territorial desse país (*Ibid.*, p.132-133).

74 *Ibid.*, p.131-132.

75 *Ibid.*, p.126.

76 *Ibid.*, p.126-128.

77 *Terceiro Relatório da CDI sobre Atos Unilaterais*, nota *supra* 62, p.256; *Segundo Relatório da CDI sobre Atos Unilaterais*, nota *supra* 26, p.201.

A ATRIBUIÇÃO DO ATO UNILATERAL AO ESTADO

Um ato unilateral só vincula o Estado internacionalmente se feito por uma autoridade investida com poderes para fazê-lo.[78] Há aquelas autoridades que pela própria natureza de suas funções são inerentemente capazes de representar e vincular o Estado na esfera internacional. São elas: o chefe de Estado, o chefe de Governo e o Ministro das Relações Exteriores,[79] como indicado pela Declaração Ihlen, que foi emitida pelo Ministro das Relações Exteriores norueguês,[80] e também da renúncia da Cisjordânia pela Jordânia, vinda a público pelo chefe de Estado jordaniano, o Rei Hussein bin Talal.[81]

Além disso, as autoridades que representam o Estado em áreas específicas podem vinculá-lo por meio de suas declarações, desde que o ato unilateral tenha como objeto aspectos específicos da área de atuação daquela autoridade.[82] Seria o caso, por exemplo, de um ministro de governo que, agindo dentro de sua esfera de competências, atua nas relações internacionais como representante oficial de seu Estado nas áreas sob sua pasta.[83] Isso fica evidente na já mencionada declaração da

---

78 *Princípios da CDI Aplicáveis às Declarações Unilaterais dos Estados*, nota *supra* 11, p.372.

79 *Ibid.*; *Caso Relativo às Atividades Armadas no Território do Congo*, nota *supra* 36, p.27; *Caso dos Testes Nucleares*, nota *supra* 10, p.269-270; *Caso sobre o Estatuto da Groelândia Oriental*, nota *supra* 65, p.71; CORTE INTERNACIONAL DE JUSTIÇA. Aplicação da Convenção sobre a Prevenção e Punição do Crime de Genocídio, Bósnia e Herzegovina v. Iugoslávia, Exceções Preliminares, CIJ Rec.1996 (II), p.622; CORTE INTERNACIONAL DE JUSTIÇA. Mandado de Prisão de 11 de abril de 2000, República Democrática do Congo v. Bélgica, CIJ Rec.2002, pp.21-22

80 *Oitavo Relatório da CDI sobre Atos Unilaterais*, nota *supra* 50, p.131-132.

81 *Ibid.*, p.126.

82 *Princípios da CDI Aplicáveis às Declarações Unilaterais dos Estados*, nota *supra* 11, p.372; *Caso Relativo às Atividades Armadas no Território do Congo*, nota *supra* 36, p.27.

83 *Caso Relativo às Atividades Armadas no Território do Congo*, *ibid.*

ex-Ministra de Justiça de Ruanda, Edda Mukabagwiza, sobre as reservas de Ruanda em tratados sobre direitos humanos. A CIJ mencionou que tal declaração poderia, *a priori*, vincular Ruanda, pois foi emitida por uma autoridade capacitada para este fim (a Ministra de Justiça). A Corte justificou sua conclusão demonstrando que a efetivação dos direitos humanos num certo Estado é matéria que ordinariamente se encontra dentro da competência de um Ministro de Justiça, sendo, então, legalmente possível que esta autoridade vincule seu Estado via ato unilateral.[84]

O entendimento de que autoridades técnicas com competência internacional restrita podem produzir atos unilaterais também foi assentado no caso dos *Testes Nucleares*. Duas das várias declarações da França se obrigando a não mais realizar testes nucleares atmosféricos no Pacífico Sul foram emitidas pelo Ministro de Defesa francês, datadas de 16 de agosto e 11 de outubro de 1974.[85] Não houve qualquer dúvida quanto ao caráter vinculante destas duas declarações.

3 O ALCANCE NORMATIVO DOS ATOS UNILATERAIS

Os atos unilaterais não podem criar obrigações jurídicas senão aos seus autores.[86] O princípio da igualdade soberana entre os Estados impede que apenas um deles imponha deveres juridicamente exigíveis a

84 *Ibid.*, pp.27-28.

85 As outras declarações foram: dois pronunciamentos do Presidente da França em 8 de junho e 25 de julho de 1974; uma nota diplomática de 10 de junho de 1974, da Embaixada de França para o Ministério das Relações Exteriores da Nova Zelândia; uma carta de 1 de julho de 1974, do Presidente da França ao Primeiro-Ministro da Nova Zelândia; e uma declaração feita na Assembleia Geral das Nações Unidas pelo Ministro das Relações Exteriores da França, em 25 de setembro de 1974.

86 *Princípios da CDI Aplicáveis às Declarações Unilaterais dos Estados*, nota *supra* 11, p.379.

outro, sem o seu consentimento.[87] Contudo, nada impede que um Estado voluntariamente aceite uma obrigação sugerida a ele via ato unilateral de outro Estado.[88] Ademais, o Estado terceiro tem a liberdade de aceitar a obrigação de forma parcial, somente consentindo em executar parte do escopo obrigacional que lhe foi originalmente sugerido pela declaração unilateral de outro Estado. Com isso, não é o ato unilateral do outro país que cria a obrigação em questão. Na verdade, o Estado terceiro se vincula pela sua própria aceitação daquilo que foi proposto por aquele ato.[89]

Tem-se aqui a aplicação analógica de regra oriunda do Direito dos Tratados, vez que "[u]m tratado [também] não cria obrigações nem direitos para um terceiro Estado sem o seu consentimento".[90] Contudo, diferente de um tratado, um ato unilateral pode criar um direito a um Estado terceiro, ainda que sem a anuência prévia desse.[91] O internacionalista dinamarquês Max Sørensen esclarece que, nessas circunstâncias, o Estado autor da declaração unilateral se encontra obrigado pelo conteúdo do ato, enquanto que o Estado beneficiário do direito criado pela declaração unilateral não tem qualquer dever legal de exercer este direito.[92]

---

87 SØRENSEN, nota *supra* 23, p.182.

88 *Princípios da CDI Aplicáveis às Declarações Unilaterais dos Estados*, nota *supra* 11, p.379.

89 *Ibid.*

90 *Convenção de Viena sobre o Direito dos Tratados,* nota *supra* 15, art.34. Essa regra encontra respaldo em farta jurisprudência internacional: CORTE PERMANENTE DE JUSTIÇA INTERNACIONAL. Certos Interesses Alemães na Alta Silésia Polonesa, CPJI, Série A, n° 7, pp.28-29; CORTE PERMANENTE DE JUSTIÇA INTERNACIONAL. Caso das Zonas Francas de Alta Saboia e Distrito de Gex, CPJI, Série A/B, n° 46, p.141; CORTE INTERNACIONAL DE JUSTIÇA. Caso relativo ao Incidente Aéreo de 27 de julho de 1955, Bulgária v. Israel, Objeções Preliminares, CIJ, Rec.1959, p.138.

91 SØRENSEN, nota *supra* 23, p.182.

92 *Ibid.*

O entendimento defendido por Max Sørensen encontra fundamento na prática estatal, especialmente nos casos de cancelamento unilateral de dívidas externas. Para fins de ilustração, em 13 de novembro de 1998, a Espanha, sensibilizada pelo sofrimento das populações da América Central depois da passagem do Furacão Mitch, unilateralmente cancelou parte da dívida externa de Belize, República Dominicana, El Salvador, Honduras e Nicarágua. Os Estados beneficiados pelo ato unilateral espanhol só foram informados do mesmo depois que o cancelamento já havia sido efetivado.[93]

Apesar dos atos unilaterais não criarem obrigações jurídicas diretas a terceiros, eles podem estabelecer certas restrições indiretas em face de terceiros. É o caso das declarações de neutralidade e também das declarações unilaterais regulando o exercício de direitos soberanos dos Estados, especialmente aqueles relativos a sua zona econômica exclusiva.[94] Caso um Estado deseje fazer uma declaração unilateral dessa natureza, todos os Estados afetados por ela devem ser notificados para que tenham a chance de se manifestar.[95]

A VALIDADE DOS ATOS UNILATERAIS

Naturalmente, o Direito Internacional regulamenta os critérios de validade das declarações unilaterais.[96] Já que não há requisitos específicos de forma, as condições de validade restam confinadas ao objeto dos atos unilaterais, ou seja, ao efetivo conteúdo obrigacional assumido pelo Estado através da declaração. Quanto ao conteúdo, (4.1) os atos unilaterais não podem violar as normas do *jus cogens*, que, pela sua própria natureza, se posicionam num patamar hierárquico superior

93 *Terceiro Relatório da CDI sobre Atos Unilaterais*, nota *supra* 62, p.253.

94 *Ibid.*, p.254.

95 *Ibid.*

96 SKUBISZEWSKI, nota *supra* 12, p.242.

no Direito Internacional. Ainda quanto à validade, (4.2) outro aspecto que merece destaque são os vícios de competência ou procedimento que podem contaminar os atos unilaterais e que são advindos do direito interno do Estado autor.

Atos unilaterais não podem violar normas do jus cogens

Todo ato unilateral emitido em conflito com uma norma imperativa de Direito Internacional (*jus cogens*)[97] é nulo e, portanto, incapaz de produzir efeitos legais válidos desde a data de sua emissão.[98] Isso porque, as normas do *jus cogens têm uma prioridade inerente em face d*as outras normas jurídicas com elas conflitantes. Essa superioridade decorre de sua posição mais elevada na estrutura normativa tanto internacional, quanto nacional.[99] São exemplos de normas com caráter *jus*

97 Uma norma do *jus cogens* ou norma "[...] imperativa de Direito Internacional geral é uma norma aceita e reconhecida pela comunidade internacional dos Estados como um todo, como norma da qual nenhuma derrogação é permitida e que só pode ser modificada por norma ulterior de Direito Internacional geral da mesma natureza." (*Convenção de Viena sobre o Direito dos Tratados,* nota *supra* 15, art.53).

98 *Princípios da CDI Aplicáveis às Declarações Unilaterais dos Estados*, nota *supra* 11, p.378; *Quinto Relatório da CDI sobre Atos Unilaterais*, nota *supra* 13, p.104; COMISSÃO DE DIREITO INTERNACIONAL. "Nono Relatório sobre Atos Unilaterais dos Estados", elaborado pelo Relator Especial Víctor Rodríguez Cedeño, UNDoc.A/CN.4/569, 6 de abril de 2006, p.162[*Nono Relatório da CDI sobre Atos Unilaterais*].

99 COMISSÃO DE DIREITO INTERNACIONAL. "A fragmentação do Direito Internacional: dificuldades decorrentes da diversificação e expansão do Direito Internacional", relatório finalizado pelo Relator Especial Martti Koskenniemi, UNDoc.A/CN.4/L.682, 13 de abril de 2006, para.92; FINKELSTEIN, Cláudio. Hierarquia das Normas no Direito Internacional: *Jus Cogens* e Metaconstitucionalismo, São Paulo: Saraiva, 2013, p.229-237.

cogens aquelas proibindo o genocídio,[100] a tortura,[101] a agressão arma-

---

100 *Caso Relativo às Atividades Armadas no Território do Congo*, nota *supra* 36, p.31-32; CORTE INTERNACIONAL DE JUSTIÇA. Aplicação da Convenção sobre a Prevenção e Punição do Crime de Genocídio, Croácia v. Sérvia, CIJ Rec.2015, p.42; TRIBUNAL PENAL INTERNACIONAL PARA A EX-IUGOSLÁVIA. Promotor v. Kupreškic, Julgamento, Câmara de Julgamento, Processo No. IT-95-16-T, 14 de janeiro de 2000, para.520; TRIBUNAL PENAL INTERNACIONAL PARA A EX-IUGOSLÁVIA. Promotor v. Goran Jelisic, Julgamento, Câmara de Julgamento, Processo No. IT-95-10-T, 14 de dezembro de 1999, para.60; TRIBUNAL PENAL INTERNACIONAL PARA A EX-IUGOSLÁVIA. Promotor v. Krstic, Julgamento, Câmara de Julgamento, Processo No. IT-98-33-T, 2 de agosto de 2001, para.541.

101 TRIBUNAL PENAL INTERNACIONAL PARA A EX-IUGOSLÁVIA. Promotor v. Kupreškic, Julgamento, Câmara de Julgamento, Processo No. IT-95-16-T, 14 de janeiro de 2000, para.520; TRIBUNAL PENAL INTERNACIONAL PARA A EX-IUGOSLÁVIA. Promotor v. Anto Furundzija, Julgamento, Câmara de Julgamento, Processo No. IT-95-17/I-T, 10 de dezembro de 1998, para.144; CORTE INTERNACIONAL DE JUSTIÇA. Questões relativas à Obrigação de Julgar ou Extraditar, Bélgica v Senegal, CIJ, Rec.2012, p.33; CORTE EUROPEIA DE DIREITOS HUMANOS. Caso Al Adsani v. Reino Unido, Petição no. 35763/97, Julgamento de 21 de novembro de 2001, paras.60-65; CORTE INTERAMERICANA DE DIREITOS HUMANOS. Caso Tibi v. Equador, Julgamento de 7 de setembro de 2004, para.143; CORTE INTERAMERICANA DE DIREITOS HUMANOS. Caso Maritza Urrutia v. Guatemala, Julgamento de 27 de novembro de 2003, para.92.

da,[102] a pirataria[103] e a escravidão.[104]

---

102 CORTE INTERNACIONAL DE JUSTIÇA. Caso das Plataformas Petrolíferas, República Islâmica do Irã v. Estados Unidos da América, CIJ, Rec.2003, Opinião Separada do Juiz Simma, p.327; CORTE INTERNACIONAL DE JUSTIÇA. Caso das Plataformas Petrolíferas, República Islâmica do Irã v. Estados Unidos da América, CIJ, Rec.2003, Opinião Separada do Juiz Kooijmans, p.260; CORTE INTERNACIONAL DE JUSTIÇA. Caso das Plataformas Petrolíferas, República Islâmica do Irã v. Estados Unidos da América, CIJ, Rec.2003, Opinião Dissidente do Juiz Elaraby, p.291; CORTE INTERNACIONAL DE JUSTIÇA. Consequências Legais da Construção de um Muro no Território Palestino Ocupado, CIJ, Rec.2004, Opinião Separada do Juiz Elaraby, p.254; CORTE INTERNACIONAL DE JUSTIÇA. Caso sobre as Atividades Militares e Paramilitares dentro e contra a Nicarágua, Nicarágua v. Estados Unidos da América, CIJ Rec.1986, Opinião Separada do Juiz Singh, p.153; CORTE INTERNACIONAL DE JUSTIÇA. Caso sobre as Atividades Militares e Paramilitares dentro e contra a Nicarágua, Nicarágua v. Estados Unidos da América, CIJ Rec.1986, Opinião Separada do Juiz Sette-Camara, p.199; CANÇADO TRINDADE, Antônio Augusto. A Humanização do Direito Internacional, Belo Horizonte: Del Rey, 2006, p.189-193; ORAKHELASHVILI, Alexander. "The Impact of Peremptory Norms on the Interpretation and Application of United Nations Security Council Resolutions", European Journal of International Law, Vol. 16, No. 1, 2005, 59-88, p.63; SIMMA, Bruno. "NATO, the UN and the Use of Force: Legal Aspects", European Journal of International Law, Vol.10, 1999, 1-22, p.5; KAHGAN, Carin. "*Jus Cogens* and the Inherent Right to Self-Defense", ILSA Journal of International & Comparative Law, Vol.3, 1997, 767-827, p.777-781; DINSTEIN, Yoram. War, Agression and Self-Defence, 4 ed., Cambridge: Cambridge University Press, 2005, p.99-104.

103 BASSIOUNI, Cherif. "International crimes: jus cogens and obligation erga omnes", Law and Contemporary Problems, Vol. 59, No. 4, p.63-74, 1996, p.68; KNUCHEL, Sevrine. "State Immunity and the Promise of *Jus Cogens*", Northwestern Journal of International Human Rights, Evanston, Vol.9, No.2, p.149-183, 2011, p.153.

104 COMITÊ DE DIREITOS HUMANOS. "General Comment No. 24: General comment on issues relating to reservations made upon ratification or accession to the Covenant or the Optional Protocols thereto, or in relation to declarations under article 41 of the Covenant", UNDoc.CCPR/C/21/Rev.1/Add.6, 1994; BASSIOU-

Com isso, os Estados são livres para se obrigar por meio de atos unilaterais da forma que lhes aprouver, desde que tais atos não produzam obrigações contrárias aos imperativos do *jus cogens.*[105] Esta regra encontra origem no Direito dos Tratados, como se evidencia no artigo 53 da Convenção de Viena sobre o Direito dos Tratados (1969): "É nulo um tratado que, no momento de sua conclusão, conflite com uma norma imperativa de Direito Internacional geral".[106]

Vício de validade do ato unilateral conforme o direito interno do Estado autor

Um vício identificável na formação do ato unilateral, segundo o direito interno do Estado autor desse ato, pode torná-lo inválido na esfera jurídica internacional? A questão é controversa, porque um Estado não pode fazer uso de seu direito doméstico para se isentar do cumprimento de obrigações internacionais.[107] Contudo, apresentando uma exceção a

---

NI, Cherif. "Enslavement as an International Crime", New York University Journal of International Law and Politics, Nova York, Vol.23, 1991, p.445; BASSIOUNI, Cherif. "International crimes: jus cogens and obligation erga omnes", Law and Contemporary Problems, Vol. 59, No. 4, p.63-74, 1996, p.68; BIANCHI, Andrea Human. "Rights and the Magic of Jus Cogens", European Journal of International Law, Vol. 19, No.3. p.491-508, 2008, p.495; GALLAGHER, Anne. "Human Rights and Human Trafficking: Quagmire or Firm Ground? A Response to James Hathaway", Virginia Journal of International Law, vol.50, no.1, p.789-849, 2009, p.798; RASSAM, Yasmine. "Contemporary Forms of Slavery and the Evolution of the Prohibition of Slavery and the Slave Trade Under Customary International Law", Virginia Journal of International Law, vol. 39, 1999, p.303.

105 *Quinto Relatório da CDI sobre Atos Unilaterais*, nota *supra* 13, p.104.

106 *Convenção de Viena sobre o Direito dos Tratados,* nota *supra* 15, art.53.

107 *Ibid.*, art.27; CORTE PERMANENTE DE JUSTIÇA INTERNACIONAL. Tratamento de Nacionais Poloneses e Outras Pessoas de Origem ou Língua Polonesa no Território de Danzig, CPJI, Rec.1932, Ser.A/B, No. 44, p.24-25; CORTE PERMANENTE DE JUSTIÇA INTERNACIONAL. Caso sobre o S.S. Wimbledon,

essa regra geral, o artigo 46 da Convenção de Viena sobre o Direito dos Tratados (1969) determina que um tratado será nulo se foi concluído em violação de uma disposição do direito interno do Estado sobre competência para concluir tratados, quando essa violação for manifesta e se referir a uma norma de importância fundamental.[108] A controvérsia se mantém, porque o artigo 46 da Convenção de Viena de 1969 foi redigido para regular tratados, havendo certa incerteza quanto a sua aplicabilidade aos atos unilaterais.

Esta questão ganhou relevância prática quando o Ministro das Relações Exteriores da Colômbia, Uribe Juan Holguín, enviou a Nota Diplomática no. GM-542, em 22 de novembro de 1952, ao Embaixador da Venezuela na Colômbia. Por meio dessa nota, a Colômbia abriu mão de sua soberania territorial sobre o arquipélago de Los Monjes em favor da Venezuela, assumindo o compromisso de não impor qualquer objeção à soberania venezuelana sobre aquelas ilhas.[109] Quatro décadas depois, o Conselho de Estado colombiano decidiu, em 22 de outubro de 1992, que a Nota Diplomática no. GM-542 é nula, pois, segundo a constituição da Colômbia, mudanças territoriais nesse Estado só podem ocorrer por meio de tratado aprovado pelo Congresso colombiano e ratificado

---

França, Reino Unido, Itália e Japão v. Alemanha, CPJI, Rec.1923, Ser.A, No. 1, p.29-30; CORTE INTERNACIONAL DE JUSTIÇA. Caso Nottebohm, Liechtenstein v. Guatemala, Objeções Preliminares, CIJ Rec.1953, p.123; CORTE INTERNACIONAL DE JUSTIÇA. Elettronica Sicula S.p.A. (ELSI), Estados Unidos da América v. Itália, CIJ Rec.1989, p.51.

108 *Convenção de Viena sobre o Direito dos Tratados*, nota *supra* 15, art.46, parágrafo 1º.

109 O seguinte excerto ilustra a posição assumida pela Colômbia na Nota no. GM-542: "O Governo da Colômbia declara que não se opõe à soberania dos Estados Estados da Venezuela sobre o arquipélago de Los Monjes e que, portanto, não se opõe, nem deseja fazer qualquer reclamação relativa ao exercício dessa soberania ou relativa a qualquer ato da Venezuela com o efeito de exercer controle sobre aquele arquipélago" (*Oitavo Relatório da CDI sobre Atos Unilaterais*, nota *supra* 50, p.123).

pelo Presidente da República. Com isso, uma simples nota diplomática emitida pelo Ministro das Relações Exteriores não é instrumento hábil para modificar as fronteiras colombianas. Apesar da decisão do Conselho de Estado, o governo colombiano continuou a aceitar os efeitos vinculantes da nota diplomática como um ato unilateral internacionalmente válido.[110]

Ao analisar este caso, deve-se ter em mente que a aplicação das regras do Direito dos Tratados aos atos unilaterais exige muita cautela e ponderação, especialmente devido às diferenças entre estes atos e os tratados. Ratificando esta conclusão, a CIJ afirmou, no *caso referente à Jurisdição sobre Pescas,* "[...] que as disposições da [Convenção de Viena sobre o Direito dos Tratados] podem ser aplicadas de forma análoga aos atos unilaterais apenas no que forem compatívies com o caráter *sui generis* [desses atos]".[111] Nesse prisma, conclui-se que não há qualquer óbice à aplicação do artigo 46 da Convenção de Viena sobre o Direito dos Tratados aos atos unilaterais, sobretudo porque o representante que formulou uma declaração unilateral vinculando seu Estado não pode atuar em flagrante contradição às normas constitucionais internas de competência.[112]

Contudo, vícios de competência do representante do Estado, ainda que manifestos e referentes a normas internas de importância fundamental, podem ser sanados *a posteriori* pelo Estado, afastando a nulidade do ato unilateral. Assim, os Estados podem confirmar ou convalidar um ato unilateral editado com vício de competência, seja por

---

110 *Ibid.*, p.125.

111 CORTE INTERNACIONAL DE JUSTIÇA. Jurisdição sobre Pescas, Espanha v. Canadá, CIJ Rec.1998, p.453; CORTE INTERNACIONAL DE JUSTIÇA. Fronteira Terrestre e Marítima entre Camarões e Nigéria, Camarões v. Nigéria, Objeções Preliminares, CIJ Rec.1998, p.293.

112 *Segundo Relatório da CDI sobre Atos Unilaterais*, nota *supra* 26, p.210; *Quinto Relatório da CDI sobre Atos Unilaterais*, nota *supra* 13, p.103-104.

meio de uma declaração expressa ou de forma tácita, aceitando o ato em questão.[113] Esta forma de confirmação tácita ocorreu com a Nota Diplomática no. GM-542, da Colômbia. Ainda depois de o Conselho de Estado ter reconhecido o vício de inconstitucionalidade dessa nota, as autoridades colombianas continuaram a aceitá-la como obrigatória.[114] Assim, a Colômbia se encontra impossibilitada de alegar a nulidade da Nota Diplomática no. GM-542 como fundamento para se ver livre das obrigações ali assumidas.

A REVOGABILIDADE DOS ATOS UNILATERAIS

Apesar do Direito Internacional assegurar grande margem de discricionariedade aos Estados para que esses assumam obrigações de forma unilateral, estes compromissos não podem ser revogados de forma arbitrária.[115] O Estado autor de um ato unilateral, como regra geral, não tem a prerrogativa de, por meio de outro ato unilateral subsequente, derrogar das obrigações assumidas na declaração anterior.[116] A rigidez dos atos unilaterais encontra fundamento no princípio da boa-fé, que impede o exercício de direitos em desacordo com a lealdade recíproca e a confiança que se espera nas relações entre os sujeitos internacionais.[117] Portanto, apesar dos atos unilaterais assumirem a forma de um exercício discricionário da capacidade soberana dos Estados de contrair obrigações internacionais, uma vez que essas obrigações foram assumidas, elas devem ser necessariamente cumpridas. Se o contrário fosse admissível,

---

113 *Oitavo Relatório da CDI sobre Atos Unilaterais*, nota *supra* 50, p.138.

114 *Ibid.*

115 *Princípios da CDI Aplicáveis às Declarações Unilaterais dos Estados*, nota *supra* 11, p.380.

116 *Nono Relatório da CDI sobre Atos Unilaterais*, nota *supra* 99, p.164.

117 *Caso dos Testes Nucleares*, nota *supra* 10, p.268; *Princípios da CDI Aplicáveis às Declarações Unilaterais dos Estados*, nota *supra* 11, p.370.

as expectativas estabelecidas de boa-fé por Estados terceiros em relação ao cumprimento dessas obrigações seriam frustradas.[118]

A boa-fé não apenas exige um comportamento coerente pelo Estado autor do ato unilateral, mas também visa proteger a confiança despertada nos outros Estados de que o compromisso inicialmente assumido seria mantido, e não contrariado. A tutela da confiança internacional no contexto dos atos unilaterais atribui à boa-fé um conteúdo substancial, deixando de ser mera proibição à incoerência por si só, para se tornar uma efetiva proibição à ruptura da confiança, por meio da incoerência.[119]

Apesar disso, atos unilaterais não criam compromissos absolutos, que vinculariam o Estado a qualquer custo e em qualquer circunstância. Declarações dessa natureza não são absolutamente inderrogáveis, cabendo às normas internacionais especificar quais as condições em que a rescisão das obrigações unilaterais não seria arbitrária.[120] O Direito Internacional estipula três elementos a se considerar para verificar se a revogação de um ato unilateral é arbitrária: (5.1) se há condições de rescisão especificadas no próprio texto da declaração unilateral; (5.2) a extensão na qual os Estados que se beneficiariam das obrigações do Estado autor do ato unilateral fiaram-se nestas obrigações; e finalmente, (5.3) a ocorrência de uma mudança fundamental de circunstâncias.[121]

---

118 SCHREIBER, Anderson. A Proibição de Comportamento Contraditório, Rio de Janeiro: Renovar, 2005, p.83-84[SCHREIBER].

119 *Ibid.*, p.90 e 95.

120 *Princípios da CDI Aplicáveis às Declarações Unilaterais dos Estados*, nota *supra* 11, p.380.

121 Esses três elementos foram sugeridos pela Comissão de Direito Internacional, em seus “Princípios orientadores aplicáveis às declarações unilaterais dos Estados, capazes de gerar obrigações jurídicas” (nota *supra* 11, p.380).

A especificação das condições de revogação no próprio texto da declaração unilateral

Apesar dos Estados estarem legalmente impedidos de revogar suas obrigações unilaterais de forma arbitrária, eles podem especificar, no próprio texto da declaração unilateral, as condições nas quais uma possível revogação seria admissível. Já que o Direito Internacional garante aos Estados o direito de estabelecer o escopo obrigacional ao qual eles estão dispostos a se autovincular via atos unilaterais, àqueles também é resguardado o direito de impor os limites destas obrigações.[122] Se as condições de revogabilidade forem prévia e expressamente determinadas no texto da declaração unilateral pública, não há que se falar em arbitrariedade por parte do Estado ou em atentado à legítima confiança quando ele revoga o ato unilateral, agindo em conformidade com estas condições. Isso porque, nestas circunstâncias, aos Estados interessados já é garantido previsibilidade quanto à possibilidade de revogação e os parâmetros nos quais essa poderia ser exercida.

A extensão na qual os Estados que se beneficiariam do ato unilateral fiaram-se nele

A proibição à revogação arbitrária, como forma de evitar o comportamento contraditório, só tem lugar quando efetivamente existem expectativas criadas em Estados terceiros e estes são susceptíveis de sofrer prejuízos pela quebra da confiança. Ausentes estas expectativas, ausente será também o atentado à legítima confiança, pois não há razão para que se exija do Estado coerência com o conteúdo do ato unilateral quando não havia nenhuma expectativa de que esse ato seria efetivamente cumprido.[123]

---

122 *Princípios da CDI Aplicáveis às Declarações Unilaterais dos Estados*, nota *supra* 11, p.380.

123 SCHREIBER, nota *supra* 119, p.90.

Assim, a fim de demonstrar que a legítima confiança foi frustrada, deve-se analisar a extensão na qual os Estados que receberiam algum benefício ou vantagem com o ato unilateral em questão verdeiramente confiaram na sua futura execução. Quanto menor for a expectativa de cumprimento da declaração unilateral, maior será a facilidade com a qual o Estado autor poderá revogar as obrigações contraídas por meio desse ato.[124]

No caso das *Atividades Militares e Paramilitares dentro e contra a Nicarágua*, a CIJ demonstrou que uma forma útil para atestar a existência de confiança quanto ao cumprimento de um ato unilateral é verificar se os Estados interessados expressamente aceitaram as vantagens que teriam direito com esse ato. Além disso, outra evidência seria o fato de que os Estados interessados, em função da expectativa daquilo que receberiam com o ato unilateral, adotaram certa conduta em detrimento de seus interesses ou simplesmente mudaram o seu comportamento.[125] Em ambas as situações, resta claro que os Estados tinham a expectativa de que o ato unilateral seria cumprido.

Para maior compreensão, passemos a um cenário hipotético. Imagine que a população do Estado A esteja sofrendo com grave epidemia de febre amarela. Visando conter a doença, as autoridades governamentais decidem recorrer ao mercado internacional a fim de comprar lotes de vacinas para imunizar a população. O Estado A inicia negociações com o Estado B, grande produtor de vacinas anti-febre amarela, para a adoção de um tratado regulando a venda dessas vacinas entre os dois países. Antes que qualquer acordo fosse concluído, o Estado C, sensível ao sofrimento dos nacionais do Estado A, publicamente assume o

124 *Princípios da CDI Aplicáveis às Declarações Unilaterais dos Estados*, nota *supra* 11, p.380-381.

125 CORTE INTERNACIONAL DE JUSTIÇA. Caso sobre as Atividades Militares e Paramilitares dentro e contra a Nicarágua, Nicarágua v. Estados Unidos, Jurisdição e Admissibilidade da Petição, CIJ Rec.1984, p.415.

compromisso de doar dez mil lotes de vacinas anti-febre amarela para esse país. No dia subsequente à declaração do Estado C, o Estado A formalmente encerra as negociações com o Estado B, desistindo do tratado. Nessas circunstâncias, resta claro que o Estado A fiou-se no ato unilateral do Estado C, vez que mudou o seu curso anterior de ação (que inicialmente era concluir um tratado com o Estado B), precisamente devido à expectativa de que o Estado C cumpriria seu ato unilateral. O Estado A assumiu o risco de não concluir um tratado com Estado B, talvez com condições vantajosas, para esperar o cumprimento do ato unilateral do Estado C. Portanto, em respeito à legítima expectativa do Estado A e a confiança que ele depositou no Estado C, esse último não poderia revogar o seu compromisso unilateral de forma arbitrária.

A ocorrência de uma mudança fundamental de circunstâncias

Uma mudança fundamental das circunstâncias em relação às que existiam no momento em que o ato unilateral foi emitido e que não foi prevista pelo Estado autor desse ato pode ser invocada como causa para revogar as obrigações assumidas por meio dessa declaração unilateral.[126] Assim como em tratados, essa mudança no *status quo* deve ser fundamental. Para que o caráter fundamental seja comprovado, o Estado que pretende revogar o ato unilateral deve demonstrar que as circunstâncias existentes à época da declaração unilateral foram uma condição essencial para que o Estado assumisse as obrigações por meio do ato em questão. Além disso, também deve ser provado que a mudança produziu uma alteração radical no alcance das obrigações ainda pendentes de cumprimento.[127]

---

126 *Princípios da CDI Aplicáveis às Declarações Unilaterais dos Estados*, nota *supra* 11, p.379-380; *Nono Relatório da CDI sobre Atos Unilaterais*, nota *supra* 99, p.170-171; SAGANEK, nota *supra* 22, p.418.

127 Elementos extraídos do parágrafo 1º, do artigo 62 da Convenção de Viena sobre o Direito dos Tratados (1969).

CONCLUSÃO

Qualquer estudo das fontes do Direito Internacional, normalmente, tem como ponto de partida o rol previsto no artigo 38 do Estatuto da CIJ. Porém, essa listagem de fontes não é exaustiva, havendo outras que não se encontram enumeradas no referido dispositivo. Um exemplo são os atos unilaterais, entendidos como declarações feitas unilateralmente pelos Estados com vistas a criar obrigações jurídicas a si mesmos.

Contudo, nem toda declaração unilateral de um Estado é instrumento hábil para criar obrigações. Estes atos unilaterais específicos devem atender a uma série de rigorosos critérios. O primeiro deles é a intenção do Estado autor de se vincular ao conteúdo da declaração. Deve haver um elemento volitivo do Estado - um *animus vinculandi* de sua parte - demonstrando que ele efetivamente tinha a intenção de impor deveres jurídicos a si próprio. Essa intenção de se vincular deve ser identificada por meio da interpretação da declaração, sendo relevante, para tanto, o conteúdo e a linguagem utilizados pelo Estado, o contexto na qual a declaração foi elaborada e também o comportamento que os outros sujeitos internacionais tiveram em resposta a ela.

Além disso, a declaração deve ser dotada de publicidade, de forma que os sujeitos internacionais interessados em seu conteúdo devem ser notificados da mesma. Apesar disso, o Direito Internacional não impõe uma forma obrigatória aos atos unilaterais, podendo ser tanto orais, quanto escritos. Assim, desde que o elemento da publicidade seja mantido, os Estados ficam livres para escolher o modo como irão expressar a sua intenção de unilateralmente se vincular às obrigações.

Por último, o ato unilateral deve ser formulado por uma autoridade investida de poderes para obrigar o Estado internacionalmente. De forma análoga ao Direito dos Tratados, há uma presunção de que os chefes de Estado, os chefes de Governo e os ministros das relações exteriores possuem essa prerrogativa, precisamente devido à natureza de suas respectivas funções. Além disso, as autoridades oficiais capacitadas para representar o Estado em áreas específicas podem criar obrigações internacionais através de declarações públicas, desde que o conteúdo obrigacional dessas declarações esteja circunscrito ao respectivo campo de atividades dessa autoridade.

Quando esses critérios são exauridos, as declarações unilaterais dos Estados podem criar obrigações válidas a eles. A partir do momento que estes compromissos unilaterais forem assumidos, os Estados não podem se exonerar deles arbitrariamente. A rigidez dos atos unilaterais se faz necessária para proteger a boa-fé internacional, com o objetivo de tutelar a lealdade recíproca e a confiança que os Estados depositam uns nos outros. Deste modo, um compromisso assumido unilateralmente por um Estado em face de outros sujeitos internacionais deve ser respeitado e executado, ainda que nenhuma garantia adicional dessa execução tenha sido dada. Em sentido contrário, não cabe a nenhum Estado exigir que uma caução seja dada para garantir a execução de uma dessas obrigações unilaterais. Os Estados interessados no ato unilateral devem, com fulcro no princípio da boa-fé, presumir que a obrigação será regularmente cumprida.

No entanto, estas declarações não criam obrigações absolutas. Elas podem ser extintas de acordo com as próprias condições de revogabilidade estipuladas no texto da declaração, na ocorrência de uma mudança fundamental de circunstâncias e também conforme a extensão na qual os Estados que seriam favorecidos com estas obrigações fiaram-se no seu cumprimento.

Ante o exposto e tendo como referência as decisões judiciais da CIJ, bem como a prática estatal, percebe-se que os atos unilaterais dos Estados são importantes instrumentos na criação de obrigações jurídicas internacionais. A ausência de uma estrutura legislativa e administrativa global para impor, de forma hierarquizada e generalizada, obrigações internacionais em face dos Estados indica que estes atos continuarão tendo um papel relevante nas relações internacionais.

REFERÊNCIAS BIBLIOGRAFICAS

BASSIOUNI, Cherif. "Enslavement as an International Crime", New York University Journal of International Law and Politics, Nova York, Vol.23, 1991.

_______. "International crimes: jus cogens and obligation erga omnes", Law and Contemporary Problems, Vol. 59, No. 4, p.63-74, 1996.

BIANCHI, Andrea Human. "Rights and the Magic of Jus Cogens", European Journal of International Law, Vol. 19, No.3, p.491-508, 2008.

BRANT, Leonardo Nemer Caldeira. "Fundamentos da existência e validade do direito internacional", Revista da Faculdade de Direito da UFMG, Belo Horizonte, n. 62, p.366-403, 2013.

BRASIL. Convenção de Viena sobre o Direito dos Tratados, 23 de maio de 1969, Decreto no. 7.030, de 14 de dezembro de 2009.

BRÓTONS, José Joaquín *et al.*, Derecho Internacional, Valencia: Tirant lo Blanch, 2007.

CANÇADO TRINDADE, Antônio Augusto. A Humanização do Direito Internacional, Belo Horizonte: Del Rey, 2006.

_______. A Humanização do Direito Internacional, 2ª ed., Belo Horizonte: Del Rey, 2015.

CARREAU, Dominique. Droit international, 4ª ed., Paris: Pédone, 1994.

CASSESE, Antonio. International Law, Oxford: Oxford University Press, 2003.

COMISSÃO DE DIREITO INTERNACIONAL. "Segundo Relatório sobre Atos Unilaterais dos Estados", elaborado pelo Relator Especial Víctor Rodríguez Cedeño, UNDoc.A/CN.4/500, 10 de maio de 1999.

_______. "Terceiro Relatório sobre Atos Unilaterais dos Estados", elaborado pelo Relator Especial Víctor Rodríguez Cedeño, UNDoc.A/CN.4/505, 17 de fevereiro de 2000.

_______. "Quinto Relatório sobre Atos Unilaterais dos Estados", elaborado pelo Relator Especial Víctor Rodríguez Cedeño, UNDoc.A/CN.4/525, 4 e 17 de abril e 10 de maio de 2002.

_______. "Oitavo Relatório sobre Atos Unilaterais dos Estados", elaborado pelo Relator Especial Víctor Rodríguez Cedeño, UNDoc.A/CN.4/557, 26 de maio de 2005, p.129-130.

_______. "Nono Relatório sobre Atos Unilaterais dos Estados", elaborado pelo Relator Especial Víctor Rodríguez Cedeño, UNDoc.A/CN.4/569, 6 de abril de 2006.

_______. "Princípios orientadores aplicáveis às declarações unilaterais dos Estados, capazes de gerar obrigações jurídicas", Yearbook of the International Law Commission, vol. II, Parte II, 2006.

_______. "A fragmentação do Direito Internacional: dificuldades decorrentes da diversificação e expansão do Direito Internacional", relatório finalizado pelo Relator Especial Martti Koskenniemi, UNDoc.A/CN.4/L.682, 13 de abril de 2006.

COMITÊ DE DIREITOS HUMANOS. "General Comment No. 24: General comment on issues relating to reservations made upon ratification or accession to the Covenant or the Optional Protocols thereto, or in relation to declarations under article 41 of the Covenant", UNDoc. CCPR/C/21/Rev.1/Add.6, 1994.

CORTE EUROPEIA DE DIREITOS HUMANOS. Caso Al Adsani v. Reino Unido, Petição no. 35763/97, Julgamento de 21 de novembro de 2001.

CORTE INTERAMERICANA DE DIREITOS HUMANOS. Caso Maritza Urrutia v. Guatemala, Julgamento de 27 de novembro de 2003.

_______. Caso Tibi v. Equador, Julgamento de 7 de setembro de 2004.

CORTE INTERNACIONAL DE JUSTIÇA. Caso da Companhia de Petróleo Anglo-Iraniana, Reino Unido v. Irã, CIJ Rec.1952, p.104.

_______. Caso Nottebohm, Liechtenstein v. Guatemala, Objeções Preliminares, CIJ Rec.1953.

_______. Caso relativo ao Incidente Aéreo de 27 de julho de 1955, Bulgária v. Israel, Objeções Preliminares, CIJ, Rec.1959.

_______. Caso do Templo de Preah Vihear, Camboja v. Tailândia, CIJ Rec.1961.

_______. Caso dos Testes Nucleares, Austrália v. França, CIJ Rec.1974.

_______. Caso sobre as Atividades Militares e Paramilitares dentro e contra a Nicarágua, Nicarágua v. Estados Unidos, Jurisdição e Admissibilidade da Petição, CIJ Rec.1984.

_______. Caso sobre as Atividades Militares e Paramilitares dentro e contra a Nicarágua, Nicarágua v. Estados Unidos da América, CIJ Rec.1986, Opinião Separada do Juiz Singh.

_______. Caso sobre as Atividades Militares e Paramilitares dentro e contra a Nicarágua, Nicarágua v. Estados Unidos da América, CIJ Rec.1986, Opinião Separada do Juiz Sette-Câmara.

_______. Disputa Fronteiriça, Burkina Faso v. Mali, CIJ Rec.1986.

_______. Elettronica Sicula S.p.A. (ELSI), Estados Unidos da América v. Itália, CIJ Rec.1989.

_______. Aplicação da Convenção sobre a Prevenção e Punição do Crime de Genocídio, Bósnia e Herzegovina v. Iugoslávia, Exceções Preliminares, CIJ Rec.1996 (II).

_______. Jurisdição sobre Pescas, Espanha v. Canadá, CIJ Rec.1998.

_______. Fronteira Terrestre e Marítima entre Camarões e Nigéria, Camarões v. Nigéria, Objeções Preliminares, CIJ Rec.1998.

_______. Mandado de Prisão de 11 de abril de 2000, República Democrática do Congo v. Bélgica, CIJ Rec.2002.

_______. Caso das Plataformas Petrolíferas, República Islâmica do Irã v. Estados Unidos da América, CIJ, Rec.2003, Opinião Dissidente do Juiz Elaraby.

_______. Caso das Plataformas Petrolíferas, República Islâmica do Irã v. Estados Unidos da América, CIJ, Rec.2003, Opinião Separada do Juiz Simma.

_______. Caso das Plataformas Petrolíferas, República Islâmica do Irã v. Estados Unidos da América, CIJ, Rec.2003, Opinião Separada do Juiz Kooijmans.

_______. Consequências Legais da Construção de um Muro no Território Palestino Ocupado, CIJ, Rec.2004, Opinião Separada do Juiz Elaraby.

_______. Caso Relativo às Atividades Armadas no Território do Congo, República Democrática do Congo v. Ruanda, CIJ Rec.2006.

_______. Soberania sobre Pedra Branca/Pulau Batu Puteh, Middle Rocks e South Ledge, Malásia v. Cingapura, CIJ Rec.2008.

_______. Questões relativas à Obrigação de Julgar ou Extraditar, Bélgica v Senegal, CIJ, Rec.2012.

_______. Aplicação da Convenção sobre a Prevenção e Punição do Crime de Genocídio, Croácia v. Sérvia, CIJ Rec.2015.

CORTE PERMANENTE DE JUSTIÇA INTERNACIONAL. Caso sobre o S. S. Wimbledon, França, Reino Unido, Itália e Japão v. Alemanha, CPJI, Rec.1923, Ser.A, No. 1.

_______. Caso referente ao Serviço Postal Polonês em Danzig, CPJI, Rec.1925, Ser.B, No. II.

_______. Certos Interesses Alemães na Alta Silésia Polonesa, CPJI, Rec.1926, Série A, No.7.

_______. Tratamento de Nacionais Poloneses e Outras Pessoas de Origem ou Língua Polonesa no Território de Danzig, CPJI, Rec.1932, Ser.A/B, No. 44.

_______. Estatuto da Groelândia Oriental, Dinamarca v. Noruega, CPJI, Rec.1933, Série A/B, nº 53.

DAILLIER, Patrick e PELLET, Alain. Droit International Public, 7ª ed., Paris: LGDJ, 2002.

DINSTEIN, Yoram. War, Agression and Self-Defence, 4ª ed., Cambridge: Cambridge University Press, 2005.

FINKELSTEIN, Cláudio. Hierarquia das Normas no Direito Internacional: *Jus Cogens* e Metaconstitucionalismo, São Paulo: Saraiva, 2013.

GALLAGHER, Anne. "Human Rights and Human Trafficking: Quagmire or Firm Ground? A Response to James Hathaway", Virginia Journal of International Law, Vol.50, no.1, p.789-849, 2009.

GONZÁLEZ CAMPOS, Julio D. *et al.* Curso de Derecho Internacional Publico, Madri: Editorial Civitas, 1998.

KAHGAN, Carin. "*Jus Cogens* and the Inherent Right to Self-Defense", ILSA Journal of International & Comparative Law, Vol.3, p.767-827, 1997.

KNUCHEL, Sevrine. "State Immunity and the Promise of *Jus Cogens*", Northwestern Journal of International Human Rights, Evanston, Vol.9, No.2, p.149-183, 2011.

ORAKHELASHVILI, Alexander. "The Impact of Peremptory Norms on the Interpretation and Application of United Nations Security Council Resolutions", European Journal of International Law, Vol. 16, No. 1, p.59-88, 2005.

RASSAM, Yasmine. "Contemporary Forms of Slavery and the Evolution of the Prohibition of Slavery and the Slave Trade Under Customary International Law", Virginia Journal of International Law, vol. 39, 1999.

REZEK, José Francisco. Direito Internacional Público: Curso Elementar, 7ª ed., São Paulo: Saraiva, 2000.

RIVIER, Raphaële. Droit International Public, 2ª ed., Paris: Presses Universitaires de France, 2013.

ROMANO, Cesare. "The shift from the consensual to the compulsory paradigm in international adjudication: elements for a theory of consent", International Law and Politics, Nova York, Vol. 39, p.791-872, 2007.

RUZIÉ, David e TEBOUL, Gérard. Droit International Public, 22ª ed., Paris: Dalloz, 1996.

SAGANEK, Przemyslaw. Unilateral Acts of States in Public International Law, Nova York: Brill, 2015.

SCHREIBER, Anderson. A Proibição de Comportamento Contraditório, Rio de Janeiro: Renovar, 2005.

SHAW, Malcolm. International Law, 3ª ed., Cambridge: Cambridge University Press, 2003.

SIMMA, Bruno. "NATO, the UN and the Use of Force: Legal Aspects", European Journal of International Law, Vol.10, p.1-22, 1999.

SKUBISZEWSKI, Krzysztof. "Les Actes Unilatéraux des Etats". In BEDJAOUI, Mohammed (org.). Droit International: Bilan et perspectives, Vol.1, Paris: Pedone, 1991.

SØRENSEN, Max. Manual de Derecho Internacional Publico, Cidade do México: Fondo de Cultura Económica, 1973.

TRIBUNAL PENAL INTERNACIONAL PARA A EX-IUGOSLÁVIA. Promotor v. Anto Furundzija, Julgamento, Câmara de Julgamento, Processo No. IT-95-17/I-T, 10 de dezembro de 1998.

_______. Promotor v. Goran Jelisic, Julgamento, Câmara de Julgamento, Processo No. IT-95-10-T, 14 de dezembro de 1999.

_______. Promotor v. Kupreškic, Julgamento, Câmara de Julgamento, Processo No. IT-95-16-T, 14 de janeiro de 2000.

_______. Promotor v. Krstic, Julgamento, Câmara de Julgamento, Processo No. IT-98-33-T, 2 de agosto de 2001.

A violação de obrigações contra a Comunidade Internacional como um todo e a competência jurisdicional da Corte Internacional de Justiça[1]

Beatrice I Bonafè[2]

A utilização do *jus cogens* levanta questões procedurais delicadas, particularmente no que concerne o exercício da função jurisdicional internacional.[3] Desse ponto de vista, o que é relevante não é tanto o caráter inderrogável das normas que visam à proteção dos interesses fundamentais da comunidade internacional, mas sim a sua natureza *erga omnes*.[4] Isso explica por que a análise a seguir leva em conta, de modo mais geral, as normas que possuem uma natureza *erga omnes*, exceto,

---

1 O texto "La violation d'obligations envers la communauté internationale dans son ensemble et la compétence juridictionnelle de la Cour internationale de Justice" foi traduzido para a língua portuguesa por Mariana Clara de Andrade.

2 Professora Associada de Direito Internacional da Università di Roma - *La Sapienza*. Co-Editora da revista *Questions of International Law*. Doutora em Direito Internacional pelo Instituto Universitário Europeu.

3 Nesse sentido, recorda-se a competência que o Artigo 66 (a) da Convenção de Viena sobre o Direito dos Tratados de 1969 confere à Corte. De todo modo, a Corte jamais foi instada com base nesse dispositivo. Para uma análise recente, cf. Verhoeven, *Invalidity of Treaties*, 297.

4 Sobre a natureza *erga omnes* das normas de *jus cogens*, cf. Gaja, *The protection of general interests*, 55-56.

quando necessário, soluções procedimentais particulares relativas à utilização do *jus cogens*.

Por um lado, o exercício da jurisdição contenciosa da Corte Internacional de Justiça depende do estabelecimento de sua competência, bem como das condições de admissibilidade do pedido interposto pelas partes.[5] Evidentemente, o consentimento das partes desempenha um papel essencial. Conforme o Artigo 36 do Estatuto da CIJ, elas devem aceitar a competência da Corte para poder submeter-lhe uma controvérsia. Pouco importa se essa aceitação toma forma escrita (uma cláusula compromissória, um compromisso, um tratado de arbitragem, uma declaração unilateral, por exemplo) ou se ela decorre do comportamento das partes (em particular a partir da aplicação do princípio do *forum prorogatum*[6]); o essencial é que a vontade das partes em aceitar a com-

---

5 O Artigo 79, para. 1 do Regimento da Corte determina: "Toda exceção à competência da Corte ou qualquer outra exceção sobre a qual o réu demanda uma decisão antes que o processo sobre o mérito prossiga deve ser apresentada por escrito assim que possível, e no mais tardar três meses após o depósito do memorial. Toda exceção levantada por uma parte diferente do réu deve ser depositada no prazo fixado para o depósito da primeira peça processual emanada dessa parte" (Corte Internacional de Justiça. Regimento da Corte. 1978, emendado em 05 dez 2001. Tradução: Centro de Direito Internacional (CEDIN). Disponível em: <http://centrodireitointernacional.com.br/wp-content/uploads/2014/05/Regimento-da-Corte.pdf>. Acesso em 28.11.2017. (N.d.T)).

6 O Artigo 38, para. 5 do Regimento da Corte prevê a seguinte possibilidade: "Quando o demandante pretender fundar a competência da Corte em um consentimento ainda a ser dado ou manifestado pelo Estado contra o qual o requerimento foi feito, este requerimento será transmitido a esse Estado. Não será, entretanto, inscrito no Registro Geral nem se efetuará nenhum ato de procedimento até que o Estado contra o qual o requerimento foi feito não tenha aceitado a competência da Corte para os efeitos do caso que se trate". (Corte Internacional de Justiça. Regimento da Corte. 1978, emendado em 05 dez 2001. Tradução: Centro de Direito Internacional (CEDIN). Disponível em: <http://centrodireitointernacional.com.br/wp-content/uploads/2014/05/Regimento-da-Corte.pdf. Acesso em 2887>. Acesso em: 11.2017. (N.d.T))

petência da Corte seja claramente estabelecida e que sejam preenchidas as condições, muitas vezes numerosas, às quais o exercício dessa competência pode ser submetido. Mas isso não é tudo. O pedido deve ainda ser admissível.[7] A Corte progressivamente esclareceu as condições que podem levar à rejeição de uma demanda, tais como a existência de uma controvérsia, de um interesse de agir do demandante, dentre outras.

Por outro lado, o direito internacional conhece atualmente obrigações que possuem uma estrutura normativa particular por serem devidas à comunidade internacional como um todo. Segundo a Corte, essas obrigações "concernem a todos os Estados. Tendo em vista a importância dos direitos em questão, todos os Estados podem ser considerações como havendo um interesse jurídico a que tais direitos sejam protegidos".[8] Se a violação dessas obrigações pode afetar todos os membros da comunidade internacional, ela igualmente implica a possiblidade de "todos os Estados" demandarem a sua observância. Foi isso que a Comissão de Direito Internacional codificou no Artigo 48 de seu projeto sobre a responsabilidade dos Estados: "Qualquer Estado, além do lesado, pode invocar a responsabilidade de outro Estado de acordo com o parágrafo 2, se [...] b)a obrigação violada existe em relação à comunidade internacional como um todo".[9] Para defender um interesse coletivo,

---

7 "*Même si, une fois saisie, elle estime avoir compétence, la Cour n'est pas toujours contrainte d'exercer cette compétence. Il y a des limitations inhérentes à l'exercice de la fonction judiciaire dont la Cour, en tant que tribunal, doit toujours tenir compte. Il peut ainsi y avoir incompatibilité entre, d'un côté, les désirs du demandeur ou même des deux parties à une instance et, de l'autre, le devoir de la Cour de conserver son caractère judiciaire. C'est à la Cour elle-même et non pas aux parties qu'il appartient de veiller à l'intégralité de la fonction judiciaire de la Cour*".

8 Barcelona Traction, Light and Power Company, Limited, decisão, CIJ Recueil (1970) 3, para. 33.

9 Esse Estado "*peut exiger de l'Etat responsable: a) la cessation du fait internationalement illicite et des assurances et garanties de non-répétition, conformément à l'article 30; et b) l'exécution de l'obligation de réparation conformément aux articles précédents, dans l'intérêt de l'Etat lésé ou des bénéficiaires de l'obligation violée*" (Annuaire de la Commission du droit international (2001-II/2) : 126).

o direito internacional aceita, portanto, que os Estados não diretamente lesados possam fazer valer a responsabilidade do autor da violação de uma obrigação devida à comunidade internacional como um todo.[10]

Dentre as numerosas questões procedimentais levantadas pelo reconhecimento dessas obrigações dentro da ordem jurídica internacional, a questão da qual nos ocuparemos é saber se a existência de obrigações visando à proteção de um interesse geral possui consequências relativas à extensão da competência contenciosa da Corte. Por um lado, a violação dessas obrigações "concerne a todos os Estados" e poderia justificar uma participação ampliada às instâncias da Corte, particularmente de Estados não diretamente lesados pelo ato ilícito. A possibilidade que lhes é reconhecida pelo direito da responsabilidade de defender um interesse coletivo não corresponde necessariamente à qualidade do direito de postular. Por outro lado, a natureza particular dessas obrigações e as implicações que a sua violação acarreta para todos os Estados interessados poderia também significar uma limitação do exercício da competência contenciosa da Corte, cujas decisões podem prejudicar a posição de terceiros uma vez que são postas em discussão obrigações devidas à comunidade internacional como um todo.

Deve-se verificar, ainda, que, em todos os casos referidos, a ampliação ou limitação da jurisdição da Corte deve proceder de acordo com o princípio do consenso das partes. A competência da Corte permanece vinculada a esse princípio fundamental e a possibilidade de fazer valer o interesse geral perante um juiz internacional ilustra a tensão entre a natureza voluntária da jurisdição da Corte e a exigência da proteção de situações jurídicas que vão muito além do quadro tipicamente bilateral e recíproco das obrigações internacionais.

---

10 Cf. por exemplo, *Conséquences juridiques de l'édification d'un mur dans le territoire palestinien occupé*, opinião consultiva, 9 de julho 2004, C.I.J. Recueil (2004) 136, para. 159.

1. A VIOLAÇÃO DE OBRIGAÇÕES *ERGA OMNES* E O ALARGAMENTO DA COMPETÊNCIA DA CORTE

Um certo alargamento da competência contenciosa da Corte pode ser contemplado principalmente em dois casos. A violação de obrigações devidas à comunidade internacional como um todo pode estar na base de um pedido submetido por um Estado não diretamente lesado (1.1) da mesma maneira que um Estado não parte da demanda (Estado terceiro) poderá requerer o direito de intervenção em um contencioso com base no simples fato de ser destinatário de uma obrigação *erga omnes* (1.2). Nos dois casos, o alargamento da competência da Corte depende da existência de um interesse de agir suficientemente qualificado por parte do Estado demandante ou que deseje intervir.

O INTERESSE DE AGIR PERANTE A CORTE

A possibilidade de iniciar uma demanda foi limitada pela Corte aos Estados que possuem um interesse de agir suficientemente qualificado. A qualidade para agir perante a Corte existe manifestamente desde que o Estado demandante seja destinatário de uma obrigação internacional recíproca (ou bilateral) face ao Estado demandado, que permite ao primeiro de invocar o respeito da obrigação em questão, e, assim, de invocar a responsabilidade do segundo.

Por outro lado, muito mais incerta foi a posição da Corte sobre a possibilidade de um Estado não diretamente lesado, porém destinatário de uma obrigação internacional visando à proteção de interesses coletivos, de agir contra o Estado responsável pela violação dessa obrigação. A questão do interesse de agir de um Estado destinatário de uma obrigação *erga omnes* há muito divide os membros da Corte.

Em 1962, o caso *Sudoeste Africano* forneceu à Corte a ocasião de afirmar, em sua decisão sobre as exceções preliminares, que o mandato da Sociedade das Nações continha, por um lado, obrigações concernentes à administração do território e correspondentes à "missão sagrada de civilização" mencionada no Artigo 22 do Pacto,[11] e, por outro lado, obrigações procedurais cuja cláusula compromissória autorizava a proteção judiciária dessa missão sagrada.[12] A cláusula compromissória do Artigo 7 possuía um papel essencial: ela garantia o respeito das obrigações assumidas pelo mandatário e conferia a todos os membros da Sociedade das Nações o direito de citar o mandatário perante a Corte permanente.[13] Ainda que a Corte tenha abordado simultaneamente as duas questões de admissibilidade concernentes à existência de uma disputa e do *locus standi*, ela concluiu claramente que o Artigo 7 acordava "a cada um dos Membros da sociedade das nações o direito de invocar aos mesmos fins a jurisdição compulsória contra o Mandatário".[14] Esse interesse de agir "generalizado" provinha da natureza particular das obrigações do mandato que deveriam proteger um interesse coletivo.[15]

Um ano mais tarde, a Corte parece confirmar a possibilidade de todos os Estados destinatários de obrigações visando à proteção de um "interesse geral" (era, desta vez, o caso de um acordo de tutela) poderem recorrer à cláusula jurisdicional e iniciar um procedimento perante a Corte para proteger tal interesse geral.[16]

---

11 *Affaire du Sud-Ouest africain (Ethiopie c. Afrique du Sud; Libéria c. Afrique du Sud),* exceptions préliminaires, arrêt, 21 décembre 1962, CIJ Recueil (1962) 319, p. 333.

12 *Ibid.*, 336.

13 *Ibid.*, 337.

14 *Ibid.*, 344.

15 "*La portée et l'objet manifeste des dispositions de [l'article 7] indiquent en effet qu'on entendait par là que les Membres de la Société des Nations eussent un droit ou un intérêt juridique à ce que le Mandataire observât ses obligations à la fois à l'égard des habitants du territoire sous Mandat et à l'égard de la Société des Nations et de ses Membres*" (ibid., 343).

16 *Affaire du Cameroun septentrional* (Camarões v. Reino Unido), supra nota 5, 35-36.

A situação que envolvia esses dois casos dizia respeito ao que posteriormente viria ser chamado de obrigação *erga omnes partes*[17] e a jurisprudência da Corte poderia ser lida como favorável ao reconhecimento de que todo Estado possui um interesse de agir suficiente para iniciar um procedimento diante da violação de uma dessas obrigações.

A reviravolta foi imediata, assim como bastante explícita. A decisão de 1966 relativa ao mesmo caso do *Sudoeste africano*[18] contém um enunciado de princípio concernente à condição de existência de um interesse de agir do demandante que permanece válida:

> (...) os Estados não podem se apresentar perante a Corte a título individual a não ser como partes de um conflito com outro Estado. No momento em que se apresentam perante a Corte, eles devem ... demonstrar que possuem um direito com relação ao demandado ou interesse jurídico com relação ao objeto da demanda que os permita obter as declarações que eles solicitam, ou, em outras palavras, que são partes com relação às quais o Estado defensor é responsável em virtude de um instrumento ou regra de direito pertinente.[19]

Foi a conclusão da Corte com relação à ausência de interesse de agir suficientemente qualificado do Estado destinatário das obrigações *erga omnes* provenientes do Mandato que foi criticada. Pelo ângulo de uma interpretação restritiva da cláusula compromissória, a Corte afirmou que o Artigo 7 não poderia visar a requerimentos que não se fundamentassem em um interesse individual do demandante, sem que pudessem assegurar a proteção do interesse coletivo (a missão sagrada do Mandato).[20] Desta maneira, a Corte não apenas contradisse sua decisão

17 Nesse sentido, cf. Parlett, *The Individual*, 291.

18 *Affaire du Sud-Ouest africain* (*Etiópia v. África do Sul; Libéria v. África do Sul*), deuxième phase, arrêt, 18 juillet 1966, CIJ Recueil (1966) 6.

19 *Ibid.*, para. 48.

20 A posição do juiz Morelli nesse sentido é apresentada por Giorgio Gaja, 'Intro-

de 1962, mas também não indicou argumentos sólidos que justificassem a rejeição da demanda. O único risco que ela mencionou foi aquele de "admitir uma espécie de *actio popularis*, ou um direito de cada membro de uma coletividade de intentar uma ação pela defesa de um interesse público".[21]

Se, alguns anos mais tarde, a Corte admitiu explicitamente a existência de obrigações *erga omnes*,[22] apenas recentemente ela finalmente reconheceu que todo Estado destinatário de uma obrigação *erga omnes partes* possui um interesse de agir suficientemente qualificado para introduzir para iniciar uma demanda contra um Estado que tenha violado essa obrigação. A decisão do caso *Bélgica v. Senegal* afirmou:

> todo Estado-parte à convenção contra a tortura pode invocar a responsabilidade de outro Estado-parte com o objetivo de demonstrar a violação deste para com obrigações *erga omnes partes* [...] e de pôr fim a tal violação.[23]

Resta saber se o mesmo interesse de agir pode ser reconhecido com base em obrigações *erga omnes* decorrentes do direito internacional geral. A questão, nos parece, pode ser facilmente resolvida. Se o *locus standi* depende do interesse que um Estado possa ter no respeito dessa obrigação *erga omnes* (portanto, da estrutura normativa particular dessas obrigações), pouco importa que a obrigação provenha de um tratado ou do direito internacional geral. Nos dois casos, a mesma consequência

---

duction' in Enzo Cannizzaro (ed) *The Present and Future of Jus Cogens* (Diritto, Politica, Economia - Gaetano Morelli Lectures Series, Sapienza Università Editrice 2015).

21 Ibid., para. 88. A difereça entre a *action popularis* e a invocação de obrigações *erga omnes* é examinada por Voeffray, *Actio popularis*, 2004, 321; Vermeer-Künzli, *Matter of Interest*, 570-572.

22 *Barcelona Traction, Light and Power Company, Limited*, supra note 6.

23 *Questions concernant l'obligation de poursuivre ou d'extrader* (*Bélgica v. Senegal*), arrêt, 20 juillet 2012, CIJ Recueil (2012) 422, par. 69.

deve ser concluída: o Estado destinatário de uma tal obrigação deve ser qualificado a invocar a responsabilidade do autor da violação. A jurisprudência da Corte nos parece, portanto, aplicável ao caso de uma obrigação de natureza *erga omnes* de natureza consuetudinária.[24]

Um último aspecto deve ser pormenorizado. O alargamento da competência da Corte que decorre dessas considerações não implica que um Estado não diretamente lesado possa iniciar um procedimento com base na violação de uma obrigação *erga omnes* na ausência de uma base jurisdicional. A Corte teve ocasião de esclarecer a diferença entre a possibilidade de se opor uma norma internacional *erga omnes* e o princípio do consentimento à sua jurisdição, o último que continua a ser um princípio inabalável que a natureza particular da obrigação violada não poderia disputar.

No caso *Congo v. Ruanda*, o demandado contestava a competência da Corte, que proviria da cláusula compromissória da convenção sobre o genocídio (Artigo IX), devido a uma reserva oposta com relação à cláusula invocada pelo demandante. A Corte tomou cuidado em ressaltar que

> (...) o simples fato que os direitos e obrigações *erga omnes* são objeto de um litígio não é suficiente para dar competência à Corte para conhecer dessa controvérsia. O mesmo vale com relação às relações entre as normas imperativas de direito internacional geral (*jus cogens*) e o estabelecimento da competência da Corte: o fato que uma controvérsia envolve o respeito de uma norma que possua tal caráter, o que é seguramente o caso da proibição ao genocídio, não é suficiente, por si só, para respaldar a competência da Corte. Em virtude do Estatuto da Corte, essa competência vem sempre fundada no consentimento das partes.[25]

---

24 Essa solução já havia sido sugerida antes da adoção da decisão do caso *Bélgica v. Senegal*. Cf. em particular Tams, *Enforcing Obligations*, 310-311.

25 *Activités armées sur le territoire du Congo* (novo pedido: 2002) (*República Democrática do Congo v. Ruanda),* compétence et recevabilité, arrêt, 3 février 2006, CIJ Recueil (2006) 6, par. 64. Mais adiante, a Corte lembra que "*le seul fait que*

Essa conclusão foi confirmada pelos casos contenciosos já mencionados. Quando a Corte se declarou competente, ela pôde exercer sua função judiciária graças à existência de um fundamento específico: em 1962, tratava-se do Artigo 7 do Mandato concernente ao sudoeste africado e, em 2012, do Artigo 30, para. 1, da Convenção contra a Tortura.

Contudo, nos dois casos, a competência contenciosa da Corte fundava-se sobre cláusulas compromissórias. Poder-se-ia, assim, interrogar-se sobre a possibilidade que o interesse de agir com relação ao cumprimento de uma obrigação *erga omnes* depende do instrumento pelo qual as partes aceitaram a jurisdição da Corte. Uma cláusula jurisdicional formada em termos gerais é suficiente para que os Estados possam agir visando à proteção de um interesse coletivo? As modalidades de aceitação da competência da Corte que não as cláusulas compromissórias podem justificar uma ação pela proteção de um interesse geral?

A jurisprudência da Corte fornece uma resposta à primeira questão. Em 1966, a exclusão de um interesse de agir suficientemente qualificado dos demandantes dependia da interpretação da cláusula jurisdicional do Mandato.[26] Para a Corte, era "improvável" que uma cláusula "de tipo comum"[27] pudesse se estender à proteção de um interesse geral e permitir a todo Estado-membro de agir contra o Mandatário.[28] A pre-

des droits et obligations erga omnes ou des règles impératives du droit international général (jus cogens) seraient en cause dans un différend ne saurait constituer en soi une exception au principe selon lequel sa compétence repose toujours sur le consentement des parties" (para. 125).

26 *Affaire du Sud-Ouest africain* (*Etiópia v. África do Sul; Libéria v. África do Sul*), supra note 16, para. 65.

27 Tratam-se, na maior parte dos casos, de cláusulas que abordam de uma maneira geral todo contencioso que tenham relação com a interpretação ou a aplicação de disposições presentes na convenção.

28 *Affaire du Sud-Ouest africain* (*Etiópia v. África do Sul; Libéria v. África do Sul*), supra note 16, para. 63.

sunção era então favorável a uma interpretação restritiva, a menos que a cláusula jurisdicional conferisse explicitamente aos *omnes* "poderes de supervisão especiais" e, assim, um direito de ação tendo por objetivo a proteção de interesse geral.[29] Em 2012, a presunção cai por terra: a cláusula jurisdicional da convenção contra a tortura é de tipo comum e, para a Corte, ela pode fundar todo tipo de controvérsia desde que o interesse de agir do demandante seja estabelecido.[30] Uma cláusula de jurisdição redigida em termos efetivamente generosos permite, assim, incluir o interesse de agir dos *omnes*.

Segundo uma parte da doutrina, essa conclusão se justifica pela interpretação crescentemente alargada da noção de "controvérsia" que a jurisprudência da Corte progressivamente adota.[31] O que parece digno de nota é sobretudo a tendência da Corte em considerar o interesse de agir como uma condição de admissibilidade que deve ser estabelecida de maneira autônoma com relação às demais condições de competência, assim como a presunção, dela decorrente, segundo a qual uma cláusula jurisdicional geral pode em princípio aplicar-se a reclamações opostas pelos *omnes*.

O mesmo se aplicaria a outras formas de aceitação da jurisdição da Corte.[32] A formulação genérica de uma cláusula de um tratado sobre a resolução de controvérsias ou de uma declaração unilateral de aceitação da jurisdição obrigatória da Corte permite aos Estados destinatários de uma obrigação *erga omnes* ou *erga omnes partes* de iniciar um procedi-

---

29 Ibid., para. 67.

30 *Questions concernant l'obligation de poursuivre ou d'extrader* (*Bélgica v. Senegal*), supra note 21, para. 63 et 67-70.

31 Cf. em particular Gaja, *The Protection of General Interests*, 116.

32 A questão não se coloca quando a jurisdição da Corte deriva de um compromisso ou, mais genericamente, da conduta das partes depois do surgimento da disputa (e.g., *forum prorogatum*). Isso não deve colocar dúvidas sobre a inteção das partes de submetê-la à Corte.

mento contra o Estado que seria responsável pela violação de tal obrigação.[33] O Artigo 3 da resolução do Instituto de direito internacional sobre "*Les obligations et les droits erga omnes em droit international*"[34] conduz à mesma conclusão.

Isso não exclui, contudo, que a cláusula ou a declaração unilateral possa ser formulada de maneira a limitar a competência da Corte. Tome-se como exemplo a declaração unilateral do Reino Unido, conforme recentemente modificada, que impede a Corte de conhecer "toda controvérsia substancialmente idêntica a outra controvérsia previamente submetida à Corte pela mesma ou outra parte".[35] Presumivelmente, a cláusula não permite à Corte de se pronunciar sobre a violação de uma obrigação *erga omnes* se o respeito dessa obrigação já tenha sido objeto de uma decisão precedente. O que faltaria, assim, não seria a existência da controvérsia (entre outras partes, supostamente) ou do interesse de agir (com relação ao respeito de uma obrigação devida à comunidade internacional como um todo), mas o fundamento consensual necessário para que a Corte exerça sua competência contenciosa.

1.2 O INTERESSE DE AGIR ENQUANTO INTERVENTOR

A existência de obrigações que se impõem a todos os sujeitos de direito internacional com o objetivo de preservar os valores fundamentais

---

33 Para uma solução análoga entre as contribuições mais recentes, cf. Forlati, *Azioni dinanzi alla Corte*, 104-106; Picone, Papa, *Giurisdizione della Corte*, 703 ; Gaja, *The Protection of General Interests*, 117.

34 O Artigo 3 dispõe: "*S'il existe un lien juridictionnel entre l'Etat prétendument responsable de la violation d'une obligation erga omnes et un autre Etat auquel cette obligation est due, ce dernier Etat a qualité pour soumettre à la Cour internationale de Justice ou à un autre tribunal international une demande relative à un différend portant sur le respect de cette obligation*" (Annuaire de l'Institut de droit international 71 (2005-II) : 288).

35 Depositada no fim do mês de dezembro de 2014, ela está disponível no site da Corte: < http://www.icj-cij.org/jurisdiction/index.php?p1=5&p2=1&p3=3&code=GB>.

da comunidade internacional pode também dar espaço a um alargamento da participação perante a Corte no que diz respeito aos Estados que podem intervir conforme seu Estatuto.[36]

No caso de obrigações *erga omnes* previstas por um tratado, a aplicação do Artigo 63 do Estatuto não parece levantar maiores dificuldades. Quando a Corte, no exercício de sua função jurisdicional, é chamada a interpretar uma disposição de um tratado multilateral, o Estatuto reconhece a todo Estado-parte do tratado um interesse que pode justificar sua intervenção na demanda perante a Corte. A mesma regra se aplica quando o tratado inclui obrigações *erga omnes partes*. Todo Estado-parte do tratado pode intervir com o objetivo de submeter à Corte uma certa interpretação da disposição sob controvérsia.[37]

Todavia, a intervenção de um terceiro conforme o Artigo 63 do Estatuto não se aplica quando obrigações *erga omnes* decorrerem do direito costumeiro. A jurisprudência da Corte sistematicamente limitou o campo de aplicação da disposição à interpretação do direito convencional,[38] ainda que o interesse de um terceiro à interpretação de um tratado

---

36 Nesse sentido, o Artigo 4 da resolução sobre "*Les obligations et les droits* erga omnes *en droit international*", ibid. 33, prevê: "*La Cour internationale de Justice ou un autre tribunal international devrait donner à un Etat auquel une obligation erga omnes est due la possibilité de participer à une procédure pendante devant la Cour ou devant ce tribunal, qui est relative à cette obligation. Des règles spécifiques devraient régir une telle participation*".

37 Foi com esse fundamento que os Estados federados da Micronésia, as Ilhas Marshall, as Ilhas Salomão e as Ilhas Samoa pediram à Corte para intervir no caso sobre a *demanda para um exame da situação relativa ao parágrafo 63 da decisão emanada pela corte em 20 de dezembro de 1974 no caso dos testes nucleares (Nova Zelândia c. França)*. Cf. l'ordonnance du 22 septembre 1995, CIJ Recueil (1995) 288.

38 Cf. particularmente *Affaire Haya de la Torre*, decisão, 13 junho 1951, CIJ Recueil (1951) 71, p. 77; *Chasse à la baleine dans l'Antarctique (Austrália v. Japão)*, declaração de intervenção da Nova Zelância, ordonnance, 6 fevereiro 2013, CIJ Recueil (2013) 3, para. 7.

seja semelhante a seu interesse à interpretação do direito internacional geral, dada a tendência da Corte a não se desviar da interpretação dada às normas internacionais.[39]

No que se refere à intervenção do Artigo 62, a participação do terceiro no procedimento contencioso é limitada ao caso em que ele possa fazer valer um interesse jurídico,

> no sentido de que esse interesse deve ser objeto de uma reivindicação concreta e real por parte desse Estado, pautada em fundamentos jurídicos, ao invés de uma pretensão de natureza exclusivamente política, econômica ou estratégica. Mas não se trata de qualquer interesse jurídico; é necessário ainda que ele seja suscetível de ser afetado, em seu conteúdo e escopo, pela decisão futura da Corte no procedimento principal.[40]

A questão é, portanto, saber se o interesse com relação a uma obrigação *erga omnes* conforme sustentado pela Corte no caso *Barcelona Traction* pode justificar uma intervenção no sentido do Artigo 62. No entanto, seguindo a jurisprudência da Corte, a qual reconhece um interesse de agir no procedimento principal a cada destinatário de uma obrigação *erga omnes,*[41] é difícil não lhe reconhecer também um interesse suficientemente qualificado para os fins da intervenção.[42]

---

39 Para uma análise mais detalhada, cf. Bonafé, *La protezione degli interessi*, 188-190.

40 *Différend territorial et maritime (Nicaragua c. Colombie)*, requête du Costa Rica à fin d'intervention, arrêt, 4 mai 2011, CIJ Recueil (2011) 348, par. 26 ; Différend territorial et maritime (Nicaragua c. Colombie), requête du Honduras à fin d'intervention, arrêt, 4 mai 2011, CIJ Recueil (2011) 420, par. 37.

41 *Questions concernant l'obligation de poursuivre ou d'extrader (Belgique c. Sénégal)*, supra note 21, par. 69-70

42 Nesse sentido, Gaja eficazmente notou: "*Whatever 'interest of a legal nature' is required in Article 62 of the Statute, it cannot be higher than the one that justifies bringing a claim before the Court*" (Gaja, The Protection of General Interests, 119).

Resta precisar a relação entre a intervenção do Artigo 62 e o princípio do consentimento. Nesse sentido, uma distinção deve ser feita entre a intervenção de um terceiro não-parte e a intervenção do terceiro que é parte. No primeiro caso, o terceiro – titular de um interesse qualificado – pode intervir sem pedir à Corte para se pronunciar sobre seus direitos ou obrigações; no procedimento, ele deverá se limitar a submeter suas observações no sentido de proteger seu interesse em questão sem estar vinculado à futura decisão da Corte.[43] A intervenção do terceiro não-parte não requer nenhum liame jurisdicional, independentemente do fato que o interesse do terceiro seja proveniente de uma obrigação *erga omnes* ou de uma obrigação bilateral. A participação do terceiro visando à proteção do interesse geral não implica, portanto, uma exceção ao princípio do consentimento.

Por outro lado, a intervenção enquanto parte permite ao terceiro – titular de um interesse qualificado – demandar à Corte de se pronunciar sobre as pretensões que ele pode opor às partes e a futura decisão da Corte será obrigatória para o terceiro interveniente no que se refere aos aspectos segundo os quais a intervenção foi admitida. Foi devido à sua função particular que, "na opinião da Corte, o *status* de interventor enquanto parte necessita, de todo modo, da existência de uma base de competência entre os Estados interessados".[44] Um fundamento jurisdicional é necessário para qualquer intervenção enquanto parte, sem que a natureza *erga omnes* da obrigação segundo a qual se baseia o interesse jurídico do terceiro interveniente desafie o princípio do consentimento das partes.

---

43 Cf. em particular *Différend frontalier terrestre, insulaire et maritime (El Salvador/ Honduras)*, requête du Nicaragua à fin d'intervention, arrêt, 13 septembre 1990, CIJ Recueil (1990) 92, par. 97 e 100 ; *Immunités juridictionnelles de l'Etat (Allemagne c. Italie)*, requête de la République hellénique à fin d'intervention, ordonnance, 4 juillet 2011, CIJ Recueil (2011) 494, par. 26 et 31.

44 *Différend territorial et maritime (Nicaragua c. Colombie)*, requête du Honduras à fin d'intervention, arrêt, 4 mai 2011, CIJ Recueil (2011) 420, par. 28.

2. A VIOLAÇÃO DE OBRIGAÇÕES *ERGA OMNES* E A LIMITAÇÃO DO EXERCÍCIO DA COMPETÊNCIA DA CORTE

Por outro lado, poder-se-ia questionar se a natureza *erga omnes* de algumas obrigações internacionais é capaz de provocar limitações, e assim *limitar* o exercício da competência contenciosa da Corte. A questão se coloca tanto com relação à admissibilidade de demandas reconvencionais (2.1) quanto no que se refere à proteção do terceiro ausente (2.2).

2.1. A DEMANDA RECONVENCIONAL

Alguns já sustentaram que a natureza *erga omnes* de uma norma internacional teria como consequência tornar inadmissível uma demanda reconvencional concernente à violação de tal obrigação: o demandado não poderia invocar a violação prévia de uma obrigação *erga omnes* para justificar seu comportamento para com o demandante.[45]

Sem dúvida, a natureza *erga omnes* de uma obrigação implica a impossibilidade de justificar sua violação enquanto contramedida. Mesmo que a reação a um fato ilícito por meio de uma violação de uma obrigação *erga omnes* pudesse se justificar, no plano bilateral, contra o Estado autor do primeiro fato ilícito, a reação/violação do Estado lesado constituiria ainda assim um fato ilícito contra todos os outros Estados destinatários da norma *erga omnes*. O mesmo princípio se aplica às normas imperativas segundo o Artigo 26 do projeto de artigos sobre a responsabilidade dos Estados da Comissão de Direito Internacional.

A questão, portanto, é saber se a violação de uma obrigação *erga omnes* pode ser objeto de uma demanda reconvencional e, em particu-

45 Cf. *Application de la convention pour la prévention et la répression du crime de génocide (Bosnie-Herzégovine c. Yougoslavie)*, demandes reconventionnelles, ordonnance, 17 décembre 1997, CIJ Recueil (1997) 243, opinion dissidente du juge Weeramantry, 291 ; Lopes Pegna, Counter-claims, 735.

lar, se a demanda reconvencional deve necessariamente envolver uma alegação que tenha por objetivo justificar o comportamento do Estado demandado.[46]

O Artigo 80, parágrafo 1, do Regimento da Corte prevê apenas duas condições bastante genéricas sobre a admissibilidade de uma demanda reconvencional: "A Corte pode apenas conhecer de uma demanda reconvencional se esta releva de sua competência e é diretamente conexa com o objeto da demanda da parte adversa".[47] Mas o dispositivo não especifica qual é a função de uma demanda reconvencional, se o seu caráter é de um simples meio de defesa ou se possui uma função própria que a distingue de um tal meio. No primeiro caso, poder-se-ia levantar as mesmas questões sobre a admissibilidade de uma demanda reconvencional concernente à violação de uma obrigação *erga omnes*.

A Corte se posicionou muito claramente a esse respeito. No caso *Bósnia v. Iugoslávia*, ela considerou que o Artigo 80 do Regimento, uma demanda reconvencional, "não deve servir como mera defesa à questão de mérito que a Corte deve ouvir no exercício normal de suas funções a fim de decidir as alegações do demandante".[48] Uma demanda reconvencional se caracteriza por ser independente da demanda principal, ainda que a essa ligada: "a peculiaridade de uma demanda reconvencional é, assim, alargar o objeto inicial do litígio, buscando vantagens para além da simples rejeição da pretensão do demandante da ação".[49] A Corte declarou que o argumento baseado na natureza *erga omnes* das obrigações decorrentes da Convenção sobre o Genocídio não era determinante na

46 Gaja, *First Report*, 145-146.

47 Tradução: CEDIN. Regimento da Corte Internacional de Justiça. Disponível em: <http://centrodireitointernacional.com.br/pesquisa/jurisprudencia-internacional/corte-internacional-de-justica/>. Acesso em 10.10.2017. (N.d.T)

48 *Application de la convention pour la prévention et la répression du crime de génocide (Bosnie-Herzégovine c. Yougoslavie),* supra note 44, par. 28.

49 Ibid., para. 27.

apreciação da admissibilidade da demanda reconvencional.[50] Pode-se, assim, concluir que a natureza *erga omnes* de algumas obrigações internacionais acarreta uma limitação da competência da Corte para admitir demandas reconvencionais.

Enfim, ainda que a reconvenção implique um alargamento do objeto do litígio, não é por isso que ela irá prejudicar o princípio do consentimento. A jurisprudência sistematicamente confirmou a condição imposta pelo Artigo 80 de que uma demanda de reconvenção não pode exceder os limites segundo os quais as partes reconheceram a competência da Corte.[51]

2.2. A PROTEÇÃO DO TERCEIRO AUSENTE

A natureza *erga omnes* de algumas obrigações internacionais poderia ainda ser invocada para restringir o exercício da competência judiciária da Corte devido às implicações que a eventual decisão poderia implicar para Estados terceiros que não participam da demanda. Uma decisão da Corte concernente à violação de uma tal obrigação tem ma-

---

50 Ibid., para. 35. A lógica da Corte funda-se no critério de conexão: a natureza *erga omnes* das obrigações cuja violação foi invocada pelo demandado não era determinante com relação à apreciação da conexão jurídica entre a demanda principal e a demanda reconvencional. Se é possível retornar à Corte quando esta conclui que as duas demandas estariam suficientemente conexas por perquirirem o mesmo objeto jurídico (o estabelecimento da responsabilidade da outra parte por atos de genocídio), a admissibilidade de uma demanda reconvencional que envolve a violação de uma obrigação *erga omnes* parece depender da própria função dessa demanda, mais do que do critério de conexão jurídica.

51 Cf. por exemplo *Immunités juridictionnelles de l'Etat (Allemagne c. Italie)*, demande reconventionnelle, ordonnance, 6 juillet 2010, CIJ Recueil (2010) 310, par. 14 ; *Certaines activités menées par le Nicaragua dans la région frontalière* (*Costa Rica c. Nicaragua*), *Construction d'une route au Costa Rica le long du fleuve San Juan* (*Nicaragua c. Costa Rica*), demandes reconventionnelles, ordonnance, 18 avril 2013, CIJ Recueil (2013) 200, par. 20.

nifestamente um "valor" para os terceiros ausentes que tenham um interesse jurídico que as obrigações sejam respeitadas. Isso não implica, necessariamente, que a Corte não possa se pronunciar.

O Estado terceiro está, em princípio, protegido pelo Artigo 59 do Estatuto da Corte: a decisão da Corte é obrigatória somente para as partes no contencioso e o terceiro está, em princípio, protegido pelo valor relativo da coisa julgada. No entanto, em sua decisão no caso *Ouro monetário*, a Corte reconheceu que, em algumas circunstâncias, ela não pode exercer sua competência contenciosa já que "os interesses jurídicos [do terceiro ausente] não são apenas afetados pela decisão, mas também constituem o próprio objeto da mesma decisão".[52] Essa limitação se justificaria pela aplicação do princípio do consentimento:

> Decidir sobre a responsabilidade internacional [do terceiro] sem seu consentimento seria agir contra um princípio de direito internacional bem estabelecido e incorporado no Estatuto, qual seja aquele segundo o qual a Corte não pode exercer a sua jurisdição com respeito a um Estado se este não tiver dado o seu consentimento.[53]

Essa forma particular de proteção do terceiro se mostra relevante apenas para os casos que o põem diretamente em questão, e em que a Corte não poderia decidir sem seu consentimento.

Por outro lado, a proteção do terceiro disposta pelo Artigo 59 do Estatuto parece suficiente e o princípio do *Ouro monetário* não se aplica quando a Corte não precisa se pronunciar sobre a situação jurídica do terceiro ausente, ainda que tal situação corresponda substancialmente à mesma daquelas das partes sobre a qual a Corte deve decidir. Foi isso que a Corte decidiu no caso *Certas Terras de Fosfato em Nauru*. Instada por um litígio referente à responsabilidade da Austrália por atos en-

---

52 *Affaire de l'or monétaire pris à Rome en 1943*, question préliminaire, arrêt, 15 juin 1954, CIJ Recueil (1954) 19, p. 32.

53 *Ibid.*

quanto autoridade administrativa, conjuntamente com a Nova Zelândia e o Reino Unido, a Corte afirmou poder se pronunciar sobre a responsabilidade da Austrália sem com isso determinar a responsabilidade dos dois outros Estados:

> toda decisão da Corte sobre a existência ou o conteúdo da responsabilidade que o Nauru imputa à Austrália poderia repercutir sobre a situação jurídica dos dois outros Estados interessados, mas a Corte não irá se pronunciar sobre essa situação jurídica ao decidir sobre as objeções de Nauru à Austrália.[54]

Em outras palavras, a Corte tem o poder de julgar um conflito que teria implicações a um terceiro ausente quando a situação jurídica do terceiro pode ser dissociada daquela das partes por não constituir uma questão preliminar à determinação da responsabilidade das partes.

A mesma abordagem foi seguida pela Corte quando o litígio possuía como objeto obrigações *erga omnes*. De uma parte, a Corte confirma seu cuidado em respeitar o princípio do consentimento considerando

> que a oponibilidade *erga omnes* de uma norma e a regra do consentimento à jurisdição são duas coisas diferentes. Qualquer que seja a natureza das obrigações invocadas, a Corte não poderia decidir sobre a legalidade da conduta de um Estado quando a decisão a ser tomada implica um exame acerca da legalidade da conduta de outro Estado que não é parte no procedimento. Do mesmo modo, a Corte não poderia se pronunciar ainda que o direito em questão é oponível *erga omnes*.[55]

A Indonésia foi considerada como uma "parte indispensável" pela Corte, pois seu comportamento não poderia ser dissociado daquele

54 *Certaines terres à phosphates à Nauru (Nauru c. Australie)*, exceptions préliminaires, arrêt, 26 juin 1992, CIJ Recueil (1992) 240, par. 55.

55 *Timor oriental (Portugal c. Australia)*, arrêt, 30 juin 1995, CIJ Recueil (1995) 90, par. 29.

da Austrália.[56] Não obstante o interesse da comunidade internacional como um todo no respeito às obrigações *erga omnes*, a Corte não considerou esse fator como suficiente para criar uma exceção ao princípio do consentimento.[57]

Por outro lado, a Corte muito recentemente confirmou que o critério essencial para o exercício de sua competência contenciosa continua sendo a possibilidade de dissociar a situação jurídica das partes (que consentiram à jurisdição) daquela do terceiro ausente (que não consentiu), ainda quando o contencioso envolva obrigações *erga omnes*.

O contencioso entre Croácia e Sérvia envolveu alegações de genocídio, obrigações cuja natureza *erga omnes* foi reconhecida pela Corte. A competência da Corte foi baseada na cláusula compromissória da convenção sobre o genocídio que vinculava a Sérvia a partir de 27 de abril de 1992. A Croácia sustentou que a Sérvia seria responsável também por atos de genocídio cometidos pela Iugoslávia antes dessa data. Dentre outros elementos, a Sérvia invocou o princípio do *ouro monetário* que impediria a Corte de estabelecer a responsabilidade de um terceiro ausente (a Iugoslávia). Sobre esse ponto, a Corte concluiu:

> Não se pode aplicar o mesmo raciocínio com relação a um Estado que deixou de existir, como é o caso da República Socialista Federativa da Iugoslávia (RSFI), uma vez que um tal Estado não é mais

---

56 Ibid., para. 28: "*La Cour a examiné attentivement l'argumentation du Portugal tendant à dissocier le comportement de l'Australie de celui de l'Indonésie. Elle est toutefois d'avis qu'il ne lui est pas possible de porter un jugement sur le comportement de l'Australie sans examiner d'abord les raisons pour lesquelles l'Indonésie n'aurait pu licitement conclure le traité de 1989 alors que le Portugal aurait pu le faire ; l'objet même de la décision de la Cour serait nécessairement de déterminer si, compte tenu des circonstances dans lesquelles l'Indonésie est entrée et s'est maintenue au Timor oriental, elle pouvait ou non acquérir le pouvoir de conclure au nom de celui-ci des traités portant sur les ressources de son plateau continental. La Cour ne saurait rendre une telle décision en l'absence du consentement de l'Indonésie*»

57 Nesse sentido, cf. as considerações de Dupuy, *supra* Chapitre 2.

> titular de qualquer direito e não possui mais capacidade de dar ou recusar-se a dar seu consentimento à competência da Corte. Quanto à posição dos outros Estados sucessores da RSFI, a Corte não precisa se pronunciar sobre sua situação jurídica para decidir sobre a presente demanda. Assim, o princípio invocado pela Corte no caso do Ouro monetário não se aplica (cf. *Certas Terras de Fosfato em Nauru* (Nauru v. Austrália), exceções preliminares, decisão, C.I.J. Recueil 1992, p. 261-262, para. 55).[58]

Evidentemente, a Corte não excluiu a existência de Estados sucessores da Iugoslávia e, assim, a possibilidade de que sua futura decisão pudesse ter implicações para os terceiros ausentes. Essa circunstância também não é suficiente para que a Corte se recuse a exercer sua competência judiciária, já que ela não foi chamada para decidir sobre a posição jurídica desses Estados. Isso parece confirmar que a situação jurídica dos terceiros interessados no respeito de uma obrigação *erga omnes* pode ser dissociada daquela das partes e que a competência não é, portanto, limitada.

Essa jurisprudência deveria permitir dar uma resposta à questão de aplicabilidade do princípio da parte indispensável aos contenciosos relativos às obrigações *erga omnes* iniciados por um Estado não diretamente atingido contra o Estado autor da violação.[59] O Estado diretamente lesado, que não deseja participar do procedimento, deve ser considerado uma parte indispensável? A resposta deve ser negativa, uma vez que a Corte não seria chamada a se pronunciar sobre a situação jurídica do terceiro ausente, a qual permanece distinta daquela do demandante. Ademais, uma coordenação entre as reclamações do demandante e aquelas do Estado diretamente lesado seria desejável se o primeiro age para obter a execução da obrigação de reparação. A conclusão poderia

58 *Application de la convention pour la prévention et la répression du crime de génocide (Croatie c. Serbie)*, arrêt, 3 février 2015, par. 116.

59 Thirlway, *Injured and Non-Injured*, 316-319.

ser diferente se a Corte fosse obrigada a se pronunciar sobre a situação jurídica do Estado diretamente lesado.[60]

Assim, enfim, poder-se-ia indagar se a natureza imperativa de uma norma devida à comunidade internacional justificaria uma solução diferente relativamente à proteção oferecida à parte indispensável. Alguns autores afirmaram que a jurisdição contenciosa da Corte não deve ser limitada pelo princípio do *ouro monetário* quando ela for chamada para decidir acerca da violação de consequências especiais decorrentes da violação do *jus cogens*, particularmente na ausência do Estado diretamente lesado; nessa situação particular, a aplicação do princípio da parte indispensável tornaria praticamente impossível o controle judiciário do respeito das consequências visadas pelo Artigo 41 do Projeto da Comissão de Direito Internacional sobre a Responsabilidade dos Estados.[61] Face a esse argumento, que certamente responde a uma exigência concreta, permanece o obstáculo principal da concepção rigorosa do princípio do consentimento das partes que emerge da jurisprudência da Corte.

3. CONCLUSÕES

Da análise acima realizada, duas conclusões principais podem ser extraídas. De um lado, a estrutura normativa particular das obrigações devidas à comunidade internacional como um todo (e, assim, do direito imperativo) pode efetivamente acarretar um alargamento da competência da Corte no momento em que qualquer Estado que possua um interesse ao respeito dessas obrigações possui igualmente um interesse de agir que o permita iniciar um procedimento no sentido do Artigo

60 Thrilway dá o seguinte exemplo: o Estado não diretamente lesado acusaria o defensor da agressão uma vez que o segundo justificaria seu comportamento como legítima defesa (ibid., 139). A Corte deveria então determinar se o terceiro ausente (o Estado diretamente lesado) teria cometido, primeiramente, um ato de agressão.

61 Cannizzaro, *The law of treaties*, 35-36.

40 do Estatuto ou de intervir no sentido do Artigo 62 do Estatuto. Por outro lado, o princípio do consentimento não é um obstáculo maior à invocação desse tipo de obrigação do que a invocação de outros tipos de obrigação internacional: desde que um fundamento jurisdicional esteja presente, a Corte pode tratar de uma demanda reconvencional relativa a obrigações *erga omnes* e se pronunciar sobre a sua violação mesmo se a decisão trouxer implicações para Estados terceiros ausentes cuja situação seja dissociável daquela das partes à lide.

Isso, porém, não exaure o tema. O regime procedimental das obrigações *erga omnes* levantou e continua a levantar outras questões. É o caso, por exemplo, dos critérios do estabelecimento da prova,[62] do conteúdo da demanda de um Estado não diretamente lesado,[63] da admissibilidade de uma demanda de medidas cautelares introduzida por um Estado não diretamente lesado,[64] ou ainda da relação entre a competência contenciosa e a competência consultiva da Corte.[65]

---

62 A Corte recentemente se pronunciou sobre esse sujeito em *Application de la convention pour la prévention et la répression du crime de génocide* (*Croatie c. Serbie*), supra note 57, par. 177 s. Para uma análise da posição da Corte, cf. Bonafé, *Responsabilité de l'Etat*.

63 A questão é abordada por Picone, Papa, *Giurisdizione della Corte*, 714-716.

64 A questão é abordada por Thirlway, *Injured and Non-Injured*, 325-326.

65 É interessante notar que foi no contexto da determinação da violação de obrigações *erga omnes* que a Corte reconheceu que sua competência consultiva não seria limitada pela existência de um litígio entre duas partes que não tivessem manifestado a intenção de submetê-lo à sua competência contenciosa: a demanda de uma opinião consultiva dizia respeito a "*uma questão que interessa particularmente às Nações Unidas, e que se insere em um contexto muito mais amplo do que aquele de um litígio bilateral. Nessas condições, a Corte considera que emitir uma opinião consultiva não teria por efeito une question qui intéresse tout particulièrement les Nations Unies, et qui s'inscrit dans un cadre bien plus large que celui d'un différend bilatéral. Dans ces conditions, la Cour estime que rendre un avis n'aurait pas pour effet de tourner le principe du consentement au règlement judiciaire et qu'elle ne saurait dès lors, dans l'exercice de son pouvoir discrétionnaire, refuser de donner un avis pour ce motif*"

De modo mais geral, poder-se-ia indagar se os métodos procedimentais dos quais a Corte dispõe atualmente para proteger o interesse geral da comunidade internacional se mostram apropriados a esse fim. Nenhum contencioso foi iniciado com o fim de declarar a invalidade de um tratado concluído em violação do *jus cogens*, como nós mencionamos. Os contenciosos iniciados com base em obrigações *erga omnes* são exceção.[66] E o recurso, igualmente raro, à intervenção tanto com base no Artigo 62 como com base no Artigo 63 do Estatuto frequentemente possui como objetivo a proteção de um interesse individual do Estado terceiro. O mínimo que se pode dizer é que esses instrumentos não são sempre eficazes.[67] Um procedimento menos complexo, que não implica uma fase incidente de admissibilidade, aberto a todos os Estados que tenham um interesse suficientemente qualificado com relação ao contencioso e que permita a esses de exprimir sua posição sobre a proteção dos interesses gerais e, ao mesmo tempo, permitindo à Corte o poder de apreciar a pertinência e a utilidade de tais posições, poderia assegurar uma melhor proteção dos interesses coletivos graças à participação dos Estados interessados. Em outras palavras, a Corte poderia reconhecer aos *omnes* a possibilidade de participar como *amici curiae* no procedimento contencioso, com o objetivo de completar as garantias procedimentais existentes.

(*Conséquences juridiques de l'édification d'un mur dans le territoire palestinien occupé, avis consultatif*, 9 juillet 2004, CIJ Recueil (2004) 136, par. 50). Cf. nesse sentido Thirlway, *Injured and Non-Injured*, 326-328; Ruffert, *Special Jurisdiction*, 304-306 ; Thouvenin, *La saisine de la Cour*, 328-332.

66 Cf. por exemplo as demandas iniciadas em 2014 pelas Ilhas Marshall contra os nove Estados que possuem armas nucleares (em ordem alfabética: China, Estados Unidos da América, Federação Russa, França, Índia, Israel, Paquistão, República Democrática da Coreia e Reino Unido da Grã-Bretanha e da Irlanda do Norte) e visando a determinar a sua responsabilidade por ter violado a obrigação de negociar um desarmamento nuclear completo.

67 Para uma análise mais geral, cf. Bonafé, La protezione degli interessi, 187 ss.

O papel do juiz *ad hoc* no processo perante a Corte Internacional de Justiça[1]

Serena Forlati[2]

INTRODUÇÃO

A ordem pela qual a Corte Internacional de Justiça (CIJ) considerou admissível a intervenção da Nova Zelândia no caso relativo à *Caça de Baleias na Antártida* (Austrália v. Japão),[3] sob os termos do art. 63 do

1 O texto "Il ruolo del giudice *ad hoc* nel processo dinanzi alla Corte Internazionale di Giustizia," foi traduzido da língua italiana por Amael Notini Moreira Bahia e revisado por Lucas Carlos Lima.

2 Professora de Direito Internacional da Università degli Studi di Ferrara.

3 A Nova Zelândia formulou a declaração de intervenção, de 20 de novembro de 2012, vez que é parte da Convenção Internacional para a Regulamentação da Caça às Baleias, celebrada em Washington em 2 de dezembro de 1946. A Austrália alega no caso a violação da mencionada Convenção, por parte do Japão, por meio do projeto "JARPA II" que permite a caça às baleias por razões supostamente científicas. Objeções similares foram levantadas no passado pela Austrália e pela Nova Zelândia no âmbito do procedimento arbitral instaurado de acordo com o Anexo VII da Convenção das Nações Unidas sobre o Direito do Mar, em relação a um programa de pesca para pesquisa científica do atum *rabilho*, implementado unilateralmente pelo Japão: v. o julgamento de 4 de agosto de 2000 do caso *Southern Bluefin Tuna*, in R.I.A.A. vol. XXIII, p. 1 ss.

Estatuto, possibilitou que a Corte esclarecesse a relação entre a intervenção e o poder de designar um juiz *ad hoc*, conforme o art. 31 do Estatuto da CIJ, até então não abordada. De fato, o Japão, ao não contestar a admissibilidade da declaração de intervenção da Nova Zelândia, reconheceu que "certain serious anomalies [...] would arise from the admission of New Zealand as an intervenor,"[4] fazendo referência particularmente à exigência de salvaguardar a igualdade entre as Partes, que constitui um dos princípios fundamentais do processo internacional.[5]

O réu apresentou, dentre outros, um comunicado conjunto dos Ministros de Relações Exteriores da Austrália e da Nova Zelândia, o qual demonstra que a última teria decidido intervir no processo, em detrimento de se tornar parte processual de pleno direito juntamente à Austrália: mais especificamente, "Australia has indicated that they would prefer New Zealand not to file as a party. Because New Zealand has a judge on the ICJ, Sir Kenneth Keith, the joining of the two actions would result in Australia losing its entitlement to appoint a judge for the case".[6] Assim, o Japão propôs que, à luz da intervenção, não seria mais justificável a participação no processo do juiz *ad hoc* Charlesworth, designado

---

4 Essa parte das observações escritas é relatada na ordem, para. 17.

5 R. KOLB, *General Principles of Procedural Law*, in *The Statute of the International Court of Justice – A Commentary*, editado por A. Zimmermann, C. Tomuschat, K. Oellers Fraham, C. Tams, Oxford, 2012, p. 874 ss., p. 877. Sobre os limites da aplicação desse "princípio cardial" na prática da Corte v. M. BEDJAOUI, *L'égalité des États dans le próces international*, in Liber amicorum *Jean-Pierre Cot – Le procés international*, Bruxelles, 2009, p. 1 ss.

6 Comunicado conjunto dos Ministros de Relações Exteriores em 15 de dezembro de 2010, no qual se enfatiza que a estratégia processual selecionada teria evitado atrasos no desenvolvimento do procedimento. A exigência de uma solução rápida do caso foi enfatizada por J. Ku, *Whale Wars Update: The ICJ Is Not Exactly Rushing to Issue a Judgement*, in *Opinio Juris*. Disponível em: <http://www.foreignminister.gov.au/releases/2010/kr_mr_101215.html> . Acesso em: 2 de abril de 2013.

pela Austrália, considerando a presença, dentre os membros da Corte, do juiz Keith. Poderia ser destacado, nesse sentido, o art. 35, para. 6 do Regulamento da CIJ, que estabelece que "If and when the reasons for the participation of a judge *ad hoc* are found no longer to exist, he shall cease to sit on the Bench."

A Corte rejeitou o pedido do Japão porque "since the intervention of New Zealand does not confer upon it the status of party to the proceedings, Australia and New Zealand cannot be regarded as being 'parties in the same interest' within its meaning of Article 31, paragraph 5, of the Statute". Confirma-se, assim, a natureza limitada da intervenção nos termos do art. 63 do Estatuto, que não é de forma alguma suscetível de afetar a composição do órgão colegiado julgador.[7]

Considerando que a questão especificamente levantada pelo Japão era apresentada pela primeira vez à Corte, a decisão adotada revela-se em conformidade não apenas com a limitada função atribuída à intervenção "interpretativa", mas também com o papel que o juiz *ad hoc* ainda cumpre no âmbito do processo contencioso perante o "principal órgão judiciário das Nações Unidas."[8] É com este último ponto que essencialmente pretende-se lidar no presente trabalho.

A FIGURA DO JUIZ *AD HOC* NO CONTEXTO DO ESTATUTO E EM COMPARAÇÃO COM OUTROS TRIBUNAIS INTERNACIONAIS

É notável que o atual art. 31 do Estatuto é resultado de um acordo alcançado inicialmente no Comitê Consultivo dos Juristas e posterior-

---

7 Cfr. B. I. BONAFÉ, "*L'adeguamento dei diritti processuali derivati dall'intervento del terzo ai sensi dell'art. 63 dello Statuto della Corte internazionale di giustizia nel caso della Caccia alla balena nell'Antartico*, in *Rivista di diritto internazionale*", 2013, p. 538 ss.

8 Carta das Nações Unidas, 1945, art. 92.

mente aprovado pelo Conselho da Liga das Nações: de um lado se sentia a exigência de atribuir à Corte Permanente de Justiça Internacional (CPJI) uma composição estável, diferentemente do que ainda ocorre nos tribunais constituídos sob os auspícios da Corte Permanente de Arbitragem;[9] e de outro, a presença de um juiz de escolha própria, no âmbito do órgão colegiado, aparentava ser uma condição essencial para a aceitação do Estatuto por muitos países.[10] Mesmo que o art. 31 tenha sido retomado sem modificações pelo Estatuto da atual Corte, em meio ao IV Comitê da Assembleia Geral, foi sustentado por parte de alguns que "the institution, which was a survival of the old arbitral procedures, was justified only by the novel character of the international judicial jurisdiction and would no doubt disappear as such jurisdiction became more firmly established."[11] No entanto, tal previsão não se demonstrou correta.

Não existe, efetivamente, uma figura análoga a essa no contexto dos inúmeros tribunais internacionais permanentes que operam em meio às organizações regionais. Em tal âmbito, é frequentemente possível assegu-

---

9 A esse respeito, podem ser observadas as vibrantes palavras pronunciadas por Louis Bourgeois, delegado do Conselho da Liga das Nações na seção inaugural do Comitê Consultivo dos Juristas, PCIJ, *Advisory Committee of Jurists*, minutas da primeira seção, Anexo 2, *Procés Verbaux of the Meetings of the Committee*, The Hague, 1920, pp. 7-8.

10 Cfr. As observações de E. ROOT em apoio ao artigo 27 do projeto Root-Philimore (posteriormente transformado no art. 31 do Estatuto), minutos da primeira seção, p. 538. Sobre os trabalhos do Comitê ver. G. GUILLAUME, *La "cause commune" devant la Cour internationale de justice*, in *Liber amicorum Mohammed Bedjaoui*, editado por E. Yakpo e T. Boumedra, The Hague, Boston, London, 1999, p. 325 ss.

11 Esse trecho do debate realizado nos anos 1970-1974 sobre o papel da Corte Internacional de Justiça foi reproduzido na página www.icj-cij.org/court/index/php?p1=1&p2=5. Sobre as críticas ao instituto ver também I. SCOBBIE, "*Une héresie en matière judiciaire*"? *The Role of the Judge ad hoc in the International Court*, in *The Law and Practice of International Courts and Tribunals*, 2005, p. 421 ss.

rar a cada Estado membro a presença de um juiz "nacional", ou designado de outra forma pelo próprio Estado, no âmbito das instituições judiciárias; o juiz "nacional" não é, no entanto, necessariamente envolvido nas deliberações relativas ao Estado que requisitou sua nomeação. É o que acontece no caso da Corte de Justiça da União Europeia,[12] bem como na Corte Europeia de Direitos Humanos;[13] por outro viés, a Corte Inter-Americana de Direitos Humanos excluiu a possibilidade de que o art. 55 da Convenção da OEA (Organização dos Estados Americanos), relativo ao direito de nomear um juiz *ad hoc*, se aplique nos casos em que se esteja em jogo uma questão entre um Estado membro e um indivíduo,[14] enquanto tal presença resta assegurada nas hipóteses de procedimentos interestatais. Quanto à Corte Africana de Direitos Humanos e dos Povos, esta é composta de onze juízes, ao passo que 26 Estados são partes da Protocolo constitutivo,[15] o qual não prevê a figura da qual nos ocupamos, e exclui *tout court* a participação nas deliberações de componentes da Corte que sejam cidadãos dos Estados partes de um dado procedimento.[16]

---

12 Cfr. o art. 19, par. 2, do Tratado sobre a União Europeia e os artigos 27 ss. do Regulamento de Procedimento da Corte de Justiça.

13 Tal presença é necessária apenas quando a Corte delibera na forma de Grande Câmara ou de Seção (art. 26, parágrafos 4 e 5, da Convenção), enquanto é meramente possível nos Comitês (art. 28, par. 3) e excluída na forma de Juiz único (art. 26, par. 3). Os Comitês e os Juízes únicos podem, além disso, exercitar as próprias competências apenas em relação a recursos individuais (cfr. Os artigos 27, par. 1 e 28, par. 1)

14 Corte IDH, parecer n. OC-20/09 de 29 de setembro de 2009, *Art. 55 da Convenção Interamericana de Direitos Humanos*, onde a Corte considerou ao mesmo tempo que, no contexto dos procedimentos iniciados em instância individual, o juiz cidadão do Estado envolvido não pode participar das deliberações.

15 Protocolo Ouagadougou, Burkina Faso, 9 de junho de 1998. Disponível em: <www.african-court.org>. Acesso em: 20 jul. 2013.

16 *Ibidem*. Art. 22. Ver também o art. 3 do Protocolo referente à Corte de Justiça da Comunidade ECOWAS (A/P.1/7/91).

De outro modo, a nível universal, o art. 17 do Estatuto do Tribunal Internacional do Direito do Mar prevê também a figura do juiz *ad hoc*, em termos consideravelmente similares àqueles previstos no Estatuto da Corte Internacional de Justiça.[17] Deve também ser recordado que a Convenção de Montego Bay não atribui de forma exclusiva ao Tribunal a competência de decidir sobre as controvérsias que possam surgir em relação à sua interpretação ou aplicação; de fato, o mecanismo "residual" de solução de controvérsias, na ausência de um consenso, é o arbitral, em cujo âmbito é claramente possível que as partes influenciem na composição do órgão julgador do caso de forma mais significativa do que por meio do mecanismo do juiz *ad hoc*.

As regras de organização relativas aos tribunais internacionais, instituídos em tempos mais recentes do que a Corte Internacional de Justiça, confirmam, portanto, que os Estados ainda consideram importante a presença de um juiz de designação própria em meio aos colegiados julgadores que devem decidir acerca de suas controvérsias com órgãos correlatos. Ademais, a prática especificamente relativa à Corte indica que uma modificação do art. 31 do Estatuto não está próxima. Embora, de fato, a designação do juiz *ad hoc* nas hipóteses previstas seja uma simples faculdade – certamente não sendo uma obrigação –, os Estados que se tornam partes de um procedimento perante a Corte se mostram relutantes em renunciá-la. São relativamente raros os casos em que tenha acontecido,[18] como recentemente ocorreu na controvérsia entre a Botswana e a Namíbia no caso da *Ilha Kasikili/Sedudu.*[19]

Esse último caso confirma que, quando há uma renúncia, esta não deve, contudo, ser traduzida em uma lesão ao princípio da igualdade:

---

17 TREVES, V. T., *Le controversie internazionali - Nuove tendenze, nuovi Tribunali*, Milano, 1999, p. 104.Delgamuukw v British Columbia, [1997] 3 SCR 1010, 153 DLR (4th) 193.

18 Para alguns exemplos análogos ver: S. ROSENNE, *The Law and practice of the International Court 1920-2005*, Den Haag, 2007, p. 1098.

19 C. int. g., sentença de 13 de dezembro de 1999, em *ICJ Reports 1999*, p. 1045 ss.

a Corte não possuía em sua composição interna um juiz de nacionalidade de nenhuma das partes, e o mesmo acordo previa, para quem decidisse se utilizar da faculdade prevista no art. 31, par. 3, do Estatuto,[20] uma obrigação de notificação à contraparte, de tal modo que esta última pudesse tomar as medidas necessárias, designando eventualmente um próprio juiz *ad hoc*. Na ausência de acordos similares, o art. 35, par. 2, do atual Regulamento de Procedimentos estabelece que seja a Corte a atuar como mediadora entre a Parte que propõe de abster-se da designação e a outra Parte, salvaguardando dessa forma o princípio da "paridade de armas" com a atribuição ao Presidente do poder de remissão nas condições para a designação.[21] Isso obviamente não significa que, quando uma Parte procede a designação, a outra Parte seja obrigada à fazer o mesmo; um "desequilíbrio," dessa perspectiva, pode se realizar nos casos de omissão (embora o exercício da faculdade prevista no art. 31 não implique de qualquer forma na aceitação da jurisdição da Corte),[22] sendo, na verdade, útil ao pleno respeito do princípio da "igualdade processual" em certos casos. Em particular, quando uma Parte tenha

20 Cfr. o art. VIII do acordo, celebrado em 29 de maio de 1996, reproduzido na sentença, p. 1050. Como dito no texto, nenhuma das duas partes decidiu exercer tal faculdade.

21 O art. 35, par. 2, do Regulamento estabelece: "*If a party proposes to abstain from choosing a judge ad hoc, on condition of a like abstention by the other party, it shall so notify the Court which shall inform the other party. If the other party thereafter gives notice of its intention to choose, or chooses, a judge ad hoc, the time-limit for the party which has previously abstained from choosing a judge may be extended by the President*".

22 V. KOOJIMANS, "Article 31", *cit.*, p. 535. A intenção de designar um juiz *ad hoc* deve ser realizada "o mais rápido possível" segundo indica o art. 35, par. 1, do Regulamento. A mesma disposição prevê: "*If the name and nationality of the judge selected are not indicated at the same time, the party shall, not later than two months before the time-limit fixed for filing the Counter-Memorial, inform the Court of the name and nationality of the person chosen*".

designado um juiz *ad hoc* de cidadania diversa de sua própria, e que seja sucessivamente eleito para compor a Corte, a Parte interessada pode renunciar à designação de um novo juiz *ad hoc*;[23] quando, no entanto, procede a nomeação, como permanece livre para fazer, o juiz não eleito à Corte deverá avaliar conjuntamente ao Presidente a oportunidade de não participar nas deliberações, nos termos do art. 24 (1) do Estatuto,[24] ou poderá entrar em jogo o parágrafo 2 do mesmo artigo.

Em despeito das hipóteses, em todos os detalhes que acabaram de ser discutidos, a prática de implementação indica como a faculdade de designação do juiz *ad hoc* (que deve também operar com a independência necessária)[25] responde ainda a um interesse específico dos Estados partes do

---

23 Isso aconteceu no caso dos *Direitos de Navegação e Direitos Correlatos (Costa Rica v. Nicarágua)*, quando o juiz *ad hoc* designado pela Costa Rica, Cançado Trindade, foi eleito à Corte: cfr. C. int. g., sentença de 13 de julho de 2009, em *ICJ Reports 2009*, p. 219, par. 4. O art. 4 do Regulamento de Procedimento de 1922, que impunha que o Estado interessado selecionasse um de seus próprios cidadãos como juiz *ad hoc*, foi abolido em 1936 (v. sobre G. Guyomar, *Commentaire du Règlement de la Cour internationale de justice – Adopté le 14 Avril 1978*, Paris, 1983, pp. 203-204).

24 No caso da *Controvérsia Territorial e Marítima (Nicarágua v. Colômbia)*, o juiz Giorgio Gaja, então juiz *ad hoc* pela Nicarágua, entendeu não poder participar das deliberações relativas à fase de mérito relacionado à determinação de tal Estado de designar um outro juiz *ad hoc* posteriormente à sua própria eleição à Corte: cfr. C. int. g., sentença de 30 de novembro de 2012, *ICJ Reports 2012*, par. 3. Sobre a controversa abstenção do juiz Zufrulla Khan no caso da África Sub Ocidental v. S. ROSENNE, *Article 31 of the International Court of Justice Revisited*, in *Mélanges en l'honneur de Nicolas Valticos – Droit et Justice*, editado por R. J. Dupuy, Paris, 1999, p. 301 ss, também para exemplos adicionais no mesmo sentido.

25 Podem ser vistos a esse respeito S. SWEBEL, *National Judges and Judges ad hoc*, in *Mélanges Valticos*, *cit.*, p. 319 ss.; N. VALTICOS, *Pratique et éthique d'un juge ad hoc à la Cour internationale de justice*, in Liber amicorum *Judge Shigeru Oda*, editado por N. Ando, E. McWhinney e R. Wolfrum, The Hague, 2003, p. 107 ss., pp. 109-110. Cfr. nesse sentido G. ARANGIO-RUIZ, *Corte internazionale di gius-*

Estatuto, a fim de assegurar que os argumentos adotados a seu favor sejam adequadamente considerados,[26] de garantir a representatividade da Corte aos olhos das Partes da controvérsia,[27] e talvez, inclusive, em sentido mais amplo, o interesse da boa administração da justiça internacional.[28] Permanece atual, no entanto, a consideração segundo a qual

> "the important thing for ensuring the success and acceptability of third-party judicial settlement of international disputes is not that national arbitrators or judges should disappear, but that neutral judges should hold the balance in the tribunal. That requirement is adequately safeguarded in the present structure and judicial practice of the International Court."[29]

Os exemplos citados acima são indicativos, portanto, do modo pelo qual a mesma Corte assegura não apenas que a faculdade de designação seja exercida em conformidade com o princípio da paridade de armas, mas também orienta o seu exercício de forma a não comprometer a pró-

---

tizia, em *Enciclopedia del diritto*, vol. X, Milano, 1962, 1046.

26 Com uma famosa afirmação, o juiz *ad hoc* E. Lauterpacht considerou que tal figura tenha "*the special obligation to endeavor to ensure that, so far as is reasonable, every relevant argument in favour of the party that has appointed him has been fully appreciated in the course of the collegial consideration and, ultimately, is reflected – though not necessarily accepted – in any separate or dissenting opinion that he may write*" (opinião dissidente anexada à ordem sobre medidas cautelares no caso relativo à *Aplicação da Convenção sobre a Prevenção e a Punição do Crime de Genocídio (Bósnia Herzegovina v. Iugoslávia (Sérvia e Montenegro))*, em *ICJ Reports 1993*, p. 325 ss., p. 409.

27 L. PICCHIO FORLATI, *Corte internazionale di giustizia*, em *Dizionario di Diritto pubblico*, editado por S. Cassese, vol. II, Milano, 2006, p. 1603 ss., p. 1607.

28 H. THERRY, *Au sujet du juge ad hoc*, em Liber amicorum *in memory of Judge José Maria Ruda* (editado por C. A. Armas Barea e outros), The Hague, 2000, p. 285 ss., p. 289.

29 S. ROSENNE, *The Law and Practice*, *cit.*, pp. 1080-1081 (ver também p. 203 da edição de 1965).

pria função judiciária, na qual o juiz *ad hoc* é plenamente envolvido. Tal poder encontra expressão no art. 35, par. 4, do Regulamento de Procedimento, nos termos do qual é necessário que a Corte decida, após ter escutado as Partes, a respeito de qualquer questão dúbia contra a qual tenha sido levantada uma objeção. Essa provisão pode ser implementada essencialmente por meio de três formas: de um lado, identificando certos requisitos ulteriores ao Estatuto, que devem ser respeitados na escolha da pessoa designada; em segundo lugar, especificando as situações em que a faculdade de nomeação possa ser exercida; em terceiro lugar, excluindo o juiz *ad hoc* de certas fases das deliberações. Em particular, o primeiro e o terceiro aspecto assinalam a distância que o instituto adquiriu em relação ao papel que os árbitros "da parte" possuem (e sobretudo possuíam no passado) no contexto da arbitragem internacional.

A IDENTIFICAÇÃO DA PESSOA A SER DESIGNADA

Quanto ao primeiro aspecto mencionado, o art. 31, par. 6, indica que os juízes *ad hoc* devem possuir requisitos similares, mesmo que não sejam completamente idênticos, àqueles que permitem que um membro da Corte seja eleito e participe das deliberações nos casos individuais;[30] a Corte não se omitiu, no passado, em verificar nesses fundamentos a idoneidade do indivíduo escolhido para exercer tal função.[31] O problema da qualificação dos juízes pode ser colocado,

30 A disposição dispõe: "*Judges chosen as laid down in paragraphs 2, 3 and 4 of this Article shall fulfill the conditions required by Articles 2, 17 (paragraph 2), 20, and 24 of the present Statute*". Na prática, a preferência meramente indicativa pela escolha de pessoas que tenham sido candidatas à eleição nos termos dos arts. 4 e 5 do Estatuto (art. 31, par. 2) em geral não é respeitada: v. S. ROSENNE, *The Law and Practice*, *cit.*, p. 1089. Cf. sobre outras questões SCOBBIE, "*Une héresie e matière judiciaire*", *cit.*, pp. 426-427.

31 *Ibid*, pp. 1980-1981; destaca em particular a atitude da Corte Permanente de Justiça Internacional nos casos relativos aos *Empréstimos Sérvios* e à *Companhia de*

além disso, a partir de outras várias perspectivas, incluindo a linguística;[32] uma dessas perspectivas, relativa à mistura desse papel com o do agente ou componente da equipe de defesa em outros procedimentos perante a mesma Corte, foi revelada, na prática, como suscetível de comprometer o adequado exercício das funções judiciárias da Corte, em razão também do número crescente de causas que essa examina contemporaneamente.[33] Isso levou a própria Corte a indicar, em uma Diretiva Prática:

> "(...) it is not in the interest of the sound administration of justice that a person sits as a judge ad hoc who is acting or has recently acted as an agent, counsel or advocate before the Court. Accordingly, parties, when choosing a judge ad hoc (...) should refrain from nominating persons who are acting as agent, counsel or advocate in another case before the Court or have acted in that capacity in the three years preceding the date of the nomination. Furthermore, parties should likewise refrain from designating as agent, counsel or advocate in a case before the Court a person who sits as judge ad hoc in another case before the Court."

Eletricidade de Sofia e Bulgária, sobre os quais S. ROSENNE, *International Court of Justice: Practice Directions on Judges ad hoc; Agents, Counsels and Advocates; and Submission of Documents*, em *The Law and Practice of International Courts and Tribunals*, 2002, p. 223 ss., p. 230; SCOBBIE, *cit.*, "*Une héresie en matière judiciaire*", p. 426, n. 11. Sobre a relação entre a faculdade de designação da parte e o poder de controle da Corte ver a opinião separada do juiz Shahabuddeen, anexada à ordem de 13 de dezembro de 1989, no caso da *Fronteira Terrestre, Insular e Marítima (El Salvador v. Honduras), Composição da Seção*, em *ICJ Reports 1989*, p. 165 ss.

32 V. o exemplo discutido por BEDJAOUI, *L'égalité des États*, pp. 26-27.

33 Para alguns exemplos v. S. ROSENNE, *The Law and Practice*, *cit.*, p. 1091. Ver também BEDJAOUI, *L'égalité*, *cit.*, p. 26, para a menção do caso especular, relativo à *Controvérsia Territorial e Marítima (Nicarágua v. Colômbia)*, no qual um ex-presidente e um ex-chanceler da Corte compunham a equipe de defesa da Colômbia.

Não obstante a Diretiva não se preocupar formalmente com as designações anteriores à sua adoção, esta levou alguns juízes *ad hoc* a renunciarem.[34] Esse tipo de indicação às partes acerca dos procedimentos pendentes perante a Corte, que impõe de fato aos potenciais candidatos a escolha de prosseguir a "profissão" de juiz *ad hoc* ou aquela de "agent", "counsel" ou "advocate,"[35] levantou algumas dúvidas de mérito,[36] porém não pela existência de um poder da Corte de orientar a escolha das Partes em questões diversas daquelas especificamente identificadas no Estatuto, mas em razão do correto exercício de sua função judiciária; a adoção das Diretivas Práticas é antes, de forma mais geral, um sinal da crescente autonomia e transparência que a Corte parece querer afirmar sobre esse tema.[37] Ademais, como se verá, nem sempre esse resultado foi alcançado em outros aspectos da prática relativa ao tema abordado.

AS SITUAÇÕES NAS QUAIS CABE A FACULDADE DE DESIGNAÇÃO: O PROCEDIMENTO CONSULTIVO

Quanto aos tipos de situação nas quais surge a faculdade de designação do juiz *ad hoc*, a jurisprudência da Corte Permanente de Justiça Internacional era claramente orientada no sentido de que o art. 31 do Estatuto poderia ser aplicado no contexto dos procedimentos consultivos cujos objetos englobavam controvérsias que envolviam Estados; isso

---

34 S. ROSENNE, *The Law and Practice, cit.*, p. 1091, nota 64.

35 Assim J. CRAWFORD, *The International Law Bar*, relatado na ESIL Research Forum sobre *International Law as a Profession*, Amsterdam, 25 de maio de 2013.

36 Ver em especial os destaques críticos de ROSENNE, *Practice Directions, cit.*

37 Como observado por A. WATTS, *New Practice Directions of the Internaional Court of Justice*, em *The Law and Practice of International Courts and Tribunals*, 2002, p. 247: "*Despite some reservations about their particular provisions, the adoption of these nine Practice Directions, as a general development in the practice and procedure of the International Court, is also to be warmly welcomed as a demonstration of the Court's growing judicial self-confidence and maturity*".

também se relaciona com uma tendência geral de "assimilar" o procedimento consultivo ao contencioso, igualmente abrangida pela função judiciária da Corte,[38] em uma espécie de mistura com formas de "arbitragem consultiva."[39]

Outrossim, foi sustentado que a designação de um juiz *ad hoc* no âmbito do procedimento consultivo não seria mais aplicável no contexto da atual Corte, considerando as modificações implementadas no texto do art. 65 do Estatuto,[40] e que, portanto, a previsão do antigo Regulamento que permitia tal designação seria incompatível com o dispositivo mencionado e *contra legem.*[41] Na verdade, atualmente o art. 102, par. 3 do Regulamento, prevê que, no âmbito do procedimento consultivo "Article 31 of the Statute shall apply, as also the provisions of these Rules concerning the application of that Article", quando houver "a legal question actually pending between two or more States." A designação de um juiz *ad hoc* foi considerada admissível em abstrato no parecer relativo à *Namíbia*, ainda que tenha sido negado que a África do Sul pudesse concretamente ter a titularidade de executá-la,[42] enquanto o Marrocos

---

38 Cfr. C. int. g., sentença de 2 de dezembro de 1963 no caso do *Camarões Setentrional (Camarões v. Reino Unido)*, em *ICJ Reports 1963*, p. 15 ss., p. 30, como também a opinião dissidente do juiz Winiarski a respeito do parecer consultivo sobre as *Sentenças do Tribunal Administrativo da OIT sobre os Recursos contra a UNESCO*, de 23 de outubro de 1956, em *ICJ Reports 1956*, p. 104 ss.

39 Ver a esse respeito a opinião separada do juiz Azevedo no parecer consultivo sobre as *Condições de Admissibilidade de Novos Membros à ONU*, de 28 de maio de 1948, *ICJ Reports 1948*, p. 71, par. 1.

40 V. ainda a opinião separada do juiz Azevedo na nota anterior.

41 Opinião separada do juiz Azevedo no parecer sobre a *Interpretação de Tratados de Paz*, 30 de março de 1950, em *ICJ Reports 1950*, p. 86.

42 *ICJ Reports 1971* pp. 25-27, par. 35-39. Ver, no entanto, as opiniões separadas dos juízes Petrén (ibid, pp. 128 ss.), Oneyama (ibid, p. 139 ss.) e Dillard (ibid, p. 152, ss.) e as dissidentes dos juízes Fitzmaurice (ibid, p. 308 ss.) e Gros (ibid, p. 324 ss.). Parece difícil de se negar que no parecer havia uma controvérsia internacio-

(não a Mauritânia) teve essa permissão concedida no processo relativo ao parecer do *Sahara Ocidental.* [43]

A leitura restritiva do âmbito de aplicação dessa previsão regulamentar, feita pela Corte nessas ocasiões, sem considerar o poder discricionário que, de qualquer forma, é limitado pelo art. 68 do Estatuto,[44] e o fato de que posteriormente nenhum Estado requisitou a designação de um juiz *ad hoc* próprio no âmbito dos procedimentos arbitrais tornam difícil imaginar no futuro um renascimento dessa faculdade, atualmente predefinida, como observado, pelo Regulamento. De forma mais ampla, tais práticas de abstenção parecem confirmar, na passagem da Corte Permanente à Corte Internacional de Justiça, um distanciamento ulterior do procedimento consultivo de matriz arbitral própria do procedimento contencioso. Isso não significa negar a configuração unitária das duas competências, sendo ambas expressões da função judiciária da Corte;[45] simplesmente, no exercício da competência consultiva, a Corte

---

nal, porém ela se desenrolava entre a África do Sul e a Organização das Nações Unidas, enquanto o art. 102 do Regulamento permite a designação apenas na presença de uma controvérsia entre Estados; cf. B. CONSTANTINO, *Il giudice ad hoc nell'attività consultiva dela Corte internazionale di giustizia, Comunicazioni e Studi* 1975, p. 235 ss., p. 264.

43 Ordem de 22 de maio de 1975, *ICJ Reports 1975*, p. 6 ss. Ver a esse respeito H. THIRLWAY, *Law and Procedure, Part Eleven*, em *British Yearbook of Int. Law*, 2000, p. 177. J. P. COT, *Article 68*, em *The Statute of the International Court of Justice, cit.*., p. 1669 ss., p. 1676-1678. Cfr. também E. JIMÉNEZ DE ARECHAGA, *Judges ad hoc in Advisory Proceedings*, em *Zeitshrift für ausländisches öffentliches Recht und Völkerrecht* 1971, p. 697 ss.

44 Sobre essa questão cfr. ainda a ordem proferida pela Corte Permanente de Justiça Internacional em 31 de outubro de 1935 no procedimento consultivo sobre os *Decretos Legislativos de Danzig*, PCIJ, Série A/B, n. 65, p. 71, também sobre o destaque da natureza excepcional do poder de designação no âmbito do procedimento consultivo.

45 Nesse sentido v. P. BENVENUTI, *L'accertamento del diritto mediante i pareri consultivi dela Corte internazionale di giustizia*, Milano, 1985.

afirma, de forma mais assertiva, mesmo que sob o manto processual, o seu papel de "órgão das Nações Unidas" ao invés de "órgão do direito internacional" (como se classificava a Corte Permanente de Justiça Internacional).[46]

É verdade que, em determinadas situações, se recorre ao procedimento consultivo como estratagema para evitar a ausência de legitimidade de entes diversos aos Estados de estarem em juízo perante a Corte (em particular, organizações internacionais), atribuindo valor obrigatório ao parecer proferido pela Corte; a própria Corte considerou essa prática como compatível com o Estatuto.[47] A designação de um juiz *ad hoc* em tal contexto é, porém, excluída quando a controvérsia envolva, além de uma organização internacional, um ou mais Estados (como aconteceu nos casos *Mazilu*[48] e *Cumaraswami*[49]): isso ocorre em função da coerência em relação à decisão adotada no caso da *Namíbia*, visto que se lesaria o princípio da paridade de armas em caso contrário.

---

46 Sobre a "natureza dupla" da Corte Permanente e da atual Corte v. L. Gros, *The International Court of Justice and the United Nations*, em *Collected Courses of the Hague Academy of International Law*, vol. 120, 1967, p. 313 ss., p. 320. No sentido da autonomia da Corte Internacional de Justiça da Organização da qual é formalmente um órgão v. G. ARANGIO-RUIZ, *Corte internazionale di giustizia, cit.*, p. 1048.

47 V. em particular o parecer proferido sobre a questão das *Sentenças do Tribunal Administrativo da OIT sobre os Recursos contra a UNESCO*, de 23 de outubro de 1956, em *ICJ Reports 1956*, p. 77 ss., p. 84.

48 *Aplicabilidade do art. VI, sez. 22, da Convenção sobre os Privilégios e as Imunidades das Nações Unidas*, parecer de 15 de dezembro de 1989, *ICJ Reports 1989*, p. 177 ss. Além disso, a Romênia havia afixado uma reserva à Seção 30 da Convenção, adotada pela Assembleia Geral em 13 de fevereiro de 1946.

49 *Controvérsia relativa à Imunidade da Jurisdição Contenciosa de um Relator Especial da Comissão de Direitos Humanos*, de 29 de abril de 1999, p. 62 ss.

O PROCEDIMENTO CONTENCIOSO

Dessa forma, é no contexto do procedimento contencioso que o instituto do juiz *ad hoc* encontra uma implementação mais completa e constitui, como observado, um componente absolutamente "normal" no procedimento; isso é também implementado, nos termos do art. 31, par. 4, do Estatuto, quando uma controvérsia seja encaminhada a uma seção *ad hoc* ou a uma seção de procedimento sumário. Até mesmo nesse âmbito, portanto, o princípio da paridade de armas é salvaguardado pelo art. 31 do Estatuto, e em particular pela regra, estabelecida no par. 5, segundo a qual: "Should there be several parties in the same interest, they shall, for the purpose of the proceeding provisions, be reckoned as one party only. Any doubt upon this point shall be settled by the decision of the Court."

A aplicação prática, embora não completamente linear, confirma uma leitura da disposição à luz da qual existe um "mesmo interesse" quando as Partes em questão chegam às mesmas conclusões:[50] assim, não houve dúvidas acerca da possibilidade de que Israel nomeasse um juiz *ad hoc* no caso relativo ao *Incidente Aéreo de 27 de julho de 1955*, não obstante a existência de dois procedimentos paralelos iniciados contra a Bulgária, respectivamente pela Grã Bretanha e pelos Estados Unidos;[51] também não se levantaram dificuldades na designação do juiz *ad hoc* Barwick, por parte de ambas a Austrália e a Nova Zelândia, no caso relativo aos *Testes Nucleares* (que não foram formalmente unidos).

Ocasionalmente, as Partes envolvidas orientam autonomamente as soluções sobre essa questão: os casos relativos à *Plataforma Continental do Mar do Norte* foram encaminhados à Corte mediante um único

---

50 V. GUILLAUME, *La "causa commune"*, *cit.*, p. 330 ss.; Koojimans, *Article 31*, p. 537.

51 Ver a respeito do destaque de ROSENNE (que foi agente de Israel naquele caso), em *The Law and Practice*, *cit.*, p. 1094.

acordo, no qual se estabelecia que seria requisitada uma união dos dois procedimentos e que a Dinamarca e os Países Baixos designariam um único juiz *ad hoc*. Em outras situações, a solução mais idônea para salvaguardar o adequado progresso da função jurisdicional foi implementada pelos mesmos juízes *ad hoc*; por exemplo, a união do caso relativo a *Certas Atividades da Nicarágua na Zona de Fronteira (Costa Rica v. Nicarágua)* com aquele referente à *Construção de uma Estrada na Costa Rica ao Longo do Rio San Juan (Nicarágua v. Costa Rica)*[52] ocasionou imediatamente na demissão do juiz *ad hoc* Bruno Simma, designado pela Costa Rica no segundo caso, sendo mantida a função do juiz *ad hoc* Dugard, designado pelo mesmo país no primeiro.[53]

No entanto, quando isso não acontece, a Corte exercita completamente a função decisória que lhe é atribuída pelo art. 31, par. 5: dessa forma, no caso relativo às *Zonas Pesqueiras Islandesas (Alemanha v. Islândia)*, no qual a Alemanha havia manifestado a intenção de prosseguir com a nomeação de um juiz *ad hoc*, a Corte considerou que tal nomeação não seria admissível na fase relativa às questões preliminares, e prospectou a existência de um "common interest" a respeito do mérito entre a posição da Alemanha e do Reino Unido, que estava envolvido em um procedimento paralelo, e que possuía um juiz nacional próprio no âmbito da Corte. Na fase de mérito, a Alemanha não retornou a levantar a questão, não obstante o fato de que não havia uma coincidência significativa em relação ao posicionamento das partes ao ponto de que a Corte fosse levada a unir os procedimentos.[54]

---

52 Ver as duas ordens distintas de 17 de abril de 2013. Disponível em: <www.icj-cij.org>. Acesso em: 20 jul.2013.

53 V. também a ordem de 18 de abril de 2013 relativa à admissibilidade dos pedidos de reconvenção, par. 8.

54 Nos casos relativos à África Sub Ocidental, ao unir os procedimentos, a Corte igualmente esclareceu que: "*for the purposes of the present case, the Governments of Ethiopia and Liberia are in the same interest before the Court and are therefore,*

Entretanto, a jurisprudência posterior não se orientou sempre de forma coerente em relação a tal assunto.[55]

Algumas dúvidas interpretativas, em particular com referência à relação entre a faculdade de designação do juiz *ad hoc* e a intervenção, foram resolvidas, embora em parte apenas indiretamente, pela jurisprudência. Primeiramente, isso confirma que a faculdade de designação do juiz *ad hoc* não cabe ao interveniente "não em qualidade de parte" nos termos do art. 62 do Estatuto, na ausência de uma base jurisdicional[56] ou, como observado, a quem exerça o direito de intervenção consagrado pelo art. 63 (sem adquirir, portanto, a qualidade de parte processual).[57]

---

so far as the choice of a Judge ad hoc is concerned, to be reckoned as one party only" (ordem de 20 de maio de 1961, em *ICJ Reports 1961*, p. 14). V. ainda GUILLAUME, *La "causa commune"*, *cit.*, p. 341, o qual delineia como a união depende amplamente do desejado pelas Partes.

55 *Ibidem* para uma crítica fechada da decisão adotada a respeito da designação de sir Robert Jennings como juiz *ad hoc* no procedimento entre Líbia e Reino Unido no caso *Lockerbie*, sucessivamente à abstenção da juíza Higgins, o que será retomado *infra*, par. 5 (cfr. também a declaração conjunta dos juízes Bedjaoui, Guillaume e Ranjeva anexada à sentença sobre as objeções preliminares de 27 de fevereiro de 1998, em *ICJ Reports 1998*, p. 32 ss.).

56 No caso relativo ao *Golfo de Fonseca*, no qual a Nicarágua foi admitida para intervir "*as a non party*" e, portanto, segundo a Corte, não adquire "*the rights (...) which attach to the status of a party*" (C. int. g. sentença de 13 de setembro de 1990, em *ICJ Reports 1990*, p. 111, par. 42) incluindo, evidentemente, o direito de designar um juiz *ad hoc*. Tal conclusão não foi rediscutida na jurisprudência posterior, e aparece indiretamente confirmada pela ordem no caso relativo à *Caça às Baleias* discutida acima.

57 É importante notar, nesse sentido, que a própria Nova Zelândia qualificou sua declaração como referente à uma intervenção não em qualidade de parte (para. 9 da declaração de intervenção. Disponível em: <www.icj-cij.org>). No caso *Haya de la Torre* (o único da história da Corte Internacional de Justiça em que foi considerada admissível a intervenção nos termos do art. 63, previamente ao relativo à *Caça às Baleias*), Cuba era definida como "*intervening Party*". Tal País não requi-

Além disso, provavelmente o interveniente "em qualidade de parte" possui a titularidade de designar um juiz *ad hoc*; o que deu lugar a certa perplexidade, especificamente no que se refere ao art. 26, par. 2, do Estatuto. De fato, até este momento as Câmaras convocadas para decidir acerca de uma única causa foram sempre constituídas de cinco juízes, incluindo os juízes *ad hoc* eventualmente designados pelas Partes; disso decorre a perspectiva de que, nas hipóteses em que o interveniente "em qualidade de parte" designa um juiz *ad hoc*, a maioria da seção acabaria sendo constituído de juízes *ad hoc*:[58] isso estaria em flagrante contradição com a exigência de salvaguardar a imparcialidade do exercício da função jurisdicional da Corte, não apenas a partir de uma perspectiva subjetiva, mas também da "aparência de imparcialidade." Ademais, o art. 26 do Estatuto não contém indicações específicas quanto ao número de juízes que devem compor a seção: enquanto isso não parece permitir a eleição de um único juiz,[59] os problemas relacionados a exigência de abrir espaço para um (ou eventualmente para mais de um) juiz *ad hoc* designado pelas Partes intervenientes poderiam ser confrontados por meio do aumento do número de componentes da seção (por exemplo, de cinco para sete).[60] A esse respeito, deve ser mantido em mente que o número de componentes da seção deve ser determinado pela Corte "with the approval of the Parties", conforme estabelecido pelo art. 26,

---

sitou, no entanto, de designar um juiz *ad hoc*, tendo também a Polônia renunciado de o fazer perante a Corte Permanente no caso relativo ao *Wimbledon* (sobre o qual SCOBBIE, "*Une héresie e matière judiciaire*", *cit.*, pp. 432; C. CHINKIN, *Article 62*, em *The ICJ Statute*, *cit.*, p. 1529 ss., p. 1561).

58 Ver os destaques de KOOJIMANS, *Article 31*, *cit.*, p. 506; cfr. também P. PALCHETTI, *Article 26*, em *The Statute*, *cit.*, 439 ss., pp. 461, 463.

59 Ver os argumentos de caráter literal propostos por P. PALCHETTI, *Article 26*, em *The Statute*, *cit.*, p. 439 ss., p. 461, 463.

60 Uma questão preliminar, e em parte ainda aberta, é ligada à possibilidade de modificar para este fim a composição de uma seção que esteja já constituída a pedido das Partes originárias: v. ROSENNE, *The Law and Practice*, *cit.*, p. 1502 ss.

par. 2, do Estatuto, e pelo art. 17, par. 2, do Regulamento.[61] Nas peculiares circunstâncias delineadas, a discricionariedade reconhecida a esse respeito pelas Partes litigantes deveria ser conciliada com a exigência supracitada; além disso, na improvável hipótese em que o exercício pela Corte de seu próprio poder de persuasão não fosse considerada suficiente para tal fim,[62] a própria Corte poderia refutar conhecer do mérito do caso, por razões de "judicial property".[63]

A PARTICIPAÇÃO DO JUIZ *AD HOC* DE FORMA LIMITADA A ESPECÍFICAS FASES DO PROCEDIMENTO

Um dos aspectos pelos quais o papel do juiz *ad hoc* designado nos termos do art. 31 do Estatuto se distingue em grande parte daquele dos árbitros "da parte" no contexto dos procedimentos arbitrais diz respeito às modalidades de participação no procedimento contencioso. No segundo contexto, o árbitro ou os árbitros nomeados pelas partes participam integralmente do procedimento, e de fato no passado não era infrequente, em particular no âmbito das Comissões mistas, a designação de um superárbitro imparcial convocado para decidir somente as questões

61 Como ressalta ROSENNE, *The Law and Practice, cit.*, p. 1077, "*much uncertainty still surrounds the attitude of the Court to the institution of the ad hoc chamber and the precise degree of control which the parties can exercise over its formation*"; porém, tal incerteza diz respeito, em princípio, à identificação da pessoa, e não do número de juízes convocados para compor a seção.

62 Cfr. também PALCHETTI, *Article 26, cit.*, p. 462.

63 A existência de um "poder inerente" nesses termos foi reconhecida em várias ocasiões pela jurisprudência, embora em circunstâncias diversas das presentemente consideradas: cfr. em particular o caso do *Camarão Setentrional (Camarão v. Reino Unido, sentença de 1963, ICJ Reports 1963*, p. 29. Cfr. G. Fitzmaurice, *The Law and Procedure of the International Court of Justice*, Cambridge, 1986, pp. 447-448; ROSENNE, *The Law and Practice, cit.*, p. 532 ss.

a respeito das quais os árbitros parciais não chegassem em um acordo.[64] A prática seguida em relação ao art. 31 do Estatuto é bastante diversa.

Partindo das hipóteses de deliberações de caráter meramente procedimental e não controversas,[65] os juízes *ad hoc* não deveriam participar, em princípio, das deliberações relativas à admissibilidade da designação, embora a prática não seja totalmente coerente acerca dessa questão;[66] eles não participam sequer das fases relativas à admissibilidade dos pedidos de intervenção ou de revisão apresentadas pelo Estado interessado.[67] Uma vez designados, entretanto, eles participam normalmente de todas as fases processuais, compreendidas aquelas incidentais: assim, no caso *Tunísia/Líbia*, o Presidente rejeitou a requisição de Malta para que tais países fossem considerados enquanto uma única parte na fase relativa às decisões sobre sua requisição de intervenção.[68]

Dessa forma, em várias outras situações a Corte se omitiu de identi-

---

64 Ver, a título de exemplo, o art. 1 do Protocolo constitutivo da Comissão mista Bélgica-Venezuela, celebrado em Washington em 7 de março de 1903, segundo o qual a Comissão mista "*shall consist of two members, one of whom is to be appointed by His Majesty, the King of the Belgians, and the other by the President of Venezuela. It is agreed that an umpire may be named by the Queen of the Netherlands. (...) The umpire shall preside over their deliberation and shall be competent to decide any question on which the commissioners disagree*" (*United Nations Reports of International Arbitral Awards*, vol. IX, p. 321). V. *amplius* G. SALVIOLI, *Tutela dei diritti e degli interessi internazionali*, Padova, 1941, pp. 134-138.

65 Sobre esse aspecto ver S. ROSENNE, *The Law and Practice*, *cit.*, p. 1084.

66 *Ibid*, p. 1089.

67 Os juízes *ad hoc* deveriam participar na avaliação do mérito do pedido de revisão (v. A. ZIMMERMAN, R. GEISS, *Article 61*, em *The Statute*, *cit.*, p. 1527).

68 Ver a sentença que rejeitou a requisição de Malta, de 14 de abril de 1981, em *ICJ Reports 1981*, p. 6, par. 8. Ver, no entanto, a respeito da decisão sobre a declaração de intervenção de El Salvador no caso relativo às *Atividades Militares e Paramilitares dos Estados Unidos na Nicarágua*, as observações de ROSENNE, *The Law and Practice*, *cit.*, p. 1104-1105.

ficar as fases do procedimento e das deliberações nas quais o juiz *ad hoc* teria a titularidade de participar (e, de modo inverso, aquelas das quais deveria ser excluído), na atuação de um poder que transcende o previsto no art. 35, par. 6, do Regulamento: enquanto tal disposição permite entender que a exclusão do juiz *ad hoc* seja substancialmente definitiva, a Corte entende, entretanto, que se pode decidir acerca de tal exclusão relativa a fases específicas das deliberações, antecipando diversas soluções em momentos sucessivos. Assim, no caso *Lockerbie*, a Corte deliberou, por uma votação majoritária (cujo resultado foi notificado às partes, mas não foi formalizado em uma ordem), que o Reino Unido poderia designar um juiz *ad hoc* em substituição da juíza Rosalyn Higgins, que se absteve. A sentença sobre as objeções preliminares afirma sobre essa questão:

> "After due deliberation, the Court, by ten votes to three, decided that in the present phase relating to jurisdiction and admissibility in the two cases, the United Kingdom and the United States of America were not parties in the same interest within the meaning of Article 31, paragraph 5, of the Statute; that the choice of a judge ad hoc by the United Kingdom was therefore justified in the current phase of the proceedings in the present case; and that accordingly Sir Robert Jennings would sit on the Bench for the purpose of the oral proceedings and would take part in the deliberations by the Court in that phase of the case."[69]

A Corte parecia entender que poderia reconsiderar a questão na fase de mérito, o que, entretanto, não ocorreu porque a controvérsia foi resolvida extrajudicialmente.[70]

---

69 *Questões de Interpretação e Aplicação da Convenção de Montreal de 1971 decorrentes do Incidente Aéreo em Lockerbie (Líbia v. Reino Unido)*, sentença sobre as objeções preliminares de 27 de fevereiro de 1998, *ICJ Reports 1998*, p. 9 ss., p. 13, par. 9. A faculdade de designação de um juiz *ad hoc* em substituição a um membro da Corte que decida de se abster, reconhecida pela Corte Permanente no caso das *Zonas Francas (Série E*, No. 4, p. 274), é presentemente formalizada no art. 37 do Regulamento.

70 Cfr. C. int. g., ordem de 10 de setembro de 2003, em *ICJ Reports 2003*, p. 149.

Ainda, nos casos relativos à *Legalidade do Uso da Força*, os juízes *ad hoc* dos Estados envolvidos que não possuíam um juiz nacional próprio na composição interna do colegiado foram admitidos para serem parte da fase relativa às medidas provisórias, não naquela relativa às questões preliminares;[71] em seguida à abstenção do juiz Bruno Simma, a solução foi aplicada também para a Alemanha.[72] Como foi observado, essa decisão preencheu apenas parcialmente o desequilíbrio decorrente da presença, no colegiado, de juízes de nacionalidade de vários países envolvidos;[73] ao mesmo tempo, este e outros exemplos discutidos mostram como a Corte não sente a necessidade de argumentar de forma particularmente detalhada suas próprias determinações a esse respeito. Uma maior articulação das motivações, uma maior clareza na identificação dos critérios sobre os quais a Corte adota tais decisões, e suas adoções em forma de ordem[74] favoreceriam a coerência da jurisprudência e a

---

71 Ver a sentença relativa à jurisdição no caso *Sérvia v. Bélgica*, de 15 de dezembro de 2004, *ICJ Reports 2004*, p. 284, par. 6, p. 285, par. 10, e p. 286-287, par. 17-18. Neste último parágrafo se lê: "*The Agents were informed that the Court had decided, pursuant to Article 31, paragraph 5, of the Statute, that, taking into account the presence upon the Bench of judges of British, Dutch and French nationality, the judges ad hoc chosen by the respondent States should not sit during the current phase of the procedure in these cases; it was made clear to the Agents that this decision by the Court did not in any way prejudice the question whether, if the Court should reject the preliminary objections of the Respondents, judges ad hoc might sit in subsequent stages of the cases*".

72 Cfr. C. int. g., *Legalidade do Uso da Força (Sérvia v. Alemanha)*, 15 de dezembro de 2004, *ICJ Reports 2004*, p. 727, par. 16.

73 Ver a respeito as objeções levantadas ao Juiz *ad hoc* Kreca na sua opinião separada, ibid, p. 416 ss., par. 65-67. Ademais, esse é um dos raros casos em que a presença do juiz *ad hoc* poderia influenciar de modo decisivo, se não no dispositivo, na motivação adotada em seu apoio (v. também SCOBBIE, "*Une hérésie en matière judiciaire*", *cit.*, p. 462), com o risco de, entre outros, solucionar casos paralelos de forma diferenciada.

74 Para essa sugestão v. KOOJIMANS, *Article 31*, *cit.*, p. 506.

certeza do direito, também em relação aos Estados que não estão diretamente envolvidos no procedimento e que, portanto, não são capazes de conhecer imediatamente as comunicações da Chancelaria.

CONCLUSÕES

A faculdade de designar um juiz *ad hoc*, estabelecida pelo art. 31 do Estatuto da Corte Internacional de Justiça, aos Estados que, estando envolvidos em um procedimento, não contam com um juiz de cidadania própria entre os membros da Corte, ainda responde a um interesse específico dos Estados partes do Estatuto. Além disso, na prática de implementação, tal instituto foi significativamente afastado do papel que, na arbitragem clássica, possuem os árbitros "de parte"; se, de fato, isso não é normalmente suscetível de influenciar de modo significativo na imparcialidade das deliberações, os riscos que podem surgir, acerca dessa questão, das peculiaridades de cada caso são suscetíveis de serem adequadamente enfrentados graças ao controle da Corte sobre o exercício *in concreto* da faculdade de designação. Apenas tal poder de controle permite distinguir claramente o papel atualmente desenvolvido pelo juiz *ad hoc* no contexto do procedimento perante a Corte Internacional de Justiça da matriz arbitral em que o instituto se inspira. Isso diz respeito, antes de tudo, às qualificações abrangidas pela pessoa designada, não apenas no que se refere aos requisitos evidenciados pelo Estatuto, mas também, de forma mais geral, à luz da exigência de salvaguardar a transparência e o correto exercício da função judiciária. A respeito das situações nas quais a faculdade de designação pode ser exercitada, foi visto que o instituto de fato perdeu sua relevância no âmbito do processo consultivo; no âmbito da função contenciosa, entretanto, a Corte assume diretamente, quando necessário, o dever de verificar que não subsiste um "interesse comum" entre o Estado que deseja designar um juiz *ad hoc* e outros Estados, nos termos do art. 31, par. 5, do Estatuto. Sua jurisprudência não é, no entanto, de todo linear, seja sobre essa questão ou sobre a questão relativa à exclusão dos juízes *ad hoc* de fases específicas do processo; uma maior transparência em relação aos critérios utilizados, nesse sentido, seria desejável por exigências de coerência e certeza do direito.

A função consultiva da Corte Internacional de Justiça e a noção de controvérsia: a opinião sobre o Arquipélago de Chagos

Lucas Carlos Lima[1]

Introdução

Em 1997 Sir Robert Jennings, o antigo presidente da Corte Internacional de Justiça ('CIJ' ou 'Corte') escrevia que "certamente juízes devem fazer justiça, mas justiça é precisamente a imparcial aplicação do direito".[2] A frase de Jennings de certa forma expressa uma visão mais cautelosa da atividade do juiz, sobretudo do juiz internacional: sua função não é a realização da justiça a qualquer custo, mas a administração do direito tal como está posto. Para os críticos da Corte da Haia, essa visão cautelosa sempre prevaleceu na jurisprudência do principal órgão judiciário da Organização das Nações Unidas ('ONU'). Na recente opinião consultiva emitida pela CIJ em fevereiro de 2019 em sobre as *Consequências jurídicas*

1 Professor adjunto de Direito Internacional da Universidade Federal de Minas Gerais (UFMG). Doutor em Direito Internacional pela Università degli Studi di Macerata. Coordenador do Grupo de Pesquisas em Cortes e Tribunais Internacionais CNPq/UFMG.

2 JENNINGS, 1997, p. 36. Do original: "Certainly the judges are to do justice; but justice is precisely the impartial administration of the law".

da Separação do Arquipélago de Chagos de Maurício em 1965[3] (doravante 'Chagos' ou 'Arquipélago de Chagos') parece poder-se questionar se a cautela que caracterizava a Corte se fez igualmente presente.

A opinião consultiva requerida pela Assembleia Geral da Organização das Nações Unidas à Corte Internacional de Justiça em relação à situação do arquipélago de Chagos insere-se no rol de emblemáticas situações trazidas à barra da Corte da Haia por ser uma das remanescentes questões abertas relativa ao processo de descolonização.[4] A opinião foi solicitada pela Assembleia Geral numa votação de 94 votos favoráveis a 15 votos contrários – uma reputada derrota para o Reino Unido[5], o Estado que hoje controla o arquipélago. A segunda derrota para o Reino Unido ocorreu quando da sentença em que, por treze votos a um, a CIJ entendeu que o Estado não realizara a descolonização do território de maneira lídima e, portanto, deveria terminar sua administração do arquipélago de Chagos.[6] Nos termos bastante diretos da Corte, "o Reino Unido possui a

---

3 CIJ, *Legal consequences of the separation of the Chagos Archipelago from Mauritius in 1965*, Advisory Opinion of 25 January 2019.

4 Sobre a questão, ver GRANT, Thomas D. Regulating the Creation of States from Decolonization to Secession. Journal of International Law and International Relations, vol. 5, afl. 2, 2009, pp. 11-58.. Para uma visão crítica, serve o clássico ANGHIE, Antony. Imperialism, sovereignty and the making of international law. Cambridge: Cambridge University Press, 2005 e o recente ESLAVA, Luis; FAKHRI, Michael; NESIAH, Vasuki. Bandung, Global History and International Law. Cambridge: Cambridge University Press, 2017. Em especial, ver TRINIDAD, Jamie. Self-determination in disputed colonial territories. Cambridge: CUP, 2018. Para uma visão do princípio no interior de uma visão humanizada do direito internacional, ver CANÇADO TRINDADE, Antônio Augusto. International Law for Humankind - Towards a New Jus Gentium. Leiden, Nijhoff, 2013, pp. 1-726.

5 Ver, por exemplo, a matéria "EU members abstain as Britain defeated in UN vote on Chagos Islands" do The Guardian https://www.theguardian.com/world/2017/jun/22/un-vote-backing-chagos-islands-a-blow-for-uk.

6 CIJ, 2019, p. 44.

obrigação de terminar a sua administração do Arquipélago de Chagos o mais rápido possível, deste modo permitindo Maurício completar a descolonização de seu território de uma maneira consistente com o direito dos povos à autodeterminação".[7]

Em brevíssimas palavras, o território relativo a República de Maurício e o arquipélago de Chagos compunham uma unidade administrativa colonial do Território Britânico no Oceano Índico. Em 1965, antes da independência de Maurício em 1968, o Reino Unido separou a zona do arquipélago de Chagos da colônia de Maurício e sistematicamente retirou o povo chagossiano de algumas ilhas, como a ilha de Diego García, onde foi construída uma base militar britânico-americana.

Sendo a descolonização um dos pontos centrais da agenda da ONU, a Assembleia Geral realizou dois questionamentos à CIJ. O primeiro, se a descolonização de Maurício foi completamente legal quando o Estado obteve sua independência. O segundo, sobre as consequências jurídicas de tal ato e a habilidade de Mauricio de realocar seus nacionais, que foram originalmente deportados do arquipélago, de volta às Ilhas.[8] Como observado por alguns autores[9], a Assembleia Geral foi particularmente

---

7 CIJ, 2019, p. 42, para 178.

8 No original, os questionamentos foram: "a) 'Was the process of decolonization of Mauritius lawfully completed when Mauritius was granted independence in 1968, following the separation of the Chagos Archipelago from Mauritius and having regard to international law, including obligations reflected in General Assembly resolutions 1514 (XV) of 14 December 1960, 2066 (XX) of 16 December 1965, 2232 (XXI) of 20 December 1966 and 2357 (XXII) of 19 December 1967?'; (b) 'What are the consequences under international law, including obligations reflected in the above-mentioned resolutions, arising from the continued administration by the United Kingdom of Great Britain and Northern Ireland of the Chagos Archipelago, including with respect to the inability of Mauritius to implement a programme for the resettlement on the Chagos Archipelago of its nationals, in particular those of Chagossian origin?'". CIJ, 2019, p. 7, para 1.

9 MILANOVIC, 2017, p.1; AKANDE; TZANAPOULOS, 2017, p. 1; CRESPI REGHIZZI, 2018, p. p15.

cautelosa em formular as questões de maneira a evitar configurar a consulta como uma controvérsia bilateral entre Reino Unido e Maurício sobre o território de Chagos. Além disso, a Corte foi particularmente percuciente na escolha do direito aplicável para identificar a ilicitude do processo de descolonização. A conclusão da Corte foi que de que o processo de descolonização de Maurício não ocorreu de acordo com o direito internacional, vez que o desmembramento do Arquipélago de Chagos, poucos anos antes da independência de Maurício, violava o princípio da integridade territorial e o direito à autodeterminação dos povos – cujo caráter costumeiro foi reafirmado pela Corte, e o caráter de *jus cogens* discutido por alguns juízes[10] – a descolonização ocorrera de maneira não conforme ao direito internacional. Por consequência, a CIJ concluiu que "a contínua administração do Arquipélago de Chagos constitui um ato ilícito acarretando a responsabilidade internacional daquele Estado".[11]

Na opinião consultiva sobre *o Arquipélago de Chagos,* a Corte Internacional de Justiça teve sua jurisdição contestada pelo fato de existir uma controvérsia pendente entre Reino Unido e a República de Maurício. O presente trabalho analisa os argumentos utilizados pela Corte para superar esta objeção e fundamentar sua jurisdição. Dois argumentos principais foram utilizados. A Corte alargou o escopo de sua jurisdição a fim de enquadrar sua resposta no quadro amplo de descolonização, anteriormente tratado pela Assembleia Geral. Também foi argumento da Corte o fato de que uma pronúncia do gênero não tocaria numa controvérsia. Ao se analisar as normas que embasam a função consultiva da Corte e sua jurisprudência anterior sobre a questão, sustenta-se que a consequência da aplicação dos critérios anteriormente desenvolvidos na jurisprudência no presente caso é uma sutil ampliação do escopo da jurisdição consultiva da

---

10 Ver, nesse sentido, as opiniões separadas dos juízes Cançado Trindade, Sebutinde e Robinson.

11 CIJ, 2019, p 42, para 177.

Corte. Sustenta-se ainda que o entendimento da Corte pode ser lido como um escalonamento de sua função consultiva a despeito de potenciais controvérsias entre Estados. Consequentemente, poder-se-ia sustentar que a Corte arrogou para si um papel ligeiramente maior na revisão de atos internacionais quando assim estipulado pelo órgão da ONU que requereu a opinião. A fim de analisar os dois principais problemas anteriormente apontados, o trabalho estrutura-se da seguinte maneira. Primeiramente (seção 2) analisa-se as principais características da função consultiva da CIJ, bem como a necessidade do consentimento para que a Corte possa analisar uma controvérsia bilateral. Em seguida (seção 3), passa-se a análise do primeiro argumento que a CIJ empregou para responder a esta objeção, qual seja o fato de que o questionamento realizado enquadrava-se num contexto maior no framework da descolonização. O segundo argumento da Corte, de que sua pronúncia não tocaria numa controvérsia bilateral é cotejado posteriormente (seção 4). Tendo feita esta análise, verifica-se se ao empregar estas técnicas no caso concreto a CIJ alargou o escopo de sua jurisdição consultiva (seção 5). Considerações conclusivas são elaboradas (seção 6).

A função consultiva da Corte Internacional de Justiça e a objeção sobre a existência de uma controvérsia bilateral

A função judicial da Corte Internacional de Justiça manifesta-se tanto em seu caráter contencioso quanto consultivo, ambos prescritos pela Carta da Organização das Nações Unidas.[12] Ambos possuem regimes jurídicos específicos delineados nas regras da Corte e em sua jurisprudência. Para que a Corte possa decidir uma controvérsia ou responder a uma opinião consultiva, alguns requisitos devem ser observados. Enquanto a função contenciosa está diretamente associada à resolução

12 Sobre a questão, ver, de maneira ampla HERNÁNDEZ, Gleider I. The International Court of Justice and the judicial function. Oxford: Oxford University Press, 2014.

de controvérsias bilaterais, colocando a CIJ como um meio de solução pacífica de conflitos à disposição dos Estados, a função consultiva conecta a Corte às atividades da Organização das Nações Unidas.[13] Esta depende, portanto, da solicitação da opinião sobre qualquer questão legal por parte de um dos órgãos autorizados da Organização.

Ao longo de pouco mais de setenta anos de atividade e de 27 opiniões prolatadas, a Corte Internacional de Justiça determinou em sua jurisprudência alguns importantes critérios para o exercício da função consultiva. Esses critérios geralmente foram formulados em resposta a objeções por parte dos Estados. A Corte encontrou oportunidade para esclarecer que a função consultiva é o momento no qual o órgão jurisdicional toma parte nas atividades da organização,[14] mas que a Corte possui discrição para declinar uma opinião consultiva, se entender que existem razões imperiosas (*compelling reasons*) que a conduzam nessa direção.[15] Jamais a Corte recusou-se a responder a um pedido de opi-

---

13 O artigo 96 da Carta da ONU estabelece a função consultiva da CIJ. Nos artigos 65 a 68 do Estatuto da Corte Internacional de Justiça tal função vem regulada, bem como nos artigos 102 a 109 do diploma legal. A "diretiva prática" número 12 também regulamenta aspectos da função consultiva. Para uma visão geral sobre a função consultiva da Corte, ver DE VISSCHER, Charles, Les avis consultatifs de la Cour permanente de Justice internationale. Recueil des Cours 26, 1929, pp. 1–76; KOLB, Robert. The International Court of Justice. New York: Hart Publishing, 2014; TANCREDI, Antonello. Il parere della Corte internazionale di giustizia sulla dichiarazione d'indipendenza del Kosovo. Rivista di Diritto Internazionale, Vol. 93, 2010, pp. 994–1052; FROWEIN, Jochen; OELLERS-FRAHM. Article 65. in ZIMMERMANN, Andreas; OELLERS-FRAHM, Karin; TOMUSCHAT, Christian; TAMS, Christian J (orgs). The Statute of the International Court of Justice: a commentary. Oxford: Oxford University Press, 2012; ROSENNE, Shabtai. The Law and Practice of the International Court. Leiden: Nijhoff, 2006, pp. 273-254.

14 CIJ, *Interpretation of Peace Treaties with Bulgaria, Hungary and Romania*, First Phase, Advisory Opinion, I.C.J. Reports 1950, p. 71.

15 CIJ, *Legality of the Threat or Use of Nuclear Weapons,* Advisory Opinion, I.C.J. Reports 1996, p. 232, para. 10; CIJ, *Legal Consequences of the Construction of a Wall*

nião consultiva, embora já tenha adaptado as perguntas que lhe foram submetidas, como no caso da opinião sobre a *Declaração de Independência de Kosovo* – argumento que foi levantado por diversos participantes nos procedimentos sobre o *Arquipélago de Chagos*.

Uma objeção relevante para o presente caso é a existência de uma situação fática correlata com a opinião consultiva que poderia obscurecer as fronteiras entre a função consultiva e a função contenciosa. O posicionamento da Corte tem sido no sentido de privilegiar a função consultiva independentemente dos eventuais impactos que possa ter em controvérsias bilaterais. Como a Corte observara na opinião da *Namíbia*, "diferenças de visões entre Estados sobre questões jurídicas existiram em praticamente todos os procedimentos consultivos".[16] A jurisprudência recente confirma este antigo *dictum*. Ao se considerar, por exemplo, a questão da opinião da *Construção do Muro no Território Palestino Ocupado*[17] ou a questão da *Legalidade da Independência de Kosovo*,[18] é possível verificar que ambas estavam relacionadas de alguma maneira com controvérsias pendentes entre os Estados e que, ainda assim, a Corte entendeu exercer sua função consultiva.

---

in the Occupied Palestinian Territory, Advisory Opinion, I.C.J. Reports 2004, p. 144, para. 13; CIJ, *Accordance with International Law of the Unilateral Declaration of Independence in respect of Kosovo*, Advisory Opinion, I.C.J. Reports 2010, p. 412, para. 17.

16 CIJ, *Legal Consequences for States of the Continued Presence of South Africa in Namibia (South West Africa) notwithstanding Security Council Resolution 276 (1970)*, Advisory Opinion, I.C.J. Reports 1971, p. 24, para. 34. Do original: "[d] ifferences of views among States on legal issues have existed in practically every advisory proceeding".

17 CIJ, *Legal Consequences of the Construction of a Wall in the Occupied Palestinian Territory*, Advisory Opinion, I.C.J. Reports 2004.

18 CIJ, *Accordance with International Law of the Unilateral Declaration of Independence in respect of Kosovo*, Advisory Opinion, I.C.J. Reports 2010. De maneira geral, ver MILANOVIC, Marko. The law and politics of the Kosovo advisory opinion. Oxford: Oxford University Press, 2015.

É nesse sentido que se estribou a principal e talvez mais contundente linha de argumentação do Reino Unido e de outros Estados participantes no procedimento: a Corte não deveria exercer sua jurisdição consultiva. Segundo o Reino Unido, a Corte, ao responder ao questionamento da Assembleia Geral, estaria extrapolando sua competência consultiva e decidindo sobre uma controvérsia bilateral entre Maurício e Reino Unido – estaria ela adentrando no reino contencioso de sua jurisdição. Como já observado, porque necessário o consenso dos Estados envolvidos para que uma corte internacional possa adjudicar uma controvérsia entre Estados, na ausência desse consenso a República de Maurício estaria contornando o requisito jurisdicional essencial para decidir uma controvérsia territorial. A Corte pontuou no passado que "um Estado não é obrigado a permitir que controvérsias sejam submetidas à solução judicial sem o seu consentimento".[19]

Em suma: para o Reino Unido e outros participantes, a República de Maurício estaria usando o procedimento consultivo para resolver uma questão bilateral contenciosa. Parece contar de maneira relevante para esta teoria o fato de que Maurício tentou discutir a questão em processo arbitral constituído sob a Convenção de Direito do Mar, bem como tentou anteriormente trazer o caso perante a própria Corte pela via bilateral. Nas palavras de um dos advogados do Reino Unido, Samuel Wordsworth, "aquilo que Mauricio considerou em 2012 como uma questão para controvérsia bilateral adequada para um procedimento contencioso não é absolutamente uma controvérsia bilateral".[20] Embora esta não tenha sido a única objeção por parte do Reino Unido, talvez é aquela com maiores implicações e que seja talvez a mais contestada. É através da resposta a essa argumentação que a Corte parece

19 CIJ, *Western Sahara*, Advisory Opinion, I.C.J. Reports 1975, pp. 24-25, paras. 32-33. Do original: "a State is not obliged to allow its disputes to be submitted to judicial settlement without its consent".

20 CIJ, 2019, Verbatim record 2018/21, p. 27.

sutilmente alargar os critérios anteriormente adotados para o exercício da função consultiva.

A resposta da Corte para esquivar-se desta objeção foi bastante breve – talvez até mesmo apressada – e basicamente ancorou-se em duas linhas argumentativas principais. Por primeiro, a Corte salientou que se tratava de um questionamento submetido pela Assembleia Geral da ONU sobre a descolonização. O segundo argumento parece ser uma tentativa de não configurar necessariamente a controvérsia no interior da função consultiva. Procede-se à analise de cada um destes em separado.

Primeiro argumento: ampliando o objeto da opinião *ou* "não se trata de questão territorial, trata-se de descolonização"

Para demonstrar que não estava resolvendo uma controvérsia territorial, a Corte enquadrou a pergunta feita pela Assembleia Geral no âmbito maior da descolonização e do exercício do direito de autodeterminação – assuntos cardinais no trabalho da organização das Nações Unidas e no projeto de direito internacional posterior a 1945.[21] A estratégia da Corte foi basicamente distanciar-se do problema específico entre os Estados e associar sua jurisdição à matéria envolvendo a questão. Em outras palavras a Corte, do ponto de vista jurisdicional, afastou-se da questão da independência em si, mas relacionou seu poder jurisdi-

---

21 Ver, nesse sentido CASSESE, Antônio. Self-determination of peoples: a legal reappraisal. Cambridge: Cambridge University Press, 1995 e CRAWFORD, James Richard. The General Assembly, the International Court and self-determination. In LOWE, Vaughan; FITZMAURICE, Malgosia (eds). Fifty years of the International Court of Justice : essays in honour of Sir Robert Jennings. Cambridge: Cambridge University Press, pp. 585-605, bem como ARANGIO-RUIZ, Gaetano. Autodeterminazione dei popoli e diritto internazionale : dalla carta delle Nazioni Unite all'Atto di Helsinki (CSCE). Rivista di studi politici internazionali, vol. 50, 1983, pp. 523-552.

cional à matéria da descolonização. Tal situação ocorreu somente porque a primeira pergunta foi cunhada pela Assembleia Geral de maneira particularmente aguda:

> "O processo de descolonização de Maurício estava legalmente completo quando Maurício teve sua independência garantida em 1968, depois da separação do Arquipélago de Chagos de Maurício e em relação ao direito internacional, incluindo as obrigações refletidas nas resoluções da Assembleia Geral 1514 (XV) de 14 de Dezembro de 1960, 2066 (XX) de 16 de Dezembro de 1965, 2232 (XXI) de 20 de Dezembro de 1966 e 2357 (XXII) de 19 de Dezembro de 1967?"[22]

A primeira parte da indagação da Assembleia Geral é precisamente formulada no intuito de não requerer qualquer manifestação da Corte Internacional de Justiça sobre controvérsia territorial e, por consequência, sobre uma disputa pendente. Ademais, tal fato se reforça pela formulação da pergunta no tempo pretérito. Trata-se de um controle de legalidade[23] de fato passado e que, portanto, não se reafirmaria como uma intromissão indevida na bilateralidade de uma disputa pendente. A Assembleia Geral foi particularmente sagaz ao determinar o direito aplicável a ser necessariamente examinado pela Corte. Ao mencionar quatro resoluções de sua própria lavra, a As-

---

22 CIJ, 2019, p. 32, para 132. Do original: "Was the process of decolonization of Mauritius lawfully completed when Mauritius was granted independence in 1968, following the separation of the Chagos Archipelago from Mauritius and having regard to international law, including obligations reflected in General Assembly resolutions 1514 (XV) of 14 December 1960, 2066 (XX) of 16 December 1965, 2232 (XXI) of 20 December 1966 and 2357 (XXII) of 19 December 1967?"

23 A expressão "legalidade" no presente trabalho será empregada no sentido de conformidade com as normas jurídicas internacionais. Não se aproxima da noção de legalidade empregada no âmbito doméstico. Ao se referir ao "controle de legalidade" por parte da CIJ, entende-se a verificação por parte da Corte de determinados fatos com os enunciados normativos de regras jurídicas internacionais.

sembleia interligou a questão com um conteúdo específico de sua responsabilidade, em especial a célebre resolução 1514, denominada "Declaração sobre a Concessão da Independência aos Países e Povos Coloniais". Nas palavras da própria Corte "a adoção da resolução 1514 (XV) de 14 de dezembro de 1960 representa um momento definidor na consolidação da prática estatal sobre descolonização. (...) A resolução da Assembleia Geral 1514 clarifica o conteúdo e o escopo do direito à autodeterminação."[24] Em especial, na sua declaração conjunta, os juízes Cançado Trindade e Robinson são ainda mais contundentes ao observar que a declaração 1514 "cristalizou o direito dos povos à autodeterminação no direito internacional geral".[25] A CIJ, portanto, arvora a sua jurisdição consultiva na função da Assembleia Geral em lidar com o problema da descolonização, vez que o órgão "possui um longo e consistente histórico de busca pelo fim do colonialismo".[26] Invocando o precedente da opinião do *Western Sahara*[27], a Corte entendeu que

---

24 CIJ, 2019, p. 35, para 150. Do original: "150. The adoption of resolution 1514 (XV) of 14 December 1960 represents a defining moment in the consolidation of State practice on decolonization. Prior to that resolution, the General Assembly had affirmed on several occasions the right to self-determination (resolutions 637 (VII) of 16 December 1952, 738 (VIII) of 28 November 1953 and 1188 (XII) of 11 December 1957) and a number of non-self-governing territories had acceded to independence. General Assembly resolution 1514 (XV) clarifies the content and scope of the right to self-determination. The Court notes that the decolonization process accelerated in 1960, with 18 countries, including 17 in Africa, gaining independence. During the 1960s, the peoples of an additional 28 non-self-governing-territories exercised their right to self-determination and achieved independence. In the Court's view, there is a clear relationship between resolution 1514 (XV) and the process of decolonization following its adoption."

25 CIJ, 2019, Joint Declaration of Judges Cançado Trindade and Robinson, p. 2, para 4. Do original: "The 1960 Declaration crystallized the right of peoples to self-determination in general international law".

26 CIJ, 2019, p. 23, para. 87.

27 CIJ, *Western Sahara*, Advisory Opinion, I.C.J. Reports 1975, p. 26, para. 38; Legal Consequences of the Construction of a Wall in the Occupied Palestinian Territory, Advisory Opinion, I.C.J. Reports 2004 (I), p. 159, para. 50.

> "a opinião foi requisitada sobre a descolonização, que é uma particular preocupação das Nações Unidas. As questões levantadas pelo pedido estão situadas num quadro mais amplo de referência à descolonização, incluindo o papel da Assembleia Geral nesta, das quais estas questões são inseparáveis".[28]

A *ratio* por detrás do argumento da Corte é lancinante para garantir sua legitimidade: vez que o assunto em questão está num quadro maior que é, pela Carta da ONU[29] e pela prática da organização, um dos principais assuntos da Assembleia, o pedido desse órgão legitima a potencial resposta à questão.

Nesse contexto, a objeção por parte de alguns participantes, de que a opinião da Corte não iria de maneira alguma auxiliar a Assembleia no exercício de suas funções, parece particularmente relevante. Tal argumento parece ter ecoado na declaração individual do juiz Tomka, para quem a Corte estaria dando "um conselho sobre um assunto que a Assembleia Geral não lidou por meio século".[30] A situação fática parece se distinguir da situação no caso da opinião sobre a *Construção do Muro* em que a CIJ reconheceu que "a questão da construção do muro no Território Palestino Ocupado foi trazida perante a Assembleia Geral por num número de Estados Membros no contexto da Décima Sessão Especial Emergencial da Assembleia".[31] A resposta da Corte, todavia, foi

---

28 CIJ, 2019, p. 23, para. 88. Do original: "The Court therefore concludes that the opinion has been requested on the matter of decolonization which is of particular concern to the United Nations. The issues raised by the request are located in the broader frame of reference of decolonization, including the General Assembly's role therein, from which those issues are inseparable".

29 A Corte menciona o artigo 1.2 e o artigo 73 para fundamentar essa associação, bem como os trabalhos do Quarto Comitê da Assembleia, que lida com situações políticas e descolonização.

30 CIJ, 2019, Declaration Judge Tomka, p.3, para 6.

31 CIJ, 2004, p. 145, para 17. Do original: "As will be explained below, the question of the construction of the wall in the Occupied Palestinian Territory was brought before the General Assembly by a number of Member States in the context of the

igualmente pontual ao restringir o seu campo de análise e determinar que "não é a Corte que determina a utilidade da resposta ao órgão requerente. Pelo contrário, deve ser deixado para o órgão requerente, a Assembleia Geral, a função de determinar se ela precisa da opinião para a própria performance de suas funções".[32]

Superado o argumento, a conclusão que resta é que uma das técnicas utilizadas pela Assembleia Geral e referendada pela Corte neste caso foi a de ampliar o escopo da opinião a fim de desfocar as margens da controvérsia. Embora não seja a primeira vez que a Corte utiliza esta técnica (*Caso do Muro* e, em certa medida, também na questão da *Independência do Kosovo*), no presente caso a Corte o fez de maneira mais breve. Uma potencial razão para tal fato seja o caráter não-inovador da doutrina. Adicionalmente, talvez isso explique a razão pela qual o argumento tenha sido acompanhado de uma específica análise de que a pronúncia da Corte não estava associada à controvérsia específica.

Segundo argumento: responder ao questionamento da Assembleia não irá tocar na controvérsia *ou* "A Corte não está lidando com uma controvérsia"

Vez que o conceito de controvérsia anteriormente reafirmado pela Corte é específico, parte da argumentação da Corte foi no sentido de não configurar sua pronúncia como a pronúncia sobre uma controvérsia pendente entre Reino Unido e Maurício. Segundo a jurisprudência

---

Tenth Emergency Special Session of the Assembly, convened to deal with what the Assembly, in its resolution ES-1012 of 25 April 1997, considered to constitute a threat to international peace and security".

32 CIJ, 2019, p. 20, para 76. Do original: "76. The Court considers that it is not for the Court itself to determine the usefulness of its response to the requesting organ. Rather, it should be left to the requesting organ, the General Assembly, to determine "whether it needs the opinion for the proper performance of its functions" (Accordance with International Law of the Unilateral Declaration of Independence in Respect of Kosovo, Advisory Opinion, I.C.J. Reports 2010 (II), p. 417, para. 34)."

da CIJ, uma controvérsia é "um desacordo sobre um ponto de direito ou de fato, um conflito de visões legais ou de interesses"[33] entre partes. A argumentação de alguns Estados participantes nos procedimentos foi no sentido de que se a Corte se pronunciasse sobre uma questão em que existia um conflito de visões ou interesses entre dois Estados, ela estaria necessariamente pronunciando-se sobre uma controvérsia. Por consequência, estaria também circunscrevendo o consentimento dos Estados para terem suas controvérsias decididas. A posição da Corte, reafirmando sua anterior jurisprudência de *Namibia*, foi de

> "(...) que podem existir diferenças de visões em questões legais em procedimentos consultivos (...). Contudo, o fato que a Corte tenha que se pronunciar em questões legais em que visões divergentes tenham sido expressadas por Maurício e o Reino Unido não significa que, ao responder a estas questões, a Corte está lidando com uma questão bilateral".[34]

---

33 CPJI, *Mavrommatis Palestine Concessions*, Judgment No. 2, 1924, P.C.I.J., Series A, No. 2, p. 11. Do original: "a disagreement on a point of law or fact, a conflict of legal views or of interests". O conceito foi reafirmado em CIJ, *South West Africa (Ethiopia v. South Africa; Liberia v. South Africa)*, Preliminary Objections, Judgment, I.C.J. Reports 1962, p. 328; CIJ, *Alleged Violations of Sovereign Rights and Maritime Spaces in the Caribbean Sea (Nicaragua v. Colombia)*, Preliminary Objections, Judgment, I.C.J. Reports 2016. Mais recentemente, a questão da existência de uma controvérsia foi trazida no caso do Desarmamento Nuclear: CIJ, *Obligations concerning Negotiations relating to Cessation of the Nuclear Arms Race and to Nuclear Disarmament (Marshall Islands v. United Kingdom)*, Preliminary Objections, Judgment, I.C.J. Reports 2016, p. 833. Sobre a questão ver BONAFÉ, Beatrice Ilaria. Establishing the Existence of a Dispute before the International Court of Justice: Drawbacks and Implications. Questions of International Law. 2017, pp. 3-32 e também LIMA, Lucas Carlos. Da relevância dos casos do desarmamento nuclear perante a Corte Internacional de Justiça. Revista de Direito Internacional, v. 14, p. 203-216, 2018.

34 ICJ, 2019, p. 23, para 89. Do original: "Moreover, the Court observes that there may be differences of views on legal questions in advisory proceedings (Legal

É interessante notar que no enquadrar da questão, a Corte não se pronuncia sobre qualquer questão ou até mesmo sobre a possibilidade de existência de uma controvérsia. Em verdade, a argumentação da Corte tangencia a existência de uma controvérsia, embora diversos juízes reconheçam a existência de uma disputa entre Reino Unido e Maurício em suas opiniões individuais.[35] De um ponto de vista lógico, o reconhecimento da existência de uma controvérsia – qualquer que fosse o conteúdo – poderia gerar uma diminuição da legitimidade da resposta da Corte. A separação da função contenciosa e consultiva da Corte é essencial para garantir sua integridade judicial[36]. Esse exercício de toldar de olhos da Corte, contudo, parece pecar no momento em que a Corte se declara ciente do processo arbitral entre Maurício e Reino Unido no âmbito da Convenção das Nações Unidas sobre o Direito do Mar. Sobre esse ponto, a Corte respondeu que "as questões que foram determinadas pelo Tribunal Arbitral na *Arbitragem relativa à Área Marinha Protegida de Chagos* não são os mesmos que estão perante a Corte neste procedimento"[37]. Em outras palavras, a Corte declara-se ciente da demanda entre os Estados, bem como de suas posições jurídicas contrastantes. Sua pronúncia pode não ser sobre a controvérsia, mas é uma pronúncia

---

Consequences for States of the Continued Presence of South Africa in Namibia (South West Africa) notwithstanding Security Council Resolution 276 (1970), Advisory Opinion, I.C.J. Reports 1971, p. 24, para. 34). However, the fact that the Court may have to pronounce on legal issues on which divergent views have been expressed by Mauritius and the United Kingdom does not mean that, by replying to the request, the Court is dealing with a bilateral dispute".

35 Ver, por exemplo, as declarações e opiniões separadas dos juízes Tomka, Xue, Donoghue.

36 GREENWOOD, 2014, p. 64.

37 CIJ, 2019, para. 81. Do original: "In any event, the Court further notes that the issues that were determined by the Arbitral Tribunal in the Arbitration regarding the Chagos Marine Protected Area (see paragraph 50 above) are not the same as those that are before the Court in these proceedings."

ciente da dela e, portanto, também ciente dos potenciais impactos que sua pronúncia pode causar sobre ela.

Nesse sentido, um ponto que chamou particular atenção de alguns juízes em suas opiniões individuais é a decisão da Corte de ter se pronunciado sobre a responsabilidade do Reino Unido. Como observou o juiz Gevorgian, que criticou este comportamento da Corte em sua declaração, embora a Corte o tenha feito no passado, as circunstâncias são diferentes já que nas vezes anteriores anteriores que tenha indicado um ato ilícito por parte de um Estado, o Conselho de Segurança já havia se pronunciado sobre a ilegalidade de situações conexas. Assim, para o juiz russo, "a mencionada declaração de responsabilidade não é apenas sem sentido – já que não está refletida no *dispositif* e não deveria estar – mas também sem suporte na jurisprudência da Corte".[38] Em sentido similar, o juiz Tomka entendeu que "procedimentos consultivos não são o fórum apropriado para fazer estes tipos de determinações especialmente quando a Corte não foi solicitada para realizá-los e eles não são estritamente necessários para aconselhar o órgão solicitante".[39] De todo modo, tanto no caso da opinião sobre a *Namíbia* e na opinião sobre o *Muro*, a Corte Internacional de Justiça estabeleceu específicas consequências para um Estado em virtude do

38 CIJ, 2009, Declaration Judge Gevorgian, p. 2, paras 6-7. Do original: "It follows that the above-mentioned statement of responsibility is not only pointless ¾ it is not reflected in the dispositif, and should not be so ¾ but also unsupported by the Courts case law.

39 CIJ, 2009, Declaration Judge Tomka, p 3, para 8. Do original: "The Court, despite stating that it is not "dealing with a bilateral dispute" between Mauritius and the United Kingdom, makes an unnecessary pronouncement on "an unlawful act of a continuing character" of the latter in its answer to the second question of the General Assembly (Advisory Opinion, paragraph 177). Advisory proceedings are not an appropriate forum for making these kinds of determinations, especially when the Court is not asked to make them and they are not strictly necessary for providing advice to the requesting organ".

reconhecimento da ilegalidade de um determinado ato ou comportamento no âmbito do direito internacional.

Contudo, a saída da Corte para pronunciar-se sobre a responsabilidade específica do Reino Unido repousa também no fato de que as obrigações em questão são obrigações de natureza *erga omnes*, e não obrigações devidas pelo Reino Unido em relação direta à República de Maurício. Daí a necessidade da Corte de elaborar sobre este ponto. O fato do direito de autodeterminação dos povos se classificar no rol de "obrigações de um Estado em relação à comunidade internacional como um todo" e que "todos os Estados possuem um interesse jurídico em sua proteção"[40] sugere uma legitimação da pronúncia da Corte. Nesse sentido, é interessante a observação feita pelo juiz Gaja. Na visão do juiz italiano, "se a Corte tivesse escolhido manifestar suas visões sobre questões bilaterais como a alegada existência de uma obrigação para o Reino Unido de fazer reparações a Maurício, uma questão de *judicial propriety* teria surgido, dada a ausência de consentimento pelos dois Estados envolvidos em relação a uma submissão de controvérsia para a Corte"[41]. O que a opinião do juiz Gaja parece confirmar é que enquanto a Corte não adentrar numa controvérsia exclusivamente bilateral (como a pronúncia sobre reparação) entre Reino Unido e Maurício, está trabalhando no âmbito da integridade judicial de sua função consultiva.

A técnica utilizada pela Corte para fundar sua jurisdição consultiva argumentando que não estava fazendo pronúncias sobre uma controvérsia bilateral não convenceu a juiz Donoghue, que apensou uma opinião dissidente ao julgamento da Corte. De acordo com a juíza Donoghue,

40 CIJ, 1970, p. 32, para 33.

41 CIJ, 2019, Declaration Judge Gaja, p. 3. Do original: "If the Court had chosen to express views on bilateral questions such as the alleged existence of an obligation for the United Kingdom to make reparation to Mauritius, an issue of judicial propriety would have arisen, given the lack of consent of the two States concerned regarding the submission of their dispute to the Court".

uma série elementos são fundamentais para constatar que existe uma controvérsia pendente entre os Estados. Por exemplo, a tentativa anterior de trazer o caso à Corte, a controvérsia perante o tribunal arbitral constituído sob a UNCLOS e as mudanças na cláusula compromissória da CIJ (Art. 36.2 do Estatuto). Ademais, o argumento da magistrada Donoghue vai no sentido de que a centralidade da controvérsia ao assunto da presente opinião faria com que necessariamente a Corte estivesse pronunciando-se sobre uma controvérsia para a qual não havia jurisdição consentida pelos Estados e que, portanto, existiria uma razão imperiosa para a Corte não se pronunciar. De maneira marcante, a juíza Donoghue observou que

> "a Opinião Consultiva, como seu pedido, evita referências a soberania. Ainda assim, os pronunciamentos da Corte podem significar somente que ela conclui que o Reino Unido possui uma obrigação de liberar sua soberania sobre Maurício. A Corte decidiu a questão que Maurício tentou adjudicar, e que o Reino Unido recusou seu consentimento".[42]

Em defesa dos posicionamentos da Corte em relação à ausência de uma controvérsia e do respeito ao princípio do consentimento, a juíza Xue adota o raciocínio de que em realidade a controvérsia bilateral atual não origina a opinião: é ela própria fruto do processo de descolonização sobre o qual a Corte é chamada a se pronunciar.[43] Ademais, a juíza Xue

---

42 CIJ, 2019, Dissenting Opinion Judge Donoghue, p. 4, para 19. Do original: "The Advisory Opinion, like the request, avoids references to sovereignty. Yet the Court's pronouncements can only mean that it concludes that the United Kingdom has an obligation to relinquish sovereignty to Mauritius. The Court has decided the very issues that Mauritius has sought to adjudicate, as to which the United Kingdom has refused to give its consent".

43 CIJ, 2019, Declaration Vice-President Xue, p. 5, para 21. A vice-presidente Xue concluiu que "I am convinced that the Court has properly applied the non-circumvention principle in the present proceedings and, by rendering this Advisory Opinion to the General Assembly, has duly discharged its judicial functions entrusted to it by the Charter of the United Nations".

frisa a questão de que o requerimento da opinião foi verificar a legalidade de um determinado ato num passado específico (os anos de 1965 a 1968, quando da independência de Maurício).

As posições contrastantes dos juízes em suas opiniões individuais oferecem instigante *zoom in* na câmara de deliberação e sobre os possíveis debates ocorridos no momento de decidir e afirmar a sua jurisdição bem como se existiam razões para duvidar do princípio do consentimento. O fato de que a questão tenha sido levantada em tantas opiniões individuais parece sugerir que a Corte tinha uma decisão significativa a tomar sobre a sua própria função consultiva. Este ponto será discutido na última seção do trabalho.

Alargando o escopo da função consultiva da CIJ?

As duas técnicas argumentativas utilizadas pela Corte – conexão com a função da AG e não pronúncia sobre uma controvérsia bilateral – conduzem à questão de verificar ter ocorrido ou não um alargamento dos poderes da CIJ em relação a sua função consultiva. Vez que uma controvérsia entre dois Estados parecia existir, havia sido trazida perante outros foros internacionais e alguns juízes sentiram a necessidade de a ela responder, questiona-se se as particulares circunstâncias do presente caso não contribuíram para um alargamento do escopo da função consultiva da Corte Internacional de Justiça.

A questão do consentimento é um problema permanente presente quando tribunais internacionais são requisitados a emanarem opiniões consultivas.[44] A célebre frase de *Namíbia* em que a Corte parece reco-

---

44 KOLB, 2014, p. No que se refere ao Tribunal Internacional do Direito do Mar, ver MAROTTI, Loris. Sulla funzione consultiva del Tribunale internazionale del diritti del mare. Rivista di Diritto Internazionale, vol. 98, 2015, pp. 1171-1197 e LANDO, Massimo. The Advisory Jurisdiction of the International Tribunal for the Law of the Sea: Comments on the Request for an Advisory Opinion Submitted by the Sub-Regional Fisheries Commission. Leiden Journal of International Law, Vol 29, 2016, pp. 441-461.

nhecer que sempre existiram controvérsias elipsadas por trás das questões consultadas reverbera na literatura e ressoa na presente opinião.[45] Não se pode evitar a impressão, ao se contrastar a opinião sobre *Chagos* com a prática precedente relativa a opiniões consultivas, de que existe um tácito reconhecimento por parte da Corte de que questões envolvendo grandes interesses da comunidade internacional, independente de constituírem uma disputa bilateral, devem receber a resposta à solicitação opinião consultiva. Talvez aqui uma consideração de política judiciária possa ser elaborada. Obter a votação de aproximadamente 100 Estados na Assembleia Geral não é um fato isolado tampouco seu mérito deve ser diminuído. Nas duas últimas situações em que isso ocorreu, questões que envolviam grandes interesses da comunidade internacional estavam em jogo.

De um ponto formal, nenhum dos argumentos utilizados pela Corte são necessariamente novos. Contudo, sua aplicação numa situação como a do presente caso, em que a questão não vinha sendo cuidadosamente tratada por parte do Conselho de Segurança ou da Assembleia Geral (como ocorrera no caso do *Muro*), em que uma das partes envolvidas não estava disposta a cooperar na formulação e pedido da opinião (ex. do caso da *Declaração de Kosovo*) pode gerar consequências distintas.

É bem verdade que a principal limitação imposta à atividade consultiva da Corte é formulada pelos limites da Carta da ONU e do Estatuto da CIJ. O limite à pergunta formulada pela Assembleia é dada pelo artigo 96 da Carta que determina que "a Assembleia Geral ou o Conselho de Segurança podem solicitar à Corte Internacional de Justiça uma opinião consultiva em qualquer questão jurídica (*legal question*)".[46] A expressão "questão jurídica" oferece uma ampla margem de ação para

45 KOLB, 2014, p. 1013.

46 Do original: "The General Assembly or the Security Council may request the International Court of Justice to give an advisory opinion on any legal question".

a Corte no momento de decidir pronunciar-se ou não. No atual estado do direito internacional, dificilmente uma dissidência de opiniões entre Estados não poderia ser formulada em questões jurídicas. Como notado por um célebre autor em relação ao pacto da Liga das Nações, a expressão "questão jurídica" engloba a noção de controvérsia[47], e a história dos procedimentos da Corte Permanente de Justiça Internacional demonstram que a jurisdição consultiva nasce em relação a opiniões "não obrigatórias" para controvérsias pendentes.[48] Uma leitura do artigo 96 com o artigo 10 da Carta da ONU, que estabelece as competências da Assembleia Geral como "quaisquer questões ou assuntos que estiverem dentro das finalidades da presente Carta ou que se relacionarem com as atribuições e funções de qualquer dos órgãos nela previstos"[49], permite vislumbrar uma ampla possibilidade da Assembleia Geral submeter situações ao controle de legalidade da Corte. Nesse sentido, reproduzindo os termos do artigo 96, a Corte na opinião sobre o *Arquipélago de Chagos* pontuou que:

> "A Corte considera que uma solicitação da Assembleia Geral por uma opinião consultiva para examinar uma situação em referência ao direito internacional constitui uma questão jurídica (*legal question*)".[50]

---

47 KELSEN, 1939, p.119.

48 Sobre a questão, ver DE VISSCHER, 1929, p. 13; HUDSON, 1943, p. 512 e KOLB, 2014, p. 1011.

49 CARTA DA ONU, 1945, Artigo 10. Do original: "The General Assembly may discuss any questions or any matters within the scope of the present Charter or relating to the powers and functions of any organs provided for in the present Charter, and, except as provided in Article 12, may make recommendations to the Members of the United Nations or to the Security Council or to both on any such questions or matters".

50 CIJ, 2019, Do original: "The Court considers that a request from the General Assembly for an advisory opinion to examine a situation by reference to international law concerns a legal question".

Esta frase é interessante não apenas porque classifica a situação envolvendo *Chagos* como uma questão jurídica. Ela é igualmente interessante porque a Corte sedimenta a função consultiva da Corte Internacional de Justiça como uma espécie de controle de conformidade com o direito internacional – algo que, de certa forma, já ocorrera na opinião sobre a *Legalidade da Ameaça ou Uso de Armas Nucleares,*[51] na questão da *Construção do Muro na Palestina*[52] e na questão da *Declaração da Independência do Kosovo.*[53] Em especial, a Corte observou na opinião da *independência do Kosovo* que "uma questão que expressamente questiona a Corte se uma ação particular é compatível com o direito internacional certamente parece ser uma questão jurídica"[54] e que, como havia já pontuado na opinião do *Saara Ocidental* questões "formuladas em termos jurídicos e levantando problemas de direito internacional (...) são pela sua própria natureza suscetíveis de serem respondias com base no direito".[55]

---

51 CIJ, 1996, p. 238. Na ocasião, a pergunta da Assembleia Geral à Corte foi formulada da seguinte maneira: "Is the threat or use of nuclear weapons in any circumstance permitted under international law?"

52 CIJ, 2004, p. 141. Na ocasião, a pergunta da Assembleia à Corte foi: "What are the legal consequences arising from the construction of the wall being built by Israel, the occupying Power, in the Occupied Palestinian Territory, including in and around East Jerusalem, as described in the report of the Secretary-General, considering the rules and principles of international law, including the Fourth Geneva Convention of 1949, and relevant Security Council and General Assembly resolutions?"

53 CIJ, 2010, p. 407. A pergunta da Assembleia na ocasião foi: "'Is the unilateral declaration of independence by the Provisional Institutions of Self-Government of Kosovo in accordance with international law?'"

54 CIJ, 2010, p. 415. Do original: "A question which expressly asks the Court whether or not a particular action is compatible with international law certainly appears to be a legal question".

55 CIJ, 1975, p 18. Do original: "framed in terms of law and rais[ing] problems of international law . . . are by their very nature susceptible of a reply based on law".

A distinção é que, nos casos anteriores, o objeto não parecia ser tão conectado à uma disputa bilateral e que pudesse tocar intimamente o território de um Estado. Enquanto na questão das *Armas Nucleares* a pergunta era ampla e genérica em relação ao uso de determinado tipo de armamento, e na questão da *independência de Kosovo* o ato controlado era a declaração realizada pelas instituições provisórias do Estado, mesmo na questão do *Muro* a manifestação sobre o controle de legalidade não impactaria os interesses representados pela extensão territorial de um Estado. Na presente opinião, a Corte está ciente de que sua pronúncia significa que a disputa territorial em relação ao arquipélago de Chagos implica uma posse ilegal por parte do Reino Unido.

Do ponto de vista processual, é difícil não perceber a atitude da Corte como uma espécie de escalonamento funcional de sua atividade judicial. Na medida em que a Assembleia Geral lhe submeter uma questão para que seja realizado um controle de legalidade, o fato de que a pronúncia possa afetar uma controvérsia no centro da matéria não é uma razão imperiosa para que a Corte não se pronuncie. A função consultiva, uma das maneiras pelas quais a CIJ assume sua função como parte da Organização, parece sobrepor-se à potencial função contenciosa que depende do consentimento dos Estados. Com tal posicionamento, reforçado na opinião do *Arquipélago de Chagos*, a Corte rememora que é no âmbito da Assembleia Geral que permanece a decisão de submeter ou não uma controvérsia pendente perante o principal órgão judiciário das Nações Unidas.

CONCLUSÃO

Diferentemente dos julgamentos da Corte, opiniões consultivas não são obrigatórias e não vinculam os Estados;[56] elas representam a

56 Construção determinada pelo Artigo 59 do Estatuto da Corte Internacional de Justiça, que estabelece que "the decision of the Court has no binding force except between the parties and in respect of that particular case".

visão do direito por parte de um prestigioso tribunal internacional. A opinião é oferecida à ONU e não aos Estados.[57] Em última análise, é o consentimento que rende o julgamento obrigatório aos litigantes. Contudo, como bem ilustrou o juiz Gros em sua declaração no caso do *Western Sahara*, "quando a Corte oferece uma opinião consultiva numa questão de direito, ela declara o direito. A ausência de força obrigatória não transforma a operação judicial numa consulta legal, que pode ser usado ou não de acordo com a escolha".[58] No caso presente, ainda que não obrigatória, a Corte declarou a ilicitude da separação do arquipélago de Chagos de Maurício bem como declarou a necessidade de se pôr fim ao fato ilícito. Esta informação não poderá ser negligenciada nas futuras negociações entre Reino Unido e Maurício, tampouco poderá sê-lo por Estados terceiros vez que a Corte declarou que "todos os Estados membros [da ONU] estão sob uma obrigação de cooperar com as Nações Unidas de maneira a completar a descolonização de Maurício".[59]

De uma maneira geral, a Corte faz considerações extremamente importantes nesta opinião consultiva. Ela desfere golpe necessário em práticas colonizadoras: não importa quando elas ocorreram, elas não podem gerar efeitos jurídicos na atualidade. A ordem jurídica interna-

---

57 CIJ, *Interpretation of Peace Treaties case*, ICJ Reports 1950, pp. 65, para 74.

58 CIJ, 1975, Declaration of Judge Gros, p. 73, para 6. Do original: "Je rappellerai seulement que la Cour, lorsqu'elle rend un avis consultatif sur une question de droit, dit le droit. Je rappellerai seulement que la Cour, lorsqu'elle rend un avis consultatif sur une question de droit, dit le droit. L'absence de force obligatoire ne transforme pas la démarche judiciaire en consultation juridique qu'on utilise ou non à sa guise. L'avis consultatif détermine le droit applicable à la question posée; il est possible que l'organe qui a demandé l'avis ne le suive pas dans son action, mais cet organe sait qu'il ne pourrait adopter une position contraire au prononcé de la Cour avec une efficacité quelconque sur le plan juridique".

59 CIJ, 2019, p. 44, *dispositif*. Do original: "The Court, by thirteen votes to one, is of the opinion that all Member States are under an obligation to co-operate with the United Nations in order to complete the decolonization of Mauritius."

cional repele essa ilegalidade através da incidência de duas normas de fundamental importância, a integridade territorial e autodeterminação dos povos.

Embora os argumentos aplicados pela Corte não sejam necessariamente novos, as circunstâncias do presente caso levam a concluir que as posições assumidas pela Corte alargaram sutilmente a margem de ação dentro de sua jurisdição consultiva. O principal órgão judiciário da Organização das Nações Unidas reitera sua posição de verificador de conformidade com o direito internacional, mesmo quando uma controvérsia repousa nas margens (ou ao centro, a depender do observador) do objeto da opinião. Somente a prática futura da corte poderá confirmar se isso se configura como uma tendência de ampliação dos poderes da Corte e da assunção de uma posição mais central nas controvérsias internacionais através de sua função consultiva. Esta prática dependerá, essencialmente, dos posicionamentos dos Estados na Assembleia Geral em relação às questões jurídicas que submeterem à apreciação da Corte Internacional de Justiça.

REFERÊNCIAS BIBLIOGRÁFICAS

AGO, Roberto. I pareri consultivi "vincolanti" della Corte Internazionale di Giustizia. Rivista di Diritto Internazionale, Vol. 73, 1990, pp. 5–23.

AKANDE, Dapo. The competence of international organizations and the Advisory Jurisdiction of the International Court of Justice. European Journal of International Law, vol. 9, 1998, pp. 437-467.

AKANDE, Dapo; TZANAPOULOS, Antonios. Can the International Court of Justice Decide on the Chagos Islands Advisory Proceedings without the UK's Consent? EJILTalk, 27 Junho 2017. Disponível em: <https://www.ejiltalk.org/can-the-international-court-of-justice-decide-on-the-chagos-islands-advisory-proceedings-without-the-uks-consent/>.

ANGHIE, Antony. Imperialism, sovereignty and the making of international law. Cambridge: Cambridge University Press, 2005.

ARANGIO-RUIZ, Gaetano. Autodeterminazione dei popoli e diritto internazionale: dalla carta delle Nazioni Unite all'Atto di Helsinki (CSCE). Rivista di studi politici internazionali, vol. 50, 1983, pp. 523-552.

BONAFÉ, Beatrice Ilaria. Establishing the Existence of a Dispute before the International Court of Justice: Drawbacks and Implications. Questions of International Law. 2017, pp. 3-32.

BONAFÈ, Beatrice Ilaria. "La Cour internationale de Justice et la notion de différent". Ordine internazionale e diritti umani, Vol. 5, pp. 924-933, 2016.

BROWN, Chester. A common law of international adjudication. Oxford: Oxford University Press, 2007.

CANÇADO TRINDADE, Antônio Augusto. International Law for Humankind - Towards a New Jus Gentium. Leiden, Nijhoff, 2013, pp. 1-726.

CASSESE, Antônio. Self-determination of peoples: a legal reappraisal. Cambridge: Cambridge University Press, 1995.

CORTE INTERNACIONAL DE JUSTIÇA. Accordance with International Law of the Unilateral Declaration of Independence in respect of Kosovo, Advisory Opinion, I.C.J. Reports 2010.

CORTE INTERNACIONAL DE JUSTIÇA. Alleged Violations of Sovereign Rights and Maritime Spaces in the Caribbean Sea (Nicaragua v. Colombia), Preliminary Objections, Judgment, I.C.J. Reports 2016.

CORTE INTERNACIONAL DE JUSTIÇA. Barcelona Traction, Light and Power Company, Limited, Judgment, I.C.J. Reports 1970.

CORTE INTERNACIONAL DE JUSTIÇA. Interpretation of Peace Treaties with Bulgaria, Hungary and Romania, First Phase, Advisory Opinion, I.C.J. Reports 1950.

CORTE INTERNACIONAL DE JUSTIÇA. Interpretation of Peace Treaties case, ICJ Reports 1950.

CORTE INTERNACIONAL DE JUSTIÇA. Legal Consequences for States of the Continued Presence of South Africa in Namibia (South West Africa) notwithstanding Security Council Resolution 276 (1970), Advisory Opinion, I.C.J. Reports 1971.

CORTE INTERNACIONAL DE JUSTIÇA. Legal Consequences of the Construction of a Wall in the Occupied Palestinian Territory, Advisory Opinion, I.C.J. Reports 2004.

CORTE INTERNACIONAL DE JUSTIÇA. Legal consequences of the separation of the Chagos Archipelago from Mauritius in 1965, Advisory Opinion of 25 January 2019.

CORTE INTERNACIONAL DE JUSTIÇA. Legality of the Threat or Use of Nuclear Weapons, Advisory Opinion, I.C.J. Reports 1996.

CORTE INTERNACIONAL DE JUSTIÇA. Obligations concerning Negotiations relating to Cessation of the Nuclear Arms Race and to Nuclear Disarmament (Marshall Islands v. United Kingdom), Preliminary Objections, Judgment, I.C.J. Reports 2016.

CORTE INTERNACIONAL DE JUSTIÇA. South West Africa (Ethiopia v. South Africa; Liberia v. South Africa), Preliminary Objections, Judgment, I.C.J. Reports 1962.

CORTE INTERNACIONAL DE JUSTIÇA. Western Sahara, Advisory Opinion, I.C.J. Reports 1975.

CORTE INTERNACIONAL DE JUSTIÇA. Legality of the Threat or Use of Nuclear Weapons. Advisory Opinion. ICJ Reports 1996.

CORTE INTERNACIONAL DE JUSTIÇA. Nuclear Tests (New Zealand v. France). ICJ Reports 1974.

CORTE PERMANENTE DE JUSTIÇA INTERNACIONAL. Affaire des Concessions Mavrommatis en Palestine, CPJI, Series A, No. 2, 1924.

CRAWFORD, James Richard. The General Assembly, the International Court and self-determination. In: LOWE, Vaughan; FITZMAURICE, Malgosia (eds). Fifty years of the International Court of Justice: essays in honour of Sir Robert Jennings. Cambridge: Cambridge University Press, pp. 585-605.

CRESPI REGHIZZI, Zeno. La juridiction consultative à l'épreuve du principe consensuel: l'affaire des Effets juridiques de la séparation de l'archipel des Chagos de Maurice en 1965. Questions of International Law, Zoom-out 55, Nov 2018, pp. 15-34.

DE VISSCHER, Charles, Les avis consultatifs de la Cour permanente de Justice internationale. Recueil des Cours 26, 1929.

ESLAVA, Luis; FAKHRI, Michael; NESIAH, Vasuki. Bandung, Global History and International Law. Cambridge: Cambridge University Press, 2017.

FORLATI, Serena. The International Court of Justice: an arbitral tribunal or a judicial body? New York: Springer, 2014.

FROWEIN, Jochen; OELLERS-FRAHM. Article 65. In: ZIMMERMANN, Andreas; OELLERS-FRAHM, Karin; TOMUSCHAT, Christian; TAMS, Christian J (orgs). The Statute of the International Court of Justice: a commentary. Oxford: Oxford University Press, 2012.

GAJA, Giorgio. Interpreting Articles Adopted by the International Law Commission. The British Yearbook of International Law, Vol. 85, 2014, pp.10-20.

GRANT, Thomas D. Regulating the Creation of States from Decolonization to Secession. Journal of International Law and International Relations, vol. 5, afl. 2, 2009.

GREENWOOD, Cristopher. Judicial Integrity and the Advisory Jurisdiction of the International Court of Justice. In: GAJA, Giorgio; STOUTENBURG, Grote. Enhancing the Rule of Law through the International Court of Justice. Leiden: Nijhoff, 2014, pp. 63-75.

HERNÁNDEZ, Gleider I. The International Court of Justice and the judicial function. Oxford: Oxford University Press, 2014.

HIGGINS, Rosalyn. The advisory opinion on Namibia: which UN resolutions are binding under article 25 of the charter. The International and Comparative Law Quarterly, Vol. 21, No. 2, 1972, pp. 270-286.

HUDSON, Manley O. The Permanent court of international justice, 1920-1942: a treatise. New York: The Macmillan company, 1943.

JENNINGS, Robert Y. The Role of the International Court of Justice. British Yearbook of International Law, Volume 68, 1997, pp. 1-63, p.39.

KELSEN, Hans. Legal technique in International Law: a textual critique of the League Covenant. Genebra: Geneva Research Center ,1939.

KLABBERS, Jan. Shrinking Self-determination: The Chagos Opinion of the International Court of Justice. ESIL Reflections. Volume 8, Issue 2, 2019, pp. 1-9.

KOLB, Robert. The International Court of Justice. New York: Hart Publishing, 2014.

LANDO, Massimo. The Advisory Jurisdiction of the International Tribunal for the Law of the Sea: Comments on the Request for an Advisory Opinion Submitted by the Sub-Regional Fisheries Commission. Leiden Journal of International Law, Vol 29, 2016, pp. 441-461.

LIMA, Lucas Carlos. Da relevância dos casos do desarmamento nuclear perante a Corte Internacional de Justiça. Revista de Direito Internacional, v. 14, p. 203-216, 2018.

MAROTTI, Loris. Sulla funzione consultiva del Tribunale internazionale del diritto del mare. Rivista di Diritto Internazionale, vol. 98, 2015, pp. 1171-1197.

MAROTTI, Loris. The International Court of Justice Role in Influencing the Approach of other Courts on Fundamental Procedural Matters. In: ARCARI, Maurizio; BALMOND, Louis. (orgs). Le dialogue des juridictions dans l'ordre juridique international: entre pluralisme et sécurité juridique. Napoli: Editoriale Scientifica, 2014, pp.7-27.

MERKOURIS, Panos. The Advisory Jurisdiction of the Permanent Court of International Justice in Practice: a Tale of two Scopes. In: TAMS, Christian J; FITZMAURICE, Malgosia (eds). Legacies of the Permanent Court of International Justice. Leiden: Nijhoff, 2013.

MILANOVIC, Marco. ICJ Advisory Opinion Request on the Chagos Islands. EJILTalk, 24 de Junho de 2017. Disponível em: <https://www.ejiltalk.org/icj-advisory-opinion-request-on-the-chagos-islands/>.

MILANOVIC, Marko (ed.). The law and politics of the Kosovo advisory opinion. Oxford: Oxford University Press, 2015.

ROSENNE, Shabtai. The Law and Practice of the International Court. Leiden: Nijhoff, 2006, pp. 273-254.

SUMMERS, James. Peoples and International Law: How Nationalism and Self-Determination Shape a Contemporary Law of Nations. Leiden: Martinus Nijhoff, 2007.

TANCREDI, Antonello. Il parere della Corte internazionale di giustizia sulla dichiarazione d'indipendenza del Kosovo. Rivista di Diritto Internazionale, Vol. 93, 2010, pp. 994–1052.

TRINIDAD, Jamie. Self-Determination and territorial integrity in the Chagos Advisory Proceedings: Potential broader ramifications. Questions of International Law, Zoom Out 55, 2018, pp. 61-69.

TRINIDAD, Jamie. Self-determination in disputed colonial territories. Cambridge: CUP, 2018.

WOOD, Michael. Advisory Jurisdiction: Lessons from Recent Practice. In: HESTERMEYER, Holget et al (eds). Coexistence, Cooperation and Solidarity: liber amicorum Rüdiger Wolfrum. Nijhoff: 2012, pp. 1833-1849.

YEE, Sienho. Notes on the International Court of Justice (Part 7) - The Upcoming Separation of the Chagos Archipelago Advisory Opinion: Between the Court's Participation in the UN's Work on Decolonization and the Consent Principle in International Dispute Settlement. Chinese Journal of International Law, vol. 16, 2017, pp. 623-642.

Exceções preliminares ligadas às incompatibilidades entre o pedido dos litigantes e a função contenciosa da Corte Internacional de Justiça

Juliana Valle Pereira Guerra[1]

> "Há limitações inerentes ao exercício da função judiciária que a Corte, enquanto tribunal, deve sempre levar em consideração. (...) ."[2]

INTRODUÇÃO

As regras de direito processual relativas às exceções preliminares no contencioso da Corte Internacional de Justiça têm se consolidado nas últimas décadas. O Regulamento da Corte é relativamente vago quanto à diferença entre competência e inadmissibilidade. É a jurisprudência que vem esclarecer com maior especificidade as características e hipóteses de aplicação de cada instituto. A competência da Corte decorre do consentimento do Estado e assim as exceções de incompetência tenderão em geral a provar que o consentimento do Estado não foi acordado à Corte

1 Doutoranda na Université de Paris II Panthéon-Assas.

2 *Affaire du Cameroun septentrional, (Cameroun c. Royaume- Uni), Exceptions préliminaires, Arrêt du 2 décembre 1963: C. I. J. Recueil 1963, p. 29.*

naquele caso em questão.[3] Já as exceções de inadmissibilidade dizem respeito às característica do pedido. Elas cobrem um leque de hipóteses mais variado e referem-se a situações nas quais há uma razão jurídica para que a Corte não conheça do pedido, ainda que eventualmente ela seja competente.[4]

Dentre as hipóteses de inadmissibilidade do pedido, a evolução jurisprudencial realizada pela Corte nos permite identificar uma categoria específica, sobre a qual falaremos neste breve estudo, as exceções de inadmissibilidade que dizem respeito à proteção da função judiciária contenciosa da Corte.

Para compreender as possibilidades de incompatibilidade é preciso entender as características da função contenciosa da C.I.J. A Corte exerce sua função contenciosa (i) no âmbito de uma controvérsia jurídica entre os Estados, (ii) aplicando o direito e (iii) proferindo uma decisão obrigatória para as Partes no caso em questão.

Nesse sentido, incompatibilidades com a função contenciosa existirão sobretudo no âmbito de três tipos de exceções preliminares: (a) a inexistência da controvérsia, (b) a impossibilidade de solução da controvérsia pois a argumentação não foi feita com base no direito, e, finalmente, (c) a implicação de direitos de terceiros na decisão da Corte.

A característica comum das hipóteses está no fato de todas referirem-se a situações em que o pedido é inadmissível pois é incompatível com a função judiciária da Corte. De fato:

> "Pode, assim, existir uma incompatibilidade entre, de um lado, as aspirações do querelante ou mesmo das duas Partes litigantes, e, de outro, o dever da Corte de conservar o seu caráter judiciário."[5]

---

3 *Application de la convention pour la prévention et la répression du crime de génocide (Croatie c. Serbie), exceptions préliminaires, arrêt, C.I.J. Recueil 2008, §120.*

4 *Ibid.*

5 *Affaire du Cameroun septentrional, op. cit., p. 29.*

O primeiro dos meios processuais adequados para que a Corte possa analisar se a demanda das Partes é ou não compatível com a sua função *in limine litis*, é o meio das exceções preliminares. Uma segunda possibilidade seria o levantamento de determinadas questões preliminares pela própria Corte de ofício. Neste sentido, caso não provocada pelas Partes, a Corte deve levantar de ofício *proprio motu* a potencial incompatibilidade do pedido dos litigantes com as condições de exercício da função contenciosa em um caso específico. [6]

Analisaremos a seguir as três hipóteses de inadmissibilidade do pedido em razão de incompatibilidade com a função contenciosa.

A EXISTÊNCIA DA CONTROVÉRSIA

> "A função da Corte é de dizer o direito, mas ela apenas poderá proferir decisões em casos concretos, nos quais existe, no momento do julgamento, um litígio real implicando um conflito de interesses entre as Partes." (...)
>
> "Pois que a inexistência da controvérsia impede, por si própria, a possibilidade de pronunciar qualquer julgamento de mérito." [7]

Como dissemos, a primeira das características da função contenciosa da Corte que aqui trabalharemos é a exigência de existência da controvérsia. Assim, a Corte exerce a sua função contenciosa apenas nos casos em que existe uma controvérsia jurídica entre as Partes, exigência prevista tanto pelo Estatuto,[8] quanto afirmada pela jurisprudência da

6 ROSENNE, Shabtai. *The law and practice of the International court 1920-2005*. Leiden: Martinus Nijhoff Publishers, 2006. p. 115.

7 *Affaire du Cameroun septentrional, op. cit., opinion individuelle juge Morelli, p. 132.*

8 Tal qual dispõe o parágrafo 2º do artigo 36 do Estatuto, que prevê que os Estados podem reconhecer a jurisdição da Corte: "(...) sobre todas as controvérsias de ordem jurídica (...)."

Corte "a *existência da controvérsia é assim a condição primeira ao exercício da função judiciária.*"[9]

Caso não haja uma controvérsia jurídica a ser solucionada por meio de uma decisão obrigatória entre as Partes, não há possibilidade de exercício da função contenciosa. Como afirma o juiz Morelli:

> "(...) segundo o sistema do Estatuto e do Regulamento, a Corte somente pode exercer sua função em matéria contenciosa, tomando uma decisão de mérito, caso exista realmente uma controvérsia entre as Partes". [10]

No caso das Ilhas Marshall de 2016 pela primeira vez em sua jurisprudência, a C.I.J. acolheu a exceção de inadmissibilidade por inexistência da controvérsia. A Corte decidiu que não existia uma controvérsia jurídica entre os Estados litigantes no caso, e, logo, que ela não poderia avançar à fase de mérito, o que levou à terminação dos casos na fase preliminar.

Especificamente no caso Ilhas Marshall contra a Inglaterra, a decisão foi tomada através de voto determinante do presidente da Corte, após um empate entre os votos dos demais juízes. Uma tal divergência pode ser uma sinal de que a aplicação dos critérios de existência da controvérsia não é absolutamente clara.[11]

---

9 *Essais nucléaires (Australie c. France), arrêt, C. 1. J. Recueil 1974, p. 271, §55.*

10 *Affaire du Cameroun septentrional, op. cit., Recueil 1963, p. 15, opinion individuelle juge Morelli, p. 132.*

11 THIRLWAY, Hugh. "Establishing the existence of a dispute: A Response to Professor Bonafé's criticisms of the ICJ". Questions of International Law (QIL), 45 (2017), 53-63; *Iles Marshall, Recueil 2016, Déclaration juge Gaja.* Um dos pontos discutidos em decorrência da decisão é a dúvida no que diz respeito à exigência de consciência do Estado querelado quanto à existência da controvérsia. Seria possível argumentar que os próprios procedimentos diante da Corte tiveram a consequência de cristalizar a existência de uma oposição de teses jurídicas entre as Partes. Cabe perguntar-se, se as circunstancias assim o permitissem do ponto

A confiança dos Estados no rigor da Corte no tocante ao respeito das condições de exercício da sua função contenciosa é essencial para o próprio funcionamento da Corte. A clareza das regras processuais e a existência de critérios de admissibilidade objetivos são, nesse sentido, muito relevantes.

Não há no âmbito do direito positivo, seja no Estatuto, no Regulamento ou nas Instruções de Procedimento, não há critérios específicos previstos para a determinação da existência da controvérsia. A Corte irá, desta forma, recorrer à sua jurisprudência, e à evolução e desenvolvimento jurisprudencial dos critérios de determinação da existência da controvérsia.

De acordo com a jurisprudência da Corte, a controvérsia jurídica é uma oposição de teses jurídicas entre dois Estados litigantes.[12] O ponto de vista de um Estado - sobre um aspecto de direito ou de fato - deve ser nitidamente oposto ao do outro Estado. A decisão da Corte no âmbito de uma controvérsia jurídica terá por vocação de colocar fim a esse desacordo entre as Partes.

---

de vista do estabelecimento da competência, se a parte querelante não poderia voltar à Corte com a mesma demanda, e desta vez a exceção de inexistência da controvérsia não mais se aplicaria. Por economia processual, como destacado por algumas vozes da doutrina e pelo juiz Gaja em sua declaração no caso, a Corte poderia eventualmente ter analisado os demais aspectos das exceções levantadas em espécie no processo.

12 *Question de la délimitation du plateau continental entre le Nicaragua et la Colombie au-delà de 200 milles marins de la côte nicaraguayenne (Nicaragua c. Colombie), exceptions préliminaires, arrêt, C.I.J. Recueil 2016, p. 115, § 31 ; C.P.J.I. Affaire Des Concessions Mavrommatis en Palestine. Série A, nº 2, Arrêt du 30 Août 1924, p. 11. Interprétation des traités de paix, Avis consultatif : C. I. J. Recueil 1950, p. 74 (première phase). Sud-Ouest africain (Ethiopie c. Afrique du Sud ; Libéria c. Afrique du Sud), exceptions préliminaires, arrêt, C.I.J. Recueil 1962, p. 328. Interprétation des traités de paix conclus avec la Bulgarie, la Hongrie et la Roumanie, première phase, avis consultatif, C.I.J. Recueil 1950, p. 74.*

A existência da controvérsia jurídica deve ser determinada objetivamente pela Corte.[13] De fato, a existência ou não da controvérsia não depende da percepção subjetiva dos Estados litigantes,[14] mas sim, da análise dos fatos feita pela Corte de forma objetiva, a fim de determinar se há um desacordo entre as Partes sobre um ponto de direito ou de fato.[15] A C.I.J. levará em consideração uma série de elementos disponíveis que podem variar de caso a caso, como as manifestações bilaterais dos Estados, a sua conduta em relação à aplicação de determinado tratado, sua posição em conferências diplomáticas, entre outros, para determinar qual a sua posição jurídica, e se esta se opõe de fato à do outro Estado no processo.

Verifica-se que no Caso das Ilhas Marshall, embora reiterando a sua jurisprudência constante quanto à necessidade de determinação objetiva da existência da controvérsia, a Corte tenha se baseado quase unicamente num critério de ordem subjetiva, a "*awereness*" ou 'ciência" quanto à existência da controvérsia. Tal postura resultou num

---

13 *Compétence en matière de pêcheries (Espagne c. Canada), compétence de la Cour, arrêt, C.I.J. Recueil 1998, p. 448.*

14 Por exemplo, um Estado A vem à Corte sob a alegação de que há entre ele e um Estado B uma controvérsia jurídica, mas não existe nenhum elemento que ateste da existência de uma discordância jurídica entre A e B. Neste caso, o simples fato que na visão de A existe uma controvérsia não faz por si só com que a controvérsia exista, isto é, a percepção subjetiva de A quanto à existência de uma controvérsia não é suficiente para caracterizar a existência desta. Ao contrário, é justamente aí que entrará o que a Corte chama de análise objetiva.

15 *Questions concernant l'obligation de poursuivre ou d'extrader (Belgique c. Sénégal), arrêt, C.I.J. Recueil 2012 (II), p. 442, par. 46 ; Application de la convention internationale sur l'élimination de toutes les formes de discrimination raciale (Géorgie c. Fédération de Russie), exceptions préliminaires, arrêt, C.I.J. Recueil 2011 (I), p. 84, par. 30; Essais nucléaires (Australie c. France), arrêt, C.I.J. Recueil 1974, p. 271, par. 55; Essais nucléaires (Nouvelle-Zélande c. France), arrêt, C.I.J. Recueil 1974, p. 476, par. 58).*

certo estranhamento e em críticas da doutrina internacional quanto à decisão.[16]

Além da objetividade, é necessário levar em consideração o aspecto temporal: a controvérsia entre os Estados deve existir no momento do processo. Por um lado, a controvérsia não pode ter *desaparecido*, por exemplo, por meio da solução negociada da disputa entre as Partes. Tal quadro pode conduzir ao que a Corte chama de perda de objeto.[17] Por outro lado, a controvérsia deve em princípio, existir no momento da entrada do pedido pelo Estado querelante.

Por fim, como destacou o juiz Morelli em 1963, apenas no âmbito de uma controvérsia existente a decisão proferida pela Corte pode ter o efeito decisivo necessário, afetando a esfera jurídica das Partes de forma real. Caso não houvesse controvérsia, a decisão poderia ser assimilada a uma "opinião consultiva" aos Estados, disfarçada de procedimento contencioso.[18]

A SOLUÇÃO DA CONTROVÉRSIA EM APLICAÇÃO DO DIREITO

> "Uma escolha entre elas não poderia ser fundada em considerações jurídicas, mas tão somente em considerações de natureza prática ou de oportunidade política; não entra na função judiciária da Corte de operar essa escolha." [19]

Um dos critérios essenciais de admissibilidade ligados à integridade da função contenciosa é a exigência de que as pretensões das Partes

---

16 BIANCHI, Andrea. "Choice and (the Awareness of) its Consequences: The ICJ's 'Structural Bias' Strikes Again in the Marshall Islands Case" AJIL Unbound; Washington Vol. 111, (2017), p. 83.

17 *Essais nucléaires (Australie c. France), arrêt, C. 1. J. Recueil 1974, p. 253*

18 *Affaire du Cameroun septentrional, op. cit., Recueil 1963, opinion individuelle juge Morelli, p. 140*

19 *Affaire Haya de la Torre, Arrêt du 13 juin 1951: C.I. J. Recueil 1951, p. 79.*

sejam formuladas juridicamente.[20] A função contenciosa exige que o pedido desenhe um impasse de teses *jurídicas*, a serem resolvidas em aplicação do direito. Os argumentos dos litigantes devem, pois, ser argumentos de ordem jurídica.

A Corte não pode conhecer de controvérsias cujas pretensões das Partes tenham sido formuladas, por exemplo, com base em argumentos de ordem política,[21] econômica[22] ou moral.[23]

A Corte é frequentemente confrontada a conflitos jurídicos situados no âmbito de um conflito político de maior escala. [24] Tal quadro não impede, porém, que a Corte possa se pronunciar unicamente sobre o aspecto jurídico da controvérsia. [25] A jurisprudência da Corte é constante ao afirmar a possibilidade de proceder ao que se pode chamar de *separação dos aspectos do* litígio com o objetivo de conhecer unicamente das questões e argumentos jurídicas nele existentes.[26] Alguns exemplos

---

20 *Zones franches, op. cit., p. 162.*

21 *Affaire Haya de la Torre, op. cit., p. 79.*

22 *C.P.J.I. Zones franches, op. cit. p. 162 .*

23 *Statut international du Sud-Ouest africain, Avis consultatif : C. I. J. Recueil 19-50, p. 12 ; Sud-Ouest africain, deuxième phase, arrêt, C.I.J. Recueil 1966, p. 34, §49;* FISCHER, Georges. "Les réactions devant l›arrêt de la C.I.J. concernant le Sud -Ouest Africain". AFDI, vol. 12, 1966, p. 144ss;

24 JENKS, Clarence Wilfred. *The prospects of International adjudication*. Londres: Stevens Oceana Publications, 1964. p. 604-616. In: KOLB, Robert. *Théorie du ius cogens ..., op. cit.,p*. 272.

25 *Compétence de l'Assemblée pour l'admission aux Nations Unies, Avis consultatif : C. I. J. Recueil 1950, p. 6.*

26 *Admission d'un État aux Nations unies (Charte, art. 4), avis consultatif : C. I. J. Recueil 1948, p. 57. Interprétation de l'accord du 25 mars 1951 entre l'OMS et l'Egypte, avis consultatif, C.I.J. Recueil 1980, p. 33; Licéité de la menace op. cit. Recueil 1996, p. 140; Lockerbie, exceptions préliminaires, arrêt, C.I. J. Recueil 1998, p. 115, opinion individuelle juge Lachs. ; C.P.J.I. Compétence de l'OIT pour réglementer accessoirement le travail personnel du patron, Série B, nº13.;*

notórios são os Casos do *Personnel Diplomatique à Teerã (1980)*[27] *e o Nicaragua* (1986).[28] Um pedido cujos argumentos e fundamentos situem-se numa seara não-jurídica não seguirá à análise de mérito, [29] como foi verificado no Caso *Haya de la Torre*.[30]

A IMPLICAÇÃO DE DIREITOS DE TERCEIROS

> "É certo que, de acordo com o artigo 59 do Estatuto, a decisão é obrigatória apenas as Partes em litígio e para o caso que foi decidido. Mas essa regra supõe que a Corte esteja ao menos em condições de proferir uma decisão que obrigue as Partes." [31]

> "Trata-se de realizar um equilíbrio entre aquilo que é apropriado, a saber que a Corte exerça plenamente a competência que lhe foi atribuída, e aquilo que não é, a saber determinar os interesses jurídicos de um Estado terceiro que não é parte em instância." [32]

A terceira característica da função contenciosa da C.I.J. trabalhada neste estudo refere-se à *decisão* da Corte. A decisão proferida em um caso contencioso deve ter caráter obrigatório para as Partes, afetando-lhes os direitos e obrigações. Ora, uma sentença só poderá criar obri-

---

27 *Personnel diplomatique et consulaire des Etats-Unis à Téhéran, arrêt, C.I.J. Recueil 1980, p. 20.*

28 *Activités militaires et paramilitaires au Nicaragua, op. cit. Recueil 1986.*

29 Ver também : BEDJAOUI, Mohammed. "L'opportunité dans les décisions de la Cour internationale de Justice". In : BOISSON DE CHAZOURNES, Laurence ; GOWLLAND-DEBBAS, Vera ; (éd.). *L'ordre juridique international, un système en quête d'équité et d'universalité, Liber Amicorum Georges Abi-Saab*. La Haye : Kluwer Law International, 2001. 849 p., pp. 563-589.

30 SANTULLI, Carlo. *Droit du contentieux international*. Paris: LGDJ, 2015. p. 36 et ss.

31 *Affaire de l'or monétaire pris à Rome en 1943, op. cit, p. 34.*

32 *Certaines terres à phosphates à Nauru (Nauru c. Australie), exceptions préliminaires, arrêt, C.I.J. Recueil 1992, p. 240, opinion dissidente du juge Schwebel, p. 335.*

gações jurídicas para as Partes caso seu conteúdo esteja conectado aos direitos e deveres *dos litigantes*, e nunca a direitos de terceiros não-parte ao processo.[33]

A Corte não poderá exercer a sua função contenciosa num caso em que os direitos de terceiros sejam o *objeto* do litígio. Decorrente do *princípio do consentimento*,[34] esta noção foi desenvolvida na jurisprudência da Corte desde o início da sua atividade judiciária, em especial a partir do caso do Ouro Monetário de 1954.

No referido caso, a Corte afirma que em algumas hipóteses os direitos de terceiros que não consentiram à jurisdição da Corte não seriam apenas afetados pelo processo, mas constituiriam o próprio objeto deste. De acordo com a Corte, o fato de determinar se o ouro em questão deveria ser dado em prioridade à Itália consistiria em examinar, em verdade, se a Albânia havia ou não cometido uma violação de direito internacional contra a Itália.[35] Tal constatação implicaria em conhecer materialmente de uma controvérsia entre a Itália e a Albânia, esta última não-parte ao processo. De acordo com o critério então formulado pela corte, a existência de uma conexão de prioridade lógica e temporal entre o litígio ligando a Itália e a Albânia, em relação ao litígio concernente à repartição do outro entre a Itália e o Reino-Unido, faz com que o pedido seja inadmissível. A Corte afirma: "No caso, os interesses jurí-

---

33 LAGRANGE, Evelyne. "Le tiers à l'instance devant les juridictions internationales à vocation universelle (CIJ et TIDM)"; JOUANNET, Emmanuelle. "*Quelques perspectives théoriques : incertitudes sur le tiers et désordres de la justice internationale*". In : RUIZ-FABRI, Hélène; SOREL, Jean-Marc. Le tiers à l'instance devant les juridictions internationales. Paris: Pedone, 2005. 266 p., pp. 9-72; ROUSSEAU, Charles. "Le règlement arbitral et judiciaire et les Etats tiers". In: *Mélanges H. Rolin*. Paris: Pedone, 1964. p. 300ss.

34 C.P.J.I. *Affaire Des Concessions Mavrommatis en Palestine, op. cit, p. 16.*

35 KOLB, Robert. *La Cour Internationale de Justice*. Paris : Pedone, 2014. *p. 586*. Do ponto de vista do sistema jurídico onusiano, é preciso, assim, que o artigo 94 da Carta tenha a possibilidade de ser aplicado.

dicos da Albânia não seria apenas tocados por uma decisão, mas seria o objeto mesmo da dita decisão".[36]

No âmbito do caso do Timor oriental em 1995, a Corte devia se pronunciar sobre uma premissa do argumento português, contestada pela Austrália, se a Indonésia podia ou não concluir tratados em nome do Timor.[37] Esta questão era necessariamente prévia à análise do conflito entre Portugal e Austrália, e, sem a resposta a ela, a Corte não poderia conhecer da controvérsia entre os dois países em instância.

Fazendo aplicação da jurisprudência do *Or monétaire* ao caso do Timor, a Corte foi conduzida a delimitar de maneira mais clara o campo de aplicação do critério, afirmando que a análise dos direitos dos terceiros deve ser uma *conditio sine qua non* do julgamento.[38] De acordo com o juiz Shahabuddeen em sua opinião individual no Caso do Timor:

> "Uma interpretação equitativa seria a de dizer que a Corte se empenha em definir *um limite para além do qual o efeito da sua decisão para o Estado não-parte chegaria um nível que não seria mais judicialmente tolerável.* Esse limite é alcançado quando, para retomar os próprios temos da Corte, os interesses jurídicos do Estado não-parte não seriam simplesmente afetados pela decisão mas constituiriam o objeto do mesmo."[39] (Grifo nosso)

---

36 *Affaire de l'or monétaire pris à Rome en 1943, op. cit., p. 32.*

37 DELCOURT, Barbara, "Un seul Etat vous manque… : application de la jurisprudence de l'Or monétaire à l'affaire du Timor oriental". R. B. D. I. 1996, pp. 191-215

38 O juiz Weeramantry, ainda que dissidente no caso, é eloquente ao explicar a ideia que cruzou o raciocínio jurídico da Corte: "Em resumo, esta tese seria a de considerar que só poderíamos acolher o pedido de um Estado A contra um Estado B em demonstrando que um Estado C cometeu um ato ilícito (...)". *Timor oriental, op. cit. Opinion dissidente juge Weeramantry, p. 161*

39 *Timor oriental, op. cit. Opinion individuelle de M. Shahabuddeen, p. 120.*

Quando direitos de terceiros precisam ser julgados pela Corte como uma condição prévia para conhecer do objeto do litigio, ou, ainda, em situações em que os direitos dos terceiros são o objeto mesmo do litígio,[40] a Corte não poderá avançar para a fase de mérito.

A impossibilidade de conhecer o mérito de um caso deste tipo decorre da necessidade de proteção da função judiciária. A Corte deve zelar por que suas decisões tenham a característica da obrigatoriedade. As Partes litigantes não poderiam aplicar uma decisão da Corte referente a obrigações que não entrassem em sua própria esfera jurídica.

Ainda que a Corte esteja atenta à questão das Partes indispensáveis, a noção de inadmissibilidade do pedido em razão da implicação de terceiros é aplicada de forma restritiva. Uma aplicação restritiva que se justifica ao considerar-se que a exceção preliminar de implicação de direitos de terceiros abre uma margem demasiado larga aos Estados no sentido de tentar afastar a jurisdição da Corte no âmbito de uma determinada controvérsia. A Corte compreende que exercer a sua função contenciosa é essencial, e por isso tenta limitar as restrições a esse exercício. [41]

CONCLUSÃO

As condições essenciais de exercício da função contenciosa da C.I.J. são fundamentais à sua atividade. Elas dizem respeito a todos os

40 CHINKIN, Christine. *Article 62*, In : OELLERS-FRAHM, Karin; TOMUSCHAT, Christian; ZIMMERMANN, Andreas (Dirs.). *The Statute of the International Court of Justice, a commentary*. Second Edition. Oxford : Oxford University Press, 2012, *p. 1333* ;

41 THIRLWAY, Hugh. "Territorial Disputes and Their Resolution in the Recent Jurisprudence of the International Court of Justice". Leiden Journal of International Law (2018), 31, pp. 117–146. MORELLI, Gaetano. *La théorie générale du procès international.* RCADI, vol. 61, 1937, p. 319.

signatários do Estatuto,[42] pois são os elementos que compõem o funcionamento básico da Corte tal qual concebido pelo conjunto dos Estados. O eventual desrespeito a essas características fundamentais é, assim, de interesse de todos os signatários do Estatuto.

Verifica-se, neste contexto, a noção de uma ordem pública processual,[43] criando uma ideia de *utilitas publica.*[44] As características fundamentais ao exercício da função contenciosa seriam, assim, indisponíveis as Partes litigantes *uti singuli.*[45] Apenas o conjunto dos Estados, seguindo os procedimentos adequados, poderiam eventualmente alterar as condições essenciais de exercício da função da C.I.J. Nesse cenário a Corte tem a prerrogativa da Corte de proteger a integridade da função judiciária mediante da apreciação da compatibilidade dos pedidos dos litigantes com as condições do contencioso.[46]

42 KOLB, Robert. *Théorie du ius..., op. cit., p. 220.*

43 SANTULLI, (C.), *Droit du contentieux, op. cit*, p. 36 et ss.

44 KOLB, Robert. *Théorie du ius..., op. cit.*, p. 211.

45 KOLB, Robert. *Théorie du ius..., op. cit., p. 220.*

46 Ver: KOLB, Robert. *Introduction au Droit des Nations Unies.* Bruxelles: Bruylant, 2008. 350p.; D'ASPREMONT, Jean. "The International Court of Justice and the Irony of System-Design". Journal of International Dispute Settlement, 2017, 8, 366–387; KOHEN, Marcelo G; BOISSON DE CHAZOURNES, Laurence; VIÑUALES, Jorge Enrique. *Diplomatic and judicial means of dispute settlement.* Leiden: Martinus Nijhoff Publishers, 2013. 337p.; CONDORELLI, Luigi. "L›autorité de la décision des juridictions internationales permanentes". In: *La juridiction internationale permanente.* Société française pour le droit international, Colloque de Lyon 1986. Paris : Pedone, 1987. ; SALMON, Jean. "Autorité des prononcés de la Cour internationale de la Haye". In: HAARSCHER, Guy et al. *Arguments d'autorité et arguments de raison en droit.* Bruxelles: Nemesis, 1988. 374 p. ; HIGGINS, Rosalyn. *The Development of International Law through the Political Organs of the United Nations.* Londres: OUP, 1963; SCIORA, Romuald. (Dir.). *L'ONU dans le nouveau désordre mondial.* Paris: Les Editions Ouvrières, 2015. 235p.; SLOAN, James; TAMS, Christian J. *The development of international law by the International Court of Justice.* Oxford: Oxford University Press, 2013. 400p ; ABI-SAAB, Geor-

A clareza das regras de procedimento é um ponto essencial para a resolução judicial das controvérsias e a garantia de confiança dos Estados no tribunal. Tendo em mente a noção de Boa Administração da Justiça[47] a Corte trabalha neste sentido tanto pela manutenção da confiança

---

ges; KOHEN, Marcelo; LANGER, Magnus Jesko. *Le développement du droit international: réflexions d'un demi-siècle.* Vol. I: Théorie générale du droit international public. Paris Genève: Presses universitaires de France Graduate Institute publ., 2013. 362p. KOLB, Robert. *Théorie du droit international.* 2e édition Bruxelles : Bruylant 2013. XIX-830 p.; KOLB, Robert. *Théorie du ius cogens international : essai de relecture du concept.* Paris: PUF, 2001. 401p. p. 211 ; LAUTERPACHT, Hersch. *Règles du droit de la paix.* RCADI, vol. 62, 1937. ; HIGGINS, Rosalyn. The Development of International Law through the Political Organs of the United Nations. Londres: OUP, 1963. D'ASPREMONT, Jean. "The International Court of Justice and the Irony of System-Design". Journal of International Dispute Settlement, 2017, 8, 366–387 ; VULLIERME, Jean-Louis. "L'autorité politique de la jurisprudence". In : *Archives de Philosophie du Droit.* Tome 30: La Jurisprudence. Paris: Editions Sirey, 1985. p. 95-103. ; PATEL, Bimal N. *The World Court reference guide and case-law digest : judgments, advisory opinions and orders of the International Court of Justice (2001-2010) and case-law digest (1992-2010.* Leiden Boston: Brill Nijhoff, 2014. 1178p; LACHS, Manfred. *"Revised procedure of the International Court of Justice". In: Essays on the development of the international legal order : in memory of Haro F. van Panhuys. Alphen aan den Rijn: Sijthoff & Noordhoff, 1980. 226p.*

Ver de forma geral : GUYOMAR, Geneviève. *Commentaire du Règlement de la Cour internationale de Justice. Interprétation et pratique.* Paris: Pedone, 1983. 760p.; PAZARTZIS, Photini. *La justice internationale : une introduction historique.* Paris: Editions Panthéon-Assas, 2017.

47 Ver sobre isso : LELARGE, A. "L'émergence d'un principe de bonne administration de la justice internationale dans la jurisprudence antérieur à 1945", L'observateur des Nations Unies, vol. 27, 2009, p. 23ss ; ABI-SAAB, Georges. "La métamorphose de la fonction juridictionnelle internationale" In: ALLAND, Denis, et al. (Ed). *Unité et diversité du droit international, Ecrits en l'honneur du professeur Pierre-Marie Dupuy.* Nijhoff: 2014. pp. 378. ; KAWANO, Mariko, *"The Administration of Justice by the International Court of Justice and the Parties"* In: MO-

das Partes no seu edifício judiciário, quanto pelo objetivo de criar uma arena processual e judiciária coerente e progressivamente mais clara para a solução de controvérsias internacionais "*(...) pois os litigantes têm o direito à uma séria garantia de estabilidade das regras processuais*".[48] como afirmou o juiz Fromageot ainda no âmbito da C.P.J.I.

RIN, Jacques-Yvan; YEE, Sienho (Ed.). *Multiculturalism and International Law — Essays in Honour of Edward McWhinney*. Leiden Boston : M. Nijhoff, 2009. p. 298-299 ; p. 286 et 293-294.

48 "car les plaideurs ont droit à une sérieuse garantie de la stabilité des règles de la procédure", *C.P.J.I., sér. D, n°2, add 3, p. 38, Juge Fromageot*

Legitimidade (*standing*) perante a Corte Internacional de Justiça

Mariana Ferolla Vallandro do Valle[1]

INTRODUÇÃO

Uma vez estabelecido que a Corte Internacional de Justiça (CIJ) possui competência para se pronunciar sobre um caso contencioso, para que ela possa de fato julgar a demanda, deve ainda se certificar de que os pedidos formulados pelas partes são admissíveis. Enquanto a análise da competência da CIJ consiste em verificar se os Estados envolvidos expressaram consentimento em relação ao pronunciamento da CIJ sobre uma disputa em particular[2] – uma avaliação mais formal, portanto –, a admissibilidade envolve aspectos mais substanciais do pedido, dentre os quais avaliar se o Estado possui legitimidade processual ativa (*standing*)

---

1 Mestranda em Direito pela Universidade Federal de Minas Gerais (UFMG) e advogada no Aroeira Salles Advogados. Foi coordenadora do Grupo de Estudos em Direito Internacional (GEDI) da UFMG e bolsista do *Programme des Futurs Leaders dans les Amériques* e do Conselho Nacional de Desenvolvimento Científico e Tecnológico.

2 CORTE INTERNACIONAL DE JUSTIÇA. Case concerning Armed Activities in the Territory of the Congo (New Application: 2002) (Democratic Republic of the Congo v. Rwanda). Haia, 03 de fevereiro de 2006. p. 32; CORTE INTERNACIONAL DE JUSTIÇA. Case concerning Oil Platforms (Islamic Republic of Iran v. United States of America). Haia, 06 de novembro de 2003. p. 183.

para reclamar os direitos discutidos no caso concreto. Trata-se de saber, em suma, se a violação da obrigação em questão afeta os direitos e interesses do Estado de tal maneira que o direito internacional lhe confere a possibilidade de postulá-los perante o tribunal internacional.[3]

A jurisprudência da CIJ reconhece que um Estado é legitimado processualmente para reclamar direitos em três hipóteses: (1) apresentando a demanda em nome próprio, caso o Estado tenha sido diretamente lesado pela violação alegada; (2) na hipótese de o Estado exercer proteção diplomática em favor de uma pessoa, física ou jurídica; e (3) se as obrigações cuja violação se alega possuem caráter *erga omnes partes.*

O ESTADO COMO ENTE LESADO

O meio mais comum pelo qual Estados estabelecem sua legitimidade para apresentar demandas perante a CIJ é na hipótese em que a obrigação internacional alegadamente violada é devida diretamente ao Estado.

A violação dos direitos de um Estado pode ocorrer quando atos ilícitos são cometidos contra indivíduos que, em razão de sua posição no âmbito do Estado, exercem diretamente prerrogativas conferidas ao ente estatal sob o direito internacional. É o caso de pessoas que ocupam cargos de alto escalão na estrutura governamental, como chefes de Estado e de governo, ministros das relações exteriores e o pessoal do corpo diplomático e consular, as quais possuem certos direitos no plano internacional, como imunidades, oriundos exclusivamente dos cargos que exercem junto ao Estado. Isto é, tais direitos são de titularidade do próprio Estado e são meramente exercidos por seus representantes, de

3 AMERASINGHE, Chittharanjan F. Jurisdiction of Specific International Tribunals. Leiden: Martinus Nijhoff Publishers, 2009. p. 48. Para análise mais detalhada quanto ao interesse jurídico das partes ao instituírem processos perante a CIJ, ver: QUINTANA, Juan José. Litigation at the International Court of Justice: Practice and Procedure. Leiden: Koninklijke Brill, 2015. p. 15-24.

forma que violações daqueles podem ser reclamadas diretamente pelo Estado perante a CIJ.[4]

De maneira semelhante, a Corte tem entendido que, caso um Estado tenha agido de forma a impedir que outro Estado preste assistência consular em favor de seus nacionais, em particular em casos atinentes ao artigo 36, §1º, "b", da Convenção de Viena sobre Relações Consulares de 1963,[5] não se viola apenas o direito individual de solicitar assistência consular, mas também o direito do próprio Estado buscar proteger essas pessoas.[6] Nas palavras da CIJ:

---

4 CORTE INTERNACIONAL DE JUSTIÇA. Case concerning the Arrest Warrant of 11 April 2000 (Democratic Republic of the Congo v. Belgium). Haia, 14 de fevereiro de 2002. p. 17-18. Similarmente, no caso *United States Diplomatic and Consular Staff in Tehran*, a CIJ considerou que a reclamação dos Estados Unidos no sentido de que o Irã havia violado suas obrigações internacionais sob as Convenções de Viena sobre Relações Diplomáticas e Consulares, relativas à proteção da liberdade de movimento e à dignidade do corpo diplomático e consular da embaixada estadunidense em Teerã, havia sido apresentada em nome próprio, não tendo tecido comentários específicos sobre a legitimidade processual naquele caso. CORTE INTERNACIONAL DE JUSTIÇA. Case concerning United States Diplomatic and Consular Staff in Tehran (United States of America v. Iran). Haia, 24 de maio de 1980.

5 Artigo 36. 1. A fim de facilitar o exercício das funções consulares relativas aos nacionais do Estado que envia:

[...]

b) se o interessado lhes solicitar, as autoridades competentes do Estado receptor deverão, sem tardar, informar à repartição consular competente quando, em sua jurisdição, um nacional do Estado que envia fôr preso, encarcerado, posto em prisão preventiva ou detido de qualquer outra maneira.

BRASIL. Decreto nº 61.078, de 26 de julho de 1967. Promulga a Convenção de Viena sôbre Relações Consulares. Disponível em: <http://www.planalto.gov.br/ccivil_03/decreto/D61078.htm>. Acesso em: 07 abr. 2019.

6 CORTE INTERNACIONAL DE JUSTIÇA. Case concerning Avena and other Mexican Nationals (Mexico v. United States of America). Haia, 31 de março de 2004. p. 35-36, 52; CORTE INTERNACIONAL DE JUSTIÇA. LaGrand Case (Germany v. United States of America). Haia, 27 de junho de 2001. p. 491-492.

> [...] violações do direito do indivíduo sob o Artigo 36 podem ensejar uma violação dos direitos do Estado acreditando, e que violações dos direitos deste podem ensejar uma violação dos direitos do indivíduo. Nessas circunstâncias especiais de interdependência entre os direitos do Estado e direitos individuais, o México pode, ao submeter uma reclamação em nome próprio, requerer que a Corte decida sobre a violação de direitos que alega ter sofrido tanto diretamente quanto por meio da violação dos direitos individuais conferidos a nacionais mexicanos sob o Artigo 36, parágrafo 1 (b). O dever de exaurir recursos internos não se aplica a esse pedido.[7]

PROTEÇÃO DIPLOMÁTICA

Usualmente, uma demanda não é admissível perante a CIJ a menos que o reclamante tenha demonstrado a existência de um direito de sua titularidade que tenha sido violado por atos do requerido.[8] Em outras palavras, é necessário que um direito do Estado esteja em jogo. Não obstante, é reconhecido como norma costumeira de direito internacional que os

---

7 CORTE INTERNACIONAL DE JUSTIÇA. Case concerning Avena and other Mexican Nationals (Mexico v. United States of America). op. cit. p. 36. Tradução da autora.

Original: "It would further observe that violations of the rights of the individual under Article 36 may entail a violation of the rights of the sending State, and that violations of the rights of the latter may entail a violation of' the rights of the individual. In these special circumstances of interdependence of the rights of the State: and of individual rights, Mexico may, in submitting a claim in its own name, request the Court to rule on the violation of rights which it claims to have suffered both directly and through the violation of individual rights conferred on Mexican nationals under Article 36, paragraph 1 (b). The duty to exhaust local remedies does not apply to such a request."

8 CORTE INTERNACIONAL DE JUSTIÇA. Nuclear Tests Case (Australia v. France). Haia, 20 de dezembro de 1974. Dissenting Opinion of Judge De Castro. p. 384–387.

Estados possuem legitimidade – seja pela via diplomática ou perante tribunais internacionais – para reclamar prejuízos decorrentes de ato internacionalmente ilícito cometido por outro Estado contra seus nacionais, sejam eles pessoas naturais ou jurídicas, por meio da proteção diplomática.[9] A lógica por trás dessa prerrogativa foi exposta pela Corte Permanente de Justiça Internacional (CPJI) como a ideia de que, ao assumir as reclamações de seus nacionais, o Estado está em realidade afirmando seu próprio direito de assegurar o respeito às normas internacionais.[10]

O instituto da proteção diplomática foi objeto de estudos pela Comissão de Direito Internacional (CDI), que em 2006 concluiu o Projeto de Artigos sobre Proteção Diplomática (*Draft Articles on Diplomatic Protection*).[11] O Projeto tem por objetivo tanto codificar as normas cos-

---

9 CORTE INTERNACIONAL DE JUSTIÇA. Case concerning Ahmadou Sadio Diallo (Republic of Guinea v. Democratic Republic of the Congo). Haia, 24 de maio de 2007. p. 601.

10 CORTE PERMANENTE DE JUSTIÇA INTERNACIONAL. The Mavrommatis Palestine Concessions (Greece v. United Kingdom). Haia, 30 de agosto de 1924. p. 12; CORTE PERMANENTE DE JUSTIÇA INTERNACIONAL. The Panevezys-Saldutiskis Railway Case (Estonia v. Lithuania). Haia, 28 de fevereiro de 1939. p. 16.

Não obstante, tal posicionamento é criticado por parte da doutrina, que aponta que o fato de que a reclamação é assumida pelo Estado de nacionalidade não faz com que o direito violado deixe de ser exclusivamente de titularidade da pessoa que sofreu o dano. Nesse sentido, ver: AMERASHINGE, Chittharanjan F. Diplomatic Protection. Nova Iorque: Oxford University Press, 2008. p. 65-66.-72; GARCÍA AMADOR, F. V. State Responsibility. Yearbook of the International Law Commission, v. 2, 1956. p. 203; Veemer-Künzli, Anna Maria Helena. The Protection of Individuals by means of Diplomatic Protection Diplomatic Protection as a Human Rights Instrument. 2007. Tese (Doutorado em Direito Internacional Público) – Departamento de Direito Internacional Público, Universidade de Leiden, Leiden. p. 33-35, 51-52.

11 COMISSÃO DE DIREITO INTERNACIONAL. Draft Articles on Diplomatic Protection with commentaries. Yearbook of the International Law Commission, v. 2, parte 2, 2006.

tumeiras já existentes sobre a proteção diplomática, sobretudo por meio da jurisprudência internacional e da prática de Estados, quanto propor novas formulações a esse respeito para o desenvolvimento progressivo do direito internacional.

Embora a proteção diplomática tenha sido inicialmente concebida como meio de invocar a responsabilidade de Estados por violações de padrões mínimos de tratamento de estrangeiros, hoje o instituto se expandiu para englobar também reclamações quanto a violações de direitos humanos.[12]

O exercício ou não dessa proteção é escolha discricionária do Estado, a quem cabe decidir, notadamente, a quais nacionais pretende estendê-la, em que circunstâncias e por quanto tempo.[13] Em que pese a CDI, em seus comentários ao Projeto de Artigos sobre Proteção Diplomática, tenha observado a existência de algumas decisões de cortes domésticas no sentido de que o Estado teria a obrigação de proteger seus nacionais quando estes forem submetidos a graves violações de direitos humanos no exterior,[14] a prática estatal e a *opinio juris* ainda são demasiado esparsas para que esse entendimento constitua uma norma costumeira internacional.

Para que um caso seja levado à CIJ pela via da proteção diplomática, é necessária a satisfação de dois requisitos: (1) comprovação do vínculo de nacionalidade entre o Estado e a pessoa que se busca proteger; e (2) prévio esgotamento dos recursos internos no Estado que cometeu o alegado ato internacionalmente ilícito.

---

12 CORTE INTERNACIONAL DE JUSTIÇA. Case concerning Ahmadou Sadio Diallo (Republic of Guinea v. Democratic Republic of the Congo). op. cit. p. 599.

13 CORTE INTERNACIONAL DE JUSTIÇA. Case concerning the Barcelona Traction, Light and Power Company, Limited (Spain v. Belgium). Haia, 05 de fevereiro de 1970. p. 44.

14 COMISSÃO DE DIREITO INTERNACIONAL. Draft Articles on Diplomatic Protection with commentaries. op. cit. p. 28-29.

Nacionalidade

Como regra geral, a proteção diplomática somente pode ser exercida pelos Estados em favor de seus nacionais. Além disso, a CDI esclareceu que, para o exercício da proteção diplomática, é necessário que a nacionalidade seja contínua: um Estado pode proteger apenas pessoas que eram seus nacionais tanto à época em que o ato internacionalmente ilícito alegado foi cometido quanto no momento de invocação da responsabilidade do Estado violador.[15]

Incumbe a cada Estado, por meio de suas leis e regulamentos internos, definir em que hipóteses um indivíduo poderá ser considerado seu nacional ou adquirir posteriormente essa nacionalidade,[16] desde que em conformidade com as demais obrigações internacionais do Estado, a exemplo da não-discriminação. Entretanto, para fins de habilitar um Estado a proteger o indivíduo frente a outros Estados, inclusive perante tribunais internacionais, estabeleceu a CIJ, no caso *Nottebohm*, que o vínculo de nacionalidade deve ser efetivo.[17] Em outras palavras, para ser oponível a outros Estados, a nacionalidade não pode ser meramente formal, mas deve representar uma conexão genuína com o Estado, de forma que o indivíduo mantenha naquele relações afetivas ou culturais, ou interesses. Nesse sentido, indicou a CIJ que a avaliação da efetividade do vínculo de nacionalidade deve levar em consideração fatores tais como se o indivíduo reside habitualmente no Estado, possui laços familiares neste, participa da vida pública naquele Estado e demonstra sentimento de pertencimento em relação aquele Estado, dentre outros.[18]

---

15 Ibid. art. 5.

16 CORTE INTERNACIONAL DE JUSTIÇA. Nottebohm Case (Liechtenstein v. Guatemala). Haia, 06 de abril de 1955. p. 20, 23.

17 Ibid. p. 22-26.

18 Ibid. p. 22. Acerca de outros fatores considerados relevantes para analisar a conexão entre o Estado de nacionalidade e o indivíduo, a CDI ainda elenca, de forma não exaustiva, os seguintes: tempo em que o indivíduo permaneceu no Estado; a

Compreende-se, no entanto, que o posicionamento da Corte quanto à necessidade de uma conexão genuína entre o indivíduo e o Estado de nacionalidade não deve ser interpretado como um requisito geral para o exercício da proteção diplomática,[19] mas é aplicável apenas em casos em que o indivíduo adquiriu nova nacionalidade por meio da naturalização e seu vínculo com o novo Estado de nacionalidade é extremamente tênue. Assim, se o indivíduo sempre deteve a nacionalidade de somente um Estado, mas não reside ou mantém fortes conexões nele, não há barreiras ao exercício da proteção diplomática.[20]

A noção de efetividade do vínculo entre o nacional e o Estado é ainda relevante em casos de dupla ou múltipla nacionalidade. Nessa hipótese, a CDI aponta que, embora ambos os Estados de nacionalidade possam exercer proteção diplomática contra um Estado terceiro, do

---

data da naturalização, se aplicável; o lugar, o currículo e a língua na qual recebeu educação; lugar onde trabalha e interesses financeiros; local da vida familiar; uso da linguagem; tributação e conta bancária; segurança social; visitas a outro Estado de nacionalidade; qual Estado emitiu o passaporte que o indivíduo possui e usa; e onde o indivíduo prestou serviço militar, caso o tenha. Ibid. p. 35.

19 Interpretação semelhante foi dada pela CDI. Ver: COMISSÃO DE DIREITO INTERNACIONAL. Draft Articles on Diplomatic Protection with commentaries. op. cit. p. 29-30.

20 Esse posicionamento é reforçado pela ausência de considerações pela CIJ sobre a efetividade do vínculo de nacionalidade no caso *LaGrand*. Naquela oportunidade, constatou-se que os irmãos LaGrand se mudaram da Alemanha para os Estados Unidos com 5 e 4 anos de idade, retornaram à Alemanha apenas uma vez na vida, por um período de 6 meses, e, ao que tudo indicava, não falavam alemão. Ainda assim, nenhuma objeção foi levantada, pelos Estados Unidos ou pela própria Corte, quanto à possibilidade de a Alemanha exercer proteção diplomática em favor de seus nacionais. CORTE INTERNACIONAL DE JUSTIÇA. LaGrand Case (Germany v. United States of America). op. cit. p. 474-475.

qual a pessoa envolvida não é nacional,[21] o instituto somente pode ser invocado por um dos Estado de nacionalidade contra o outro caso a nacionalidade do primeiro Estado seja preponderante.[22] Apesar de não ter até o momento lidado com a questão da preponderância de uma nacionalidade para fins de proteção diplomática, a CIJ observou, no caso *Nottebohm*, que árbitros internacionais têm compreendido que, nesses casos, a proteção pode ser exercida pelo Estado com o qual o indivíduo possui o vínculo mais forte.[23]

Já no que tange a pessoas jurídicas, o Estado de nacionalidade, apto a exercer a proteção diplomática, é aquele sob cujas leis aquela entidade foi constituída e em cujo território a pessoa jurídica possui escritório registrado.[24] Alguns Estados podem estabelecer critérios adicionais para que a pessoa jurídica seja considerada sua nacional, mas não existe um teste geralmente aceito no direito internacional que permita avaliar a conexão genuína da pessoa jurídica com o Estado de nacionalidade, como há em relação a indivíduos.[25]

O fato de que um dano sofrido pela pessoa jurídica também afeta os interesses de seus sócios, pessoas físicas, não autoriza o exercício da

---

21 COMISSÃO DE DIREITO INTERNACIONAL. Draft Articles on Diplomatic Protection with commentaries. op. cit. art. 6.

A CDI observa a existência de decisões arbitrais que consideram necessária a preponderância do vínculo de nacionalidade ainda que se busque exercer a proteção diplomática contra um Estado terceiro, mas considera que o entendimento predominante da jurisprudência não exige tal condição. Ibid. p. 33-34.

22 Ibid. art. 7.

23 CORTE INTERNACIONAL DE JUSTIÇA. Nottebohm Case (Liechtenstein v. Guatemala). Haia, 06 de abril de 1955. op. cit. p. 22.

24 CORTE INTERNACIONAL DE JUSTIÇA. Case concerning the Barcelona Traction, Light and Power Company, Limited (Spain v. Belgium). op. cit. p. 42.

25 Loc. cit.

proteção diplomática em relação a essas últimas.[26] Os indivíduos podem ser beneficiados pela proteção somente quando seus próprios direitos forem infringidos.[27]

No Projeto de Artigos sobre Proteção Diplomática, a CDI propôs que o vínculo de nacionalidade poderia ser dispensado quando se busca proteger um apátrida ou um refugiado que residissem de maneira legal e habitual no Estado, tanto na data da lesão quanto na data em que a reclamação é apresentada.[28] Em se tratando de refugiados, o Estado não poderia buscar proteger o indivíduo contra atos cometidos pelo Estado de nacionalidade.[29] À época em que o Projeto foi concluído (2006), a própria CDI reconheceu que tais formulações não constituíam normas costumeiras, mas sim uma proposta de desenvolvimento progressivo do direito internacional.[30] Não obstante a crescente preocupação na esfera internacional com a proteção de refugiados e apátridas, os Estados não costumam buscar exercer proteção diplomática com relação a esses

26 Ibid. p. 36. CORTE INTERNACIONAL DE JUSTIÇA. Case concerning Ahmadou Sadio Diallo (Republic of Guinea v. Democratic Republic of the Congo). op. cit. p. 614.

27 CORTE INTERNACIONAL DE JUSTIÇA. Case concerning the Barcelona Traction, Light and Power Company, Limited (Spain v. Belgium). op. cit. p. 36. CORTE INTERNACIONAL DE JUSTIÇA. Case concerning Ahmadou Sadio Diallo (Republic of Guinea v. Democratic Republic of the Congo). op. cit. p. 614.

Nesse sentido, a CIJ rejeitou o argumento de que o Estado pode optar por substituir o exercício da proteção diplomática em favor da pessoa jurídica pelo seu exercício em favor da pessoa física associada, sem que esta tenha sofrido dano a seus direitos em nome próprio. CORTE INTERNACIONAL DE JUSTIÇA. Case concerning Ahmadou Sadio Diallo (Republic of Guinea v. Democratic Republic of the Congo). op. cit. p. 615-616.

28 COMISSÃO DE DIREITO INTERNACIONAL. Draft Articles on Diplomatic Protection with commentaries. op. cit. art. 8.

29 Ibid. art. 8 (3).

30 Ibid. p. 36.

grupos, possivelmente com receio de que uma postura mais ativa nesse sentido venha posteriormente a ser interpretada como uma obrigação de oferecer proteção a todos os indivíduos em tais condições, ou como uma equiparação de tais pessoas a nacionais do Estado. Assim, compreende-se que mesmo hoje não há elementos suficientes que confiram um caráter costumeiro a essa proposta. De toda forma, como nenhum caso envolvendo a proteção de apátridas e refugiados chegou à CIJ, esta ainda não teve a oportunidade de se pronunciar sobre o assunto.

Esgotamento dos recursos internos

Um Estado está legitimado para reclamar prejuízos sofridos por seus nacionais por meio da proteção diplomática somente depois que estes buscaram solucionar a questão junto ao próprio Estado que provocou a lesão, utilizando-se dos recursos administrativos e judiciais cabíveis no âmbito interno desse Estado.[31] O objetivo dessa norma é permitir que o Estado cujo ato se questiona tenha a oportunidade de remediar a situação por conta própria, antes que ela se transforme em uma disputa internacional.[32]

Para que os recursos internos sejam esgotados, não é necessário que a reclamação seja apresentada no âmbito doméstico da mesma forma que seria perante um tribunal internacional, ou com os mesmos argumentos.[33] Basta que a essência da violação sofrida seja reclamada

---

31 CORTE INTERNACIONAL DE JUSTIÇA. Case concerning Ahmadou Sadio Diallo (Republic of Guinea v. Democratic Republic of the Congo). op. cit. p. 599-600; CORTE INTERNACIONAL DE JUSTIÇA. Interhandel Case (Switzerland v. United States of America). Haia, 21 de março de 1959. p. 27; CORTE INTERNACIONAL DE JUSTIÇA. Elettronica Sicula S.p.A. (ELSI) (United States of America v. Italy). Haia, 20 de julho de 1989. p. 44.

32 CORTE INTERNACIONAL DE JUSTIÇA. Interhandel Case (Switzerland v. United States of America). op. cit. p. 27.

33 CORTE INTERNACIONAL DE JUSTIÇA. Elettronica Sicula S.p.A. (ELSI) (United States of America v. Italy). Haia, 20 de julho de 1989. op. cit. p. 46.

perante as autoridades internas competentes, de acordo com as normas e procedimentos locais, sem êxito.[34] Além disso, embora a expressão "recursos internos" abarque tanto procedimentos judiciais quanto administrativos, o esgotamento desses últimos somente é exigido em casos em que a via administrativa pode ser utilizada para efetivamente reclamar um direito, e não obter um favor, ou quando constituir um pré-requisito para o acesso da via judicial.[35] Nesse sentido, a CIJ já expressou que um pedido de reconsideração da decisão administrativa de expulsar um indivíduo do território do Estado, direcionado à autoridade que proferiu tal decisão para que reavalie discricionariamente o caso, não pode ser considerado uma condição para o exercício da proteção diplomática pelo Estado de nacionalidade.[36]

Para que se exija o esgotamento dos recursos internos, é ainda necessário que tais recursos sejam de fato acessíveis à pessoa envolvida. Se o acesso ao recurso é inviabilizado pelo próprio Estado, por exemplo, devido ao não fornecimento de informações adequadas sobre os direitos da pessoa ou a correta classificação jurídica de sua situação, fazendo com que ela não disponha dos dados necessários para lançar mão dos recursos cabíveis, não se exige o esgotamento das vias internas para o exercício da proteção diplomática.[37] Tal entendimento deriva da máxima *ex injuria jus non oritur*, segundo a qual um Estado não pode se valer do descumprimento de uma norma internacional se ele próprio impediu que tal norma fosse cumprida.[38]

---

34 Loc. cit.

35 CORTE INTERNACIONAL DE JUSTIÇA. Case concerning Ahmadou Sadio Diallo (Republic of Guinea v. Democratic Republic of the Congo). op. cit. p. 600-601.

36 Ibid. p. 601.

37 Loc. cit.; CORTE INTERNACIONAL DE JUSTIÇA. LaGrand Case (Germany v. United States of America). op. cit. p. 488.

38 CORTE PERMANENTE DE JUSTIÇA INTERNACIONAL. Case concerning the Factory at Chorzów (Germany v. Poland). Haia, 26 de julho de 1927. p. 31.

Como outras possíveis exceções à regra do esgotamento dos recursos internos, a CDI elenca as seguintes:[39] (i) quando não há recursos razoavelmente disponíveis para que se obtenha reparação do dano sofrido ou quando estes não trazem possibilidade razoável de reparação;[40] (ii) quando há um retardo injustificado no processamento do recurso interno, atribuível ao Estado responsável; (iii) quando, na data do dano, não há conexão relevante entre a pessoa e o Estado que cometeu o ato ilícito, notadamente quando a pessoa não se encontra sob a jurisdição ou no território do Estado; (iv) quando a pessoa lesada está manifestamente impedida de acionar os recursos internos, por exemplo, quando sua entrada no Estado não é autorizada;[41] e (v) quando o Estado responsável renunciou de forma clara ao cumprimento desse requisito.

OBRIGAÇÕES *ERGA OMNES* E *ERGA OMNES PARTES*

O conceito mais amplamente aceito de obrigações *erga omnes* remonta ao julgamento da CIJ no caso *Barcelona Traction, Light and Power Company*, no qual a Corte apresentou as seguintes observações:

---

39 COMISSÃO DE DIREITO INTERNACIONAL. Draft Articles on Diplomatic Protection with commentaries. op. cit. art. 15.

40 Nesse sentido, a CPJI estabeleceu que não há necessidade de exaurir os recursos internos quando o poder judiciário do Estado responsável não possuir jurisdição sobre a reclamação ou se for claro que o julgamento das cortes internas será uma mera repetição de uma decisão dada anteriormente em caso análogo. Ver: CORTE PERMANENTE DE JUSTIÇA INTERNACIONAL. The Panevezys-Saldutiskis Railway Case (Estonia v. Lithuania). op. cit. p. 18.

41 Destaca-se que, como reconhecido pela CDI em seus comentários, essa exceção constitui uma proposta de desenvolvimento progressivo do direito internacional, e não uma norma já consolidada. COMISSÃO DE DIREITO INTERNACIONAL. Draft Articles on Diplomatic Protection with commentaries. op. cit. p. 49.

> Quando um Estado admite em seu território investimentos ou nacionais estrangeiros, sejam pessoas naturais ou jurídicas, deve estender a eles a proteção do direito e assume obrigações relativas ao tratamento a lhes ser concedido. Essas obrigações, contudo, não são absolutas ou sem qualificação. Em particular, uma distinção essencial deve ser feita entre as obrigações de um Estado à comunidade internacional como um todo e aquelas que surgem vis-à-vis outro Estado no campo da proteção diplomática. Por sua própria natureza, essas primeiras são de preocupação de todos os Estados. Em vista da importância dos direitos envolvidos, pode-se considerar que todos os Estados possuem um interesse legal em sua proteção; elas são obrigações *erga omnes*.[42]

Como exemplos de obrigações que possuem esse caráter *erga omnes*, a CIJ reconhece a proibição de atos de agressão e genocídio[43] e o respeito aos "direitos básicos da pessoa humana", dentre os quais a proteção contra a escravidão e a discriminação racial[44] e o direito à autodeterminação dos povos, particularmente em situações de dominação colonial.[45]

---

42 CORTE INTERNACIONAL DE JUSTIÇA. Case concerning the Barcelona Traction, Light and Power Company, Limited (Spain v. Belgium). op. cit. p. 32. Tradução da autora.

Original: "When a State admits into its territory foreign investments or foreign nationals, whether natural or juristic persons, it is bound to extend to them the protection of the law and assumes obligations concerning the treatment to be afforded them. These obligations, however, are neither absolute nor unqualified. In particular, an essential distinction should be drawn between the obligations of a State towards the international community as a whole, and those arising vis-à-vis another State in the field of diplomatic protection. By their very nature the former are the concern of al1 States. In view of the importance of the rights involved, al1 States can be held to have a legal interest in their protection; they are obligations *erga omnes*."

43 Loc. cit.

44 Loc. cit.

45 CORTE INTERNACIONAL DE JUSTIÇA. Case concerning East Timor (Portugal v. Australia). Haia, 30 de junho de 1995. p. 102; CORTE INTERNACIONAL

O modo como a Corte apontou o interesse de todos os Estados na proteção da norma como característica definidora da obrigação *erga omnes* – em especial em oposição às obrigações bilaterais que podem ser reivindicadas por meio da proteção diplomática – ensejou diversos debates sobre se o julgamento teria reconhecido implicitamente a legitimidade de qualquer Estado para levar reclamações envolvendo violações de obrigações *erga omnes* perante a CIJ, ainda que o Estado não tenha sido diretamente afetado pela violação.[46] Admitir tal possibilidade poderia implicar o reconhecimento de uma espécie de ação popular no direito internacional, hipótese que parece ter sido rejeitada pela CIJ quatro anos antes, no caso *South West Africa*.[47]

Esse último se tratou de litígio no qual a Etiópia e a Libéria buscaram que a CIJ declarasse que a África do Sul havia infringido diversas disposições do mandato que lhe havia sido conferido pela Liga das Nações para que atuasse como autoridade administradora do território do Sudoeste Africano (atual Namíbia). A Etiópia e a Libéria não alegaram terem sofrido qualquer lesão decorrente da violação de um direito de

---

DE JUSTIÇA. Legal Consequences of the Separation of the Chagos Archipelago from Mauritius in 1965. Advisory Opinion. Haia, 25 de fevereiro de 2019. p. 42.

46 GAJA, Giorgio. "Barcelona Traction, Light and Power Company (Belgium v Spain) (1970)". In: BJORGE, Eirki & MILES, Cameron (Org.). Landmark Cases in Public International Law. Portland: Hart Publishing, 2018. p. 307-324. p. 310; TANAKA, Yoshifumi. Reflections on *Locus Standi* in Response to a Breach of Obligations *Erga Omnes Partes*: A Comparative Analysis of the *Whaling in the Antarctic* and *South China Sea* Cases. The Law and Practice of International Courts and Tribunals, v. 17. p. 527-553. 2018. p. 531.

47 CRAWFORD, James. State Responsibility: The General Part. Cambridge: Cambridge University Press, 2013. p. 364-365; OKOWA, Phoebe. "The International Court and the Legacy of the Barcelona Traction Case". In: JALLOH, Charles Chernor & ELIAS, Olufemi (Org.). Shielding Humanity: Essays in International Law in Honour of Judge Abdul G. Koroma. Leiden, Boston: Brill Nijhoff, 2015. p. 104-130. p. 107.

sua titularidade, mas que possuíam um interesse em ver cumprido o mandato relativo ao Sudoeste Africano, sobretudo com base em considerações humanitárias. A Corte, embora sem se referir expressamente a obrigações *erga omnes*, observou que, ainda que todos os Estados tenham interesse nessas considerações, isso não significa que tal interesse tenha um caráter especificamente jurídico.[48] Nesse sentido, afirmou que o "princípio da confiança sagrada" (*sacred trust*), base do sistema de mandatos, não possuía conteúdo jurídico que possibilitasse que Estados buscassem impor respeito às normas desse sistema individualmente, admitindo apenas a ação coletiva por meio dos órgãos da Liga.[49] Diante disso, concluiu que a ideia de uma ação popular ou direito de reclamar em juízo um interesse público não encontrava base no direito internacional então vigente.[50]

Vale notar a posição de Santiago Villalpando no sentido de que as considerações da CIJ sobre as obrigações e os interesses decorrentes de mandatos da Liga das Nações revelam, em realidade, que tais instrumentos não continham obrigações *erga omnes*, mas sim interesses jurídicos coletivos que, por sua natureza particular, somente poderiam ser protegidos no âmbito da organização.[51] Assim, na visão do autor, a CIJ

---

48 CORTE INTERNACIONAL DE JUSTIÇA. South West Africa Cases (Ethiopia v. South Africa) (Liberia v. South Africa). Haia, 18 de julho de 1966. p. 34.

49 Ibid. p. 35.

50 Ibid. p. 47.

51 VILLALPANDO, Santiago. L'émergence de la communauté internationale dans la responsabilité des États. Genebra: Graduate Institute Publications, 2005. paras. 25-30. Disponível em: <https://books.openedition.org/iheid/1173#text>. Acesso em: 10 fev. 2019.

Similarmente, Yoshifumi Tanaka observa que o caso pode ser interpretado como um reconhecimento pela CIJ de que Estados podem ter o direito de invocar a responsabilidade de outros mesmo que não tenham sido materialmente lesados, desde que esse direito seja claramente previsto em tratado ou em norma costumeira internacional. TANAKA, Yoshifumi. op. cit. p. 531.

não teria rechaçado a legitimidade de Estados para pleitearem o cumprimento de obrigações *erga omnes*, ainda que não tenham sido impactados pela violação da norma.

Outro ponto de incerteza sobre a intenção da Corte em reconhecer, ou não, a legitimidade de reclamações pela via *erga omnes* se refere à observação feita no julgamento *Barcelona Traction* quanto à legitimidade para pleitear violações de direitos humanos:

> Com relação mais particularmente aos direitos humanos, aos quais já foi feita referência no parágrafo 34 deste Julgamento, deve-se notar que estes também incluem proteção contra a negação de justiça. Contudo, a nível universal, os instrumentos que incorporam direitos humanos não conferem aos Estados a capacidade de proteger vítimas de violações de tais direitos independentemente de sua nacionalidade.[52]

Tal afirmação parece indicar que a CIJ teria excluído violações de direitos humanos das hipóteses em que um Estado teria legitimidade para invocar a responsabilidade de outro a partir de obrigações *erga omnes*. Não obstante, Santiago Villalpando aventa que a CIJ teria se referido apenas ao direito contra a negação de justiça, que não possuiria caráter *erga omnes*, não rejeitando, portanto, a legitimidade geral em casos de direitos humanos que efetivamente possuam tal natureza.[53]

---

52 CORTE INTERNACIONAL DE JUSTIÇA. Case concerning the Barcelona Traction, Light and Power Company, Limited (Spain v. Belgium). op. cit. p. 47. Tradução da autora.

Original: "With regard more particularly to human rights, to which reference has already been made in paragraph 34 of this Judgment, it should be noted that these also include protection against denial of justice. However, on the universal level, the instruments which embody human rights do not confer on States the capacity to protect the victims of infringements of such rights irrespective of their nationality."

53 VILLALPANDO, Santiago. op. cit. para. 38.

O debate sobre a legitimidade processual de Estados para apresentarem à CIJ reclamações envolvendo violações de obrigações *erga omnes* persiste até a presente data, vez que a Corte ainda não teve a oportunidade de decidir sobre a matéria. Embora se tivesse esperado que a questão fosse esclarecida no caso *East Timor*, no qual os interesses de Portugal, enquanto Estado reclamante, eram baseados essencialmente no caráter *erga omnes* das obrigações alegadamente violadas pela Austrália – respeito ao princípio da autodeterminação dos povos –, a CIJ entendeu que não teria competência sobre o caso por envolver diretamente os direitos de um Estado que não havia consentido com a jurisdição do tribunal, a Indonésia.[54] Concluiu, assim, que o caráter *erga omnes* da norma sob discussão não supriria sua falta de competência,[55] requisito processual autônomo e independente da admissibilidade dos pedidos – campo no qual se inclui a legitimidade processual da parte.

De todo modo, vale notar o crescente apoio à posição favorável à legitimidade pela via *erga omnes*, sobretudo no âmbito da CDI. Em seu Projeto de Artigos sobre a Responsabilidade de Estados por Atos Internacionalmente Ilícitos (*Draft Articles on the Responsibility of States for Internationally Wrongful Acts*), além das hipóteses em que o Estado é considerado lesado pela violação da norma internacional (artigo 42),[56] a Comissão considerou que um Estado poderia invocar a responsabi-

---

54 CORTE INTERNACIONAL DE JUSTIÇA. Case concerning East Timor (Portugal v. Australia). Haia, 30 de junho de 1995. op. cit. p. 102-104.

55 Ibid. p. 102.

56 Nessa categoria, a CDI incluiu a violação de obrigações devidas ao Estado individualmente ou devidas à comunidade internacional como um todo, mas cuja violação afeta especialmente aquele Estado ou altera radicalmente a posição de todos os outros Estados a quem a obrigação é devida com relação à continuidade de execução da obrigação. COMISSÃO DE DIREITO INTERNACIONAL. Draft Articles on the Responsibility of States for Internationally Wrongful Acts with commentaries. Yearbook of the International Law Commission, v. 2, parte 2, 2001. art. 42.

lidade de outro quando a norma infringida possui caráter *erga omnes* (artigo 48, §1, "b") ou *erga omnes partes* – isto é, quando a obrigação é devida a um grupo de Estados, incluindo o reclamante, e é estabelecida para proteger um interesse coletivo desse grupo (artigo 48, §1, "a").[57]

A partir desses desenvolvimentos, em 2012, a CIJ reconheceu expressamente a legitimidade de Estados para reclamarem o cumprimento de obrigações *erga omnes partes*, no caso *Questions relating to the Obligation to Prosecute or Extradite*. O caso foi proposto pela Bélgica em face do Senegal a respeito da violação de obrigações contidas na Convenção contra a Tortura de julgar indivíduos acusados de terem cometido atos de tortura ou extraditá-los a um Estado que os julgue. Na oportunidade, a CIJ rejeitou as alegações no sentido de que a Bélgica seria um Estado lesado por possuir um interesse especial no cumprimento de tais obrigações[58] e decidiu que todos os Estados-partes da convenção teriam legitimidade para invocar violações de disposições que se relacionassem ao interesse comum das partes em prevenir e punir atos de tortura.[59]

Não obstante o posicionamento da Corte tenha sido surpreendentemente progressivo, a noção de legitimidade processual a partir de obrigações dessa natureza não é completamente inédita: a CPJI, no caso *Wimbledon*, já havia reconhecido a legitimidade do Reino Unido, da França, da Itália e do Japão para levarem ao tribunal uma disputa quanto à obrigação da Alemanha, sob o Tratado de Versalhes, de não recusar

57 Ibid. art. 48.

58 CORTE INTERNACIONAL DE JUSTIÇA. Case concerning Questions relating to the Obligation to Prosecute or Extradite (Belgium v. Senegal). Memorial of the Kingdom of Belgium. p. 79. Disponível em: <https://www.icj-cij.org/files/case-related/144/16933.pdf>. Acesso em: 05 abr. 2019.

59 CORTE INTERNACIONAL DE JUSTIÇA. Case concerning Questions relating to the Obligation to Prosecute or Extradite (Belgium v. Senegal). Haia, 20 de julho de 2012. p. 449-450.

o acesso de outros Estados ao Canal de Kiel, embora a Itália e o Japão não tenham sido lesados pela conduta alemã.[60] Naquele caso, a Corte Permanente observou que cada um dos Estados reclamantes possuía um "interesse claro na execução das disposições relacionadas ao Canal de Kiel, vez que todos eles possuem frotas e navios mercantes hasteando suas respectivas bandeiras".[61]

A legitimidade via *erga omnes partes* foi ainda utilizada pela Austrália no caso *Whailing in the Antarctic*,[62] proposto contra o Japão por violações da Convenção Internacional para a Regulação da Atividade Baleeira.[63] Em que pese a Corte não tenha se pronunciado de maneira expressa sobre questões de legitimidade, em especial porque nenhuma objeção a esse respeito foi suscitada pelo Japão,[64] o julgamento pode

---

60 CORTE PERMANENTE DE JUSTIÇA INTERNACIONAL. Case of the S.S. "Wimbledon" (United Kingdom, France, Italy, and Japan v. Germany). Haia, 17 de agosto de 1923. p. 20; CRAWFORD, James. op. cit. p. 363.

61 CORTE PERMANENTE DE JUSTIÇA INTERNACIONAL. Case of the S.S. "Wimbledon" (United Kingdom, France, Italy, and Japan v. Germany). op. cit. p. 20. Tradução da autora.

Original: "It will suffice to observe for the purposes of this case that each of the four Applicant Powers has a clear interest in the execution of the provisions relating to the Kiel Canal, since they all possess fleets and merchant vessels flying their respective flags."

62 CORTE INTERNACIONAL DE JUSTIÇA. Whailing in the Antarctic (Australia v. Japan: New Zealand Intervening). Haia, 31 de março de 2014.

63 CORTE INTERNACIONAL DE JUSTIÇA. Public sitting held on Tuesday 9 July 2013, at 4.30 p.m., at the Peace Palace, President Tomka presiding, in the case concerning Whaling in the Antarctic (Australia v. Japan: New Zealand intervening). p. 28, 33. Disponível em: <https://www.icj-cij.org/files/case-related/148/148-20130709-ORA-01-00-BI.pdf>. Acesso em: 05 abr. 2019.

64 GAJA, Giorgio. "Claims Concerning Obligations Erga Omnes in the Jurisprudence of the International Court of Justice". In: MAZZESCHI, Riccardo Pisillo & SENA, Pasquale De (Org.). Global Justice, Human Rights and the Modernization of International Law. Cham: Springer, 2018. p. 39-46. p. 42.

ser compreendido como uma confirmação de suas conclusões no caso *Prosecute or Extradite*, consolidando obrigações *erga omnes partes* como uma base de legitimidade perante a CIJ.[65] Considerando que a composição permanente da Corte não se alterou entre um julgamento e outro e que apenas três juízes haviam se manifestado de forma desfavorável ao reconhecimento da legitimidade processual fundada em obrigações *erga omnes partes*,[66] sendo um deles o juiz *ad hoc* indicado pelo Senegal, entende-se ser essa a leitura mais acertada da decisão do *Whailing*.[67]

CONSIDERAÇÕES FINAIS

A legitimidade processual ativa perante a CIJ não é um conceito estático, mas está constantemente se adaptando ao que os Estados consideram ser seu interesse jurídico, permitindo-lhes postulá-lo na esfera internacional. Tem-se percebido uma expansão das bases de legitimidade admitidas perante a CIJ, em particular com o reconhecimento da legitimidade a partir de obrigações *erga omnes partes*, indicando uma

65 Ibid. p. 44-45; TANAKA, Yoshifumi. op. cit. p. 527-553. 2018. p. 538; TAMS, Christian J. "Roads Not Taken, Opportunities Missed: Procedural and Jurisdictional Questions Sidestepped in the *Whailing* Judgment". In: FITZMAURICE, Malgosia & TAMADA, Dai (Org.). Whailing in the Antarctic: Significance and Implications of the ICJ Judgment. Leiden, Boston: Brill Nijhoff, 2016. p. 193-217. p. 203.

66 CORTE INTERNACIONAL DE JUSTIÇA. Case concerning Questions relating to the Obligation to Prosecute or Extradite (Belgium v. Senegal). op. cit. Separate opinion of judge Skotnikov, p. 482-285; Ibid, Dissenting opinion of judge Xue. p. 574-577; Ibid, Dissenting opinion of judge *ad hoc*. p. 612-619;

67 Vale mencionar a ressalva cautelosa feita por Christian Tams quanto à possibilidade de que o silêncio da Corte sobre a questão tenha sido uma forma de evitar que maior força fosse conferida a essa base de legitimidade. TAMS, Christian J. op. cit. p. 209-210.

tendência a permitir que Estados postulem o cumprimento de obrigações que não são necessariamente devidas a eles próprios e não se inserem em um contexto estritamente bilateral. Não obstante, ainda deve ser esclarecido pela Corte se a legitimidade nesse cenário de interesses coletivos é admitida em virtude da existência de um tratado que estabelece aos Estados-partes obrigações em comum quanto ao cumprimento de seu objeto e propósito, ou se interesses de caráter exclusivamente geral – relacionados a obrigações *erga omnes* – também são suficientes para fixar a legitimidade de um Estado perante a CIJ.

Outra questão que merece maiores esclarecimentos se refere à extensão das obrigações *erga omnes partes* como base autônoma de legitimidade para reclamar violações de normas convencionais de direitos humanos. Tendo em vista que o respeito a esses direitos pode ser considerado de interesse coletivo de todos os Estados-partes de tratados de direitos humanos, a princípio parece possível argumentar que os Estados estariam legitimados a instituírem processos perante a CIJ com base no caráter *erga omnes partes* dessas obrigações, sem que houvesse necessidade de satisfação dos requisitos da proteção diplomática. Tal entendimento representaria uma redução significativa do âmbito da proteção diplomática e, consequentemente, de sua relevância para a resolução de disputas internacionais. Assim, ainda são necessários maiores estudos a respeito do tema.

Impresso em novembro de 2020